DIE FARBIGE ENZYKLOPÄDIE DER AQUARIEN FISCHE

GINA SANDFORD

BELLAVISTA

A QUANTUM BOOK

ISBN 3-89893-289-3

Dieses Buch wurde produziert von
Quantum Publishing Ltd
6 Blundell Street
London N7 9BH

Titel der englischen Originalausgabe:
An Illustrated Encyclopedia of Aquarium Fish

Übersetzung aus dem Englischen: Lektoratsbüro Rüger, Freiburg

Printed in Singapore by
Star Standard Industries (Pte) Ltd

BILDNACHWEIS

Die Buchstaben a, b, c und d hinter den Seitenzahlen geben die Reihenfolge auf der Seite wieder.

Der Verlag dankt allen, die Fotos für dieses Buch zur Verfügung gestellt haben. Die meisten Aufnahmen stammen von **M.W. Sandford**, der uns freundlicherweise Einblick in seine Dia-Sammlung gewährt hat.

Die weiteren Fotografen sind: **G.R. Allen** Seite 163b, 234b; **D.A. Allison**, 37b, 44a, 48b, 59b, 67a, l00c, 125c, 128a, 134a,c, 148a, 153c, 181c, 210a, b, 211a, 245c, 247b, 250a; **G. Axelrod** 118a; **H.A. Axelrod** 28b, 40c, 46b, c, 54b, 64a, 72a, 74b, 75a, 78b, 83b, 85b, 86a, 90c, 92a, c, 94a, 96b, 102a, b, 104a, 105c, l09a, c, 110c 111b, 117b, 119c, 120b, 123b, 124a, 127a, b, 142a, b, 144c, 146c, 152b, 158c, 159a, c, 163c 186b, 189b, 197a, 199c, 200c, 204b, 207a, 208a, c, 214a, 221b, 222b, 229a, 230c 233c, 234a, 237a, c, 240a, 243a, 246a, b, c, 248c, 251c; **W.B. Burgess** 36a, 193b; **K.H. Choo** 230b, 234c, 235b, 236c, 243c; **W. Conkel** 116c; **V. Elek** 161c; **U. Erich Friese** 213b; **Exotarium Frankfurt** 90a; **S. Frank** 141b; **A. Frisby** 196c, 198a; **N. Gray** 199b; **H. Hansen** l0lc; **W. Hoppe** 230a; **R. Jonklaas** 197c; **E. Kennedy** 242c, 247a; **K. Knaack** 25c, 40a, 83c, 121c, 125b, 159b, 192b, 202b, 238a, c, 239c, 244a; **D. Lambert** 166c, 167c, 169b, 170a, 170c, 171a, 172c, 173b, 174a, 175b, c, 176a, b, c, 177b, 178b, c, 179b, 187b; **K. Lucas** 5, 102c, 107a, 189c, 194a, 203a, 209c, 236b, 244b, 245a; **G. Marcuse** 242a; **G. Meola** 121a; **M. Meyer** 167a, 169c; **A. van den Nieuwenhuizen** 27c, 30b, 71b, 83a, 90b, 94c, 136c, 140b, 160a, 161a, 164a, 203c, 210c, 253a; **J.H. O'Neill** 235c; **K. Paysan** 160b, 205b, 223c, 228c, 229b, 239a, 249a, b, c, 253c; **Photomax Aquarium Picture Library** 5, 53c, 54a, c, 61a, 65a, 97c, 98a, 130b, 133a, 135d, 149b, 186a, 215b, 220b, 223b, 232c, 239b; **H.J. Richter** 22, 28a, c, 31a, b, 38b, 46a, d, 55b, 70b, 72c, 77b, 78a, 81a, b, c, 85a, 86b, c, 88a, 91a, b, 96d, 97a, 98b, c, 99b, 105b, 108c, l09b, 111a, 118b, 125d, 130a, 138c, 141a, 144b, 149a, 153a, 162a, 163d, 166b, 167b, 171c, 173a, 173c, 175a, 182b, 183c, 187c, 190c, 200a, 202a, 212a, c, 213a, 214d, 222a, 224c, 225c; **M. Roberts** 96a; **E. Roloff** 69b; **A. Roth** 29c, 66b, 71d, 77a, 77c, 103a, 105a, 117a, 132c, 137a, 140c, 147a, 170b, 174c, 179a, 177c, 178a, 206b, 208b, 223a; **D.D. Sands** 43b; **J. Scheel** 160d, 162c, 165c; **H. Schultz** 64c, 73c, 88c, 89d, 92b, 162b; **W.M. Stephens** 164b; **W. Tanaka** 163a; **E. Taylor** 41b; **W.A. Tomey** 2, 136b, 183b, 184a, 195b, 212b, 225b; **R. Zukal** 53b, 146d, 151c, 172b, 177a.

Inhalt

Einleitung

Die Fische

Einleitung

Hauptanliegen dieses Buches ist es, dem interessierten Aquarianer neben den gängigen Aquarienfischen auch weniger bekannte Zierfische vorzustellen. Besonders informativ ist es daher für Leser, die bereits über Grundkenntnisse im Bereich der Aquaristik verfügen, vielleicht auch schon längere Zeit ein Aquarium besitzen, und nun neue Herausforderungen, Alternativen und Ergänzungen suchen.

Wenn Sie Anfänger sind, wird Ihnen dieses Buch zahlreiche attraktive Fische vorstellen, die Sie in Ihrem Aquarium halten können. Der erste Teil des Buches vermittelt einen kurzen Überblick über die Einrichtung des Aquariums, Filtersysteme, Bepflanzung etc. Dem Neueinsteiger sei jedoch zusätzliche Literatur empfohlen. Vor allem ist es wichtig, sich zu Beginn ausführlich mit der Filterung und Wasserchemie auseinanderzusetzen; denn klares Wasser allein bedeutet noch nicht, daß Fische darin leben können – schließlich ist auch Schwefelsäure eine klare Flüssigkeit! Auch andere Bücher zu speziellen Themen (z.B. Aquarienpflanzen) helfen Ihnen weiter. Lesen Sie so viel wie möglich, und machen Sie sich schrittweise mit Ihrem neuen Hobby vertraut. Gehen Sie mit Geduld, Zeit und Verantwortungsgefühl für die Lebewesen, mit denen Sie sich beschäftigen, an den Aufbau Ihres ersten Aquariums.

Die Haltung von Zierfischen ist von Anfang an eine Herausforderung, denn sie sind in einem für uns völlig fremden Lebensraum zu Hause. Voraussetzung für einen Erfolg sind daher einige physikalische, chemische und biologische Kenntnisse. Ohne diese können die von uns abhängigen Fische im Aquarium nicht überleben. Wenn Sie beispielsweise Futter verwenden, das der natürlichen Nahrung möglichst ähnlich ist, haben Sie bereits den ersten Schritt in die richtige Richtung getan. Genaue Informationen zur Haltung finden Sie bei den Beschreibungen der einzelnen Arten, so daß Sie in der Lage sein sollten, jeden der erwähnten Fische in Ihr Aquarium aufzunehmen und – sofern etwas über das Brutverhalten bekannt ist – auch zu züchten.

Es ist eine traurige Tatsache, daß heute viele natürliche Lebensräume von Fischen gefährdet sind. Riesige Waldgebiete werden aus wirtschaftlichen Erwägungen abgeholzt, wodurch natürlich auch die darin befindlichen Flußläufe verloren gehen, Sümpfe werden zur Landgewinnung trockengelegt und Korallenriffe als Baumaterial mißbraucht. Und so gibt es heute bereits Arten, die nur in Gefangenschaft überleben konnten, weil ihr natürlicher Lebensraum für immer zerstört wurde. Auch in diesem Buch sind einige Fische aufgeführt, die – eine deprimierende Aussicht – in zehn Jahren vielleicht nur noch auf Fotos zu bewundern sein werden. Daher ist es unsere Aufgabe, für den Erhalt vermehrungsfähiger Populationen zu sorgen und andere zu ermutigen, sich an dieser Aufgabe zu beteiligen.

LINKS: Ein ausgewogen eingerichtetes, biologisch intaktes Meerwasseraquarium ist eine Zierde für jede Wohnung. Nötig sind einige Investitionen, nicht nur in Form von Geld, sondern auch von Zeit und Geduld.

OBEN: In guten Zoohandlungen sind die Becken sauber, es werden ausschließlich gesunde Pflanzen verkauft, die Fische sind gut versorgt, und Fachpersonal wird Ihnen bei Fragen und Problemen weiterhelfen.

DER FISCHKÖRPER

Die Vielfalt der verschiedenen Fischarten scheint fast unbegrenzt. Eines jedoch haben alle gemeinsam: Sie haben sich in ihrem Körperbau einem Leben im Wasser angepaßt, einer Welt, die sich beträchtlich von unserem eigenen Lebensraum unterscheidet. So hat Wasser unter anderem eine sehr viel höhere Dichte als Luft, was die Fortbewegung erschwert. Um dem Wasser daher einen möglichst geringen Widerstand zu bieten, sind die meisten Fische stromlinienförmig gebaut. Hochseefische z. B. haben eine torpedoförmige Gestalt, damit sie das Wasser leicht durchschneiden können. Andere Fische, die bodenorientiert in langsamfließenden Gewässern leben, besitzen eine abgeflachte Unterseite und längere Flossen, so daß ihr Körper beim Schwimmen automatisch auf den Boden gedrückt wird.

Zum Schutz verfügen die meisten Fische über einen mehr oder weniger dichten Schuppenpanzer. Schuppenlose Fische schützen sich durch eine dickere Haut oder auch durch Knochenplatten.

Unterschiedliche Funktionen erfüllen die verschiedenen Flossen der Fische. Zu den nur einzeln ausgebildeten (unpaaren) Flossen gehören Schwanz-, Rücken-, After- und (sofern vorhanden) die Fettflosse. Die Schwanzflosse dient der Vorwärtsbewegung, während die übrigen dem Fisch eine aufrechte Schwimmweise ermöglichen. Mit den paarigen Flossen können die Tiere steuern.

Daß Fische in einer bestimmten Höhe schweben können – also weder auf den Boden sinken, noch an die Oberfläche treiben – verdanken sie ihrer gasgefüllten Schwimmblase, die direkt hinter dem Kopf sitzt und eine Länge von einem Drittel des Körpers erreichen kann. Zusammen mit dem Fettgewebe verleiht sie den Tieren den nötigen Auftrieb und gleicht damit das Gewicht schwerer Körperpartien aus.

Fische atmen, von wenigen Ausnahmen abgesehen, indem sie Wasser durch ihre Kiemen pumpen und diesem dabei Sauerstoff entziehen. Ermöglicht wird dieser Vorgang

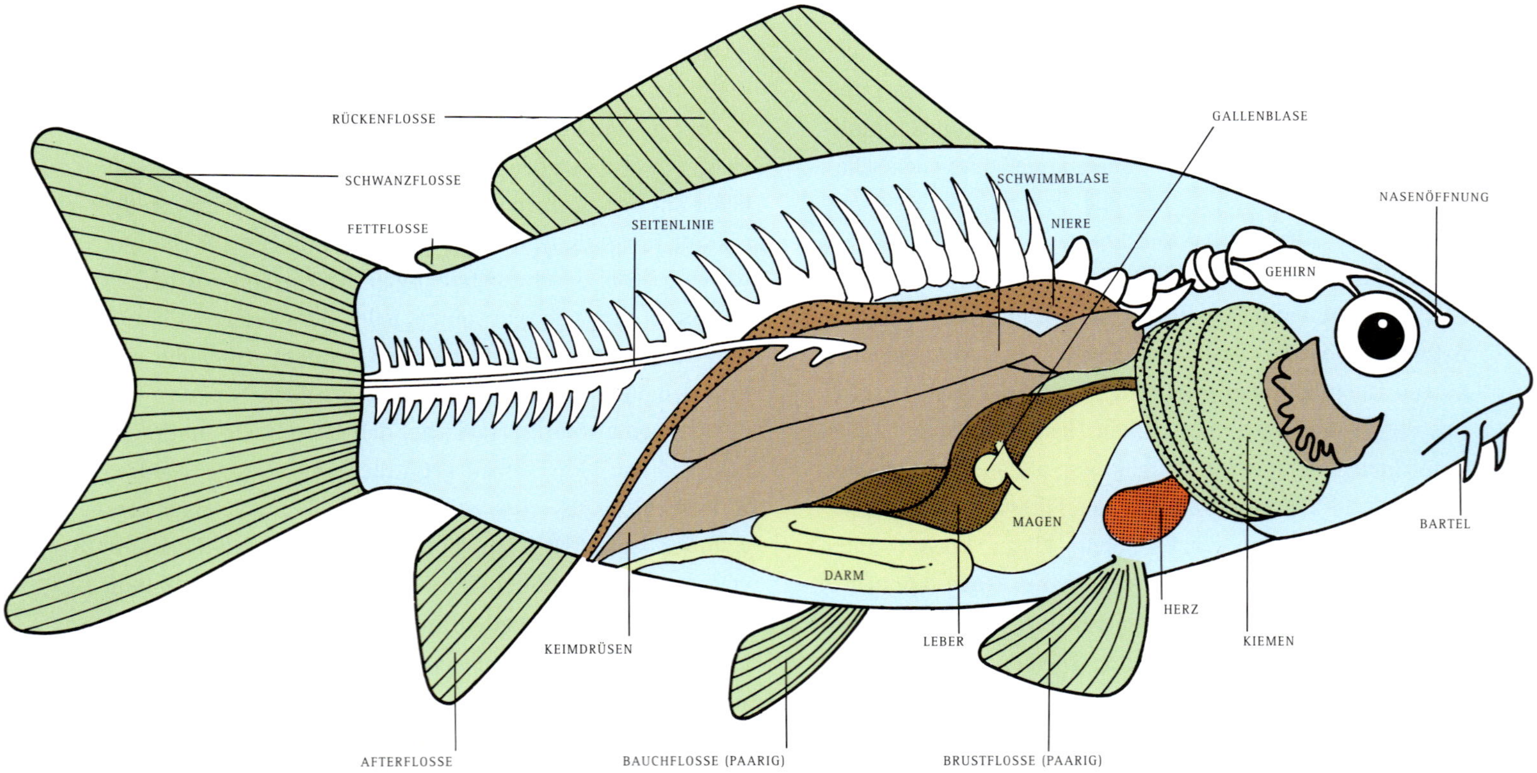

OBEN: Aufbau des Fischkörpers

OBEN: Augen sind für viele Fische wichtige Sinnesorgane. Schlechte Wasserqualität kann zu Augentrübungen und verminderter Sicht führen.

– ebenso wie die Abgabe verbrauchter Luft – durch dicht an der Oberfläche der Kiemen sitzende Blutgefäße.

Fische haben zwar Nasenlöcher, benutzen diese jedoch nicht zum Atmen, sondern ausschließlich zum Riechen. Dabei überprüft eine faltige Riechschleimhaut das durchströmende Wasser auf Geruchsstoffe von Nahrung, die die Fische so schon aus einiger Entfernung wahrnehmen. Um sie zu schmecken, müssen sie das Futter jedoch mit ihren zahlreichen Geschmacksrezeptoren berühren, die überall auf Kopf und Körper verteilt sind. Sie finden sich auch auf den Barteln, die einige Fische besitzen, denen es dadurch möglich ist, im schlammigen Boden nach Nahrung zu suchen.

Die meisten Fische haben Augen, allerdings ohne Augenlider, da die Hornhaut vom Wasser gereinigt wird. Schon aus der Stellung der Augen kann man übrigens auf die Lebensweise des Fisches schließen. So sitzen die Augen bodenbewohnender Fische meist auf der Oberseite des Kopfes, und wenn der Lebensraum schlammig ist, sind die Augen eher klein, da sich der Fisch mehr auf seinen Geschmacks- und Geruchssinn verlassen muß. Bei Fischen mittlerer Wasserzonen sitzen die Augen an der Seite, wodurch eine gute Rundumsicht gewährleistet ist. Einige Raubfische, etwa der Hecht, können sogar räumlich sehen. Bei anderen Arten, wie den Blindbarben (*Caecobarbus*), haben sich die Augen als Anpassung an ein Leben in Höhlen völlig zurückentwickelt, so daß die Fische jetzt blind sind.

Wasser überträgt Geräusche viel besser als Luft. Daher haben einige Fische die Fähigkeit entwickelt, Geräusche zu erzeugen, entweder durch Vibrationen mit der Schwimmblase oder durch Aneinanderreiben der Flossenstrahlen. Andere Fische haben gelernt, die Leitfähigkeit des Wassers zu nutzen. So wenden die Nilhechte in ihrem trüben Habitat Echolot zur Ortung an, elektrische Welse oder Zitteraale setzen Stromschläge ein, um ihre Beute zu betäuben.

Aquatische Lebensräume

In fast allen Gewässern sind Fische zu Hause, von den tiefsten Ozeanen bis zu den höchsten Bergseen. Und aufgrund dieser weiten Verbreitung konnten sie auch fast überall vom Menschen als Nahrung genutzt werden.

Wenn wir an Fische denken, kommen uns zunächst die Elritzen unserer heimatlichen Flüsse in den Sinn oder die Forelle und der Lachs, die wir vom Fischhändler kennen – Fische also, die aus uns bekannten Lebensräumen stammen. Aber in welch außergewöhnlichem Gewässer Sie auch suchen würden – mit 99,9prozentiger Sicherheit sind dort Fische heimisch. So befindet sich z.B. der größte Teil unseres Trinkwassers in natürlichen, unterirdischen Speichern. Und sogar hier finden wir Fische, die in Höhlen leben und ihr ganzes Leben in völliger Dunkelheit verbringen. Aber auch an Stellen, an denen unterirdische Wasserspeicher als schweflige oder heiße Quellen zu Tage treten, leben Fische.

Die Eierlegenden Zahnkarpfen sind in tropischen Tümpeln zu Hause, die nur zu bestimmten Jahreszeiten Wasser enthalten. Zu Beginn der Trockenzeit legen sie Eier, die bis zur nächsten Regenzeit im Schlamm ruhen, während die Elternfische in den austrocknenden Tümpeln sterben. Mit den ersten Regenfällen schlüpft ein kleiner Teil dieser Eier, während die übrigen weiter in ihrer Ruhestellung verbleiben – eine Vorsichtsmaßnahme, um das Überleben der Art sicherzustellen, falls der Regen doch wieder aufhört.

In einem Fluß leben von der Quelle bis zur Mündung verschiedene Fische. Fische aus schnellfließenden Gewässern

OBEN: Selbst in den unwirtlichsten Gegenden, wie z.B. unterirdischen Wasserspeichern und Flüssen, die im Sommer austrocknen, leben Fische. Einige Arten wandern weit flußaufwärts, um in flachen, wärmeren Flußabschnitten zu laichen.

OBEN: In den langsamfließenden, nährstoffreichen Gewässern der Ebenen leben viele verschiedene Pflanzen und Tiere.

besitzen große Flossen, damit sie nicht abgetrieben werden, andere, etwa die Plattfische oder Rochen, besitzen abgeflachte Körper, mit denen sie ein Leben am Boden führen.

Natürliche Lebensräume nachzubilden, ist eine große Herausforderung für jeden Aquarianer. Ein Beispiel wäre ein von Lichtflecken durchsetzter Waldbach mit herabgefallenem Laub auf dem Boden und aus dem Wasser ragenden Pflanzen. Eine solche Umgebung könnte das Heim für Bratpfannenwelse werden, die wie Blätter aussehen, oder für Spritzsalmler, die ihre Eier an die Unterseite breiter, aus dem Wasser ragender Blätter legen.

Auch Biotope mit Brackwasser haben ihren Reiz, denn dort leben so interessante kleine Fische wie die Schlammspringer. Ihr Aquarium sollte in einem solchen Fall mit ins Wasser reichenden Wurzeln dekoriert sein, aber auch über eine sanft ansteigende Schlammfläche verfügen, die den Fischen das Herausklettern ermöglicht. Sie könnten dort aber auch Schützenfische halten, die mit einem Wasserstrahl auf über dem Gewässer sitzende Insekten „schießen".

Von besonderer Schönheit ist natürlich auch ein Becken mit einem Korallenriff. Dort leben neben Fischen auch viele wirbellose Tiere, auf die in diesem Buch jedoch leider nicht eingegangen werden kann. Vorgestellt werden dafür jedoch zahlreiche tropische Meerwasserfische.

Die größte Herausforderung für einen Aquarianer bilden aber vielleicht Arten aus sehr unwirtlichen Lebensräumen. Wie hält man beispielsweise Fische aus Stromschnellen in einem relativ ruhigen Aquarium? Wie gelingt die Zucht bestimmter Arten, und wie zieht man die Jungfische auf? Mit diesen und vielen anderen Fragen setzt sich das Buch auseinander. Sie erhalten zahlreiche Informationen und Anregungen, die Ihnen eine erfolgreiche Haltung von Zierfischen ermöglichen.

Die Wahl des Beckens und der Einrichtung

Ein Besuch in Ihrer Zoohandlung gibt Ihnen eine Vorstellung von der Vielzahl unterschiedlicher Aquarien. Die Frage ist natürlich, welches das richtige für Sie persönlich ist. Im Prinzip ist ein Aquarium ja zunächst nichts weiter als ein Glasbehälter mit Wasser. Wichtig ist, was Sie daraus machen.

Als erstes müssen Sie sich über die Größe des Beckens klarwerden. Hier gilt: Je größer das Becken, desto leichter ist es zu pflegen. Die maximale Größe wird aber in der Regel durch den jeweiligen Standort bestimmt. Das Aquarium sollte grundsätzlich möglichst weit von jeder Wärmequelle entfernt stehen und nicht der Sonne ausgesetzt sein. Sehr häufig bieten sich Ecken als Stellplatz an; in modernen Wohnräumen werden Aquarien aber auch oft als Raumteiler eingesetzt. Falls die handelsüblichen Becken in Größe oder Form nicht Ihren Wünschen entsprechen, besteht die Möglichkeit, Maßarbeiten anfertigen zu lassen, die allerdings meist recht teuer sind.

Das fertige, mit Kies, Steinen und Wasser gefüllte Aquarium kann sehr schwer sein. Allein das Wasser wiegt schon ungefähr 1 kg pro Liter. Moderne Untergestelle sind so konstruiert, daß sie ein solches Gewicht aufnehmen können; überprüfen Sie aber vorsichtshalber die Tragfähigkeit Ihres Fußbodens. Wenn Sie selbst einen Schrank für Ihr Aquarium bauen, testen Sie Ihre Konstruktion sehr sorgfältig, um sicher zu sein, daß sie der Belastung standhält. Wichtig ist eine Styropor- oder Schaumgummiunterlage zwischen Aquarium und Schrank, die geringfügige Unebenheiten ausgleicht und so ein Springen des Glases verhindert.

Nachdem Sie Ihr Aquarium aufgestellt haben, können Sie beginnen. Überprüfen Sie zunächst durch Einfüllen von Wasser die Dichte des Beckens, denn es ist viel leichter, ein nicht eingerichtetes Aquarium abzudichten, als die ganze Dekoration noch einmal herausnehmen zu müssen.

RECHTS: Hohe Lichtintensität ist erforderlich, um die rote Färbung mancher Wasserpflanzen zu erhalten. Eine durchdachte Beleuchtung berücksichtigt solche Besonderheiten ebenso wie die Gestaltung schattiger Bereiche für Pflanzen, die weniger starkes Licht benötigen.

Wenn alles in Ordnung ist, können Sie das Wasser wieder ausleeren.

BELEUCHTUNG

Die Art der Beleuchtung, die Sie für Ihr Aquarium wählen, hängt ganz von der erwünschten Wirkung ab. Wenn Sie z. B. ein Flußufer mit Baumwurzeln nachbilden möchten, müssen Sie für Lichtflecken sorgen, die das Spiel der Sonne auf den Wellen nachahmen. Wenn Sie dagegen ein tropisches Unterwasserparadies mit vielen Pflanzen schaffen wollen, dann ist für das Gedeihen der Pflanzen eine Beleuchtung von entsprechender Intensität und Tageslänge wichtig.

Meist werden zur Beleuchtung Leuchtstoffröhren verwendet, die es in verschiedenen Längen, Stärken und Farbvarianten gibt. Sie alle sorgen nicht nur für ein gutes Wachstum von Pflanzen oder Meeresalgen, sondern ermöglichen auch das Beobachten nachtaktiver Fische. Sie anzubringen ist relativ einfach: Die Lampen werden gewöhnlich in eine Abdeckung eingepaßt und mit Klemmen befestigt. Die Innenseite der Abdeckung sollte weiß oder spiegelnd sein, damit möglichst viel Licht reflektiert wird. Sorgen Sie außerdem für wasserdichte Stromanschlüsse, damit es in der feuchten Umgebung nicht zu tödlichen Unfällen kommen kann. Die Lampentrafos werden sehr heiß, so daß man sie außerhalb der Abdeckung unterbringen sollte. Auf diese Weise wird ein Hitzestau zwischen Abdeckplatte und Verkleidung vermieden. Falls sie nicht außerhalb untergebracht werden können, muß eine gute Belüftung sichergestellt sein.

UNTEN: Ein sorgfältig geplantes, bepflanztes und ausreichend beleuchtetes Aquarium ist ein Blickfang für jeden Raum.

Für ein Aquarium mit Pflanzen benötigen Sie eine Zeitschaltuhr zur Kontrolle der Beleuchtungsdauer. Häufig werden in einem solchen Fall vier oder sogar fünf Röhren kombiniert, die nacheinander an- und ausgeschaltet werden. Auf diese Weise können Sie den 12-Stunden-Rhythmus des natürlichen Lichts in den Tropen imitieren, das nur während der sechs oder sieben Stunden, in denen die Sonne hoch am Himmel steht, seine volle Intensität erreicht. Wenn Sie dagegen Plastikpflanzen verwenden, brauchen Sie lediglich ausreichendes Licht, um Ihre Fische beobachten zu können.

Auch der Röhrentyp sollte auf die Bedürfnisse Ihres Aquariums abgestimmt sein. Erhältlich sind spezielle Röhren mit einer spektralen Zusammensetzung, die optimal für wachsende Pflanzen ist, andere fördern das gesunde Wachstum von Meereskorallen und wirbellosen Meerestieren.

Für offene Aquarien werden gewöhnlich Quecksilberdampflampen oder Hängeleuchten verwendet, da sie besonders in tiefen Becken Lichtflecken und schattige Bereiche schaffen. Dagegen werden in Meerwasseraquarien häufig Metalldampfhochdrucklampen mit Blaustrahlern kombiniert, um die Gesundheit der Korallen und anderer Wirbelloser zu gewährleisten. Strahler können einen Blickfang im Aquarium betonen, beispielsweise eine besondere Pflanze oder eine interessante Wurzel.

Die meisten der heute erhältlichen Aquarien werden mit einer passenden Abdeckung angeboten, in der die Beleuchtung bereits installiert ist, so daß Sie nur noch das Stromkabel anschließen müssen.

FILTERSYSTEME

Eine gute, dem Aquarium angepaßte Filterung ist sehr wichtig, denn bei einer Verschlechterung der Wasserqualität leidet die Gesundheit der Fische, und manchmal kann es sogar soweit kommen, daß sie eingehen.

Der Filter soll die giftigen Ausscheidungsprodukte der Fische abbauen und in schadlose Produkte zurückverwandeln. In der Natur sorgen Bakterien dafür, daß dieser sogenannte Stickstoffzyklus funktioniert. Bakterien der Gattung *Nitrosomonas* wandeln zunächst Ammoniak in Nitrit um. Dieses wiederum wird von *Nitrobacter*-Arten in ungiftiges Nitrat verwandelt, das dann von Pflanzen aufgenommen werden kann. In einem Aquarium ist es notwendig, die Effizienz dieses Prozesses durch eine gute Filterung zu verbessern.

Die vier wichtigsten Aquarienfiltertypen sind der Unterbodenfilter, der Außenfilter, der Rieselfilter und biologische Systeme.

UNTEN: Der Stickstoffzyklus

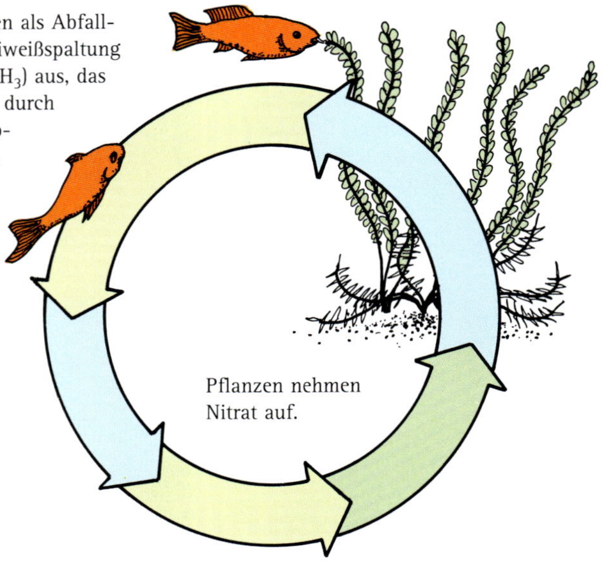

RECHTS: Ein **Unterbodenfilter** gehört zu den einfachsten Systemen. Dabei wirkt der Bodengrund aus Kies oder Sand als Filtermaterial. Mit dem Sauerstoff aus dem nach unten gedrückten Wasser können die Bakterien Abfallprodukte abbauen.

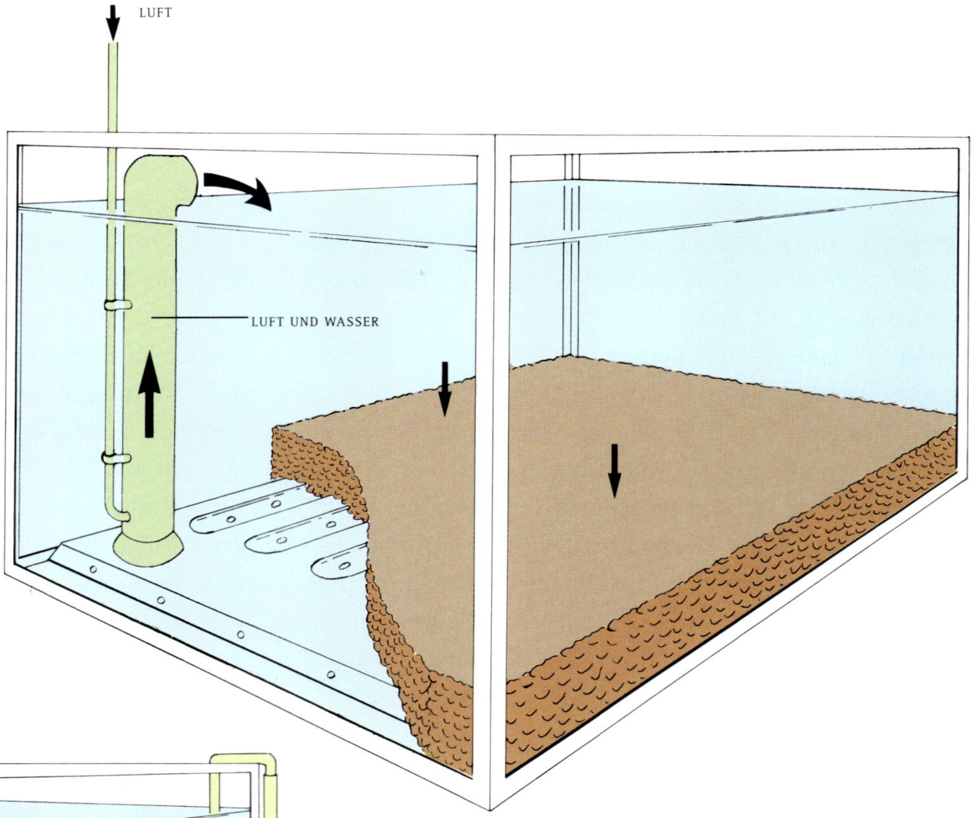

UNTEN: In einem **Rückfluß-Unterbodenfilter** wird das Wasser von der Pumpe durch den Kies ins Becken zurückgedrückt.

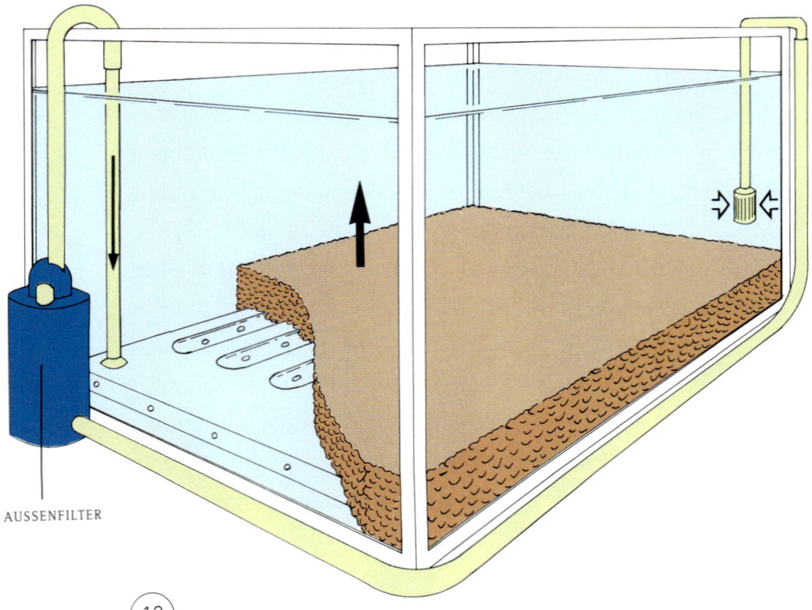

Unterbodenfilter: Diese Filter sind billig und einfach zu installieren. Man legt eine perforierte Grundplatte auf den blanken Beckenboden und bedeckt sie mit Sand oder Kies. Das Wasser wird durch den Bodengrund gesaugt und über eine Steigröhre an die Wasseroberfläche zurückgepumpt. Bei der Rückfluß-Unterbodenfilterung wird das Wasser dagegen in der Röhre heruntergedrückt und muß anschließend durch den Bodengrund aufsteigen. Beide Methoden sind gleichermaßen effektiv, da das Wasser durch das Filterbett fließt, wo die aeroben Bakterien Ammoniak und Nitrite abbauen.

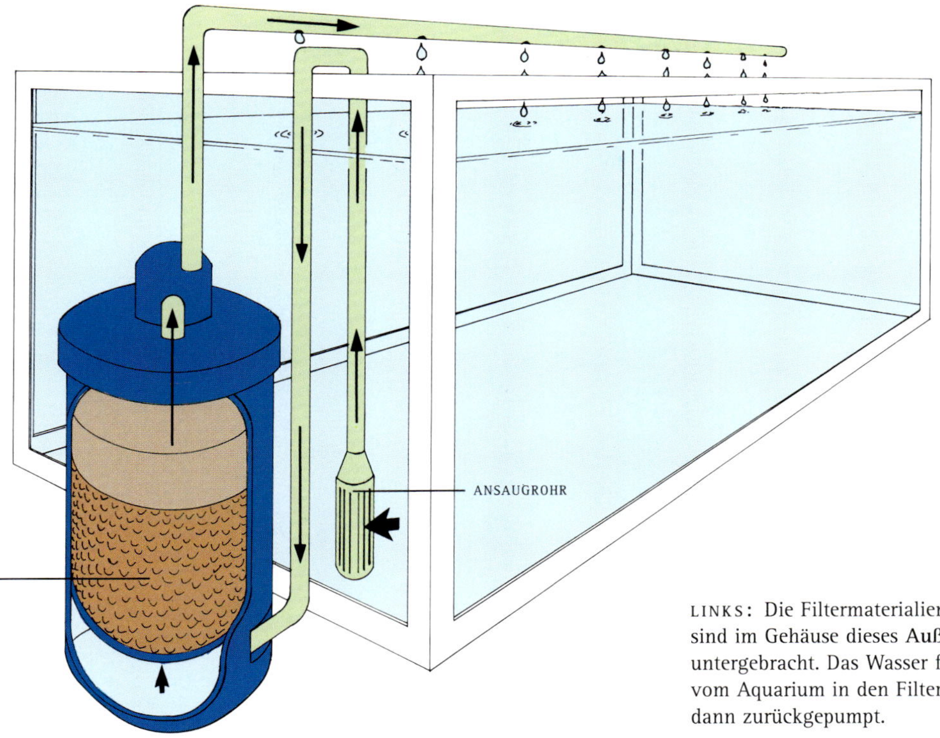

LINKS: Die Filtermaterialien sind im Gehäuse dieses **Außenfilters** untergebracht. Das Wasser fließt vom Aquarium in den Filter und wird dann zurückgepumpt.

Außenfilter: Diese Filter sind zwar nicht billig, aber dafür ausgesprochen wirkungsvoll. Das Wasser wird bei diesem System aus dem Aquarium in einen Behälter gepumpt, der Filtermaterial wie Keramikröhrchen, Filterkohle, Filterwolle oder auch eine aus diesen Stoffen bestehende Kombination enthält. Im Filtermaterial leben Bakterien, die durch die Pumpe ständig mit dem lebensnotwendigen, frischen Wasser versorgt werden.

Rieselfilter: Hier leben die Bakterien in mehreren übereinander aufgestellten Tabletts. Jedes hat im Boden Ablauflöcher, damit das Wasser, das zum obersten Tablett gepumpt wird, langsam durch alle Tabletts rieselt, bevor es zurück ins Aquarium fließt. Als Filtermaterial dienen feine Filtermatten oder Keramikröhrchen, die mindestens zur Hälfte der Luft ausgesetzt sein sollten. Auf diese Weise entsteht ein sauerstoffreicher Lebensraum für die Bakterien.

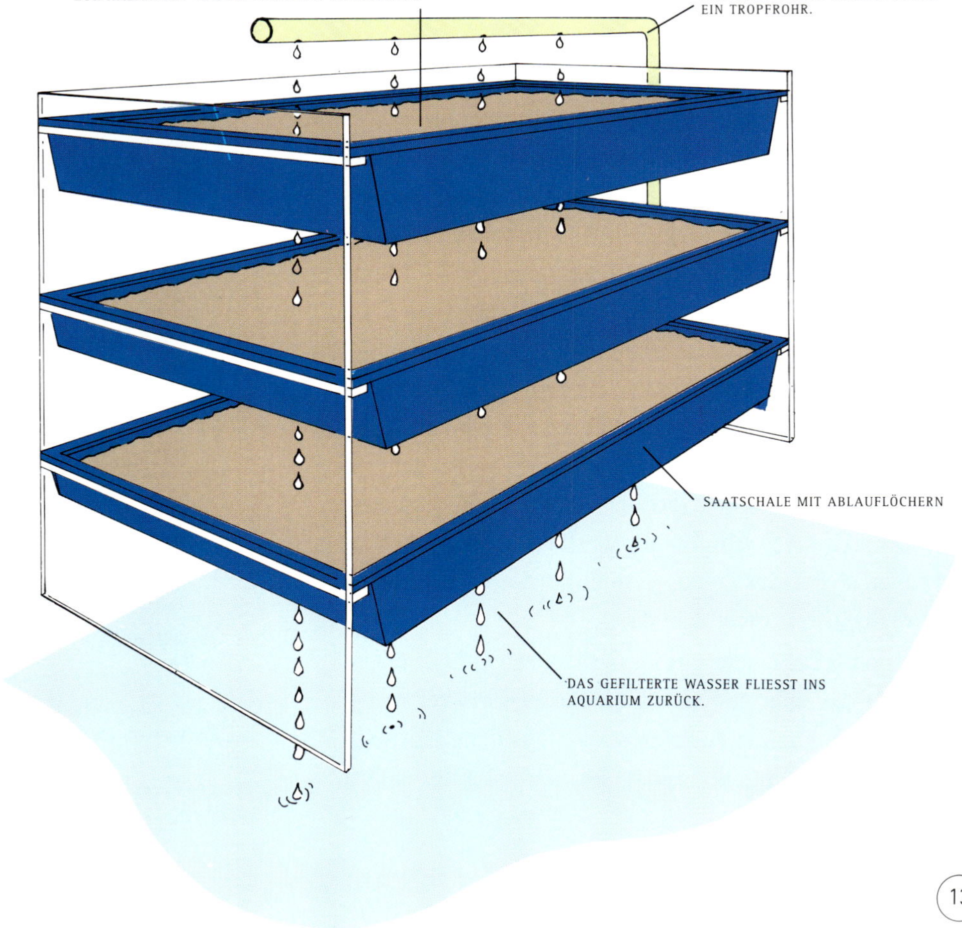

RECHTS: **Rieselfilter** werden oft als Ergänzung zu anderen Systemen verwendet. Das offene Filtermaterial ermöglicht einen hohen Gasaustausch, so daß sich viele Bakterien ansiedeln können.

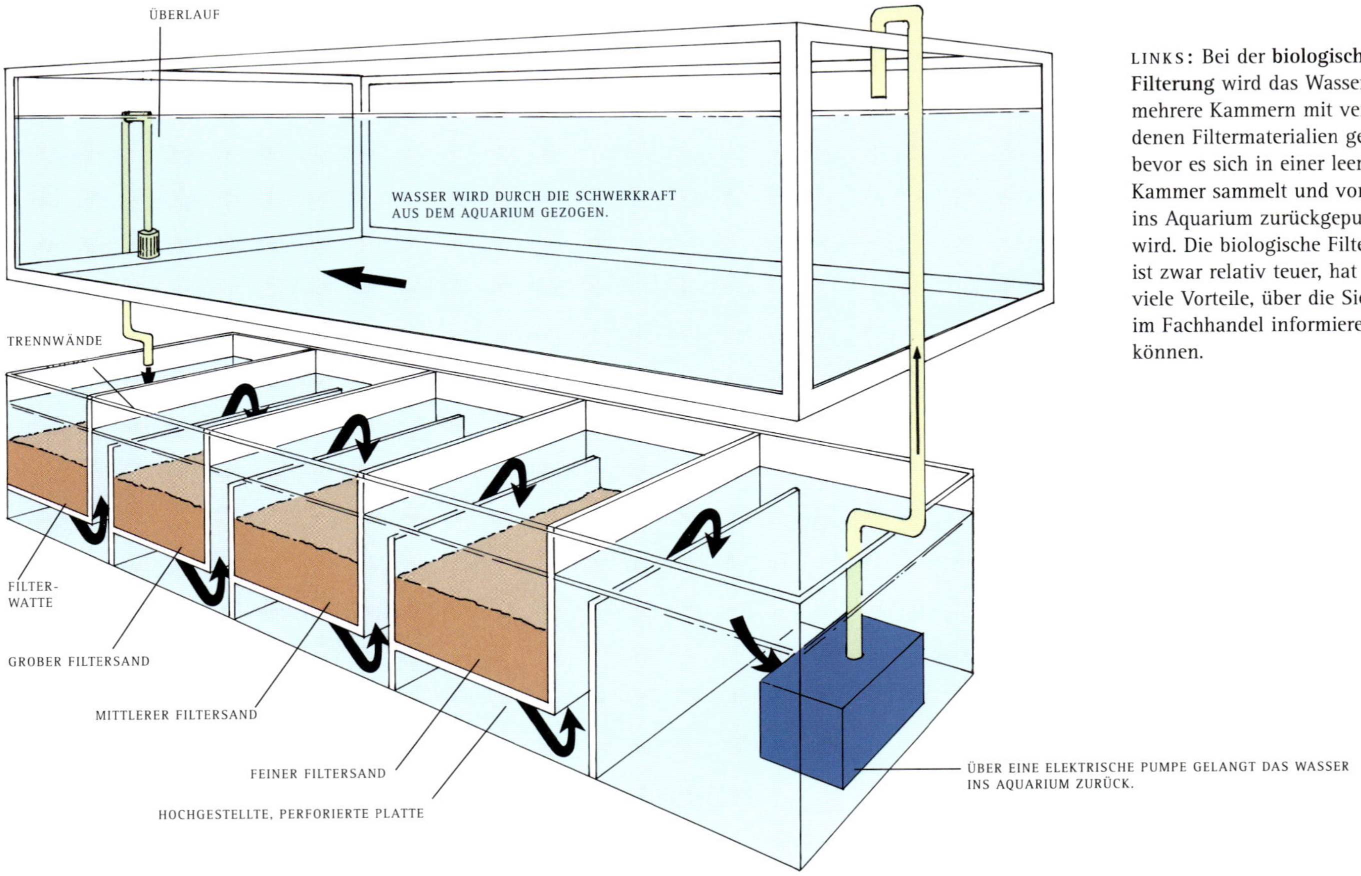

LINKS: Bei der **biologischen Filterung** wird das Wasser durch mehrere Kammern mit verschiedenen Filtermaterialien geleitet, bevor es sich in einer leeren Kammer sammelt und von dort ins Aquarium zurückgepumpt wird. Die biologische Filterung ist zwar relativ teuer, hat aber viele Vorteile, über die Sie sich im Fachhandel informieren können.

Biologische Systeme: Für diese Art der Filterung wird ein zweites, spezielles Becken benötigt. Das Prinzip entspricht dem der anderen Filtersysteme, es werden lediglich mehrere Filterkammern mit verschiedenen Filtermaterialien nacheinander durchlaufen, bevor das Wasser ins Aquarium zurückgepumpt wird. Ein solches System wird häufig in Verbindung mit einem Rieselfilter verwendet.

Die Feinabstimmung des Systems: In einem Meerwasseraquarium stellt sich das biologische Gleichgewicht bekanntlich erst nach einiger Zeit ein. Im Grunde gilt das auch für ein Süßwasseraquarium, denn zunächst müssen sich natürlich die Bakterien ansiedeln, die später die Ausscheidungsprodukte der Fische abbauen sollen. In einem neuen Aquarium wird also zu Beginn eine hohe Ammoniakkonzentration auftreten, die erst abnimmt, wenn sich diejenigen Bakterien, die Ammoniak verwerten können, ausreichend vermehrt haben. Gleiches gilt für die nun folgende hohe Nitritkonzentration, die erst durch die Anwesenheit von *Nitrobacter*-Bakterien wieder zurückgeht. Zu diesem Zeitpunkt können bereits einige Fische eingesetzt werden, durch deren Abfallprodukte die Bakterienzahl langsam steigt, so daß der Zyklus nun mit immer größeren Mengen Abfallstoffen zurechtkommt.

Aber selbst bei einem gut im Gleichgewicht befindlichen System ist ungefähr alle zehn Tage ein Wasserwechsel notwendig. Dann können zugleich auch allgemeine Wartungsarbeiten ausgeführt und Fischkot sowie tote Blätter entfernt werden.

Das Wasser

Oben: Eine gute Wasserqualität, die den jeweiligen Bedürfnissen der Aquarienbewohner entspricht, ist für das Wohlergehen Ihrer Fische sehr wichtig. Mit Teststäbchen können Sie beispielsweise die pH-Werte des Wassers überprüfen. Achten Sie dabei aber auf das Verfallsdatum der Stäbchen.

Verschiedene Fische erfordern auch sehr unterschiedliche Wasserbedingungen. Manche brauchen weiches und saures Wasser, andere haben sich einem alkalischen Lebensraum angepaßt oder leben in Brack- beziehungsweise Meerwasser.

Die Härte ist das Maß für die im Wasser gelösten Salze. So hat weiches Wasser beispielsweise einen Wert von etwa 3° dH (0 bis 50 mg / l $CaCO_3$), sehr hartes Wasser von 25° dH (mehr als 450 mg / l $CaCO_3$).

Mit dem pH-Wert wird dagegen die Säure oder Alkalität des Wassers angegeben. Bei pH 7 ist das Wasser neutral. Beim niedrigsten Wert auf der Skala, pH 0, ist es sehr sauer, beim höchsten, pH 14, sehr alkalisch. Da es sich um eine logarithmische Skala handelt, ist pH 6 zehnmal saurer als pH 7 und pH 5 100mal saurer als pH 7.

Die meisten Süßwasserfische leben in einem Bereich von pH 6,5 bis 8,5 und tolerieren eine Härte von ca. 9 bis 14° dH. Die Anforderungen für Arten mit speziellen Bedürfnissen können in den Beschreibungen nachgelesen werden.

Für Meerwasseraquarien sollten Sie ein gutes Meersalz verwenden und eine Lösung mit einem Salzgehalt von 1,023 bis 1,027 bei 24-26 °C herstellen. Die Alkalität von Meerwasser liegt ziemlich konstant bei einem pH-Wert von 8,4.

RECHTS: Die pH-Skala ist logarithmisch aufgebaut, so daß der Schritt von pH 7 zu pH 8 das Wasser zehnmal alkalischer macht, während es bei pH 6 zehnmal und bei pH 5 100mal saurer ist als neutrales Wasser mit einem pH-Wert von 7.

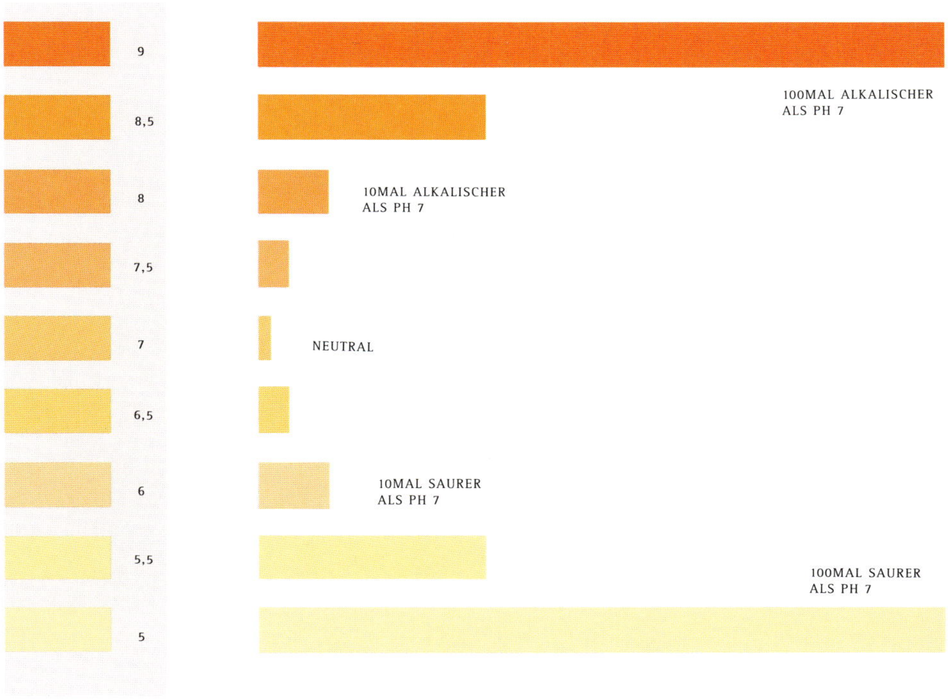

Die Heizung

Es gibt verschiedene Möglichkeiten, ein Warmwasseraquarium zu heizen. Am gebräuchlichsten sind Thermostatheizer, die vom Hersteller meist auf ca. 23 °C eingestellt werden. An einem Drehknopf läßt sich die Temperatur ändern, wobei Sie die Richtung für eine Erhöhung bzw. Erniedrigung aus der Gebrauchsanweisung ersehen können. Zur Überprüfung besitzen viele Thermostatheizer eine Kontrolleuchte.

Eine andere Möglichkeit ist die Trennung von Heizer und Thermostat. Dies vereinfacht die Handhabung insofern, als letzterer außerhalb des Beckens angebracht und dadurch natürlich auch einfacher reguliert werden kann. Der Nachteil liegt allerdings darin, daß ihn kleine Kinder leicht verstellen können – mit katastrophalen Folgen für die Fische. Wenn Sie sich für ein Außenthermostat entscheiden, sollten Sie also unbedingt dafür sorgen, daß es für Kinder unerreichbar ist.

Eine andere Alternative sind Heizmatten unter dem Becken oder Heizkabel, die im Kies vergraben werden.

Die Leistung des Thermostatheizers hängt von der Größe des Aquariums ab. Als Faustregel gilt: 10 Watt für etwa 4,5 Liter, d. h. ein Becken von 68 Litern sollte mit einem Heizer von 150 Watt ausgestattet sein. Für größere Aquarien müssen Sie möglicherweise mehrere Heizer einsetzen. Thermostatheizer sind in verschiedener Leistungsstärke erhältlich, z. B. in 50, 75, 100, 125, 150, 200 und 300 Watt, so daß Sie 600 Watt durch 2 x 300 Watt oder durch 3 x 200 Watt erhalten können. Oft ist es auch besser, mehrere Heizer zu verwenden und diese nur mit halber Kraft arbeiten zu lassen, da so einer Überhitzung vorgebeugt wird.

Es empfiehlt sich, die Temperatur jeden Tag zu überprüfen. Mit wachsender Erfahrung wird es ausreichen, nur die Hand ans Aquarium zu legen oder einen Blick auf die Bewohner Ihres Beckens zu werfen, um die Temperatur einschätzen zu können. Dennoch ist es sicherer, ein Thermometer zu verwenden und sich anzugewöhnen, es bei jedem Vorbeigehen kurz zu überprüfen. Schalten Sie den Heizer erst ein, wenn Wasser im Becken ist. In Betrieb befindliche Heizer müssen immer von Wasser bedeckt sein.

Das Einrichten des Beckens

Bei der Einrichtung Ihres Aquariums sollten Sie sich immer am natürlichen Lebensraum Ihrer Fische orientieren, damit sie sich in ihrer neuen Heimat wohl fühlen. Alles weitere bleibt ganz Ihrem persönlichen Geschmack überlassen.

Bodengrund

Für Süßwasserbecken verwendet man Kies, der in drei Größen erhältlich ist. Der feinste ist ein grober Sand, der sich häufig recht scharfkantig anfühlt. Er ist besonders gut für Pflanzen geeignet, kann aber für Bodenfische, die gründeln oder sich eingraben, gefährlich sein, da er die Haut leicht zerkratzt oder die Barteln beschädigt. Die nächste Größe, der Quarzkies, wird am häufigsten eingesetzt. Die Steine sind etwa erbsengroß und abgerundet. Bei geräumigeren Becken mit großen Fischen kann auch grober Flußkies, wie er im Straßenbau verwendet wird, sehr ansprechend aussehen.

Eine gute Alternative ist feiner Sand. Er eignet sich besonders gut für Süßwasseraquarien mit Bodenfilter, denn die abgerundeten Körner ermöglichen einen freien Wasserdurchfluß und beschädigen die oft empfindlichen Barteln der Fische nicht.

Für Meerwasseraquarien und einige spezielle Süßwasserbiotope, etwa alkalische Seen, wird Korallensand verwendet.

Bevor Sie das Substrat ins Aquarium einfüllen, müssen Staub und Schmutz durch sorgfältiges Waschen entfernt werden.

Steine

In Zoohandlungen stehen die verschiedensten Steine zur Auswahl, darunter Schiefer, Granit und Buntsandstein (nicht kalkhaltig). Diese Gesteine sind inert, d.h. ihre Bestandteile lösen sich im Wasser nicht auf, können also die Wasserchemie nicht verändern. Dies ist auch der Grund, warum Sie grundsätzlich keine selbstgesammelten Steine verwenden sollten. Ein Kalkstein könnte in einem Aquarium mit weichem Wasser katastrophale Folgen haben, wenn sich der Kalk langsam aus dem Stein löst und das Wasser härter macht. Reinigen Sie Ihre Steine vor Gebrauch sorgfältig, um Staub und lose Fragmente zu entfernen.

Eine Möglichkeit, Steine gestalterisch einzusetzen, bieten große, runde Kieselsteine, mit denen man ein Flußbett nachbilden kann. Tuffstein ist das wesentliche Gestaltungselement in Meerwasseraquarien. Dieser poröse Stein enthält Kalzium, was dabei hilft, den pH-Wert bei 8,4 zu stabilisieren. Tote Korallen und Muschelschalen kann man zur Nachbildung eines Korallenriffs verwenden.

OBEN: Steinaufbauten können sehr dekorativ wirken. Überzeugen Sie sich aber, daß Ihre Konstruktion einsturzsicher ist.

Holz

Die Vielseitigkeit von Holz für die Einrichtung eines Aquariums ist schwer zu übertreffen. Es ist nicht nur dekorativ, sondern kann auch als Unterlage für Pflanzen, beispielsweise Javafarn (*Microsorium pteropus*), dienen. Außerdem ergänzt es die Nahrung bestimmter Fische, etwa von Antennenwelsen (*Ancistrus sp.*), die gerne daran raspeln.

Verwenden Sie nur Moorkienholz, und weichen Sie dieses einige Tage ein, damit Staub und Schmutz entfernt und einige der Tannine ausgelaugt werden.

Angeboten werden auch Holznachbildungen aus Keramik, die teilweise recht echt aussehen.

Pflanzen

Bei der Bepflanzung Ihres Aquariums können Sie zwischen echten und künstlichen Pflanzen wählen.

Viele der heute erhältlichen künstlichen Pflanzen sind so naturgetreu nachgebildet, daß sie den echten zum Verwechseln ähnlich sehen. Allerdings haben sie lediglich dekorativen Wert, denn sie verbessern natürlich weder die Qualität des Wassers, noch helfen sie bei eventuellen Problemen mit Algen. Trotzdem kann man ein Becken mit künstlichen Pflanzen sehr attraktiv dekorieren, und wenn Sie zusätzlich noch ein effektives Filtersystem besitzen, sollte es auch mit der Wasserqualität keine Probleme geben.

Lebende Pflanzen sind dagegen nicht ganz so leicht zu handhaben. Sie sterben schnell ab, wenn kein ausreichendes Licht vorhanden ist oder wenn die Wasserqualität nicht stimmt. Zudem gibt es einige Fischarten, die Aquarienpflanzen fressen. Meist kann dies allerdings durch zusätzliches Grünfutter vermieden werden.

Wählen Sie Ihre Pflanzen sorgfältig aus, und lassen Sie sich von Ihrem Zoohändler beraten. In der Natur unterscheidet man Pflanzen, die das ganze Jahr im Wasser leben, wie die verschiedenen *Cabomba*-Arten, und solche, die während der trockenen Jahreszeit auf sumpfigem Boden wachsen und nur untergetaucht leben, wenn die Regenfälle den Wasserspiegel steigen lassen. Einige der *Cryptocoryne*- (Wasserkelch) und *Echinodorus*-Arten (Amazonaspflanzen) sind Beispiele für diese Lebensweise. Verwenden Sie einige große Pflanzen für den Hintergrund des Aquariums und kleine für den Vordergrund. Die Schwierigkeit liegt oft darin, daß eine Pflanze, die beim Kauf klein war, sehr schnell in die Höhe schießt und dann für ihren Platz zu groß wird. Planen Sie die Bepflanzung daher vor dem Einkauf sehr sorgfältig, und holen Sie beim

OBEN: Aquarien wie das hier abgebildete können ein echter Blickfang sein, besonders wenn Pflanzen in das Wasser hineinwachsen. Solche Becken sind ein idealer Lebensraum für den Schützenfisch.

LINKS: Um eine optimale Wirkung zu erzielen, sollten sich Pflanzen in Blattform und Färbung ergänzen.

LINKS: Wenn Ihre Auswahl an Technik, Dekoration und Tieren richtig war, und Sie dann noch ein wenig Geduld haben, werden Sie mit einem Aquarium belohnt, in dem Fische, wirbellose Tiere und Algen gedeihen.

Händler genaue Erkundigungen über Pflanzen ein, die Sie in Ihr Becken einsetzen wollen.

Ihre Aufmerksamkeit sollte aber auch der Größe und Farbe der Blätter gelten. Damit sich die Pflanzen gut ergänzen, läßt man am besten eine breitblättrige Art neben einer mit schmalen Blättern wachsen, eine dunkelrote neben einer mittelgrünen oder eine hohe Pflanze mit schmalen Blättern neben einer buschigen. Hilfreich ist es, die Bepflanzung zunächst auf dem Papier zu planen und die gewünschten Pflanzen anschließend in der Zoohandlung nebeneinander zu halten, um die Wirkung zu überprüfen.

Gehen Sie dann beim Einpflanzen ebenso vor wie in einem Garten: Setzen Sie die Pflanzen einzeln und mit ausreichendem Abstand zueinander ein. Pflanzen Sie die Stecklinge zudem in versetzten Reihen. Dadurch entsteht von vorn gesehen eine Wand von Pflanzen, während von oben betrachtet jede Pflanze ihren eigenen Platz hat. Um große Solitärpflanzen, etwa eine Amazonaspflanze, sollte genügend freier Platz bleiben. Sie bietet dann nicht nur einen schönen Blickfang für Ihr Becken, sondern beeinträchtigt auch andere Pflanzen nicht durch den Schatten ihrer großen Blätter. Allerdings gibt es auch einige Pflanzen, die im Schatten wachsen können, beispielsweise die kleineren *Cryptocoryne*-Arten.

Zu den Pflegearbeiten eines Aquariums gehört das Zurückschneiden der Pflanzen und das Entfernen abgestorbener Blätter. Am besten nehmen Sie sich jedesmal, wenn Sie am Becken arbeiten, eine andere Gruppe von Pflanzen vor.

Sie sollten auch daran denken, daß einige der gekauften Aquarienpflanzen zu den Sumpfpflanzen gehören könnten, die nur einen Teil des Jahres im Wasser stehen. Wenn diese Pflanzen in der Trockenzeit gesammelt wurden, sterben die Blätter beim Einsetzen ins Wasser oft ab. Entfernen Sie die Stengel aber nicht, denn mit etwas Glück erscheinen aus den Augen bald neue Triebe, die Sie dann, wenn sie groß genug geworden sind, abnehmen und neu einpflanzen können.

Wasser Einfüllen

Jetzt können Sie das Aquarium mit Wasser füllen. Legen Sie eine umgedrehte Untertasse, einen Teller oder ein sauberes Blatt Papier auf den Bodengrund, und lassen Sie das Wasser vorsichtig darüber einlaufen. Auf diese Weise verhindern Sie, daß der Kies zu Hügeln aufgeschüttet oder die Pflanzenwurzeln freigelegt werden. Damit tropische Pflanzen nicht unnötig auskühlen, kann warmes Wasser verwendet werden.

Nun fehlt eigentlich nur noch das Verstecken aller Schläuche und Kabel. Dies wird einfacher, wenn Sie sie so zusammenfassen, daß nur ein einziger Anschluß zur Steckdose führt.

FÜTTERUNG

Die Vielfalt der verfügbaren Zierfischnahrung ist beachtlich. Zur ausgewogenen Ernährung ist handelsübliches Trockenfutter sehr gut geeignet, wobei zusätzliches Lebend- oder Gefrierfutter sicher von Vorteil ist. Über Lebendfutter gibt es immer wieder Diskussionen. Während einige vor der Übertragung von Fischkrankheiten warnen, behaupten andere, Fische könnten ohne Lebendfutter nicht auskommen. Wie auch immer Sie zu diesem Problem stehen – auf jeden Fall sollten Sie für eine abwechslungsreiche Ernährung sorgen.

ALLESFRESSER

Diese Fische sind sicher am leichtesten zu füttern. Wie ihr Name schon sagt, fressen sie vom Nahrungsangebot her fast alles, was sie verschlingen können. Trocken-, Gefrier- und Lebendfutter werden ebenso angenommen wie Futtertabletten. Allesfresser scheinen am besten zu gedeihen, wenn sie mehrmals am Tage mit kleineren Mengen gefüttert werden.

INSEKTENFRESSER

Diese Fische fressen nicht nur wirbellose Wassertiere, sondern auch Insekten, die ins Wasser fallen, oder die, wie beim Schützenfisch, von überhängenden Zweigen „herabgeschossen" werden. Die meisten Arten akzeptieren Trockenfutter, Sie sollten aber auch regelmäßig tiefgefrorene Wasserflöhe, Rote Mückenlarven, Glaskrebschen (*Mysis*) usw. zufüttern. Insektenfresser sollten zweimal täglich mit abwechslungsreichem Futter versorgt werden.

PFLANZENFRESSER

Die Vegetarier unter den Fischen stehen in dem Ruf, alle Pflanzen im Aquarium zu verschlingen, so daß man sie nur in einem Becken mit Plastikpflanzen halten kann. Das trifft aber so nicht zu, denn wenn sie mit ausreichend Grünfutter versorgt werden, bleiben die Pflanzen meist verschont. Bieten Sie den Tieren Kopfsalatblätter an, die Sie in den Bodengrund „einpflanzen". Auch gefrorene Erbsen, deren Schale Sie zerdrücken sollten, werden bereitwillig genommen, ebenso wie Zucchini- und Kartoffelscheiben, Pflanzenfutterflocken oder Algentafeln. Da Pflanzenfresser fast ständig auf der Suche nach Nahrung sind, sollten Sie für einen ausreichenden Futtervorrat sorgen.

RECHTS: Fütterung mit reichlich Lebendfutter, etwa Wasserflöhen, ist oft der Schlüssel zu einer erfolgreichen Haltung und Zucht.

FLEISCHFRESSER

Diese Räuber der Fischwelt ernähren sich von anderen Fischen und sonstigen Tieren. Die meisten von ihnen können aber auch an lebloses Futter gewöhnt werden, etwa Fleischbrocken, kleingeschnittenen Fisch oder kleine Krebse. Jeder zehnte Fleischfresser wird sich aber mit nichts anderem zufriedengeben als mit Futter, das sich bewegt. Wenn Sie über die Haltung eines großen Raubfisches nachdenken, sollten Sie sich darüber klar sein, daß Sie ihn vielleicht mit lebenden Fischen füttern müssen, denn sonst wird er langsam vor Ihren Augen verhungern! Keiner verfüttert gern Fische an andere Fische, oft aber läßt sich das nicht vermeiden. Wenn Sie Glück haben, ist die Fütterung mit lebenden Fischen nur solange notwendig, bis sich die Tiere in Ihrem Aquarium eingelebt haben.

Da Raubfische bei reichlichem Futterangebot viel fressen, um anschließend eine Weile zu fasten, ist es nicht nötig, sie häufiger als zwei- oder dreimal pro Woche zu füttern.

ZUCHT

Zwar werden wir unsere Fische in der Regel absichtlich vermehren, es kann aber auch vorkommen, daß uns plötzlich einige Jungfische im Becken überraschen. Ratschläge zur Zucht finden Sie, soweit bekannt, bei den Beschreibungen der Arten. Hier sollen zunächst die grundsätzlichen Zusammenhänge erklärt werden. Prinzipiell unterscheidet man zwischen eierlegenden und lebendgebärenden Arten, wobei sich die eierlegenden Fische weiter untergliedern lassen.

FREILAICHER

Diese Fische laichen entweder paarweise oder im Schwarm. Männchen und Weibchen geben Sperma und Eier fast gleichzeitig in das Wasser ab. Dort vermischen sie sich, die Eier werden befruchtet und treiben mit der Strömung davon oder sinken auf den Boden, wo sie zwischen Steinen und Pflanzen liegen bleiben, bis die Jungfische schlüpfen. Die Elterntiere betreiben keine Brutpflege, aber die große Anzahl der Eier stellt sicher, daß einige der Jungfische überleben.

Zur Zucht sollten die Fische in guter Verfassung sein. Ein Zuchtbecken kann mit Murmeln ausgelegt werden, zwischen die die Eier fallen, so daß sie von den Eltern nicht gefressen werden können. Den gleichen Zweck erfüllt ein im Becken aufgespanntes Netz, durch das die Eier fallen können. Nach dem Ablaichen sollten die Elternfische entfernt werden.

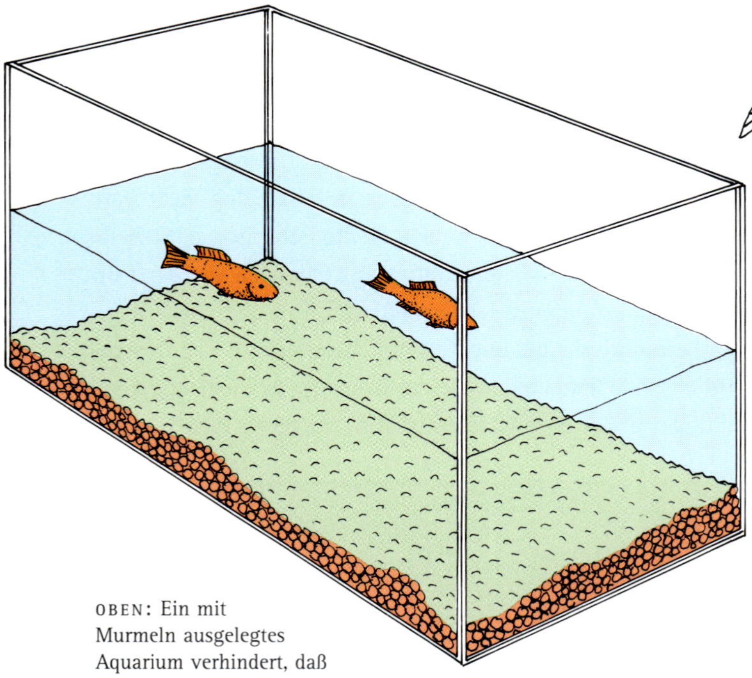

OBEN: Ein mit Murmeln ausgelegtes Aquarium verhindert, daß die Eier von den Elterntieren gefressen werden.

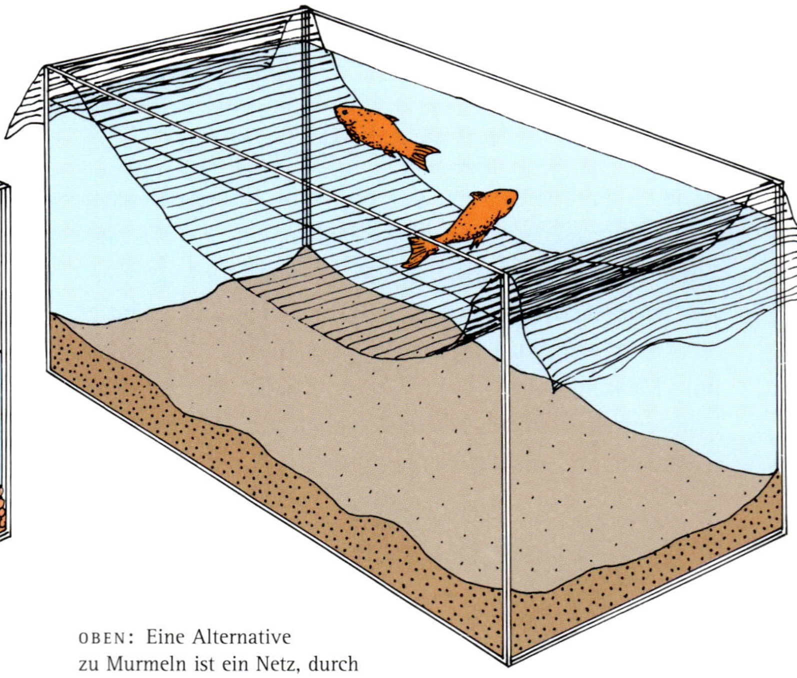

OBEN: Eine Alternative zu Murmeln ist ein Netz, durch das die Eier in die Sicherheit des unteren Beckenteils sinken.

NESTBAUENDE FISCHE

Viele Fische bauen Nester, die sehr unterschiedlich aussehen können. So heben einige Arten eine Grube im Bodengrund aus und bewachen sie, während andere einen Gang in das Ufer graben, um dort ihre Eier abzulegen. Besonders gut lassen sich im Aquarium aber die Schaumnester der Guramis und einiger Welse beobachten.

Für diese Arten ist kein spezielles Zuchtaquarium erforderlich. Wenn die Fische zum Laichen bereit sind, bauen sie ein Nest, indem sie Luftblasen ausspucken. Oft werden auch Pflanzenteile zur Verstärkung des Nestes eingebaut.

Nach dem Ablaichen muß das Weibchen in der Regel entfernt werden, es sei denn, es hat genug Versteckmöglichkeiten durch dichten Pflanzenwuchs.

Die Aufzucht der Jungfische erfordert besondere Aufmerksamkeit und Fürsorge. So sollte u. a. eine Abdeckung für eine warme und feuchte Atmosphäre über dem Wasser sorgen, ohne die die Eier und später die Jungfische auskühlen und sterben würden.

SUBSTRATLAICHER

Diese Fische legen den Laich auf einer glatten Oberfläche ab, etwa einem Stein oder einem Pflanzenblatt, oder sie heften die Eier einzeln an feinblättrige Pflanzen wie Javamoos. Die erste Gruppe, zu der viele Buntbarsche und einige Welse gehören, bildet normalerweise Paare und bewacht ihre Brut. Zu den Fischen, die feinblättrige Pflanzen bevorzugen, gehören beispielsweise einige Regenbogenfische, die ebenfalls paarweise oder aber als Trio laichen.

Ein idealer Ersatz für feinblättrige Pflanzen sind künstliche Laichmops. Sie eignen sich sehr gut für einige Eierlegende Zahnkarpfen und für Regenbogenfische, die oft über mehrere Tage hinweg ablaichen. Die einzelnen Eier sind leicht zu erkennen und können zur Aufzucht in ein anderes Becken überführt werden.

Die Einrichtung eines Zuchtbeckens für Buntbarsche und Welse hängt zwar von der jeweiligen Art ab, aber ein flacher Stein, eine breitblättrige Pflanze, ein umgekippter Blumentopf als Höhle oder ein Rohr bieten den Fischen zumeist ausreichend Gelegenheit, ein Revier zu bilden, in dem sie ihre Brut aufziehen können. Auch diese Eier können mit dem Laichsubstrat in ein separates Becken überführt und dort aufgezogen werden.

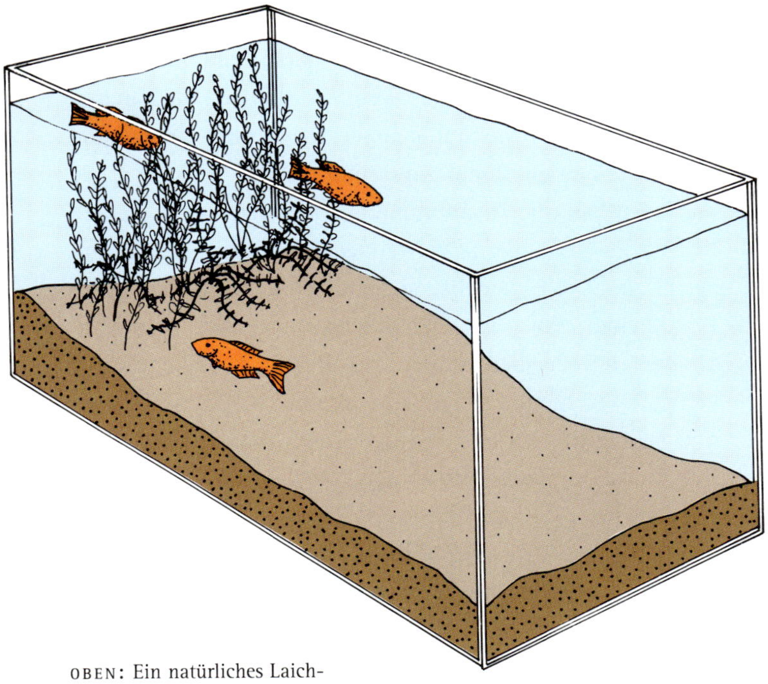

OBEN: Ein natürliches Laichsubstrat besteht aus einem Dickicht feinblättriger Pflanzen.

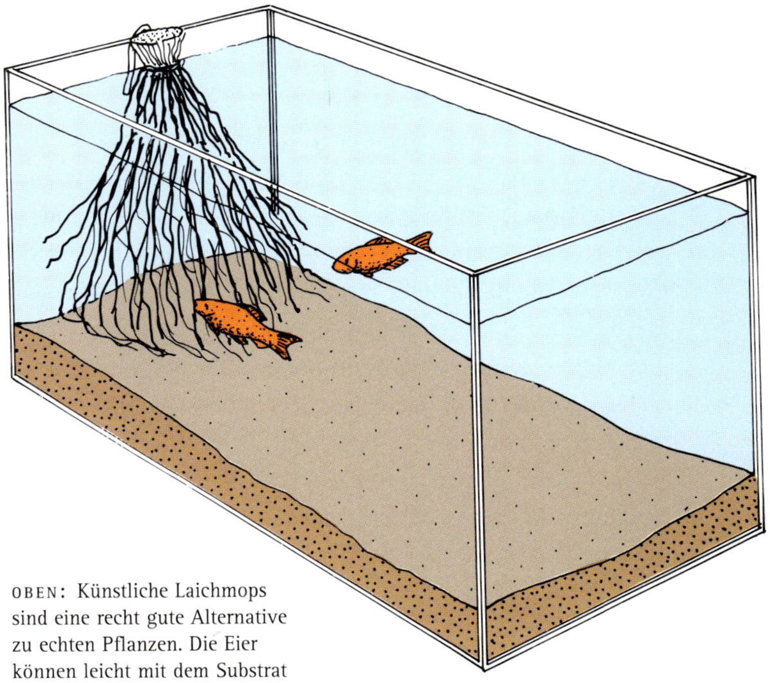

OBEN: Künstliche Laichmops sind eine recht gute Alternative zu echten Pflanzen. Die Eier können leicht mit dem Substrat entfernt und dann in einem anderen Becken aufgezogen werden.

BODENLAICHER

Diese Laichmethode ist typisch für die Eierlegenden Zahnkarpfen. Da ihr Lebensraum periodisch austrocknet, drücken die Fische ihre Eier tief in den Boden. Die Elterntiere gehen in der Trockenzeit ein, während die Eier im Schlamm überdauern. Zu Beginn der Regenzeit schlüpfen die Eier aus, allerdings nie alle gleichzeitig, damit nicht die ganze Brut verloren ist, falls der Regen plötzlich wieder aufhört.

Ein Zuchtbecken für diese Fische sollte Bodengrund aus Torf enthalten. Achten Sie auf eine gute Verfassung der Elterntiere, und setzen Sie möglichst ein Männchen mit zwei Weibchen zusammen, da ein einzelnes Weibchen zu stark gejagt werden würde. Nach dem Laichen wird das Substrat mit den Eiern für mehrere Wochen trocken gelagert, bevor man dann die Jungfische schlüpfen läßt.

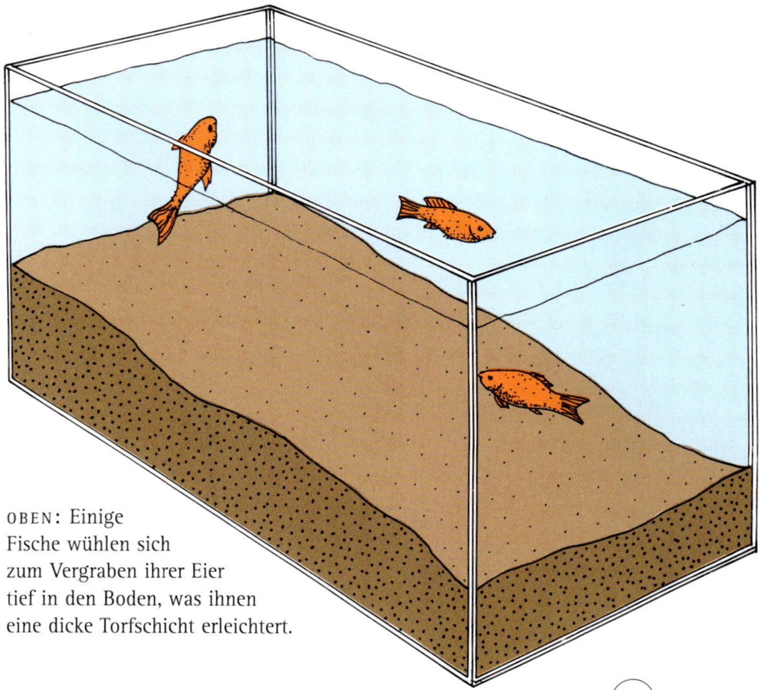

OBEN: Einige Fische wühlen sich zum Vergraben ihrer Eier tief in den Boden, was ihnen eine dicke Torfschicht erleichtert.

Maulbrüter

OBEN: *Pseudotropheus socolofi* ist ein typischer maulbrütender Buntbarsch.

Zu den Maulbrütern gehören z. B. viele Buntbarsche und einige Welsarten. In der Regel legt das Weibchen die Eier auf einer glatten Oberfläche ab, wo sie vom Männchen befruchtet werden. Anschließend nimmt das Weibchen den Laich ins Maul. Hier bleiben die Eier bis zum Schlüpfen, und sogar die Jungfische kehren bei Gefahr noch in das sichere Maul der Mutter zurück. Normalerweise werden nur wenige Eier gelegt, da die Jungfische bei Beendigung der Brutpflege schon recht groß sind, so daß es nur geringe Verluste gibt.

Von einer glatten Oberfläche zur Eiablage abgesehen, benötigen Maulbrüter kein spezielles Zuchtaquarium.

Lebendgebärende Zahnkarpfen

Der vermutlich bekannteste Zierfisch ist der Guppy, mit dem fast alle Aquarianer ihr Hobby einst begonnen haben. Da die Weibchen das männliche Sperma in ihrem Körper speichern, können sie nach nur einer Paarung im Abstand von vier bis fünf Wochen mehrmals Junge bekommen. Bei anderen Arten dieser Gruppe muß dagegen jedes Mal eine neue Befruchtung erfolgen.

Zur Aufzucht der Jungfische benutzt man am besten ein gesondertes Becken, in dem auch die Geburt erfolgen kann. Es sollte mit einem doppelten Boden ausgestattet sein, durch den die gerade geborenen Jungfische hindurchfallen können, da das Weibchen sie sonst frißt. Als Alternative kann man auch im Handel erhältliche Ablaichkästen verwenden, die aber der Größe des Weibchens angemessen sein müssen.

Probleme

In aller Regel ist es sehr viel besser, Probleme von vornherein zu vermeiden, als später die Folgen zu beseitigen. Daher sollten Sie für technische Notfälle gerüstet sein, also etwa für einen Ausfall der Heizung oder des Filters Ersatz bereithalten. Bei einem Stromausfall sind die Fische für einige Zeit ungefährdet, da sowohl der Temperaturabfall, als auch das Erwärmen nach Wiederherstellen der Stromversorgung allmählich erfolgen. Sollte die Stromunterbrechung von längerer Dauer sein, können Sie den Wärmeverlust mit einer um das Aquarium gewickelten Decke verlangsamen. Falls noch heißes Wasser zur Verfügung steht, sollten Sie es in Flaschen füllen und diese dann ins Becken legen.

Es ist immer ratsam, Neukäufe zunächst eine Zeitlang in Quarantäne zu halten, selbst wenn Sie ihre Herkunft genau kennen. Trotzdem werden Sie aber irgendwann einmal eine Fischkrankheit in Ihrem Aquarium haben. Versuchen Sie auf jeden Fall, die Ausbreitung einer Krankheit auf andere Becken zu verhindern. Verwenden Sie eigene Netze, und desinfizieren Sie gemeinsam benutzte Gegenstände. Viele Krankheiten, etwa die Pünktchenseuche oder Pilzbefall, können mit Medikamenten aus Ihrem Zoofachgeschäft behandelt werden. Lesen Sie die Packungsbeilage sorgfältig, und achten Sie auf eine richtige Dosierung. Die Konsultation eines Tierarztes wird nur in Ausnahmefällen notwendig sein.

Wenn Sie sich angewöhnen, im Vorbeigehen einen Blick auf die Fische zu werfen und das Becken zu berühren, werden Sie viele Probleme rechtzeitig erkennen. Sind Ihre Tiere apathisch, und fühlt sich das Becken kalt an, sollten Sie den Heizer überprüfen. Er könnte defekt sein, denn tropische Fische neigen in nicht ausreichend warmem Wasser zu langsamen Bewegungen. Schwimmen die Fische nicht normal umher, sondern stehen nahe am Filterauslaß, und fühlt sich das Becken außerdem zu warm an, sollten Sie ebenfalls den Heizer überprüfen: In zu warmem Wasser sinkt der Sauerstoffgehalt, und die Fische halten sich dann nahe am Filterauslaß oder an der Oberfläche auf, weil sie dort noch am meisten Sauerstoff bekommen. Wenn sich das Verhalten Ihrer Fische ändert, gibt es stets einen Grund dafür, und der kann sowohl gut (vielleicht haben die Tiere gelaicht) als auch schlecht sein.

LINKS: Lebendgebärende Zahnkarpfen gehören in der Regel zu den ersten Fischen, die ein Aquarianer züchtet. Abgebildet ist ein Weibchen von *Heterandria formosa* bei der Geburt.

Die Fische

Kletterfische

Anabantidae
Belontiidae
Helostomatidae
Osphronemidae

ANABAS TESTUDINEUS

(BLOCH, 1795)

Kletterfisch	
Familie: **Anabantidae**	
Verbreitung: Malaysia, Indonesien, Südchina, Indien	
Größe: 23 cm	
Futter: **Allesfresser.** Trockenfutter, lebende oder tiefgefrorene Wirbellose, Pflanzennahrung	
Temperaturbereich: 22-28 °C	
pH: 7,0-8,0 dH: bis 25°	

Diese robuste Art, bereits 1870 im Londoner Zoo-Aquarium ausgestellt, gehörte zu den ersten nach Europa importierten Zierfischen. In der Natur bewegen sich die Tiere bei Austrocknung ihrer Gewässer mit Hilfe ihrer Brustflosse selbst über Land fort. Ihren Namen erhielt die Art, weil man sie sogar auf Bäumen gefunden hat. Allerdings ist nicht sicher, ob die Fische selbst hinaufgeklettert sind oder von Raubvögeln verloren wurden. Außerhalb des Wassers können die Tiere unter feuchten Bedingungen bis zu 48 Stunden überleben; danach graben sie sich notfalls im Schlamm ein. Die Afterflosse ist beim Männchen stärker ausgezogen als beim Weibchen.

22-28 °C 23 cm

Zucht

Die Eier werden ins freie Wasser abgelegt. Die Jungen schlüpfen bei 26-28 °C innerhalb von 24 Stunden und werden mit Infusorien und *Artemia*-Nauplien ernährt.

Aquarieneinrichtung

Die Art kann recht aggressiv sein, so daß man sie nur mit größeren Fischen vergesellschaften sollte. Sorgen Sie für reichlich Verstecke, einige Schwimmpflanzen und eine gute Abdeckung des Beckens, um ein Herausspringen der Fische zu verhindern.

CTENOPOMA ACUTIROSTRE

PELLEGRIN, 1899

23-28 °C 15 cm

Leopard-Buschfisch	
Familie: **Anabantidae**	
Verbreitung: Zaïre	
Größe: 15 cm	
Futter: **Fleischfresser.** Lebende und gefrorene Mückenlarven, Würmer usw., Trockenfutter	
Temperaturbereich: 23-28 °C	
pH: 6,5-7,5 dH: bis 10°	

In einem Becken mit anderen lebhaften Fischen kann die Art recht scheu sein. Wichtig sind dann reichlich Versteckmöglichkeiten, die ein Gefühl der Sicherheit vermitteln. Die Männchen haben Dornenfelder am Körper; die Weibchen zeigen oft weniger Flecken in den Flossen.

Zucht

Die Fische bauen Schaumnester und benötigen sehr weiches (2-4°), leicht saures (pH-Wert 6,5-7,0) Wasser sowie hohe Temperaturen (26-28 °C). Decken Sie das Becken gut ab, damit zwischen Wasseroberfläche und Abdeckung eine hohe Luftfeuchtigkeit entsteht. Die Jungen werden mit frisch geschlüpften *Artemia*-Nauplien gefüttert.

Aquarieneinrichtung

Becken mit gutem Filter, leichter Strömung, gedämpfter Beleuchtung sowie Wurzeln und Pflanzen zum Verstecken.

CTENOPOMA ANSORGII

(BOULENGER, 1912)

Orangebuschfisch	
Familie: **Anabantidae**	
Verbreitung: Tropisches Westafrika	
Größe: 8 cm	
Futter: **Fleischfresser.** Alle Arten von Lebendfutter, nimmt aber auch Trocken- und Gefrierfutter	
Temperaturbereich: 26-28 °C	
pH: 6,5-7,5 dH: bis 20°	

Diese selten eingeführte Art übersteht Transporte meist nur schlecht und gewöhnt sich im Aquarium auch nur schwer ein. Die Tiere vertragen sich mit friedfertigen, kleineren Fischen, die allerdings keine Beutegröße haben dürfen.

26-28 °C 8 cm

Zucht

Die Tiere bauen in ruhigem, bis 12 cm tiefem Wasser ein Schaumnest. Die Jungen benötigen sehr kleine Nahrung, etwa Infusorien.

Aquarieneinrichtung

Dicht bepflanztes, gut gefiltertes Becken mit weichem Wasser.

Ctenopoma kingsleyae

Günther, 1896

24-28 °C 19 cm

Schwanzfleck-Buschfisch
Familie: **Anabantidae**
Verbreitung: Zaïre bis Gambia
Größe: 19 cm
Futter: **Allesfresser.** Frißt fast alles, von lebenden Fischen über Trockenfutter bis zu Futtertabletten
Temperaturbereich: 24-28 °C
pH: 6,5-7,5 dH: bis 15°

Sollte mit ruhigen Fischen vergesellschaftet werden. Die Männchen haben hinter dem Auge und an der Schwanzwurzel auffällige Dornenfelder.

Zucht

Zur Zucht ist ein großes Aquarium erforderlich. Es werden bis zu 20.000 Eier abgelegt, die an die Oberfläche steigen. Bei hoher Temperatur (29 °C) schlüpfen die Jungfische nach etwa 24 Stunden. Zwei Tage später schwimmen sie frei und können mit frisch geschlüpften *Artemia*-Nauplien gefüttert werden.

Aquarieneinrichtung

Geräumiges Becken mit einer Dekoration aus Wurzeln und Pflanzen sowie einem starken Filter für eine gute Wasserumwälzung.

Ctenopoma oxyrhynchum

(Boulenger, 1902)

24-28 °C 10 cm

Pfauenaugen-Buschfisch
Familie: **Anabantidae**
Verbreitung: Stanley Pool (Zaïre)
Größe: 10 cm
Futter: **Fleischfresser.** Kleines Lebendfutter, nimmt aber auch Gefrier- und Trockenfutter
Temperaturbereich: 24-28 °C
pH: 6,2-7,0 dH: bis 15°

Sollte ausschließlich mit größeren Arten vergesellschaftet werden, da kleinere Fische gefressen werden. Beim Männchen sind Rücken- und Afterflosse zugespitzt.

Zucht

Freilaicher. Die Jungen, die nach etwa drei bis vier Tagen schlüpfen, werden mit frisch geschlüpften *Artemia*-Nauplien gefüttert.

Aquarieneinrichtung

Benötigt ein gut gefiltertes Becken mit leichter Strömung, freiem Schwimmraum, aber auch Pflanzen, Wurzeln oder Höhlen zum Verstecken.

Belontia hasselti

(Cuvier und Valenciennes, 1831)

Wabenschwanz-Makropode
Familie: **Belontiidae**
Verbreitung: Singapur, Sumatra, Java, Borneo
Größe: 19 cm
Futter: **Allesfresser.** Hauptsächlich tierische Kost, nimmt aber auch etwas Pflanzennahrung
Temperaturbereich: 25-28 °C
pH: 6,5-8,0 dH: bis 35°

Normalerweise ein friedlicher Fisch, während der Laichzeit können die Männchen allerdings recht aggressiv werden, und man sollte daher das Weibchen nach dem Ablaichen aus dem Becken nehmen. Zur Laichzeit verlieren die Männchen das wabenartige Muster auf den Flossen.

Zucht

Becken mit ruhigem, nicht über 15 cm tiefem und 28 °C warmem Wasser. Manche Männchen bauen ein Schaumnest, andere nicht. Es können bis zu 700 Eier abgelegt werden, die nach etwa 36 Stunden ausschlüpfen. Als erste Nahrung dienen Infusorien und frisch geschlüpfte *Artemia*-Nauplien.

Aquarieneinrichtung

Dicht bepflanztes Aquarium mit starker Beleuchtung und guter Filterung. Das Wasser sollte hart und alkalisch sein.

25-28 °C 19 cm

Belontia signata

(Günther, 1861)

Ceylon-Makropode
Familie: **Belontiidae**
Verbreitung: Sri Lanka
Größe: 13 cm
Futter: **Allesfresser.** Lebend- und Trockenfutter, Pflanzennahrung
Temperaturbereich: 24-28 °C
pH: 6,5-7,5 dH: bis 25°

Sehr robuster Fisch, der recht streitsüchtig sein kann, so daß er nur mit wehrhaften Arten vergesellschaftet werden sollte. Die Männchen haben eine ausgezogene Rückenflosse.

Zucht

Die unter Pflanzenblättern abgelegten Eier sind nicht von einem Schaumnest, sondern von einer einzelnen Blase umgeben. Die Jungen schwimmen nach sechs Tagen frei und werden mit frisch geschlüpften *Artemia*-Nauplien sowie pulverisiertem Trockenfutter ernährt.

Aquarieneinrichtung

Becken, das über reichlich Versteckplätze verfügt, beispielsweise in Form von Wurzeln, dichten Pflanzenbeständen oder Höhlen. Die Filterung sollte nicht zu stark sein. An die Wasserbedingungen werden keine Anforderungen gestellt, solange Extreme vermieden werden.

24-28 °C 13 cm

Betta brederi

Myers, 1935

Javanischer Maulbrüter
Familie: **Belontiidae**
Verbreitung: Indonesien
Größe: 11 cm
Futter: **Allesfresser.** Insektenlarven, Trocken- und Gefrierfutter
Temperaturbereich: 23-28 °C
pH: 6,5-7,5 dH: bis 15°

Kann gegenüber kleineren Fischen recht aggressiv sein. Männchen sind größer und farbenprächtiger als Weibchen.

23-28 °C 11 cm

Zucht

Maulbrüter. Die Jungen schlüpfen nach etwa 40 Stunden. Wenn sie das Maul verlassen haben, können sie mit *Artemia*-Nauplien gefüttert werden.

Aquarieneinrichtung

Dicht bepflanztes Becken mit einer effektiven Filterung, einer leichten Strömung und einer guten Abdeckung, da die Fische springen.

Betta coccina

Vierke, 1979

Roter Kampffisch
Familie: **Belontiidae**
Verbreitung: Sumatra, Südliches Malaysia
Größe: 4,5 cm
Futter: **Fleischfresser.** Kleine, wirbellose Wassertiere, Trockenfutter
Temperaturbereich: 23-27 °C
pH: 6,0-7,5 dH: bis 15°

Scheuer Fisch, der besser in einem Artenbecken gehalten wird. Scheint gegenüber Artgenossen nicht aggressiv zu sein.

Zucht

Legt bis zu 60 Eier. Jungfische werden mit *Artemia*-Nauplien ernährt.

Aquarieneinrichtung

Dichte, hohe Pflanzen, schwache Filterung und möglichst weiches, saures Wasser.

23-27 °C 4,5 cm

Betta imbellis

Ladiges, 1975

Kleiner Kampffisch

Familie: **Belontiidae**

Verbreitung: Indonesien

Größe: 4,5 cm

Futter: **Allesfresser.** Bevorzugt Lebendfutter, nimmt aber auch Trocken- und Gefrierfutter

Temperaturbereich: 24-25 °C

pH: 7,0 dH: bis 10°

Man kann mehrere Männchen zusammen halten, da nur Scheinkämpfe ausgeführt werden, bei denen sich die Gegner kaum Schaden zufügen. Am besten hält man Gruppen aus Männchen und Weibchen.

Zucht

Wie bei *Betta splendens*; legt aber viel weniger Eier.

Aquarieneinrichtung

Gesellschaftsbecken mit anderen friedlichen Arten. Weiches, gut gefiltertes Wasser sowie Pflanzen, Wurzeln und Höhlen, die als Verstecke dienen.

24-25 °C 4,5 cm

Betta macrostoma

Regan, 1910

24-26 °C 11 cm

Augenfleck-Kampffisch

Familie: **Belontiidae**

Verbreitung: Nordwesten Borneos (Sarawak, Brunei)

Größe: 11 cm

Futter: **Allesfresser.** Insektenlarven etc., aber auch Trockenfutter und Futtertabletten

Temperaturbereich: 24-26 °C

pH: 6,5-7,5 dH: bis 10°

Kommt nur selten in den Handel und wenn, werden meist nur Männchen angeboten. Diese sollten einzeln gehalten werden. Sie sind prächtig rot und schwarz gefärbt, die Weibchen dagegen unscheinbar.

Zucht

Maulbrüter. Die Jungen schlüpfen nach etwa zwei Wochen. Sie werden mit *Artemia*-Nauplien ernährt.

Aquarieneinrichtung

Dicht bepflanztes, gut gefiltertes Becken mit leichter Strömung, vielen Rückzugsmöglichkeiten und einer dichten Abdeckung. Die Art ist empfindlich gegenüber Nitratanreicherung.

Betta pugnax

(Cantor, 1850)

Maulbrütender Kampffisch

Familie: **Belontiidae**

Verbreitung: Kambodscha, Malaysia, Indonesien

Größe: 10 cm

Futter: **Fleischfresser.** Lebendfutter, eventuell Trocken- und Gefrierfutter

Temperaturbereich: 22-28 °C

pH: 6,0-7,0 dH: bis 12°

Kann paarweise in Gesellschaftsbecken mit weichem Wasser gehalten werden. Die Männchen haben längere Flossen und sind stärker gefärbt.

Zucht

Maulbrüter. Männchen brüten bis zu 100 Eier aus. Die Jungen werden mit Infusorien und frisch geschlüpften *Artemia*-Nauplien gefüttert.

Aquarieneinrichtung

Gut gefiltertes Becken mit einer starken Strömung, dazu einige Pflanzen als Verstecke.

22-28 °C 10 cm

Betta splendens

Regan, 1910

24-29 °C 7 cm

Siamesischer Kampffisch
Familie: **Belontiidae**
Verbreitung: Kambodscha, Thailand
Größe: 7 cm
Futter: **Fleischfresser.** Alle Arten von kleinem Lebendfutter, Trocken- und Gefrierfutter
Temperaturbereich: 24-29 °C
pH: 6,0-8,0 dH: bis 25°

Ein beliebter Zierfisch, der wegen seiner schönen Flossen, seiner Farbenpracht, aber auch wegen seiner Kampflust schon lange gezüchtet wird. Die Männchen sollten einzeln gehalten werden, da sie sich sonst im Kampf, der sogar mit dem Tod enden kann, ihre Flossen zerfetzen. Die kleineren, unscheinbareren Weibchen sind auch für Gesellschaftsbecken geeignet.

Zucht

Die Männchen bauen ein Schaumnest und bewachen später das Gelege. Die Jungfische schlüpfen innerhalb von 24 Stunden. Die erste Nahrung, die sehr klein sein muß, sollte aus pulverisiertem Trockenfutter oder *Artemia*-Nauplien bestehen.

Aquarieneinrichtung

Gesellschaftsbecken mit sehr schwacher Strömung.

Colisa fasciata

(Bloch und Schneider, 1801)

22-28 °C 10 cm

Gestreifter Fadenfisch
Familie: **Belontiidae**
Verbreitung: Von Indien bis Birma
Größe: 10 cm
Futter: **Allesfresser.** Trocken-, Gefrier- und Lebendfutter
Temperaturbereich: 22-28 °C
pH: 6,0-7,5 dH: bis 15°

Eine schöne Art für Gesellschaftsbecken, die paarweise gehalten werden sollte. Männchen sind stärker gefärbt, haben einen längeren Körper und eine spitz ausgezogene Rückenflosse. In Indien dient *C. fasciata* in getrockneter Form als Speisefisch.

Zucht

Klassischer Schaumnestbauer: Die Eier steigen nach der Paarung in das vom Männchen bewachte Nest auf. Das Weibchen sollte nach dem Ablaichen vorsichtig – ohne das Nest zu verletzen – herausgefangen werden. Die Jungen schlüpfen innerhalb von 24 Stunden. Sie werden mit frisch geschlüpften *Artemia*-Nauplien und anderem kleinem Futter aufgezogen.

Aquarieneinrichtung

Gut bepflanztes Gesellschaftsbecken mit schwacher Filterung und einigen Höhlen zum Verstecken.

Colisa labiosa

(Day, 1878)

Dicklippiger Fadenfisch
Familie: **Belontiidae**
Verbreitung: Nordindien und Birma
Größe: 9 cm
Futter: **Allesfresser.** Lebend-, Trocken- und Gefrierfutter, außerdem Pflanzennahrung
Temperaturbereich: 22-28 °C
pH: 6,0-7,5 dH: bis 10°

Ein guter Fisch für Gesellschaftsbecken, der paarweise gehalten werden sollte. Die Männchen sind stärker gefärbt und haben eine spitz ausgezogene Rückenflosse.

Zucht

Die bis zu 600 Eier werden in ein sehr großes Nest gelegt. Die Jungen schlüpfen innerhalb von 24 Stunden und werden mit Infusorien und *Artemia*-Nauplien gefüttert.

Aquarieneinrichtung

Größeres Gesellschaftsbecken mit zahlreichen Pflanzen und schwacher Strömung.

22-28 °C 9 cm

Colisa lalia
(Hamilton, 1822)

22-28 °C 5 cm

Zwergfadenfisch

Familie: **Belontiidae**

Verbreitung: Indien

Größe: 5 cm

Futter: **Allesfresser.** Viel Pflanzennahrung, zusätzlich Lebend- und Trockenfutter

Temperaturbereich: 22-28 °C

pH: 6,5-7,5 dH: bis 15°

Ein reizvoller Fisch für das Gesellschaftsaquarium, der paarweise mit anderen friedfertigen Arten gehalten werden sollte. Die farbenprächtigen Männchen zeigen rote und blaue Streifen; die Weibchen haben einen silbrigen Körper und unauffällige rotbraune Streifen.

Zucht

Baut ein Schaumnest, das auch Pflanzenmaterial enthält. Das Männchen bewacht die Brut. Das Weibchen entfernt man nach dem Ablaichen, das Männchen, wenn die Jungen beginnen frei zu schwimmen. Sie benötigen sehr feines Aufzuchtfutter.

Aquarieneinrichtung

Gut bepflanztes, alteingerichtetes Gesellschaftsaquarium mit sehr gutem Filter, da sich jede Verschlechterung der Wasserqualität auf diese für Infektionen und andere Krankheiten anfälligen Tiere negativ auswirkt.

Macropodus ocellatus
(Cantor, 1842)

Rundschwanzmakropode

Familie: **Belontiidae**

Verbreitung: Ostchina, Korea, Vietnam

Größe: 8 cm

Futter: **Allesfresser.** Trocken-, Lebend- und Gefrierfutter

Temperaturbereich: 15-22 °C

pH: 6,0-7,5 dH: bis 25°

Dieser attraktive Fisch kommt leider nur selten in den Handel, obwohl er für das Aquarium besonders gut geeignet ist, da er weit weniger aggressiv ist als *M. opercularis*. Die Männchen haben spitz ausgezogene Rücken- und Afterflossen sowie eine leuchtend-orangerote Schwanzflosse.

Zucht

Zuchtbedingungen wie bei *M. opercularis*, allerdings werden viel weniger Eier abgelegt.

Aquarieneinrichtung

Dicht bepflanztes, gut gefiltertes Becken mit einigen Schwimmpflanzen.

15-22 °C 8 cm

Macropodus opercularis
(Linnaeus, 1758)

16-26 °C 10 cm

Paradiesfisch, Makropode

Familie: **Belontiidae**

Verbreitung: In Ostasien weit verbreitet

Größe: 10 cm

Futter: **Allesfresser.** Trocken-, Lebend- und Gefrierfutter

Temperaturbereich: 16-26 °C

pH: 6,0-8,0 dH: bis 30°

Robuster und anpassungsfähiger Fisch, der schon 1869 nach Frankreich importiert wurde, da er die langen Seetransporte recht gut überstand. Die Männchen, die manchmal Kämpfe austragen, sind stärker gefärbt als die Weibchen und haben längere Flossen.

Zucht

Eine leicht zu züchtende Art, die bis zu 500 Eier in ein Schaumnest legt, das unter einem großen Blatt oder einem anderen schwimmenden Objekt gebaut wird. Die Jungen werden mit pulverisiertem Trockenfutter, Infusorien oder frisch geschlüpften *Artemia*-Nauplien gefüttert.

Aquarieneinrichtung

Da die recht ruppigen Männchen ihre Weibchen häufig jagen, benötigt die Art ein geräumiges, schwach gefiltertes Becken mit Pflanzen und Höhlen zum Verstecken.

Malpulutta kretseri

Deraniyagala, 1937

Gefleckter Spitzschwanzmakropode
Familie: **Belontiidae**
Verbreitung: Sri Lanka
Größe: Männchen 9 cm, Weibchen 4 cm
Futter: **Fleischfresser.** Bevorzugt Lebendfutter, nimmt aber auch Trocken- und Gefrierfutter
Temperaturbereich: 24-28 °C
pH: 6,0-7,5 dH: bis 20°

Sehr ruhiger, scheuer Fisch, der nur mit ähnlich friedlichen Arten vergesellschaftet werden sollte. Männchen sind größer, mit ausgezogenen Flossen. Die Tiere springen gern. Sie gewöhnen sich oft nur schlecht ein und stellen daher hohe Anforderungen an den Aquarianer. Nur etwas für Geübte.

Zucht
Die Eier werden in Höhlen abgelegt. Die Jungen werden nur selten von den Eltern gefressen. Füttern Sie *Artemia*-Nauplien.

Aquarieneinrichtung
Gut bepflanztes Aquarium mit Schwimmpflanzen, Höhlen und anderen Versteckmöglichkeiten.

24-28 °C 9 cm

Parosphromenus deissneri

(Bleeker, 1859)

24-28 °C 3,5 cm

Deissners Prachtgurami, Prachtzwerggurami
Familie: **Belontiidae**
Verbreitung: Sumatra, Malaysia, Singapur
Größe: 3,5 cm
Futter: **Fleischfresser.** Bevorzugt kleines Lebendfutter, nimmt nach Gewöhnung aber auch Trockenfutter
Temperaturbereich: 24-28 °C
pH: 5,6-7,2 dH: bis 10°

Ein Fisch für Spezialisten, da die Wasserqualität genau stimmen muß. Am besten hält man ihn in einem Artenbecken. Die Männchen sind lebhafter gefärbt als die Weibchen.

Zucht
Die Eier werden in Höhlen abgelegt und vom Männchen bewacht. Die Jungen schlüpfen nach etwa 72 Stunden, schwimmen allerdings erst nach sechs Tagen frei. Das Wasser muß sehr sauber, klar und gut gefiltert sein, da die sehr langsam wachsenden Jungfische sonst eingehen. Als erste Nahrung dienen Infusorien und *Artemia*-Nauplien.

Aquarieneinrichtung
Bepflanztes Becken mit einigen Höhlen und weichem, leicht saurem und gut gefiltertem, abgestandenem Wasser.

Pseudosphromenus cupanus

(Cuvier und Valenciennes, 1831)

24-26 °C 6 cm

(Schwarzer) Spitzschwanzmakropode
Familie: **Belontiidae**
Verbreitung: Südindien und Sri Lanka
Größe: 6 cm
Futter: **Allesfresser.** Lebend-, Trocken- und Gefrierfutter
Temperaturbereich: 24-26 °C
pH: 6,5-7,5 dH: bis 15°

Ein Fisch, der normalerweise wenig Beachtung findet, weil er seine schönsten Farben nur dann zeigt, wenn die äußeren Bedingungen stimmen. Die Geschlechter lassen sich nur während der Laichzeit unterscheiden, wenn die Männchen viel Rot zeigen und die Weibchen fast schwarz sind.

Zucht
Baut ein durch Pflanzenteile ergänztes Schaumnest, das vom Männchen bewacht wird, bis die Eier geschlüpft sind und die Jungfische frei schwimmen. Diese sollten ausschließlich mit frisch geschlüpften *Artemia*-Nauplien gefüttert werden.

Aquarieneinrichtung
Gut bepflanztes, leicht gefiltertes Becken mit Höhlen und Wurzeln zum Verstecken.

Pseudosphromenus dayi

(Köhler, 1909)

24-28 °C 7,5 cm

Roter Spitzschwanzmakropode
Familie: **Belontiidae**
Verbreitung: Westindien
Größe: 7,5 cm
Futter: **Allesfresser.** Lebend-, Trocken- und Gefrierfutter
Temperaturbereich: 24-28 °C
pH: 6,5-7,5 dH: bis 15°

Ein friedlicher Fisch, der zusammen mit ähnlich verträglichen Arten gehalten werden sollte. Bei guter Bepflanzung und ruhigen Schwimmbereichen pflanzt er sich sogar im Gesellschaftsaquarium fort, wenn dort auch nur wenige Jungfische überleben. Die Männchen kann man leicht an den verlängerten Schwanzflossenstrahlen erkennen.

Zucht

Die Art baut ein durch Pflanzenteile ergänztes Schaumnest, das von beiden Eltern bewacht wird. Die Jungen schlüpfen nach 30 Stunden und müssen mit sehr feinem Futter ernährt werden.

Aquarieneinrichtung

Wichtig sind viele Pflanzen zum Verstecken sowie eine gute Wasserqualität, da die Fische erst dann ihre schönsten Farben zeigen.

Sphaerichthys osphromenoides

Canstrini, 1860

25-30 °C 5 cm

Schokoladengurami
Familie: **Belontiidae**
Verbreitung: Malaiische Halbinsel, Sumatra, Borneo
Größe: 5 cm
Futter: **Allesfresser.** Hauptsächlich kleines Lebend-, aber auch Trocken- und Gefrierfutter
Temperaturbereich: 25-30 °C
pH: 6,0-7,0 dH: bis 2-4°

Dieser etwas schwierige Fisch ist anfällig für bakterielle Infektionen und Hautparasiten, eine gute Wasserqualität ist daher wichtig. Er kann paarweise gehalten werden, scheint aber Schwärme, in denen sich die Paare selbst finden können, zu bevorzugen. Die Geschlechter lassen sich nur bei gesunden Tieren sicher unterscheiden, da After- und Schwanzflosse der Männchen nur dann den typischen gelben Randsaum zeigen.

Zucht

Maulbrüter oder Nestbauer. Die Weibchen tragen die Eier im Maul. Nach ca. 14 Tagen schlüpfen etwa 30 Junge, die sehr kleine Nahrung benötigen.

Aquarieneinrichtung

Dicht bepflanztes Becken mit weichem, leicht saurem, gut gefiltertem und regelmäßig gewechseltem Wasser.

Trichogaster leeri

(Bleeker, 1852)

Mosaikfadenfisch
Familie: **Belontiidae**
Verbreitung: Malaysia, Sumatra, Borneo
Größe: 12 cm
Futter: **Allesfresser.** Lebend-, Trocken- und Gefrierfutter sowie Pflanzennahrung
Temperaturbereich: 24-28 °C
pH: 6,5-8,0 dH: bis 30°

Ein wunderschöner Fisch für größere Gesellschaftsbecken, der paarweise gehalten seine schönsten Farben zeigt. Die Männchen sind rötlicher gefärbt und haben eine spitze Rücken- und eine ausgezogene Afterflosse.

Zucht

Baut ein großes Schaumnest zwischen Pflanzen. Das Männchen bewacht das Nest und die Brut. Die Jungfische werden mit frisch geschlüpften *Artemia*-Nauplien gefüttert.

Aquarieneinrichtung

Dicht bepflanztes Gesellschaftsbecken mit einigen Schwimmpflanzen. Gute Filterung, allerdings ohne zu starke Strömung, die das Nest zerstören könnte.

24-28 °C 12 cm

Trichogaster microlepis

Günther, 1861

25-30 °C 15 cm

Mondscheinfadenfisch

Familie: **Belontiidae**

Verbreitung: Thailand, Kambodscha

Größe: 15 cm

Futter: **Allesfresser.** Alle Arten von Lebendfutter, aber auch Pflanzennahrung

Temperaturbereich: 25-30 °C

pH: 6,0-7,0 dH: bis 25°

Ein hübscher und friedlicher, aber auch ein wenig scheuer Fisch. Ausgewachsene Männchen haben orange-rote Bauchflossenfäden, Weibchen gelbe. Während des Nestbaus können feinblättrige Pflanzen beschädigt werden (siehe unten). In ihren Herkunftsländern gelten die Mondscheinfadenfische als ausgezeichnete Speisefische.

Zucht

Die Art baut ein Schaumnest, das zum besseren Zusammenhalt mit Pflanzenmaterial ergänzt wird. Es werden bis zu 1.000 Eier gelegt; die winzige Brut zieht man zunächst mit Infusorien und anschließend mit frisch geschlüpften *Artemia*-Nauplien auf.

Aquarieneinrichtung

Großes Aquarium mit Verstecken aus dichtstehenden, robusten Pflanzen. Schwache Filterung.

Trichogaster pectoralis

(Regan, 1910)

23-27 °C 20 cm

Schaufelfadenfisch

Familie: **Belontiidae**

Verbreitung: Kambodscha, Thailand, Malaiische Halbinsel

Größe: 20 cm

Futter: **Allesfresser.** Lebend-, Trocken- und Gefrierfutter

Temperaturbereich: 23-27 °C

pH: 6,0-8,0 dH: bis 30°

Eine sehr attraktive und friedliche Art, die eigentlich häufiger im Handel zu finden sein sollte. Die Männchen haben eine spitz ausgezogene Rückenflosse.

Zucht

Baut ein Schaumnest und bewacht die Brut. Als erstes Futter dienen Infusorien und *Artemia*-Nauplien. Das Weibchen braucht nach dem Ablaichen nicht entfernt zu werden.

Aquarieneinrichtung

Gesellschaftsbecken mit anderen friedlichen Arten. Pflanzen sind von Vorteil. Gute Filterung, aber keine zu starke Strömung.

Trichogaster trichopterus

(Pallas, 1777)

22-28 °C 10 cm

Punktierter Fadenfisch

Familie: **Belontiidae**

Verbreitung: In Südostasien und den Inseln des Indo-Australischen Archipels weit verbreitet

Größe: 10 cm

Futter: **Allesfresser.** Trocken- und Gefrierfutter, Futtertabletten sowie pflanzliche Nahrung

Temperaturbereich: 22-28 °C

pH: 6,0-8,5 dH: bis 35°

Ein robuster Fisch, der in verschiedensten Farbvarianten gezüchtet wurde. Er sollte nur mit friedlichen Fischen gehalten werden. Die Männchen haben eine spitz ausgezogene Rückenflosse.

Zucht

Fruchtbar und leicht zu züchten. Das Männchen baut ein Schaumnest und bewacht es; das Weibchen sollte nach dem Ablaichen entfernt werden. Die Jungen bekommen *Artemia*-Nauplien und pulverisiertes Trockenfutter.

Aquarieneinrichtung

Bepflanztes Gesellschaftsbecken mit guter Filterung.

Trichopsis pumilus

(Arnold, 1936)

25-28 °C 3,5 cm

Knurrender Zwerggurami

Familie: **Belontiidae**

Verbreitung: Vietnam, Thailand, Sumatra

Größe: 3,5 cm

Futter: **Allesfresser.** Lebend-, Trocken- und Gefrierfutter

Temperaturbereich: 25-28 °C

pH: 5,5-7,0 dH: bis 10°

Ein etwas empfindlicher Fisch, den man am besten in einem Artenbecken hält. Bei Aufregung und in der Balzzeit gibt er knurrende Laute von sich. Die Männchen haben eine spitze Rückenflosse; bei laichbereiten Weibchen kann man die Eier im Körper erkennen.

Zucht

Baut winzige Schaumnester, in die bis zu 150 Eier gelegt werden. Die Brut schlüpft nach 48 Stunden. Die Jungfische sind winzig und schwimmen nach zwei Tagen frei.

Aquarieneinrichtung

Bereiche mit dichtstehenden *Cryptocorynen* und feinblättrigen Pflanzen. Weiches, saures Wasser und eine schwache Filterung.

Trichopsis vittatus

(Cuvier und Valenciennes, 1831)

22-28 °C 6,5 cm

Knurrender Gurami	
Familie: **Belontiidae**	
Verbreitung: Von Ostindien bis Malaysia und Indonesien weit verbreitet	
Größe: 6,5 cm	
Futter: **Allesfresser.** Kleine wirbellose Wassertiere, nimmt aber auch Trocken- und Gefrierfutter	
Temperaturbereich: 22-28 °C	
pH: 6,5-7,5 dH: bis 15°	

Ein sehr friedlicher Fisch, den man problemlos zusammen mit anderen, ruhigen Arten ähnlichen Verhaltens vergesellschaften kann, etwa mit kleinen Salmlern, Barben oder anderen Kletterfischen. Die Männchen haben eine ausgezogene Afterflosse und sind farbenprächtiger als die Weibchen. Beide Geschlechter können knurrende Laute von sich geben.

Zucht

Die Zucht kann schwierig sein. Eine Absenkung des Wasserstandes und eine Erhöhung der Temperatur auf 30 °C ist oft hilfreich. Die Art baut Schaumnester, in die nur relativ wenige Eier abgelegt werden. Die Jungen sind winzig und sollten mit Infusorien gefüttert werden.

Aquarieneinrichtung

Gut bepflanztes Gesellschaftsbecken mit einigen Schwimmpflanzen und einer schwachen Filterung.

Helostoma temminckii

Cuvier und Valenciennes, 1831

22-28 °C 15-30 cm

Küssender Gurami	
Familie: **Helostomatidae**	
Verbreitung: Thailand (grüne Form), Java (rosa Zuchtform)	
Größe: 15-30 cm	
Futter: **Allesfresser.** Jede Art von Lebendfutter, nimmt aber auch Pflanzennahrung	
Temperaturbereich: 22-28 °C	
pH: 6,5-8,5 dH: bis 30°	

Dieser Fisch wird vor allem wegen seines „Küssens“ gehalten. Es handelt sich dabei um Rivalenkämpfe der Männchen, bei denen sie ihre Mäuler aufeinanderpressen, sich aber in der Regel keine Verletzungen zufügen.

Zucht

Eine Unterscheidung der Geschlechter ist nahezu unmöglich. Die Eier werden frei ins Wasser abgelegt. An der Oberfläche treibende Salatblätter liefern Nahrung für Bakterien und Infusorien, von denen sich die Brut ernähren kann.

Aquarieneinrichtung

Großes Aquarium mit viel Schwimmraum und robusten Pflanzen wie z. B. Javafarn, Javamoos oder Plastikpflanzen, da andere Pflanzen als Nahrung betrachtet werden. Empfehlenswert sind zudem Steine, auf denen Algen wachsen, da die Tiere gern Algenteppiche abweiden.

Osphronemus gorami

Lacépède, 1802

Speisegurami	
Familie: **Osphronemidae**	
Verbreitung: Malaysia, Java, China, Ostindien	
Größe: bis zu 65 cm, manchmal größer	
Futter: **Allesfresser.** Nimmt jede Art von Lebendfutter, aber auch Pflanzennahrung	
Temperaturbereich: 20-30 °C	
pH: 6,5-8,0 dH: bis 25°	

Jungtiere vertragen sich meist nicht, können aber mit anderen Arten gleicher Größe gehalten werden. Sie wachsen schnell und müssen dann in ein großes Becken umgesetzt werden. Die ausgewachsenen Männchen haben eine ausgezogene Rücken- und Afterflosse.

Zucht

Im Aquarium wenig wahrscheinlich. Die Tiere bauen ein schwimmendes, glockenförmiges Nest aus Pflanzenmaterial, das 2-3 Wochen bewacht wird.

Aquarieneinrichtung

Großes, gut gefiltertes Aquarium mit vielen robusten Pflanzen und einigen Schwimmpflanzen.

20-30 °C 65 cm

WELSE

Amphiliidae
Ariidae
Aspredinidae
Auchenipteridae
Bagridae
Callichthyidae
Chacidae
Doradidae
Heteropneustidae
Ictaluridae
Loricariidae
Malapteruridae
Mochocidae
Pimelodidae
Siluridae

Amphilius platychir

(Günther, 1864)

20-23 °C 7 cm

Deutscher Name ist nicht bekannt
Familie: **Amphiliidae**
Verbreitung: Sierra Leone
Größe: 7 cm
Futter: **Allesfresser.** Nimmt spezielles Trockenfutter, bevorzugt aber Lebendfutter, etwa Rote und Weiße Mückenlarven, *Tubifex* usw.
Temperaturbereich: 20-23 °C
pH: 6,5-7,3 dH: 8-20°

Dieser ungepanzerte, schmerlenähnliche Wels, der unter Steinen und Felsblöcken in schnellfließenden Gebirgsbächen lebt, ist nur gelegentlich im Handel zu finden. Man hält ihn am besten in kleinen Gruppen.

Zucht
Über die Zucht ist wenig bekannt. Die Eier werden wahrscheinlich auf der Unterseite von Steinen abgelegt.

Aquarieneinrichtung
Becken mit einem Bodengrund aus grobem Kies und einem starken Filter mit hohem Durchsatz.

Phractura ansorgii

Boulenger, 1901

Roter Kaulquappenwels
Familie: **Amphiliidae**
Verbreitung: Nigeria, Zaïre
Größe: 9 cm
Futter: **Insektenfresser.** Rote Mückenlarven, Wasserflöhe usw.
Temperaturbereich: 20-23 °C
pH: 6,5-7,5 dH: 7-20°

Im Gegensatz zu ähnlichen Arten wird der Schutzpanzer bei dieser ruhigen, aber nicht ganz einfach zu haltenden Art nicht von Hautgeweben gebildet, sondern von den Knochen. Diesen Knochenschildern kommt aber wohl ebenfalls die Aufgabe zu, die Fische im schnellfließenden Wasser zu schützen. Meist findet man die Tiere in mittleren Wasserregionen, wo sie sich zwischen Pflanzen, an denen sie auch nach Nahrung suchen, verstecken.

Zucht
Männchen sind schlanker als Weibchen, besonders wenn diese voller Rogen sind. Während der Laichzeit sind die Fische

sehr aktiv, und die Werbung kann recht aggressiv sein. Die 100 bis 400 blaugrünen Eier haben einen Durchmesser von etwa 1 mm. Die Jungfische wachsen relativ langsam, so daß sie nach zwei Monaten erst 15 mm groß sind.

Aquarieneinrichtung
Zu empfehlen ist ein dicht bepflanztes, gut gefiltertes Aquarium. Der Fisch ist

20-23 °C 9 cm

empfindlich gegenüber zu hohen Temperaturen.

Arius seemani

Günther, 1864

Westamerikanischer Kreuzwels
Familie: **Ariidae**
Verbreitung: Pazifische Zuflüsse von Südkalifornien bis Kolumbien
Größe: 30 cm
Futter: **Allesfresser**
Temperaturbereich: 22-26 °C
pH: 6,8-8,0 dH: 8-25°

Schwarmbildender Wels der mittleren Wasserzonen, den man am besten in kleinen Gruppen hält. Seine Farben verblassen im Alter.

Zucht
Bisher sind keine Zuchterfolge in Aquarien bekannt. Möglicherweise ein Maulbrüter. Die Weibchen sind robuster als die Männchen, vor allem wenn sie eine Größe von mehr als 12 cm erreicht haben.

22-26 °C 30 cm

Aquarieneinrichtung
Großes Becken mit freiem Schwimmraum und starker Strömung. Leichtes Brackwasser scheint geeigneter zu sein als reines Süßwasser, denn die Tiere behalten ihre Farbe dann länger und wachsen schneller.

Bunocephalichthys verrucosus scabriceps

(Eigenmann und Eigenmann, 1889)

Großkopf-Bratpfannenwels	
Familie: **Aspredinidae**	
Verbreitung: Nordöstliches Südamerika	
Größe: 8 cm	
Futter: **Allesfresser**	
Temperaturbereich: 21-24 °C	
pH: 6,6-7,0 dH: 7-12°	

Ein schlechter Schwimmer, dessen bester Schutz die Tarnung ist. Er ähnelt durch sein knorriges Aussehen in Farbe und Form einem Stück Baumrinde, so daß er sich gut zwischen ins Wasser gefallenen Holzstücken verstecken kann.

21-24 °C 8 cm

Zucht
Nicht bekannt.

Aquarieneinrichtung
Dicht bepflanzte Becken werden bevorzugt. Die Tiere halten sich dann sehr viel in den mittleren Wasserschichten zwischen den Pflanzen auf. In Aquarien ohne Pflanzen vergraben sie sich gern. Die Art ist ziemlich träge und scheint nur aktiv zu werden, wenn es Lebendfutter gibt, etwa *Tubifex*, *Daphnien* usw.

Bunocephalus hypsiurus

Kner, 1855

Deutscher Name ist nicht bekannt	
Familie: **Aspredinidae**	
Verbreitung: Rio Branco (Brasilien)	
Größe: 10 cm	
Futter: **Allesfresser**	
Temperaturbereich: 21-24 °C	
pH: 6,7-7,0 dH: 7-12°	

Die Tiere wirken stets etwas ausgezehrt, auch wenn sie gut gefüttert werden. Auf dem Rücken der Fische verläuft eine Linie, die ihnen möglicherweise bei der Tarnung zwischen Totholz von Nutzen ist.

Zucht
Nicht bekannt.

Aquarieneinrichtung
Da die Tiere sich gern eingraben, sollte der Bodengrund aus Sand oder feinem Kies bestehen. Die Art kommt im Vergleich zu den bekannteren Banjowelsen nur sehr selten in den Handel.

21-24 °C 10 cm

Platystacus cotylephorus

Bloch, 1794

Peitschenwels	
Familie: **Aspredinidae**	
Verbreitung: Nördliches Südamerika	
Größe: 25 cm	
Futter: **Allesfresser.** Nimmt Trockenfutter und Futtertabletten, bevorzugt aber lebende Wirbellose	
Temperaturbereich: 22-25 °C	
pH: 6,8-8,0 dH: 8-20°	

Eine friedliche Art, die aber nicht mit Fischen in Beutegröße vergesellschaftet werden sollte. Da die Tiere normalerweise im Mündungsbereich von Flüssen leben, vertragen sie Brackwasser recht gut.

Zucht
Die Männchen sind stark gefleckt mit einem längeren Rückenflossenstachel; die unscheinbaren Weibchen zeigen breitere Bauchflossen. Das Weibchen heftet sich die Eier an den Bauch und trägt sie bis zum Ausschlüpfen mit sich herum.

22-25 °C 25 cm

Aquarieneinrichtung
Ist eine Brackwasserhaltung nicht möglich, pflegt man die Art am besten in einem Süßwasserbecken mit feinkörnigem Bodengrund.

Auchenipterichthys thoracatus
(Kner, 1858)

21-25 °C — 11 cm

Zamorawels
Familie: **Auchenipteridae**
Verbreitung: Oberer Amazonaslauf und Zuflüsse (Südamerika)
Größe: 11 cm
Futter: **Insektenfresser.** Nimmt aber auch Trockenfutter und Futtertabletten
Temperaturbereich: 21-25 °C
pH: 6,5-7,2 dH: 7-14°

Der natürliche Lebensraum dieser Art ist der Uferbereich.

Zucht
Die Geschlechter unterscheiden sich hauptsächlich in der Form der Afterflosse, die bei den kräftigeren Weibchen leicht konvex und bei den Männchen gerade ist. Letztere haben zudem verdickte vordere Afterflossenstrahlen. Die Eier werden vor dem Ablegen befruchtet.

Aquarieneinrichtung
Becken mit Höhlen, vorzugsweise aus Holz, in denen sich die Tiere während des Tages verstecken können. Wenngleich die Art nicht aggressiv oder räuberisch ist, vergesellschaftet man sie doch am besten mit Fischen vergleichbarer Größe.

Entomocorus gameroi
Mago-Lecciaf, 1983

22-25 °C — 11 cm

Blauer Schlafwels
Familie: **Auchenipteridae**
Verbreitung: Rio Apure (Venezuela)
Größe: 11 cm
Futter: **Insektenfresser.** Nimmt auch Trockenfutter
Temperaturbereich: 22-25 °C
pH: 6,5-7,3 dH: 8-16°

Eine selten eingeführte Art, für den Welsliebhaber aber eine Bereicherung.

Zucht
Die Männchen unterscheiden sich von den Weibchen durch eine längere und stark gebogene Rückenflosse, eine längere und breitere Bauchflosse und durch ein Begattungsorgan direkt vor der Afterflosse, mit dem die Eier schon vor dem Ablegen befruchtet werden.

Aquarieneinrichtung
Ruhiges Becken mit schwacher, gleichmäßiger Strömung, Verstecken aus Holz und Steinen sowie einigen nicht zu lebhaften Fischen. Die Tiere, die über keinerlei Panzerung verfügen, verletzen sich leicht an scharfkantigen Gegenständen.

Liosomadoras oncinus
(Schomburgk, 1841)

21-25 °C — 20 cm

Jaguarwels
Familie: **Auchenipteridae**
Verbreitung: Rio Ucayali und Rio Negro (Südamerika)
Größe: 20 cm
Futter: **Fleischfresser.** Rinderherz, Fisch usw.; nimmt nach Eingewöhnung auch Futtertabletten
Temperaturbereich: 21-25 °C
pH: 5,5-6,8 dH: 3-12°

Muster und Intensität der Färbung können je nach Fanggebiet beträchtlich variieren. Eine Fütterung mit Fleisch anstelle von Futtertabletten trägt häufig zu einer Verbesserung der Farbintensität bei.

Zucht
Die Eier werden – wie bei anderen Fischen aus der Familie *Auchenipteridae* – vor dem Ablegen befruchtet. Dazu haben die oft stärker gefärbten und weniger kräftigen Männchen vor der Afterflosse ein Begattungsorgan.

Aquarieneinrichtung
Becken mit saurem Wasser und einer leichten Strömung. Wichtig sind zudem zahlreiche Höhlen aus Holz, da die Tiere selten vor der Dunkelheit zur Nahrungssuche herauskommen. Es empfiehlt sich, die Art paarweise (ein Paar pro Becken) zu halten.

Tatia creutzbergi
(Boeseman, 1953)

20-24 °C — 4 cm

Zwergdornwels
Familie: **Auchenipteridae**
Verbreitung: Surinam
Größe: 4 cm
Futter: **Allesfresser.** Bevorzugt wirbellose Wassertiere (Wasserflöhe, *Tubifex*, Mückenlarven usw.)
Temperaturbereich: 20-24 °C
pH: 6,5-7,2 dH: 8-16°

Hält sich während des Tages zumeist versteckt und kommt nur zur Futtersuche heraus. Während der Ruhephasen sind die Oberkieferbarteln in einer Rille am Auge untergebracht, zur Futtersuche werden sie dagegen rechtwinklig ausgeklappt.

Zucht
Die Eier werden, wie bei anderen Mitgliedern dieser Familie auch, vor dem Ablegen innerlich befruchtet.

Aquarieneinrichtung
Gut bepflanztes Aquarium mit vielen Versteckmöglichkeiten und sauberem, gut durchlüftetem Wasser. Lebt nicht gern mit sehr viel größeren Arten zusammen.

AUCHENOGLANIS OCCIDENTALIS

(VALENCIENNES, 1840)

Augenfleckwels, Giraffenwels
Familie: **Bagridae**
Verbreitung: Im tropischen Afrika weit verbreitet, etwa im Nil, Niger und Zaïre oder Tschad- und Tanganjikasee
Größe: 60 cm
Futter: **Allesfresser**
Temperaturbereich: 22-25 °C
pH: 6,5-7,8 dH: 10-28°

Trotz der beachtlichen Ausmaße eine sehr friedliche Art, die auch mit viel kleineren Fischen zurechtkommt. Kann im Aquarium sehr alt werden. In seiner Heimat ist er wegen seiner Größe ein geschätzter Speisefisch.

Zucht
Nicht bekannt.

Aquarieneinrichtung
Großes Becken mit kräftigem Filter, da *A. occidentalis* bei seiner Futtersuche viel Dreck macht. Wird aufgrund seiner Größe am besten allein oder mit nur wenigen anderen Fischen gehalten.

22-25 °C 60 cm

CHRYSICHTHYS ORNATUS

BOULENGER, 1902

20-25 °C 18 cm

Marmorierter Stachelwels
Familie: **Bagridae**
Verbreitung: Tropisches Westafrika
Größe: 18 cm
Futter: **Fleischfresser.** Akzeptiert, wenn auch widerwillig, Futtertabletten
Temperaturbereich: 20-25 °C
pH: 6,8-7,5 dH: 8-16°

Dieser Fisch kann oft sehr gefräßig sein. Dank seiner Färbung ist er zwischen dem Geröll seines natürlichen Lebensraumes gut getarnt. Rücken- und Brustflossenstacheln sind sehr spitz, so daß im Umgang Vorsicht geboten ist. Zwar sind die Stacheln selbst nicht giftig, aber der reichlich vorhandene Körperschleim kann bei Verletzungen zu Blutvergiftungen führen.

Zucht
Nicht bekannt.

Aquarieneinrichtung
Becken mit Verstecken aus Stein und Holz, in denen die Tiere auf Beute lauern können. Pflanzen werden häufig entwurzelt. Verwenden Sie einen Außenfilter, da Unterbodenfilter oft beschädigt werden. Nicht mit Fischen in Beutegröße vergesellschaften.

HETEROBAGRUS BOCOURTI

BLEEKER, 1864

Königsstachelwels
Familie: **Bagridae**
Verbreitung: Südostasien
Größe: 20 cm
Futter: **Fleischfresser.** Kein aktiver Raubfisch, sondern frißt kleine Fische nur, wenn sich die Gelegenheit dazu bietet
Temperaturbereich: 21-25 °C
pH: 6,5-7,2 dH: 10-20°

Eine empfindliche Art, die oft einige Zeit zur Eingewöhnung benötigt.

21-25 °C 20 cm

Zucht
Nicht bekannt.

Aquarieneinrichtung
Großes Becken, damit die langen Barteln nicht gleichzeitig die Vorder- und Rückscheibe berühren. Bieten Sie außerdem Versteckmöglichkeiten, und verwenden Sie einen starken Filter für eine gute Umwälzung und gut durchlüftetes Wasser.

Leiocassis siamensis

Regan, 1913

Siamesischer Ringelwels
Familie: **Bagridae**
Verbreitung: Thailand
Größe: 18 cm
Futter: **Insektenfresser**
Temperaturbereich: 22-25 °C
pH: 6,2-7,5 dH: 10-20°

Jungfische bilden gern kleine Schwärme, während die Tiere im Alter oft zänkisch werden.

22-25 °C 18 cm

Zucht
Nicht bekannt. Die Männchen lassen sich von den Weibchen anhand eines kleinen, fleischigen Anhangs direkt vor der Afterflosse unterscheiden.

Aquarieneinrichtung
Sorgen Sie für Pflanzen- und Steinverstecke, in denen sich die Tiere während des Tages aufhalten können, sowie für eine gedämpfte Beleuchtung und eine mäßig starke Strömung.

Leiocassis stenomus

(Valenciennes, 1839)

Sunda-Stachelwels
Familie: **Bagridae**
Verbreitung: Java
Größe: 12 cm
Futter: **Insektenfresser**
Temperaturbereich: 22-26 °C
pH: 6,5-7,2 dH: 10-18°

Nicht so schön gefärbt wie *L. siamensis*, aber dafür auch weniger aggressiv, so daß man die Art mit Fischen, die größer als 5 cm sind, vergesellschaften kann.

Zucht
Unterscheidung der Geschlechter und Zucht wie bei *L. siamensis*.

Aquarieneinrichtung
Sorgen Sie für ruhige Bereiche und eine leichte Strömung.

22-26 °C 12 cm

Lophiobagrus cyclurus

(Worthington und Ricardo, 1937)

Tanganjika-Stachelwels
Familie: **Bagridae**
Verbreitung: Tanganjikasee (Afrika)
Größe: 10 cm
Futter: **Fleischfresser.** Insektenlarven und kleine Fische
Temperaturbereich: 23-26 °C
pH: 7,3-8,0 dH: 15-25°

Verängstigte Tiere sollen ein giftiges Sekret absondern, das andere Fische in ihrer Umgebung töten kann.

Zucht
Wurde bereits in Gefangenschaft gezüchtet. Unterschiede zwischen den Geschlechtern sind nicht bekannt.
Die milchigen Eier werden an den Wänden von Felsenhöhlen abgelegt und von den Eltern betreut.

23-26 °C 10 cm

Aquarieneinrichtung
Zahlreiche Felsaufbauten mit Höhlen, in denen die Fische die meiste Zeit verbringen.

Mystus micracanthus

(Bleeker, 1846)

Schulterfleck-Stachelwels
Familie: **Bagridae**
Verbreitung: Thailand, Borneo, Java und Sumatra
Größe: 12 cm
Futter: **Allesfresser.** Frißt auch kleine Fische
Temperaturbereich: 20-25 °C
pH: 6,5-7,2 dH: 8-20°

Die Art wird am besten in kleinen Schwärmen gehalten. Die Tiere suchen ununterbrochen nach Futter.

20-25 °C 12 cm

Zucht
Nicht bekannt. Wie bei anderen asiatischen Arten der Familie (z. B. *Leiocassis*) besitzen die Männchen einen kleinen, fleischigen Anhang im Bereich der Afterflosse.

Aquarieneinrichtung
Großes Aquarium mit offenen Schwimmbereichen, sauberem, sauerstoffreichem Wasser und einer leichten Strömung.

Mystus nemurus

(Valenciennes, 1839)

Asiatischer Rotflossenwels
Familie: **Bagridae**
Verbreitung: Südostasien
Größe: 60 cm
Futter: **Fleischfresser**
Temperaturbereich: 22-25 °C
pH: 7,0-8,2 dH: 13-24°

Diese Art wird aufgrund ihrer Größe und räuberischen Lebensweise am besten allein gehalten. Sorgen Sie für eine stabile Beckendekoration, da der kräftige Wels sie sonst zerstört. Vermeiden Sie zudem scharfe Kanten, an denen sich die Tiere leicht ihren ungepanzerten Körper zerkratzen können.

Zucht
Nicht bekannt.

Aquarieneinrichtung
Großes Becken mit viel freiem Schwimmraum und einer guten Abdeckung. Achten Sie darauf, daß Heizung, Thermostat, Filteransaugstutzen usw. sicher untergebracht sind.

22-25 °C 60 cm

Mystus wyckii

(Bleeker, 1858)

22-26 °C 70 cm

Deutscher Name ist nicht bekannt
Familie: **Bagridae**
Verbreitung: Thailand, Sumatra, Borneo, Birma und Java
Größe: 70 cm
Futter: **Allesfresser.** Mit zunehmendem Alter werden verstärkt lebende Fische bevorzugt
Temperaturbereich: 22-26 °C
pH: 6,6-7,3 dH: 8-22°

Der sehr flache, breite Kopf und die auffällig cremig-weiß gesäumte Schwanzflosse machen diese Art unverwechselbar. Die langen Oberkieferbarteln können bis über die Afterflosse hinaus reichen, die Unterkieferbarteln bis zu den Brustflossen.

Dieser äußerst kräftige Fisch kann recht aggressiv sein.

Zucht
Nicht bekannt.

Aquarieneinrichtung
Wird am besten einzeln in einem Becken gehalten, das später auch für das ausgewachsene Tier groß genug ist. Sorgen Sie für eine effiziente Filterung, und schützen Sie Heizung, Thermostat sowie auch alle anderen zerbrechlichen Gegenstände. Erwachsene Exemplare fressen oft nur noch lebende Fische.

PELTEOBAGRUS FULVIDRACO

(RICHARDSON, 1846)

Amur-Zwergwels, Amur-Stachelwels

Familie: **Bagridae**

Verbreitung: Im Flußgebiet des Amur (Rußland), China und Sibirien

Größe: 35 cm

Futter: **Insektenfresser.** Nimmt auch Trockenfutter und Futtertabletten

Temperaturbereich: 16-24 °C

pH: 6,5-7,2 dH: 7-20°

Wegen ihres Verbreitungsgebietes ist die Art nicht immer leicht zu bekommen. Die Tiere können einen Großteil des Jahres in einem Gartenteich gehalten werden, sind allerdings Bruträuber. Der Körper ist ungeschützt, dafür besitzen die Tiere Rücken- und Brustflossenstacheln, die unachtsamen Aquarianern schmerzhafte Wunden zufügen können.

16-24 °C 35 cm

Zucht

Die Eier werden in einer Bodenvertiefung abgelegt und – ebenso wie die späteren Jungfische – vom Männchen bewacht.

Aquarieneinrichtung

Die Art stellt geringe Ansprüche an die Wasserqualität, solange Extreme vermieden werden, auch auf einen Heizer kann verzichtet werden. Das Becken sollte offene Schwimmbereiche und Versteckplätze aus Pflanzen, Steinen und Holz aufweisen.

22-25 °C 4 cm

PELTEOBAGRUS ORNATUS

(DUNCKER, 1904)

Zwergstachelflossenwels

Familie: **Bagridae**

Verbreitung: Malaysia und Indonesien

Größe: 4 cm

Futter: **Insektenfresser.** Wasserflöhe, *Tubifex* usw., nimmt aber auch Trockenfutter

Temperaturbereich: 22-25 °C

pH: 6,5-7,2 dH: 8-18°

Pelteobagrus ornatus ist einer der wenigen tagaktiven Welse. Der Körper ist so durchscheinend, daß nicht nur die Organe sichtbar sind, sondern auch die Körperzeichnung auf der anderen Seite.

Zucht

Im Körper der Weibchen kann man von Zeit zu Zeit etwa 12-20 hellgrüne Eier von rund 2 mm Durchmesser erkennen. Sie werden später an feinblättrigen Pflanzen abgelegt.

Aquarieneinrichtung

Wird am besten als Schwarm mit Fischen ähnlicher Größe in einem Gesellschaftsaquarium gehalten. Das Becken sollte dicht bepflanzt sein, besonders mit Javamoos, und sauerstoffreiches Wasser mit einer leichten Strömung aufweisen. Für die Zucht muß reichlich mit Wasserflöhen gefüttert werden.

ASPIDORAS PAUCIRADIATUS

(WEITZMAN UND NIJSSEN, 1970)

Deutscher Name ist nicht bekannt

Familie: **Callichthyidae**

Verbreitung: Rio Araguaia (Brasilien)

Größe: 3,5 cm

Futter: **Allesfresser.** Frißt kleine Wirbellose und Trockenfutter

Temperaturbereich: 22-25 °C

pH: 6,2-7,0 dH: 6-12°

Die sehr ähnlichen Gattungen *Corydoras* und *Aspidoras* lassen sich nur anhand anatomischer Schädelmerkmale voneinander abgrenzen: *Aspidoras* hat zwei, *Corydoras* nur eine Fontanelle. Außerdem sind die *Aspidoras*-Arten im allgemeinen kleiner und ruhiger als ihre nahen Verwandten, was bei der Auswahl der weiteren Fische für ein Gesellschaftsbecken berücksichtigt werden sollte.

22-25 °C 3,5 cm

Zucht

Nicht bekannt.

Aquarieneinrichtung

Ruhiges, gut bepflanztes Aquarium mit weichem, sandigem Bodengrund und wenigen anderen Fischen. Das Wasser sollte gut gefiltert und sauerstoffreich sein.

Brochis britskii

Nijssen und Isbrücker, 1983

22-25 °C 8 cm

Britskis Panzerwels
Familie: **Callichthyidae**
Verbreitung: Mato-Grosso-Region (Brasilien)
Größe: 8 cm
Futter: **Allesfresser**
Temperaturbereich: 22-25 °C
pH: 6,7-7,2 dH: 8-20°

Diese Art ist erst vor kurzem entdeckt worden. In der Färbung ähnelt sie den anderen beiden *Brochis*-Arten, besitzt aber – einzigartig in der Familie *Callichthyidae* – einen Knochenschild, der die Unterseite des Kopfes völlig bedeckt.

Zucht
Bisher nicht bekannt. Die Geschlechter können an der Form des Maules unterschieden werden, das beim Weibchen gerundet, beim Männchen leicht konkav ist.

Aquarieneinrichtung
Ideal für ein Gesellschaftsbecken mit guter Filterung, gedämpfter Beleuchtung und Fischen ähnlicher Größe. Außerdem sollten offene Bereiche für die Fütterung und Versteckmöglichkeiten geschaffen werden.

Brochis multiradiatus

(Orces-Villagomez, 1960)

Spitzmaulpanzerwels
Familie: **Callichthyidae**
Verbreitung: Oberer Rio Napo (Ecuador)
Größe: 9 cm
Futter: **Allesfresser**
Temperaturbereich: 22-24 °C
pH: 6,5-7,2 dH: 8-20°

Läßt sich anhand des Mauls von anderen *Brochis*-Arten unterscheiden.

Zucht
Keine Berichte über Paarungsverhalten und Nachzuchten.

Aquarieneinrichtung
Die Tiere benötigen weichen Bodengrund, da sie nach Futter graben und sich sonst leicht die Barteln verletzen. Sorgen Sie für eine gute Filterung, denn die Art ist anfällig gegen schlechte Wasserqualität.

22-24 °C 9 cm

Brochis splendens

(Castelnau, 1855)

Grüner Panzerwels, Smaragdpanzerwels
Familie: **Callichthyidae**
Verbreitung: Brasilien, Peru und Ecuador
Größe: 7 cm
Futter: **Allesfresser.** Leicht zufriedenzustellen, frißt Lebend-, aber auch Trockenfutter
Temperaturbereich: 21-27 °C
pH: 6,0-7,5 dH: 6-25°

Diese Art wird oft mit dem kleineren, aber ähnlich gefärbten *Corydoras aeneus* verwechselt, der aber nur 6-7 Rückenflossenstrahlen hat, während *Brochis splendens* 10-12 besitzt. Der Schwanzstiel ist bei guter Pflege prächtig smaragdgrün. Jungfische unterscheiden sich stark von Alttieren. Sie haben eine sehr große rötlich-schwarze Rückenflosse und anfangs fehlt die grünliche Färbung.

21-27 °C 7 cm

Zucht
Die klebrigen Eier werden einzeln an der Unterseite von Blättern abgelegt. Die Brut wird nicht betreut.

Aquarieneinrichtung
Diese tagaktive Art eignet sich gut für ein Gesellschaftsbecken, in dem ein kleiner Schwarm gehalten werden sollte. Für die Zucht sollte das Aquarium mit breitblättrigen Pflanzen und weichem Bodengrund ausgestattet sein.

Callichthys callichthys

(Linnaeus, 1758)

Schwielenwels
Familie: **Callichthyidae**
Verbreitung: Im tropischen Südamerika weit verbreitet
Größe: 20 cm
Futter: **Allesfresser**
Temperaturbereich: 20-26 °C
pH: 6,0-7,8 dH: 6-30°

Um in sauerstoffarmen Gewässern überleben zu können, ist die Art in der Lage, atmosphärische Luft über den Mitteldarm aufzunehmen. Aus diesem Grund kommen die Tiere – unabhängig vom Sauerstoffgehalt des Wassers – auch regelmäßig an die Oberfläche. Manchmal kann man auch beobachten, wie Luft aus der Kloake entweicht.

20-26 °C 20 cm

Zucht
Die Männchen haben stärkere und längere Brustflossenstacheln, die sich im Alter oft nach oben drehen; die Weibchen wirken zumeist kräftiger. Die männlichen Tiere bauen ein Schaumnest, in das auch Pflanzenteile integriert werden. Das Weibchen preßt die Eier aus der Kloake in eine Bauchflossentasche und präsentiert sie dem Männchen zum Befruchten. Anschließend werden die Eier im Schaumnest abgelegt und vom Männchen aggressiv bewacht.

Aquarieneinrichtung
Die Art stellt wenig Ansprüche an die Wasserqualität. Da die Tiere tagsüber kaum aktiv sind, benötigen sie Verstecke aus Holz oder Steinen. Zum Ablaichen sollte man ihnen Schwimmpflanzen oder auch Styropor zum Verankern des Schaumnestes zur Verfügung stellen, da sonst andere Pflanzen für diesen Zweck zerstört werden. Während des Laichens können die Tiere recht wild und aggressiv sein.

Allgemeine Hinweise für die Haltung von Welsen der Gattung Corydoras
Die meisten *Corydoras*-Arten ähneln sich in Pflege, Paarung und Zucht. Sie stellen zumeist wenig Ansprüche an die Wasserqualität und tolerieren eine breite Skala an Temperatur-, pH- und dH-Werten. Generell sollten folgende Bereiche eingehalten werden: Temperatur: 22-26 °C; pH: 6,2-7,8; dH 4-25°.

Weicher, sandiger Bodengrund ist unbedingt erforderlich, damit die Barteln nicht verletzt werden. Zur Zucht empfiehlt sich ein Gruppenansatz von zwei bis drei Männchen und einem Weibchen.

Die Geschlechter können normalerweise an der Körperform unterschieden werden: Die Männchen sind zumeist schlanker als die Weibchen, die größere, fächerartige Bauchflossen haben, mit denen sie die Eier bei der Befruchtung festhalten. Die Eier sind klebrig und werden an breitblättrigen Pflanzen oder an den Glaswänden abgelegt.

Um die Mitglieder der Gattung überhaupt einteilen zu können, wurden Gruppen geschaffen, denen die Arten zumeist anhand ihrer Färbung zugeordnet werden. Diese Gruppen sind bei den Beschreibungen jeweils angegeben.

Corydoras arcuatus (Arcuatus-Gruppe)

Elwin, 1939

Stromlinien-Panzerwels
Familie: **Callichthyidae**
Verbreitung: Ecuador, Peru und Brasilien
Größe: 4 cm
Futter: **Allesfresser**
Temperaturbereich: 22-26 °C
pH: 6,2-7,8 dH: 4-25°

Ähnelt *C. narcissus*, der aber kein abgerundetes, sondern ein spitzes Maul hat. Weiteres siehe oben.

Zucht
Es liegen keine Berichte über eine erfolgreiche Zucht vor.

Aquarieneinrichtung
Siehe oben.

22-26 °C 4 cm

Corydoras axelrodi (Aeneus-Gruppe)

Rössel, 1962

Rosafarbener Panzerwels
Familie: **Callichthyidae**
Verbreitung: Rio Meta (Kolumbien)
Größe: 4 cm
Futter: **Allesfresser**
Temperaturbereich: 22-26 °C
pH: 6,2-7,8 dH: 4-25°

Wird manchmal mit *C. loxozonas* verwechselt, dem allerdings der dunkle Rückenstreifen fehlt. Weitere Informationen siehe oben.

Zucht
Siehe oben.

Aquarieneinrichtung
Siehe oben.

22-26 °C 4 cm

Corydoras barbatus (Barbatus-Gruppe)

(Quoy und Gaimard, 1824)

Schabrackenpanzerwels
Familie: **Callichthyidae**
Verbreitung: Rio de Janeiro bis São Paulo (Brasilien)
Größe: bis 12 cm
Futter: **Allesfresser**
Temperaturbereich: 22-26 °C
pH: 6,2-7,8 dH: 4-25°

Dies ist die größte *Corydoras*-Art, von der zwei Farbvarianten (abhängig vom Herkunftsort) existieren, wobei die Exemplare aus Rio de Janeiro stärker gefärbt sind.

22-26 °C bis 12 cm

Das gilt besonders für die Männchen, die eine Vielzahl goldgelber Punkte auf dem Kopf haben. Die Zucht ist ähnlich wie die anderer *Corydoras*-Arten, wobei das Verhältnis von Männchen und Weibchen allerdings 1:1 sein sollte. Für die Pflege gelten die Hinweise von Seite 44.

Zucht
Es gibt eine Reihe von Berichten über eine erfolgreiche Zucht.

Aquarieneinrichtung
Siehe Gattungsbeschreibung auf Seite 44.

Corydoras caudimaculatus (Punctatus-Gruppe)

Rössel, 1961

Schwanzfleck-Panzerwels
Familie: **Callichthyidae**
Verbreitung: Rio Guaporé (Brasilien)
Größe: 5 cm
Futter: **Allesfresser**
Temperaturbereich: 22-26 °C
pH: 6,2-7,8 dH: 4-25°

Diese Art ist etwas ruhebedürftiger und empfindlicher als andere *Corydoras*-Arten, vor allen Dingen soweit es die Wasserqualität betrifft. Äußerlich ähnelt die Art *C. guapore*, ist aber kräftiger gebaut und stärker gepunktet.

22-26 °C 5 cm

Zucht
Siehe allgemeine Gattungsbeschreibung auf Seite 44.

Aquarieneinrichtung
Liebt ruhige Aquarien mit zahlreichen Rückzugsmöglichkeiten. Siehe zusätzlich auch allgemeine Gattungsbeschreibung auf Seite 44.

Corydoras garbei (Barbatus-Gruppe)

v. Ihering, 1911

Deutscher Name ist nicht bekannt
Familie: **Callichthyidae**
Verbreitung: Rio São Francisco (Brasilien)
Größe: 3,5 cm
Futter: **Allesfresser**
Temperaturbereich: 22-26 °C
pH: 6,2-7,8 dH: 4-25°

Einzelheiten zur Haltung dieser ziemlich unscheinbaren Art finden Sie auf Seite 44.

Zucht
Es existieren keine Berichte über eine gelungene Zucht.

Aquarieneinrichtung
Siehe allgemeine Gattungsbeschreibung auf Seite 44.

22-26 °C 3,5 cm

Corydoras hastatus (Elegans-Gruppe)

Eigenmann und Eigenmann, 1888

Sichelfleck-Panzerwels
Familie: **Callichthyidae**
Verbreitung: Amazonas (Brasilien)
Größe: 3 cm
Futter: **Allesfresser.** Nimmt Trockenfutter, gedeiht aber am besten mit kleinen Wirbellosen, etwa Wasserflöhen
Temperaturbereich: 23-26 °C
pH: 6,5-7,2 dH: 4-18°

Eine der kleinsten *Corydoras*-Arten, die man am besten in einem kleinen Schwarm von weniger als sechs Tieren hält.

23-26 °C 3 cm

Zucht
Siehe Gattungsbeschreibung auf Seite 44.

Aquarieneinrichtung
Siehe Gattungsbeschreibung auf Seite 44.

Corydoras panda (Aeneus-Gruppe)

Nijssen und Isbrücker, 1971

Pandapanzerwels
Familie: **Callichthyidae**
Verbreitung: System des Rio Ucayali (Peru)
Größe: 5 cm
Futter: **Allesfresser**
Temperaturbereich: 22-26 °C
pH: 6,5-7,5 dH: 6-20°

Jungfische sind stärker gefärbt als ausgewachsene Exemplare. Die Art ist in Gefangenschaft weniger robust als andere Mitglieder der Gattung, so daß auf eine gute Wasserqualität geachtet werden muß. Weitere Informationen zur Zucht und Haltung entnehmen Sie der allgemeinen Gattungsbeschreibung auf Seite 44.

Zucht
Wurde in Gefangenschaft bisher nur selten gezüchtet.

22-26 °C 5 cm

Aquarieneinrichtung
Siehe Gattungsbeschreibung auf Seite 44.

Corydoras polystictus (Punctatus-Gruppe)

Regan, 1912

Savannenpanzerwels
Familie: **Callichthyidae**
Verbreitung: Mato-Grosso-Region (Brasilien)
Größe: 4 cm
Futter: **Allesfresser**
Temperaturbereich: 22-26 °C
pH: 6,2-7,8 dH: 4-25°

Informationen zur Haltung siehe allgemeine Gattungsbeschreibung auf Seite 44.

Zucht
Siehe Gattungsbeschreibung auf Seite 44.

Aquarieneinrichtung
Siehe Gattungsbeschreibung auf Seite 44.

22-26 °C 4 cm

Corydoras robineae (Punctatus-Gruppe)

Burgess, 1983

Flaggenschwanz-Panzerwels
Familie: **Callichthyidae**
Verbreitung: Rio Negro (Brasilien)
Größe: 4 cm
Futter: **Allesfresser**
Temperaturbereich: 22-26 °C
pH: 6,2-7,8 dH: 4-25°

Ihr gestreifter Schwanz, der an *Dianema urostriata* erinnert, macht diese Art unverwechselbar. Informationen zur Haltung siehe Gattungsbeschreibung auf Seite 44.

Zucht
Siehe Gattungsbeschreibung auf Seite 44.

Aquarieneinrichtung
Siehe Gattungsbeschreibung auf Seite 44.

22-26 °C 4 cm

Corydoras septentrionalis (Arcuatus-Gruppe)

Gosline, 1940

Siebenfleck-Panzerwels
Familie: **Callichthyidae**
Verbreitung: Venezuela
Größe: 4,5 cm
Futter: **Allesfresser**
Temperaturbereich: 22-26 °C
pH: 6,2-7,8 dH: 4-25°

Informationen zur Haltung siehe allgemeine Gattungsbeschreibung auf Seite 44.

Zucht
Berichte über eine erfolgreiche Zucht liegen nicht vor.

Aquarieneinrichtung
Siehe Gattungsbeschreibung auf Seite 44.

22-26 °C 4,5 cm

Corydoras sterbai (Punctatus-Gruppe)

Knaack, 1962

Sterbas Panzerwels
Familie: **Callichthyidae**
Verbreitung: Rio Guaporé (Brasilien)
Größe: bis 8 cm
Futter: **Allesfresser**
Temperaturbereich: 22-26 °C
pH: 6,2-7,8 dH: 4-25°

Diese Art wird oft mit *C. haraldschultzi* verwechselt, die aber eine hellere Grundfarbe und dunkle Flecken aufweist. Informationen zu Haltung und Zucht siehe allgemeine Gattungsbeschreibung auf Seite 44.

Zucht
Siehe Gattungsbeschreibung auf Seite 44.

Aquarieneinrichtung
Siehe Gattungsbeschreibung auf Seite 44.

22-26 °C bis 8 cm

Dianema longibarbis

Cope, 1871

Langbärtiger Schwielenwels, Torpedo-Schwielenwels, Schrot-Schwielenwels
Familie: **Callichthyidae**
Verbreitung: Peru
Größe: 10 cm
Futter: **Allesfresser/Insektenfresser**
Temperaturbereich: 22-26 °C
pH: 6,5-7,2 dH: 7-20°

Dianema-Arten sind friedlicher als ihre Verwandten aus den Gattungen *Hoplosternum* und *Callichthys*. Man hält sie am besten in Gruppen von sechs oder mehr Tieren, da sie sonst apathisch werden.

Zucht
Die Männchen haben etwas dickere Brustflossenstrahlen und sind nicht so kräftig wie die Weibchen. Baut ein Schaumnest, Zuchterfolge sind jedoch bisher selten.

Aquarieneinrichtung
Ein ruhiges Aquarium mit freiem Schwimmraum. Die Art hält sich meist im mittleren und unteren Wasserbereich auf. Die Tiere ruhen gern auf Aussichtspunkten wie z. B. einem Steinvorsprung.

22-26 °C 10 cm

Dianema urostriata

Miranda-Ribeiro, 1912

Schwanzstreifen-Panzerwels
Familie: **Callichthyidae**
Verbreitung: Brasilien
Größe: 16 cm
Futter: **Allesfresser/Insektenfresser**
Temperaturbereich: 22-26 °C
pH: 6,5-7,2 dH: 7-20°

Läßt sich von *D. longibarbis* anhand der gestreiften Schwanzflosse unterscheiden; außerdem wird *D. urostriata* oft etwas größer. Wenn das Becken nicht gut belüftet ist, können beide Arten Luftsauerstoff aufnehmen.

Zucht
Männchen haben dickere Brustflossenstacheln und sind nicht so kräftig wie die Weibchen. Die Art baut ein Schaumnest.

Aquarieneinrichtung
Die Haltung und Einrichtung des Beckens gleicht der von *D. longibarbis*.

22-26 °C 16 cm

Hoplosternum littorale

(Hancock, 1828)

Lehmpanzerwels, Brauner Schwielenwels
Familie: **Callichthyidae**
Verbreitung: Nördliches Südamerika
Größe: 20 cm
Futter: **Allesfresser**
Temperaturbereich: 21-27 °C
pH: 6,2-7,5 dH: 6-20°

Die größte Art der Familie *Callichthyidae* lebt in sauerstoffarmen Flüssen, häufig in Ufernähe. Anhand der leicht gespaltenen Schwanzflosse sind die Tiere von anderen *Hoplosternum*-Arten zu unterscheiden.

Zucht
Die Weibchen sind kräftiger als die Männchen, dafür haben diese dickere und im Alter aufgebogene Brustflossenstacheln. Die Art baut ein Schaumnest, das dem von *Callichthys callichthys* ähnlich ist.

Aquarieneinrichtung
Nicht für Gesellschaftsaquarien geeignet, auch wenn die Tiere nicht sehr aggressiv sind, sondern nur zur Paarungszeit ein wenig ruppig. Stellt wenig Ansprüche an die Wasserqualität, benötigt aber Verstecke und gedämpfte Beleuchtung. Außerdem ist eine gute Abdeckung nötig, um die Fische am Herausspringen zu hindern, wenn sie an die Oberfläche kommen, um Sauerstoff aufzunehmen.

21-27 °C 20 cm

Hoplosternum pectorale

(Boulenger, 1895)

Pfeffer-und-Salz-Panzerwels
Familie: **Callichthyidae**
Verbreitung: Paraguay
Größe: 15 cm
Futter: **Allesfresser**
Temperaturbereich: 22-27 °C
pH: 6,2-7,5 dH: 6-20°

Ein Erkennungsmerkmal dieser Art aus schlammigen Flüssen und Bächen ist die abgerundete Schwanzflosse, die der von *Callichthys callichthys* ähnelt. Die Tiere sind weniger ruppig als andere *Hoplosternum*-Arten.

22-27 °C 15 cm

Zucht
Die Art baut ein Schaumnest. Die Männchen sind nicht ganz so kräftig wie die Weibchen.

Aquarieneinrichtung
Nicht unbedingt für Gesellschaftsbecken mit kleineren Fischen geeignet, obwohl die Tiere im allgemeinen in Bezug auf die Wasserqualität anspruchslos und außerhalb der Laichzeit auch nicht aggressiv sind.

Hoplosternum thoracatum

(Valenciennes, 1840)

Gefleckter Schwielenwels
Familie: **Callichthyidae**
Verbreitung: Im Norden Südamerikas
Größe: 18 cm
Futter: **Allesfresser**
Temperaturbereich: 21-27 °C
pH: 6,5-7,5 dH: 6-22°

Kommt in schlammigen, sauerstoffarmen Gewässern vor, wo die Tiere dank ihrer Darmatmung überleben können. Die Färbung kann je nach Fundort beträchtlich variieren. Unterscheidet sich von anderen Arten durch die kürzere Schwanzflosse.

Zucht
Relativ leicht zu züchten. Die Männchen sind farbenprächtiger, haben dickere Brustflossenstacheln und sind nicht so kräftig wie die Weibchen. Die Art baut Schaumnester ähnlich denen des *Callichthys callichthys*. Die Eier werden vom Männchen aggressiv bewacht.

21-27 °C 18 cm

Aquarieneinrichtung
Alle Pflanzen müssen sehr robust und gut verwurzelt sein, da die Tiere recht wild sein können. Bezüglich der Wasserqualität ist die Art relativ anspruchslos. Sollte nicht mit kleineren Fischen vergesellschaftet werden.

Chaca bankanensis

Bleeker, 1852

22-27 °C 18 cm

Indonesischer Großmaulwels
Familie: **Chacidae**
Verbreitung: Indien, Birma, Malaysia, Sumatra und Borneo
Größe: 18 cm
Futter: **Fleischfresser.** Nimmt keinen getrockneten Fisch, Trockenfutter oder Futtertabletten
Temperaturbereich: 22-27 °C
pH: 6,5-7,2 dH: 6-18°

Verglichen mit seiner relativ geringen Größe hat dieser Fisch ein gewaltiges Maul. Normalerweise liegt er in schlammigen Gewässern gut versteckt und unbeweglich auf der Lauer und wartet auf Beute. Manchmal bewegt er auch seine Barteln, um einen Beutefisch anzulocken. Ist dieser in Reichweite, reißt der Wels das Maul auf und saugt ihn zusammen mit dem Wasser ein. Während des gesamten Vorgangs bewegen sich die Tiere kaum.

Zucht

Nicht bekannt.

Aquarieneinrichtung

Für Gesellschaftsbecken völlig ungeeignet, da der Wels selbst noch Fische von seiner eigenen Größe frißt. Das Aquarium sollte Verstecke und eine abgedunkelte Wasseroberfläche besitzen. Es handelt sich um einen sehr gefräßigen Fisch, der nur von erfahrenen Aquarianern gehalten werden sollte.

Acanthodoras cataphractus

(Linnaeus, 1758)

Gemeiner Dornwels
Familie: **Doradidae**
Verbreitung: Amazonas (Brasilien)
Größe: 15 cm
Futter: **Allesfresser.** Nimmt schon nach kurzer Zeit Fischstückchen
Temperaturbereich: 22-27 °C
pH: 6,2-7,5 dH: 6-25°

Diese gesellig lebenden Fische verbringen den größten Teil des Tages in Höhlen und kommen nur nachts zur Nahrungssuche heraus. Dabei fressen sie sich oft so voll, daß sie wie aufgedunsen wirken. Seiten und Schulterbereiche des Körpers sind durch dornenbesetzte Knochenplatten geschützt, Rücken- und Brustflossen besitzen Stacheln, die mit starken Muskeln versehen sind. Die Fische wehren einen Angreifer u. a. dadurch ab, daß sie ihn zwischen Brustflossenstachel und Schulterbereich einklemmen – was die Autorin des Buches bei zahlreichen Anlässen schmerzhaft erfahren mußte!

Zucht

Geschlechtsunterschiede sind unbekannt. Die Eier werden in einer Grube abgelegt und von beiden Eltern bewacht.

Aquarieneinrichtung

Dieser sehr widerstandsfähige und langlebige Wels sollte nicht mit kleineren Fischen vergesellschaftet werden. Er ist zwar kein wirklicher Räuber, aber schlafende Fische könnten durchaus eine zu große Versuchung darstellen! Richten Sie viele Verstecke ein, und füttern Sie erst, wenn die Beleuchtung ausgeschaltet ist. Schwankungen in der Wasserqualität werden toleriert.

22-27 °C 15 cm

Agamyxis pectinifrons

(Cope, 1870)

Kammdornwels
Familie: **Doradidae**
Verbreitung: Rio Marañón (Ecuador)
Größe: 14 cm
Futter: **Allesfresser.** Futtertabletten, Lebend-, Trocken- und Gefrierfutter
Temperaturbereich: 21-26 °C
pH: 5,5-7,5 dH: bis 12°

Ein ruhiger, dämmerungs- und nachtaktiver Wels, der gut mit großen, aber friedlichen Fischen vergesellschaftet werden kann. Er verbringt einen großen Teil des Tages versteckt in Höhlen oder Spalten, wobei Holzverstecke besser geeignet sind, da die Tiere sich an Steinen leicht die Haut der Brust- und Rückenflossenstacheln verletzen. Wenn das Wasser zu hart ist, kann es zu einer Augentrübung kommen.

21-26 °C 14 cm

Zucht

Nicht bekannt.

Aquarieneinrichtung

Gut gefiltertes, alteingerichtetes Gesellschaftsbecken mit einem Bodengrund aus Sand oder Kies sowie Steinen, Holz und einigen Pflanzen.

Amblydoras hancocki

(Valenciennes, 1840)

Knurrender Dornwels, Kopfstrich-Dornwels
Familie: **Doradidae**
Verbreitung: Nördliches Südamerika, Amazonas und Rio Marañón mit ihren Nebenflüssen
Größe: 12 cm
Futter: **Allesfresser.** Besonders wirbellose Wassertiere (Wasserflöhe, *Tubifex*, Büschelmückenlarven). Gewöhnt sich schnell an Trockenfutter und Fischstückchen
Temperaturbereich: 22-27 °C
pH: 6,5-7,2 dH: 8-16°

Friedliche Art, die mit ähnlich großen Fischen vergesellschaftet werden kann. Wenn man eine kleine Gruppe hält, sind die Tiere auch tagsüber aktiver. Sie können durch Vibration ihrer Schwimmblase oder Aneinanderreiben der Brustflossen deutlich hörbare Töne erzeugen, was ihnen auch den Namen Knurrender Dornwels einbrachte. Die Geräusche, die vom Wasser sehr gut übertragen werden, dienen der Kommunikation.

Zucht
Nicht bekannt. Die Geschlechter lassen sich an der Form des Rabenschnabelfortsatzes auf der Unterseite unterscheiden, der bei den Männchen parallel gestaltet, bei den Weibchen hufeisenförmig ist.

22-27 °C | 12 cm

Aquarieneinrichtung
Sorgen Sie für Verstecke aus Holz, Steinen und Pflanzen. Außerdem empfiehlt es sich, den Tieren als zusätzlichen Bodengrund eingeweichte Buchen- und Eichenblätter zur Verfügung zu stellen.

Anadoras grypus

(Cope, 1871)

22-27 °C | 17 cm

Gefleckter Dornwels
Familie: **Doradidae**
Verbreitung: Amazonasbecken (Brasilien)
Größe: 17 cm
Futter: **Allesfresser**
Temperaturbereich: 22-27 °C
pH: 6,5-7,2 dH: 8-15°

Diese nachtaktive Art wird oft mit *Amblydoras hancocki* verwechselt. Beide Arten sind gefleckt, aber bei *Anadoras grypus* sind die seitlichen Knochenplatten kleiner, und außerdem ist der Rückenflossenstachel glatt und nicht gesägt. Darüber hinaus wird *Anadoras grypus* größer.

Zucht
Nicht bekannt.

Aquarieneinrichtung
Die Tiere sollten einzeln oder in sehr kleinen Gruppen in einem geräumigen Aquarium gehalten werden. Sie sind nicht sehr gesellig und sollten auf keinen Fall mit Fischen zusammenleben, die kleiner als 5 cm sind. Sorgen Sie für Verstecke, etwa Höhlen aus Holz oder Stein, und für eine nicht allzu starke Strömung.

Astrodoras asterifrons

(Heckel, 1855)

Helmwels
Familie: **Doradidae**
Verbreitung: Amazonas (Brasilien) und Bolivien
Größe: bis 9 cm
Futter: **Allesfresser/Insektenfresser.** Nimmt schon nach kurzer Zeit Fischstückchen und Trockenfutter
Temperaturbereich: 21-25 °C
pH: 6,5-7,5 dH: 8-20°

Ein friedlicher, versteckt lebender Wels, der nicht regelmäßig im Handel ist.

21-25 °C | bis 9 cm

Er hält sich tagsüber zwischen Baumwurzeln oder Pflanzen auf und kommt nur kurz zur Futtersuche heraus. Die Färbung ist je nach Herkunftsort ein wenig unterschiedlich.

Zucht
Nicht bekannt.

Aquarieneinrichtung
Ruhiges Becken mit Verstecken, in denen sich die Tiere tagsüber aufhalten können. Eine leichte Strömung wird bevorzugt.

Hassar notospilus

(Eigenmann, 1910)

22-25 °C bis 7 cm

Zwergdornwels
Familie: **Doradidae**
Verbreitung: Nordosten Südamerikas
Größe: bis 7 cm
Futter: **Allesfresser.** Nimmt Trockenfutter, allerdings sollte die Nahrung durch kleine Wirbellose ergänzt werden
Temperaturbereich: 22-25 °C
pH: 6,5-7,0 dH: 5-20°

Eine etwas schüchterne, aber dennoch neugierige, tagaktive Art. Die Barteln sind verzweigt, um mehr Fläche für Geschmacksrezeptoren zu schaffen. Abgesehen von einem schmalen Band dornenbesetzter Knochenplatten an den Seiten ist der Körper ungeschützt. Beim Umsetzen ist Vorsicht geboten, da sich die spitzen Rücken- und Bauchflossenstacheln leicht im Netz verfangen.

Zucht
Die Männchen haben einen fleischigen Anhang am Rückenflossenstachel; die Weibchen sind kräftiger gebaut. Über die Zucht ist nichts bekannt.

Aquarieneinrichtung
Eignet sich gut für ein Gesellschaftsbecken mit Fischen ähnlicher Größe. Die Tiere verstecken sich tagsüber gern zwischen dichten Pflanzen und suchen dort nach Futter. Als Bodengrund sollte unbedingt weicher Sand oder feiner Kies verwendet werden, da sich die Fische sonst leicht die empfindlichen Barteln verletzen, wenn sie das Substrat nach Nahrung durchsieben.

Megalodoras irwini

Eigenmann, 1925

Deutscher Name ist nicht bekannt
Familie: **Doradidae**
Verbreitung: Brasilianisches Amazonasgebiet und Nordosten Südamerikas
Größe: 60 cm
Futter: **Fleischfresser.** Jungfische hat man Schnecken fressen sehen. Gewöhnen sich schnell an Fleischbrocken, etwa Rinderherz, und an zerschnittene Regenwürmer
Temperaturbereich: 22-26 °C
pH: 6,5-7,4 dH: 7-20°

Die attraktive, marmorierte Färbung der Jungtiere verblaßt normalerweise im Alter. Das Wachstum kann im Aquarium recht langsam sein; dafür erreichen die Fische ein hohes Alter. Mit zunehmender Größe werden auch die seitlichen Knochenplatten und der Dorn auf jeder von ihnen größer. Rücken- und Brustflosse sind stark gezackt. Trotz seiner Größe spielt *M. irwini* als Speisefisch keine große Rolle, da sein Fleisch zäh sein soll.

22-26 °C 60 cm

Zucht
Nicht bekannt.

Aquarieneinrichtung
Großes Becken mit Höhlen, in denen sich die Fische tagsüber verstecken können, aber auch mit freien Bereichen zur Futtersuche. Vorsicht bei der Handhabung!

Opsodoras stuebelii

(Steindachner, 1882)

22-26 °C 11 cm

Deutscher Name ist nicht bekannt
Familie: **Doradidae**
Verbreitung: Brasilien und Peru
Größe: 11 cm
Futter: **Allesfresser.** Bevorzugt Insektenlarven und andere Wirbellose, nimmt aber auch Trockenfutter
Temperaturbereich: 22-26 °C
pH: 6,5-7,2 dH: bis 20°

Eine sehr friedliche Art mit empfindlichen, verzweigten Barteln, mit denen die Tiere den sandigen Bodengrund nach Nahrung durchsieben. Nicht immer leicht einzugewöhnen, dann aber ziemlich robust. Die Welse sind oft auch tagsüber aktiv.

Zucht
Nicht bekannt.

Aquarieneinrichtung
Kann mit Fischen vergesellschaftet werden, die größer als 2 cm sind. Benötigt eine gute Wasserqualität, eine leichte Strömung und einen Bodengrund aus weichem Sand oder feinem Kies. Obwohl kein Schwarmfisch, scheint er sich in kleinen Gruppen wohler zu fühlen.

Orinocodoras eigenmanni

Myers, 1927

21-26 °C 18 cm

Deutscher Name ist nicht bekannt
Familie: **Doradidae**
Verbreitung: Flußsystem des Rio Orinoco
Größe: 18 cm
Futter: **Allesfresser.** Lebend-, Trocken- und Gefrierfutter sowie Futtertabletten
Temperaturbereich: 21-26 °C
pH: 5,5-7,5 dH: bis 12°

Für ein Gesellschaftsbecken mit anderen mittelgroßen, friedlichen Fischen gut geeignet. Die Tiere sind dämmerungsaktiv, kommen also hauptsächlich während der Morgen- und Abenddämmerung heraus, um im Bodengrund nach Futter zu suchen. Die Art wird oft mit *Platydoras costatus* verwechselt, läßt sich jedoch anhand der Größe der seitlichen Knochenplatten und der Kopfform unterscheiden: Bei *P. costatus* bedecken die Platten den größten Teil des Körpers, und der Kopf ist kurz; bei *O. eigenmanni* sind die Platten kleiner, während der Kopf länger und das Maul spitzer sind.

Zucht

Nicht bekannt.

Aquarieneinrichtung

Gut gefiltertes Gesellschaftsbecken mit einem Bodengrund aus Sand oder Kies sowie Steinen, Holz und einigen Pflanzen.

Pseudodoras niger

(Valenciennes, 1811)

21-24 °C bis 80 cm

Schwarzer Dornwels
Familie: **Doradidae**
Verbreitung: Amazonas
Größe: bis 80 cm
Futter: **Allesfresser/Insektenfresser.** Gewöhnt sich schnell an Fleischstückchen und Futtertabletten
Temperaturbereich: 21-24 °C
pH: 6,2-7,5 dH: 7-20°

Trotz ihrer Größe eine friedliche Art, die sich auch mit viel kleineren Fischen verträgt. Den sehr feinen Geschmackssinn verdanken die Tiere besonderen Rezeptoren im Maul, die in ihrer Form ein wenig an Stalaktiten und Stalagmiten erinnern.

Zucht

Nicht bekannt.

Aquarieneinrichtung

Großes Becken mit guter Filterung und starker Strömung. Die Art sollte keinesfalls einzeln gehalten werden, sondern am besten paarweise oder – eine entsprechende Beckengröße vorausgesetzt – in kleinen Gruppen.

Pterodoras granulosus

(Valenciennes, 1833)

21-25 °C 90 cm

Gemeiner Bacu
Familie: **Doradidae**
Verbreitung: In den meisten großen Flüssen Südamerikas weit verbreitet
Größe: 90 cm
Futter: **Allesfresser.** Lebend-, Trocken- und Gefrierfutter, Futtertabletten
Temperaturbereich: 21-25 °C
pH: 5,5-7,0 dH: bis 12°

Ein großer Wels, der ein entsprechend großes Aquarium benötigt. Er ist zwar friedlich, kann aber schon einmal „versehentlich" kleinere Fische verschlucken, besonders wenn er hungrig ist; mit größeren Salmlern, Barschen oder Karpfenähnlichen Fischen kann er aber vergesellschaftet werden. In der Natur kommt es bei dieser Art zu jahreszeitlichen Wanderungen.

Zucht

Nicht bekannt.

Aquarieneinrichtung

Großes, sehr gut gefiltertes Becken mit einem Bodengrund aus Sand oder Kies sowie Steinen, Holz und einigen Pflanzen. Das Wasser sollte nicht alkalisch sein, da es sonst zu Haut- und Augentrübungen kommen kann.

Rhinodoras dorbignyi

(Kroyer, 1855)

21-25 °C 17 cm

Deutscher Name ist nicht bekannt
Familie: **Doradidae**
Verbreitung: Südliches Brasilien und Paraguay
Größe: 17 cm
Futter: **Allesfresser.** Nimmt Trockenfutter, bevorzugt aber lebende Wirbellose, etwa *Tubifex* oder Rinderherz und zerkleinerte Regenwürmer
Temperaturbereich: 21-25 °C
pH: 6,5-7,2 dH: bis 10°

Dieser nicht oft importierte Fisch wächst ziemlich schnell.

Zucht

Nicht bekannt.

Aquarieneinrichtung

Bei dieser Art muß auf die Wasserqualität geachtet werden, da zu hartes Wasser (über 10° dH) nicht vertragen wird. Es sollte zudem sauber und gut gefiltert sein und eine leichte Strömung aufweisen. Sorgen Sie außerdem für Versteckmöglichkeiten in Form von Höhlen, in denen die Fische sich während des Tages aufhalten können, und für eine gedämpfte Beleuchtung.

Heteropneustes fossilis

(Bloch, 1794)

22-27 °C | 50 cm

Speichenwels, Kiemenschlauchwels

Familie: **Heteropneustidae**

Verbreitung: Indien, Thailand, Borneo

Größe: 50 cm

Futter: **Allesfresser.** Bevorzugt Regenwürmer, Rinderherz usw., nimmt aber auch Futtertabletten

Temperaturbereich: 22-27 °C

pH: 6,2-7,6 dH: bis 25°

Die Art erfordert einen vorsichtigen Umgang, da die Brustflossenstacheln giftig sind (wenn auch nicht tödlich). Die Tiere haben ein zusätzliches Atmungsorgan in Form zweier sackartiger Schläuche, die sich von der Kiemenhöhle aus über die ganze Länge des Fisches hinziehen. Dadurch ist es den Tieren möglich, während der langen, trockenen Sommermonate in sauerstoffarmen Gewässern zu überleben.

Zucht

Die Eier werden in eine Bodenvertiefung gelegt. Die Eltern bewachen Gelege und Jungfische.

Aquarieneinrichtung

Becken mit Verstecken aus Holz und sehr gut verwurzelten Pflanzen. Nicht für Gesellschaftsbecken geeignet, selbst nicht als Jungfisch. An die Wasserqualität werden kaum Ansprüche gestellt, aber eine gute Abdeckung ist unbedingt erforderlich, um die Fische am Herausspringen zu hindern.

Ictalurus melas

(Rafinesque, 1820)

10-30 °C | 20 cm

Schwarzer Katzenwels

Familie: **Ictaluridae**

Verbreitung: Nordamerika, von Ontario (Kanada) bis zum Golf von Mexiko

Größe: 20 cm

Futter: **Allesfresser.** Hat eine Vorliebe für Insektenlarven und kleine Fische oder Fischbrut

Temperaturbereich: 10-30 °C

pH: 6,5-7,8 dH: 5-20°

Diese Art wird nicht nur als Zierfisch gehalten, sondern auch als Speisefisch sehr geschätzt. Sie ist in nordamerikanischen Seen und Flüssen weit verbreitet, besonders an Stellen, an denen der Bodengrund aus weichem Sand oder Schlamm besteht.

Zucht

Die Eier werden in eine runde Vertiefung im Boden gelegt und von den Eltern bewacht, bis die Jungfische selbständig geworden sind.

Aquarieneinrichtung

Diese schnell wachsende Art toleriert nahezu jede Wasserqualität! Es ist besser, die Tiere in einem Teich zu halten, wo sie ihr bevorzugtes Futter selbst suchen können, als in einem Aquarium. Allerdings sollte es kein Teich sein, in dem Karpfen gezüchtet werden, da sich *I. melas* gern an Fischbrut vergreift.

Acanthicus adonis

Isbrücker und Nijssen, 1988

Schöner Elfenwels

Familie: **Loricariidae**

Verbreitung: Rio Tocantins (Brasilien)

Größe: 40 cm

Futter: **Pflanzenfresser**

Temperaturbereich: 21-24 °C

pH: 6,5-7,0 dH: 5-18°

Der in schnellfließenden Gewässern vorkommende Wels hat eine gewisse Ähnlichkeit mit *A. hystrix*, der allerdings nicht gefleckt ist. Die Knochenplatten sind mit kleinen, scharfen Stacheln besetzt, die sich leicht im Netz verfangen.

Zucht

Nicht bekannt. Ausgewachsene Männchen haben spitzere und stärker gezähnte Brustflossenstacheln als Weibchen.

Aquarieneinrichtung

Benötigt ein großes, möglichst etwa 2 m langes Becken. Darin sollten nur wenige Exemplare gehalten werden, da es sonst zu Revierkämpfen kommt. Schlecht verwurzelte Pflanzen werden ausgerissen. Verwenden Sie Javamoos oder Javafarn, die sich gut an Holz verankern lassen. Ein kräftiger Filter und eine starke Strömung sind unbedingt erforderlich.

21-24 °C | 40 cm

Acanthicus hystrix

Spix, 1829

Elfenwels
Familie: **Loricariidae**
Verbreitung: Amazonas, Französisch-Guayana
Größe: 45 cm
Futter: **Pflanzenfresser**
Temperaturbereich: 21-24 °C
pH: 6,5-7,2 dH: 5-18°

Ein eindrucksvoller Wels, der – obwohl der Wissenschaft schon seit über 150 Jahren bekannt – noch nicht lange als Aquarienfisch gehandelt wird. Von *A. adonis* unterscheidet er sich durch seine schwarze Farbe und den ungefleckten Körper.

Zucht
Nicht bekannt. Ausgewachsene Männchen haben längere Interopercular-Stacheln als Weibchen und stärker gezähnte Brustflossenstacheln.

Aquarieneinrichtung
Die Tiere benötigen ein großes Becken, in dem sie Reviere abgrenzen können. Bepflanzung wie bei *A. adonis*.

21-24 °C 45 cm

Ancistrus hoplogenys

(Günther, 1864)

21-25 °C 15 cm

Tüpfelantennenwels
Familie: **Loricariidae**
Verbreitung: Amazonasbecken (Brasilien)
Größe: 15 cm
Futter: **Pflanzenfresser**
Temperaturbereich: 21-25 °C
pH: 6,4-7,2 dH: 4-16°

Lebt normalerweise in Ufernähe zwischen Holzstücken. Die Männchen verteidigen ihr Revier gegen andere *Ancistrus*-Arten, die mit aufgerichteten Interopercular-Stacheln angegriffen werden. Bei solchen Kämpfen können sich die Tiere so fest ineinander verhaken, daß eine Trennung schwierig wird.

Zucht
Die Männchen haben fleischige Tentakel am Maul und auf dem Kopf, während die der Weibchen sehr dünn sind und ausschließlich am Maul sitzen. Die Eier werden in einer Höhle aus Holz abgelegt und normalerweise vom Männchen bewacht. Auch um die Jungfische kümmern sich die Eltern so lange, bis diese etwa 3 Wochen nach dem Schlüpfen ihre Tarnfärbung ausgebildet haben.

Aquarieneinrichtung
Viele Wurzeln und anderes Holz. Sorgen Sie zudem für sauberes, gut durchlüftetes Wasser mit einer starken Strömung. Wenn die Tiere Pflanzennahrung bekommen, verschonen sie größere Pflanzen. Zur Zucht sollte das Wasser leicht sauer sein.

Chaetostoma thomasi

Regan, 1904

Deutscher Name ist nicht bekannt
Familie: **Loricariidae**
Verbreitung: Kolumbien (Südamerika)
Größe: 10 cm
Futter: **Pflanzenfresser/Insektenfresser.** Frißt außer Pflanzen auch Wasserflöhe, *Tubifex* usw.
Temperaturbereich: 20-24 °C
pH: 6,7-7,2 dH: 6-20°

Die Gattung unterscheidet sich von anderen durch die fleischige Schnauze, die sich wohl im Laufe der Evolution gebildet hat, damit die Tiere in den schnellfließenden Gewässern, in denen sie leben, nicht so leicht abgetrieben werden können. Gegenüber Artgenossen zeigen die Tiere manchmal territoriales Verhalten, wobei es auch zu kurzen Streitereien kommen kann.

Zucht
Nicht bekannt.

Aquarieneinrichtung
Becken mit einer starken Strömung (man findet die Tiere oft vor dem Auslaß des Filters) sowie vielen Verstecken, etwa dichten Pflanzenbeständen oder Höhlen aus Holz und Stein. Die Art verträgt sich mit Fischen ähnlicher Größe, wobei aber das oben erwähnte Territorialverhalten zu berücksichtigen ist.

20-24 °C 10 cm

Cochliodon cochliodon

(Kner, 1854)

Cochliodonwels
Familie: **Loricariidae**
Verbreitung: Paraguay (Südamerika)
Größe: 12 cm
Futter: **Pflanzenfresser.** Ideale Ersatznahrung sind Spinat, Kopfsalat oder Erbsen
Temperaturbereich: 21-24 °C
pH: 6,3-7,2 dH: 5-12°

Eine friedliche Art, die man bei Hobby-Aquarianern leider nur selten findet.

Zucht
Angaben zu Geschlechtsunterschieden und Zucht gibt es nicht.

Aquarieneinrichtung
Bei ungeeigneten Bedingungen kann die Eingewöhnung dieser Art schwierig sein. Das Wasser sollte leicht sauer und relativ weich sein.

21-24 °C 12 cm

Farlowella acus

(Kner, 1853)

Gemeiner Nadelwels
Familie: **Loricariidae**
Verbreitung: Venezuela
Größe: 17 cm
Futter: **Pflanzenfresser.** Die Tiere sollten regelmäßig Spinat, Kopfsalat oder Erbsen bekommen
Temperaturbereich: 21-25 °C
pH: 6,5-7,2 dH: 6-15°

Wie in seinem natürlichen Lebensraum benötigt dieser Wels aus Waldbächen und -flüssen auch im Aquarium zahlreiche Verstecke aus Zweigen und ähnlichem Material, um sich wohl zu fühlen. Es handelt sich um gut getarnte Pflanzenfresser, die sehr viel Zeit mit der Futtersuche verbringen.

Zucht
Weibchen sind etwas kräftiger als Männchen. Die klebrigen Eier werden gern in Bereichen mit einer leichten Strömung abgelegt. Im Aquarium sind das oft die Glaswände in der Nähe des Filterausstroms. Das Gelege wird von den Eltern betreut.

Aquarieneinrichtung
Für Gesellschaftsbecken mit nicht zu lebhaften Fischen geeignet. Sorgen Sie für sauberes, gut belüftetes Wasser mit einer leichten Strömung. Die Tiere halten sich oft in den mittleren Wasserschichten zwischen breitblättrigen Pflanzen, an Holzstücken oder an den Beckenwänden auf.

21-25 °C 17 cm

Glyptoperichthys gibbiceps

(Kner, 1854)

Waben-Schilderwels
Familie: **Loricariidae**
Verbreitung: Peru
Größe: 50 cm
Futter: **Pflanzenfresser.** Algen und andere Pflanzennahrung
Temperaturbereich: 22-27 °C
pH: 6,5-7,5 dH: bis 20°

Großer, friedlicher Wels, der – wenn er genug Grünfutter erhält – die Pflanzen kaum beschädigt. Sind nicht genug Algen vorhanden, nimmt er auch Erbsen, Kopfsalat usw. In zu kleinen Becken wächst er oft langsam. Die meiste Zeit des Tages hält er sich verborgen und kommt erst mit Einbruch der Dämmerung hervor.

Zucht
Nicht bekannt.

22-27 °C 50 cm

Aquarieneinrichtung
Großes, nicht zu dicht besetztes Gesellschaftsbecken mit einem Bodengrund aus Sand oder Kies sowie Steinen und robusten Pflanzen. Sorgen Sie für eine ausreichende Filterung und eine kräftige Strömung.

Hypancistrus zebra

(Isbrücker und Nijssen, 1991)

Zebra-Harnischwels (L46)	
Familie: **Loricariidae**	
Verbreitung: Rio Xingu (Brasilien)	
Größe: 7 cm	
Futter: **Allesfresser.** Frißt lieber Fleisch, etwa Rinderherz, als Pflanzennahrung	
Temperaturbereich: 22-27 °C	
pH: 6,4-7,0 dH: 5-12°	

Als die ersten Fotos dieser Art veröffentlicht wurden, gab es einen regelrechten Ansturm der Welsliebhaber auf diesen äußerst attraktiven Fisch. Inzwischen ist er relativ häufig im Handel. Bevor die Art wissenschaftlich beschrieben wurde, war sie unter der Kennummer L46 bekannt.

Zucht

Berichte über die Zucht sind nicht bekannt. Männchen haben deutlich sichtbare haarähnliche Zähnchen auf den Brustflossenstrahlen und längere Interopercular-Stacheln als die Weibchen.

Aquarieneinrichtung

Sehr ruhiges Gesellschaftsaquarium mit vielen Pflanzen und Verstecken aus Holz. Sorgen Sie außerdem für eine leichte Strömung und gedämpfte Beleuchtung.

22-27 °C — 7 cm

Hypoptopoma inexspectatum

(Holmberg, 1893)

22-27 °C — 6 cm

Deutscher Name ist nicht bekannt	
Familie: **Loricariidae**	
Verbreitung: Rio Paraguay (Südamerika)	
Größe: 6 cm	
Futter: **Pflanzenfresser**	
Temperaturbereich: 22-27 °C	
pH: 6,5-7,2 dH: 6-18°	

Die Knochenplatten dieser Art sind mit kleinen haarähnlichen Zähnchen bedeckt, die sich leicht im Netz verfangen.

Zucht

Nicht bekannt. Die Männchen sind etwas schlanker als die Weibchen.

Aquarieneinrichtung

Diese friedliche Art kann in einem Gesellschaftsbecken gehalten werden, wo sie sich zwischen Pflanzen versteckt. Häufig ruhen die Tiere auf dem Stiel einer breitblättrigen Pflanze in mittleren Wasserregionen. Sorgen Sie für sauberes Wasser mit einer kräftigen Strömung.

Liposarcus anisitsi

(Eigenmann und Kennedy, 1903)

Schwarzweißer Segelschilderwels	
Familie: **Loricariidae**	
Verbreitung: Rio Paraguay, Paraguay und Brasilien	
Größe: 40 cm	
Futter: **Pflanzenfresser**	
Temperaturbereich: 21-24 °C	
pH: 6,5-8,0 dH: 6-20°	

Diese Art lebt in Flüssen mit schwankenden Wasserständen. Geht das Wasser zu weit zurück, graben sich die Tiere eine Höhle in die Uferböschung und fallen dort in einen Sommerschlaf, der bis zu zwölf Monate dauern kann. Vor einer kürzlichen wissenschaftlichen Revision dieser Gruppe lautete der Gattungsname *Pterygoplichthys*.

Zucht

Berichte über Nachzuchten liegen nicht vor. Der Grund ist möglicherweise, daß sich die Tiere unter natürlichen Umständen zur Eiablage tief in das schlammige Ufer graben. Das Männchen bewacht anschließend die Eier.

21-24 °C — 40 cm

Aquarieneinrichtung

Großes Becken mit stark verwurzelten Pflanzen und Verstecken aus Steinen oder Holz. Eine gute Filterung ist unbedingt erforderlich, da die Tiere das Aquarium ziemlich rasch mit Fäkalien und Nahrungsresten verunreinigen.

Liposarcus multiradiatus

(Hancock, 1828)

Deutscher Name ist nicht bekannt

Familie: **Loricariidae**

Verbreitung: Peru, Amazonasgebiet, Bolivien, Paraguay

Größe: 50 cm

Futter: **Pflanzenfresser.** Algen und andere Pflanzennahrung

Temperaturbereich: 22-26 °C

pH: 6,5-7,5 dH: bis 18°

Großer, friedlicher, pflanzenfressender Wels, der aber Aquarienpflanzen nur wenig Schaden zufügt. Er kann mit Erbsen und Kopfsalat gefüttert werden und läßt sich sehr gut mit großen Barschen vergesellschaften. Vorsicht ist im Umgang geboten, da er sich mit seinen Flossenstacheln leicht in Fangnetzen verfängt.

Zucht

Nicht bekannt.

Aquarieneinrichtung

Großes, alteingerichtetes Aquarium mit sehr guter Filterung, einem Bodengrund aus Sand oder Kies sowie Steinen, Holz und einigen großen, robusten Pflanzen.

Otocinclus paulinus

Regan, 1908

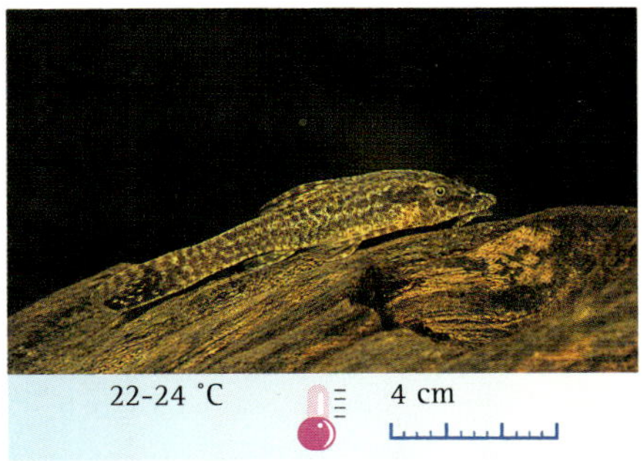

Deutscher Name ist nicht bekannt

Familie: **Loricariidae**

Verbreitung: Region um São Paulo (Brasilien)

Größe: 4 cm

Futter: **Pflanzenfresser**

Temperaturbereich: 22-24 °C

pH: 6,5-7,4 dH: 5-20°

Ist den ganzen Tag aktiv, da er fortwährend Algen abweidet. Er hält sich daher hauptsächlich in den oberen Wasserschichten auf, wo die Algen besser wachsen als in den unteren Regionen, in denen die Lichtverhältnisse schlechter sind.

Zucht

Nicht bekannt, obwohl man oft Weibchen sieht, die voller Rogen zu sein scheinen.

Aquarieneinrichtung

Eine sehr friedliche Art für Gesellschaftsbecken mit vielen Pflanzen, besonders breitblättrigen Arten, und sauberem Wasser mit einer leichten Strömung.

Otocinclus affinis

Steindachner, 1877

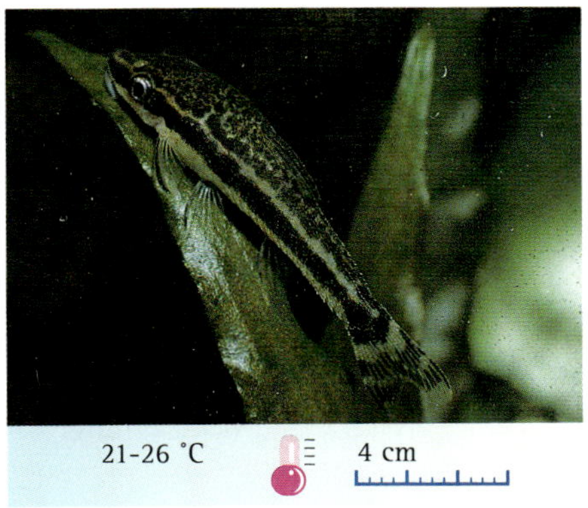

Gestreifter Ohrgitter-Harnischwels

Familie: **Loricariidae**

Verbreitung: Südosten Brasiliens

Größe: 4 cm

Futter: **Pflanzenfresser.** Algen und andere Pflanzennahrung

Temperaturbereich: 21-26 °C

pH: 5,5-7,5 dH: bis 12°

Ein idealer kleiner Wels für das Gemeinschaftsaquarium, der sich allerdings manchmal schwer eingewöhnt. Sorgt man jedoch für die entsprechende Wasserqualität und für reichlich Pflanzennahrung, lassen sich diese Schwierigkeiten normalerweise überwinden. Die Tiere werden am besten als Gruppe gehalten; Männchen sind schlanker und etwas kleiner als Weibchen.

Zucht

Die Eier werden auf Pflanzenblättern abgelegt. Die Aufzucht der Jungen kann etwas problematisch sein. Sorgen Sie für reichlich Pflanzennahrung.

Aquarieneinrichtung

Gut gefiltertes, alteingerichtetes Gesellschaftsbecken mit einem Bodengrund aus Sand oder Kies sowie Steinen und zahlreichen Pflanzen.

Panaque nigrolineatus

(Peters, 1877)

Schwarzlinien-Harnischwels, Streifen-Harnischwels

Familie: **Loricariidae**

Verbreitung: Kolumbien (Südamerika)

Größe: 25 cm

Futter: **Pflanzenfresser**

Temperaturbereich: 22-26 °C

pH: 6,5-7,5 dH: 5-18°

Ausgewachsene Männchen tragen mit ihren Interopercular-Stacheln manchmal Kämpfe aus. Einzelne Tiere können recht unterschiedlich gefärbt sein, wobei noch ungeklärt ist, ob dies auf regionale Unterschiede einer Art zurückzuführen ist, oder ob es sich um unterschiedliche Arten handelt.

Zucht

Nicht bekannt. Die Männchen haben längere Interopercular-Stacheln als die Weibchen.

Aquarieneinrichtung

Großes Becken mit offenen Bereichen, aber auch mit Verstecken, damit die Tiere sich zurückziehen können. Das Wasser sollte gut gefiltert sein und eine Strömung aufweisen.

Panaque suttoni
Schultz, 1944

Blauaugenharnischwels
Familie: **Loricariidae**
Verbreitung: Nördliches Südamerika
Größe: 18 cm
Futter: **Pflanzenfresser**
Temperaturbereich: 21-24 °C
pH: 6,0-7,2 dH: 4-18°

Die Eingewöhnung kann problematisch sein, besonders bei Jungfischen. Einmal akklimatisierte Tiere sind aber ziemlich robust. Schöne Exemplare zeigen einen leichten Kupferglanz.

21-24 °C 18 cm

Zucht
Über Geschlechtsunterschiede und Zucht ist nichts bekannt.

Aquarieneinrichtung
Wie bei *P. nigrolineatus* ein Becken mit offenen Bereichen, aber auch mit Versteckmöglichkeiten. Wichtig ist sauberes Wasser mit einer starken Strömung. Achten Sie beim Kauf sorgfältig auf Anzeichen von Auszehrung oder auf eingefallene Augen. Kranke Exemplare haben wegen der Eingewöhnungsprobleme zumeist keine Überlebenschance.

Parotocinclus maculicauda
(Steindachner, 1877)

22-25 °C 4,5 cm

Rotflossen-Otocinclus
Familie: **Loricariidae**
Verbreitung: Südliches Brasilien
Größe: 4,5 cm
Futter: **Pflanzenfresser.** Algen usw. Selten nimmt er auch Trockenfutter oder Futtertabletten
Temperaturbereich: 22-25 °C
pH: 6,4-7,2 dH: 4-15°

Hält sich häufig in den oberen Beckenregionen auf, wo die Tiere auf Pflanzen, Steinen und Holz wachsende Algen abweiden.

Zucht
Nicht bekannt. Die Geschlechter lassen sich möglicherweise anhand der Färbung und Körperform unterscheiden.

Aquarieneinrichtung
Ideal für Gesellschaftsbecken mit einer leichten Strömung sowie vielen Pflanzen und langen, bis zum Beckenrand reichenden Holzstücken. Am besten hält man diese friedlichen Fische in einer kleinen Gruppe von bis zu 6 Tieren.

Peckoltia arenaria
(Eigenmann und Allen, 1942)

22-27 °C 12 cm

Deutscher Name ist nicht bekannt
Familie: **Loricariidae**
Verbreitung: Peru
Größe: 12 cm
Futter: **Pflanzenfresser.** Algen und andere Pflanzennahrung
Temperaturbereich: 22-27 °C
pH: 6,0-7,0 dH: bis 12°

Einer der kleineren Saugwelse, der auch für Gesellschaftsbecken geeignet ist, da er andere Fische nicht belästigt. Gegenüber Artgenossen kann er als Revierbildner jedoch aggressiv sein, so daß in kleineren Aquarien nicht mehr als ein Tier gehalten werden sollte. Die Fütterung ist problemlos, da die Tiere in der Regel Nahrung wie Kopfsalat, Erbsen und Zucchini akzeptieren und dann die Pflanzen nicht beschädigen.

Zucht
Nicht bekannt.

Aquarieneinrichtung
Sehr gut gefiltertes, alteingerichtetes Gesellschaftsbecken mit vielen Pflanzen und einigen Höhlen zum Verstecken.

Peckoltia pulcher
(Steindachner, 1915)

Gebänderter Zwergschilderwels
Familie: **Loricariidae**
Verbreitung: Rio Negro
Größe: 6 cm
Futter: **Pflanzenfresser.** Nimmt aber auch kleine Wirbellose, etwa Wasserflöhe
Temperaturbereich: 23-27 °C
pH: 6,0-7,0 dH: 6-20°

Eine revierbildende Art, die ihr Territorium – meist eine Höhle in einem Stück Holz – gegenüber Artgenossen verteidigt.

23-27 °C 6 cm

Zucht
Geschlechtsunterschiede und Zucht sind unbekannt.

Aquarieneinrichtung
Kann in ein Gesellschaftsbecken integriert werden, wenn es über ruhige Bereiche und eine gedämpfte Beleuchtung verfügt. Sorgen Sie für sauberes und gut belüftetes Wasser, da die Tiere keine hohen Nitratwerte vertragen. Die Eingewöhnung ist oft nicht ganz einfach.

Pseudacanthicus spinosus

(Castelnau, 1855)

Deutscher Name ist nicht bekannt
Familie: **Loricariidae**
Verbreitung: Amazonasbecken
Größe: 25 cm
Futter: **Allesfresser.** Pflanzennahrung, aber auch Rinderherz, Futtertabletten usw.
Temperaturbereich: 22-26 °C
pH: 6,4-7,3 dH: bis 20°

Körper und Kopf der Tiere sind mit Hakendornen und Borsten bedeckt. Dadurch ist die Handhabung nicht ganz problemlos. Die Männchen zeigen darüber hinaus ein sehr aggressives Revierverhalten, das nicht unterschätzt werden sollte.

Zucht

Nicht bekannt. Männchen sind farbenprächtiger als Weibchen und haben etwas dickere Brustflossenstacheln.

Aquarieneinrichtung

Großes, gut gefiltertes Becken mit starker Strömung und seltenen Wasserwechseln, bei denen nicht mehr als 10 % des Wasservolumens ausgetauscht wird. Ungeeignet für Gesellschaftsbecken, da die Art stark revierbildend ist und viel Platz benötigt. Andernfalls kann es durch Kämpfe zum Tod einzelner Tiere kommen. Zur Revierbildung werden gern Holzstücke verwendet.

22-26 °C 25 cm

Rineloricaria lanceolata

(Günther, 1868)

Lanzenharnischwels, Brauner Hexenwels
Familie: **Loricariidae**
Verbreitung: Rio Paraguay (Südamerika)
Größe: 12,5 cm
Futter: **Allesfresser/Pflanzenfresser.** Pflanzen, Algen; kleine Wirbellose, z.B. Wasserflöhe
Temperaturbereich: 21-25 °C
pH: 6,4-7,0 dH: 6-20°

Die Zeichnung, besonders das breite, dunkle Band in der Rückenflosse, macht diese Art unverwechselbar. Die Tiere decken ihren Nährstoffbedarf weitgehend durch Algen und andere Pflanzen ab, fressen aber auch kleine Wirbellose wie z. B. Wasserflöhe.

21-25 °C 12,5 cm

Zucht

Im Gegensatz zu den Weibchen sind bei ausgewachsenen Männchen Kopf und Brustflossenränder borstenartig bewachsen. Die klebrigen Eier werden in Höhlen abgelegt und ebenso wie die Jungfische von den Eltern bewacht. Plastikschläuche von 50 mm Durchmesser können als „Laichhöhlen" verwendet werden.

Aquarieneinrichtung

Die Art läßt sich zwar in Gesellschaftsbecken halten, sollte zur Laichzeit aber von anderen Fischen isoliert werden. Die Tiere benötigen langsamfließendes Wasser und Höhlen aus Holz oder Stein, wobei man ersatzweise auch die erwähnten Plastikschläuche verwenden kann.

Sturisoma aureum

(Steindachner, 1900)

Goldbartwels
Familie: **Loricariidae**
Verbreitung: Kolumbien
Größe: 30 cm
Futter: **Allesfresser.** Algen und andere Pflanzen, aber auch kleine Wirbellose
Temperaturbereich: 22-27 °C
pH: 6,4-7,5 dH: 6-20°

Trotz ihrer Größe eine friedliche Art, die sich in Gesellschaft ruhiger Fische wohler fühlt als mit sehr aktiven Arten. Die Laichbereitschaft kann durch eine gute Wasserqualität, eine starke Strömung und geeignete Fütterung erhöht werden.

Zucht

Ausgewachsene Männchen haben an den Seiten des Mauls auffällige Borsten, die den etwas kräftigeren Weibchen fehlen. Die klebrigen Eier werden auf einer glatten, gereinigten Fläche oder den Glaswänden des Beckens abgelegt und vom Männchen bewacht. Die Jungen schlüpfen nach ca. fünf Tagen und werden mit Infusorien gefüttert, bis sich Maul und Zähne entwickelt haben. Später erhalten Sie Pflanzennahrung.

Aquarieneinrichtung

Möglichst großes, gleichmäßig, aber nicht zu dicht bepflanztes Aquarium mit Moorkienholz oder Wurzeln. Eine effiziente und starke Filterung ist unbedingt erforderlich.

22-27 °C 30 cm

Sturisoma panamense
(Eigenmann und Eigenmann, 1889)

Panama-Störwels
Familie: **Loricariidae**
Verbreitung: Panama (Mittelamerika)
Größe: 25 cm
Futter: **Allesfresser.** Algen und andere Pflanzennahrung
Temperaturbereich: 22-27 °C
pH: 6,5-7,2 dH: 6-20°

22-27 °C 25 cm

S. panamense hält sich meist ruhend oder auf Holz und Pflanzen nach Futter suchend in den oberen Beckenbereichen auf. Aufgrund von Beobachtungen im Aquarium vermutet man, daß die Tiere ihren Schwanz als Tastorgan verwenden.

Zucht
Ausgewachsene Männchen haben Borsten an den Kopfseiten. Die klebrigen Eier werden vom Weibchen auf einem glatten, vom Männchen gesäuberten Untergrund abgelegt, anschließend befruchtet und vom Männchen bewacht, bis die Jungen ausschlüpfen. Diese fressen in den ersten Wochen hauptsächlich Infusorien.

Aquarieneinrichtung
Diese Art ist ein Blickfang für jedes Gesellschaftsaquarium. Beachten Sie jedoch die potentielle Größe ausgewachsener Tiere. Unter diesem Gesichtspunkt sollten die Pflanzen gut verwurzelt sein. Wichtig sind zudem sauberes Wasser und eine leichte Strömung.

Malapterurus electricus
(Gmelin, 1789)

22-28 °C bis 100 cm

Zitterwels
Familie: **Malapteruridae**
Verbreitung: Im tropischen Afrika vom Nil bis zum Niger, Zaïre und Sambesi weit verbreitet
Größe: bis 100 cm
Futter: **Fleischfresser**
Temperaturbereich: 22-28 °C
pH: 6,2-7,5 dH: 8-25°

Die Art besitzt ein über den gesamten Körper reichendes Organ, mit dem eine elektrische Spannung erzeugt werden kann. Das Tier baut eine Potentialdifferenz auf, wobei der Kopf negativ und der hintere Körperteil positiv geladen ist, und kann je nach Größe Stromschläge von bis zu 350 Volt abgeben, mit denen es andere Fische (z. T. gleicher Größe) betäubt. Wie man aus Darstellungen in Grabstätten weiß, war diese Fähigkeit schon den alten Ägyptern bekannt, die elektrische Welse zur Behandlung zahlreicher Beschwerden verwendeten.

Zucht
Zuchterfolge im Aquarium sind unbekannt, und über das Laichverhalten gibt es widersprüchliche Berichte. Männchen sind schlanker als Weibchen.

Aquarieneinrichtung
Der Fisch ist keinesfalls für ein Gesellschaftsbecken geeignet: Am besten ist ein Artenbecken mit vielen Pflanzen und Verstecken aus Steinen. Bei mehreren Tieren ist ein großes Aquarium erforderlich, da es sonst zu Kämpfen kommen kann. An die Wasserbedingungen werden wenig Anforderungen gestellt. Sorgen Sie aber für eine gute Filterung mit schwacher Strömung.

Hemisynodontis membranaceus
(Geoffroy-St. Hilaire, 1809)

22-25 °C 48 cm

Membran-Fiederbartwels
Familie: **Mochocidae**
Verbreitung: Vom tropischen Westafrika bis zum Nil weit verbreitet
Größe: 48 cm
Futter: **Insektenfresser.** Nimmt auch Fischbrocken
Temperaturbereich: 22-25 °C
pH: 6,8-7,2 dH: bis 25°

Die Familie *Mochocidae* ist als Gruppe der rückenschwimmenden Welse bekannt, obwohl nur wenige Arten mehr als die Hälfte ihrer Zeit auf dem Rücken zubringen. *H. membranaceus* gehört allerdings tatsächlich zu denen, die größtenteils mit dem Bauch nach oben schwimmen. Der Name bezieht sich auf Membranen an der Basis der kurzen Barteln.

Zucht
Geschlechtsunterschiede und Zucht sind unbekannt.

Aquarieneinrichtung
Wenngleich friedlich, ist dieser Fisch etwas zu groß für ein normales Gesellschaftsbecken. Allerdings leben die Tiere auch nicht gern allein, sondern bevorzugen die Anwesenheit von Artgenossen. An die Wasserqualität werden wenig Ansprüche gestellt. Nur gut verwurzelte Pflanzen werden nicht zerstört. Sie werden dann auch gern als Rückzugsmöglichkeit angenommen.

Mochokiella paynei

Howes, 1980

Paynes Fiederbartwels
Familie: **Mochocidae**
Verbreitung: Sierra Leone
Größe: 5 cm
Futter: **Insektenfresser.** Nimmt auch Trockenfutter
Temperaturbereich: 22-25 °C
pH: 6,5-7,2 dH: 6-12°

Diese kleine, friedliche Art lebt in Waldbächen.

Zucht
Nicht bekannt. Geschlechtsunterschiede nur an laichbereiten Weibchen erkennbar.

Aquarieneinrichtung
Einer der wenigen *Mochocidae*, der auch im Gesellschaftsbecken gehalten werden kann. Es sollte bepflanzte und offene Bereiche geben. Die Tiere lassen sich tagsüber nur während der Fütterung sehen.

22-25 °C 5 cm

Synodontis alberti

Schilthuis, 1891

23-26 °C 20 cm

Alberts Fiederbartwels
Familie: **Mochocidae**
Verbreitung: Stanley Pool (Zaïre)
Größe: 20 cm
Futter: **Insektenfresser**
Temperaturbereich: 23-26 °C
pH: 6,0-7,5 dH: 5-20°

Diese Art ist leicht an den langen Barteln, die sich bis über die Schwanzflosse hinaus erstrecken können, an der hohen lanzenförmigen Rückenflosse und den großen Augen erkennbar.

Zucht
Nicht bekannt.

Aquarieneinrichtung
Obwohl eine friedliche Art, ist sie nicht für Gesellschaftsbecken geeignet. Verwenden Sie ein großes, gut gefiltertes Aquarium mit offenen Bereichen und Verstecken sowie einer leichten Strömung. Bei der Einrichtung sollte auf Gegenstände mit scharfen Kanten verzichtet werden, da sich die Tiere daran leicht den ungeschützten Körper und die Barteln verletzen können.

Synodontis angelicus

Schilthuis, 1891

Perlhuhnwels
Familie: **Mochocidae**
Verbreitung: Stanley Pool (Zaïre) und Kamerun
Größe: 20 cm
Futter: **Insektenfresser.** Nimmt auch Trockenfutter und Futtertabletten
Temperaturbereich: 22-27 °C
pH: 6,0-7,5 dH: 5-20°

Manchmal aggressiv. So hat die Autorin einen Kampf beobachtet, bei dem sich zwei Tiere Maul an Maul in einen fast eine Stunde dauernden Kampf verbissen und dabei jegliche Farbe verloren. Unklar blieb, ob es sich dabei um gleichgeschlechtliche Tiere handelte, oder ob es der Auftakt zur Paarbildung war.

Zucht
Geschlechtsunterschiede und Zucht sind unbekannt.

Aquarieneinrichtung
Geräumiges Gesellschaftsbecken mit ähnlich großen Arten, einer leichten Strömung sowie Holz und Pflanzen zum Verstecken. An die Wasserqualität werden kaum Anforderungen gestellt.

22-27 °C 20 cm

Synodontis brichardi

Poll, 1959

22-25 °C 18 cm

Brichards Fiederbartwels
Familie: **Mochocidae**
Verbreitung: Unterlauf des Zaïre
Größe: 18 cm
Futter: **Allesfresser.** Insektenlarven werden bevorzugt, aber die Tiere nehmen auch Trockenfutter und Futtertabletten
Temperaturbereich: 22-25 °C
pH: 6,5-7,5 dH: 6-18°

Der schmerlenähnliche Körper ist eine ideale Anpassung an ein Leben in Stromschnellen und bei Wasserfällen. Die meiste Zeit ruhen die Tiere auf dem Boden, mit dem Kopf in Strömungsrichtung. Jungfische sind farbiger als ausgewachsene Exemplare, die vergleichsweise unscheinbar wirken.

Zucht

Nicht bekannt. Bei einigen Exemplaren, möglicherweise Männchen, hat man kurze Genitalpapillen beobachtet.

Aquarieneinrichtung

Es handelt sich um eine friedliche Art, die sich aber hin und wieder an kleinen Fischen oder Fischbrut vergreift. Das Becken sollte reich mit Holz und Steinen ausgestattet sein, eine schnelle Strömung aufweisen und von Arten mit ähnlichen Ansprüchen bewohnt sein.

Synodontis flavitaeniatus

Boulenger, 1919

Gelbbinden-Fiederbartwels
Familie: **Mochocidae**
Verbreitung: Stanley Pool (Zaïre)
Größe: 18 cm
Futter: **Allesfresser.** Nimmt normales Zierfischfutter, bevorzugt aber Insektenlarven
Temperaturbereich: 23-26 °C
pH: 6,0-7,5 dH: 5-20°

Die auffälligen Farben der Jungfische sind bei den Erwachsenen nicht mehr ganz so intensiv. Wie *S. clarias* hat die Art gefranste Oberkieferbarteln.

Zucht

Nicht bekannt.

Aquarieneinrichtung

Dieser Fisch ist eine friedliche Art, die aber nicht zusammen mit sehr kleinen

23-26 °C 18 cm

Fischen oder Jungfischen gehalten werden sollte. Sorgen Sie für Pflanzen, ausreichend Verstecke und für eine gedämpfte Beleuchtung.

Synodontis multipunctatus

Boulenger, 1898

Vielpunkt-Fiederbartwels
Familie: **Mochocidae**
Verbreitung: Tanganjikasee (Afrika)
Größe: 12 cm
Futter: **Insektenfresser.** Nimmt aber auch Futtertabletten
Temperaturbereich: 21-25 °C
pH: 6,8-7,8 dH: 15-30°

Dieser Wels ist ein Brutparasit. Seine Fortpflanzungsstrategie erinnert an den Kuckuck, der seine Eier bekanntlich in fremde Nester legt.

Zucht

Die Männchen haben Genitalpapillen, ein Merkmal vieler Arten aus der Gattung *Synodontis*. Die Eiablage erfolgt zwischen laichenden Buntbarschen, die sich anschließend nicht nur um ihre eigene Brut kümmern, sondern auch um die der Welse.

Aquarieneinrichtung

Dieser tagaktive Wels ist ideal für ein gut gefiltertes Biotop-Aquarium, in dem man ihn zusammen mit verschiedenen Barschen aus dem Tanganjikasee halten kann. Pflanzen sind nicht erforderlich,

21-25 °C 12 cm

dafür aber viele Steine und Wasser mit der typischen Zusammensetzung ostafrikanischer Seen.

Synodontis nigriventris
David, 1936

23-26 °C — bis 10 cm

Rückenschwimmender Kongowels
Familie: **Mochocidae**
Verbreitung: Zaïre-Becken
Größe: bis 10 cm
Futter: **Insektenfresser.** Nehmen auf dem Wasser treibendes Trockenfutter, wenn auch ungern
Temperaturbereich: 23-26 °C
pH: 6,0-7,5 dH: 5-20°

Dieser dämmerungsaktive Fisch lebt in Flüssen in Ufernähe und sitzt zumeist mit dem Bauch nach oben an ins Wasser hängenden Wurzeln. Er schwimmt aber auch in dieser Haltung, um die Wasseroberfläche nach Insektenlarven abzusuchen. Damit Vögel und andere Freßfeinde ihn nicht so leicht erkennen, ist seine Bauchseite dunkler als der Rücken; zudem besitzt er kräftige Brust- und Rückenflossenstacheln, die ihn nahezu unverdaulich machen.

Zucht
Die Männchen sind im allgemeinen kleiner und nicht so kräftig wie die Weibchen. Es gibt vereinzelte Berichte über Nachzuchten im Aquarium. Danach werden die Eier an Höhlendecken oder unter Holzstämmen abgelegt; eine weitere Betreuung durch die Eltern scheint es nicht zu geben.

Aquarieneinrichtung
Geeignet sind Gesellschaftsbecken mit ruhigem Wasser, hohen Pflanzen und zahlreichen Überhängen, unter denen sich die Fische tagsüber in Rückenlage ausruhen können. Füttern Sie erst, nachdem die Beleuchtung aus ist.

Synodontis pleurops
Boulenger, 1897

Gabelschwanz-Fiederbartwels
Familie: **Mochocidae**
Verbreitung: Oberlauf des Zaïre
Größe: 20 cm
Futter: **Allesfresser.** Bevorzugt Insektenlarven
Temperaturbereich: 23-26 °C
pH: 6,0-7,2 dH: 5-18°

Die attraktive marmorierte Zeichnung der Jungfische verschwindet im Alter oft. Die Augen sind für Welse ungewöhnlich groß.

Zucht
Nicht bekannt.

Aquarieneinrichtung
Diese scheue Art benötigt gut gefiltertes Wasser, eine gedämpfte Beleuchtung und Verstecke aus Holz und Steinen. Wenngleich sehr friedlich, sollte man sie dennoch nicht mit kleineren Fischen vergesellschaften.

23-26 °C — 20 cm

Brachyplatystoma juruense
(Boulenger, 1898)

22-27 °C — 80 cm

Deutscher Name ist nicht bekannt
Familie: **Pimelodidae**
Verbreitung: Rio Jurua (Brasilien)
Größe: 80 cm
Futter: **Fleischfresser.** Lebende Fische, Regenwürmer usw. Nimmt keine Futtertabletten
Temperaturbereich: 22-27 °C
pH: 6,5-7,4 dH: bis 20°

Es handelt sich um eine wandernde Welsart aus tiefen, schnellfließenden Gewässern, die in der Natur beträchtliche Strecken zurücklegt. Wegen ihrer Größe sollten die Tiere eher in einem öffentlichen Schauaquarium gehalten werden als in einem privaten Becken.

Zucht
Geschlechtsunterschiede und Zucht sind unbekannt.

Aquarieneinrichtung
Sehr großes Becken mit ebenso starker Filterung und kräftiger Strömung. Halten Sie diesen Wels entweder allein oder mit Fischen vergleichbarer Größe. Dekorieren Sie das Aquarium ausschließlich mit Holz, da selbst die robustesten Pflanzen normalerweise zerstört werden. Sorgen Sie auch für eine gute Abdeckung, damit er nicht aus dem Aquarium springen kann.

Duopalatinus malarmo

(Schultz, 1944)

23-27 °C 70 cm

Malarmowels
Familie: **Pimelodidae**
Verbreitung: Maracaibobecken und Rio Negro (Südamerika)
Größe: 70 cm, im Aquarium meist kleiner
Futter: **Fleischfresser.** Lebende Fische, Regenwürmer usw. Nimmt aber kein Zierfischfutter
Temperaturbereich: 23-27 °C
pH: 6,2-7,0 dH: bis 20°

Diese Art gewöhnt sich manchmal schlecht ein, ist aber, wenn sie sich erst einmal akklimatisiert hat, recht robust. Vor dem Kauf sollte man sich darüber klar sein, daß dieser Wels ausschließlich Lebendfutter nimmt.

Zucht
Nicht bekannt.

Aquarieneinrichtung
Großes Becken, das Verstecke aus Holz oder Steinen bietet. Zur Bepflanzung sind ausschließlich sehr robuste, stark verwurzelte Arten geeignet, etwa Amazonaspflanzen. Sorgen Sie außerdem für eine gedämpfte Beleuchtung, gut gefiltertes Wasser und eine kräftige Strömung.

Hemisorubim platyrhynchos

(Valenciennes, 1840)

Unterständiges Schaufelmaul
Familie: **Pimelodidae**
Verbreitung: Alle großen Flüsse im Norden Südamerikas (Surinam, Venezuela und Amazonasgebiet)
Größe: 50 cm
Futter: **Fleischfresser.** Rinderherz, Krebsfleisch, Fische usw. Die Nahrung kann durch Futtertabletten ergänzt werden
Temperaturbereich: 22-27 °C
pH: 6,5-7,2 dH: bis 20°

Dieser Schaufelmaulwels lebt in tieferen Regionen oder am Boden von Flüssen und ist durch seinen vorstehenden Unterkiefer und seine typische Färbung leicht von anderen Arten zu unterscheiden. Gesunde Exemplare haben einen leichten Kupferglanz.

Zucht
Nicht bekannt.

Aquarieneinrichtung
Geräumiges Aquarium mit Steinen, Holz, weichem, sandigem Bodengrund, gedämpfter Beleuchtung und gut gefiltertem Wasser mit einer starken Strömung. Die Dekoration darf nicht scharfkantig sein, da sich die Fische sonst Körper oder Barteln verletzen könnten. Anfangs wachsen die Tiere recht schnell, aber ab 25 cm Körperlänge verlangsamt sich das Wachstum deutlich. Nur mit Fischen von einer Größe vergesellschaften, die nicht als Beute in Frage kommen!

22-27 °C 50 cm

Leiarius pictus

(Müller und Tröschel, 1849)

Segelantennenwels, Pracht-Antennenwels
Familie: **Pimelodidae**
Verbreitung: Amazonasgebiet
Größe: 60 cm
Futter: **Fleischfresser.** Regenwürmer, Rinderherz, lebende Fische. Nimmt kein Zierfischfutter
Temperaturbereich: 22-27 °C
pH: 6,5-7,4 dH: 6-20°

Ausgewachsene Exemplare kommen nur selten in den Handel. Jungtiere haben sehr lange Barteln, die bis über die Schwanzflosse hinausgehen können; bei ausgewachsenen Exemplaren reichen sie nur noch bis zur Rückenflosse.

Zucht
Nicht bekannt.

22-27 °C 60 cm

Aquarieneinrichtung
Großes Becken mit wenigen anderen Fischen. Der Wels bildet ein Revier und ist daher gegenüber Artgenossen aggressiv. Sorgen Sie für gut gefiltertes Wasser mit einer starken Strömung und für eine gedämpfte Beleuchtung.

Microglanis iheringi

Gomes, 1946

21-26 °C 5 cm

Kleiner Harlekinwels, Iherings Hummelwels

Familie: **Pimelodidae**

Verbreitung: Nördliches Südamerika (Venezuela, Peru und Kolumbien)

Größe: 5 cm

Futter: **Insektenfresser.** Gewöhnt sich schnell an Trockenfutter

Temperaturbereich: 21-26 °C

pH: 6,5-7,4 dH: bis 18°

Diese ruhige, nachtaktive Art bekommt man tagsüber nur selten zu sehen. Deshalb sollte auch erst gefüttert werden, wenn die Aquarienbeleuchtung aus ist.

Zucht

Nicht bekannt. Die Weibchen scheinen etwas kräftiger zu sein als die Männchen.

Aquarieneinrichtung

Dieser langlebige Fisch kann in einem Gesellschaftsbecken gehalten werden, sofern die anderen Fische keine Beutegröße haben. Die Tiere benötigen zahlreiche Verstecke in Form von Pflanzen, Holz oder Steinen.

Perrunichthys perruno

Schultz, 1944

21-25 °C 65 cm

Leopardantennenwels, Punktierter Antennenwels

Familie: **Pimelodidae**

Verbreitung: Maracaibobecken (Venezuela)

Größe: 65 cm

Futter: **Fleischfresser.** Lebende Fische; kann aber an andere Fleischnahrung gewöhnt werden, etwa Rinderherz; Zierfischfutter nimmt er nicht

Temperaturbereich: 21-25 °C

pH: 6,0-7,2 dH: bis 18°

Bei *P. perruno* können die langen Barteln, die – wie bei anderen Welsen auch – zur Nahrungssuche benutzt werden, ein wichtiger Hinweis auf die Wasserqualität sein: Bei zu hohen Nitratwerten rollen sich die Barteln zunächst an den Enden auf. Anschließend beginnen sie langsam zu degenerieren.

Zucht

Nicht bekannt.

Aquarieneinrichtung

Sehr großes Becken mit guter Filterung, kräftiger Strömung und viel freiem Schwimmraum. Kann mit nur wenigen anderen großen Fischen vergesellschaftet werden, etwa Barschen.

Phractocephalus hemioliopterus

(Bloch und Schneider, 1801)

21-27 °C bis 120 cm

Rotflossen-Antennenwels

Familie: **Pimelodidae**

Verbreitung: Im Amazonasgebiet weit verbreitet

Größe: bis 120 cm

Futter: **Fleischfresser**

Temperaturbereich: 21-27 °C

pH: 7,2-7,6 dH: 8-20°

Ein sehr großer Wels, der sich am besten für Schauaquarien eignet. Oft sind kleine Exemplare von bis zu fünf Zentimeter Länge erhältlich, aber bevor man sich einen solchen Fisch anschafft, sollte man sich die spätere Größe noch einmal vergegenwärtigen.

Zucht

Geschlechtsunterschiede und Zucht sind unbekannt. Eine Fortpflanzung scheint in Gefangenschaft auch wenig wahrscheinlich.

Aquarieneinrichtung

Dieser Wels ist besser für einen beheizten Teich im Hause als für ein Aquarium geeignet. Man kann diese großen Tiere sogar dazu bringen, Nahrung aus der Hand anzunehmen. Normalerweise hält man sie einzeln und ohne Dekoration. Eine sehr gute Filterung ist jedoch unbedingt erforderlich.

Pimelodus albofasciatus

Mees, 1974

22-25 °C 25 cm

Weißbinden-Antennenwels

Familie: **Pimelodidae**

Verbreitung: Nördliches Südamerika

Größe: 25 cm

Futter: **Fleischfresser.** Jungfische können an Futtertabletten gewöhnt werden

Temperaturbereich: 22-25 °C

pH: 6,2-7,4 dH: 6-15°

Der stromlinienförmige Körper dieser Fische ist eine Anpassung an schnellfließende Gewässer. Die Art ist tagaktiv; die Futtersuche erfolgt aber hauptsächlich in der Dämmerung. Vorsicht: Die scharfen Brust- und Rückenflossenstacheln können schmerzhafte Wunden verursachen und sich außerdem leicht im Netz verfangen.

Zucht

Nicht bekannt.

Aquarieneinrichtung

Sorgen Sie für weiches, leicht saures Wasser und für eine gute Filterung, damit die Nitratwerte gering bleiben. Außerdem sollte das Becken freie Schwimmbereiche haben, aber auch Höhlen, in denen sich die Fische verstecken können. Kleinere Fische werden gefressen.

Pimelodus ornatus

Kner, 1857

22-25 °C 25 cm

Schmuckantennenwels
Familie: **Pimelodidae**
Verbreitung: Französisch-Guayana, Surinam und Paraguay
Größe: 25 cm
Futter: **Fleischfresser.** Jungfische können an Futtertabletten gewöhnt werden
Temperaturbereich: 22-25 °C
pH: 6,3-7,2 dH: bis 20°

Die unverwechselbare Färbung dieses Fisches bleibt nur bei Fütterung mit Fleisch (Rinderherz, Krebsfleisch) erhalten. Bei der Handhabung ist Vorsicht geboten, da die Tiere sehr spitze und kräftige Rücken- und Brustflossenstacheln besitzen, durch die man sich schmerzhafte Wunden zuziehen kann.

Zucht
Über Geschlechtsunterschiede und Zucht ist nichts bekannt.

Aquarieneinrichtung
Becken mit einer sehr starken Filterung. Eine Wasserverschlechterung kann zum Verlust der Barteln führen. Der Bodengrund sollte aus weichem Sand bestehen, den die Tiere nach Futter durchsuchen können. Nicht mit kleinen Fischen vergesellschaften.

Pimelodus pictus

Steindachner, 1876

Engelantennenwels
Familie: **Pimelodidae**
Verbreitung: Kolumbien (Südamerika)
Größe: 12 cm
Futter: **Insektenfresser.** Nimmt auch Trockenfutter und Futtertabletten
Temperaturbereich: 22-25 °C
pH: 6,0-6,8 dH: bis 12°

Wie bei allen Pimelodus-Arten erschweren die spitzen Rückenflossenstacheln die Handhabung. Verwenden Sie kein Netz, da sich die Tiere darin so sehr verfangen, daß eine Befreiung nicht nur schwierig, sondern auch gefährlich ist, da oft nicht nur der Fisch (lockere oder abgebrochene Stacheln), sondern auch der Pfleger (schmerzhafte Wunden) zu Schaden kommt. Nehmen Sie stattdessen Plastikbeutel, aber achten Sie darauf, daß diese nicht durchstochen werden.

Zucht
Nicht bekannt.

Aquarieneinrichtung
Eine der friedlichsten Arten aus der Gattung *Pimelodus*. Man hält die Tiere am

besten in kleinen Gruppen, da sie sich dann auch während des Tages zeigen. Das weiche und leicht saure Wasser sollte gut gefiltert sein und eine leichte Strömung aufweisen; außerdem sind zahlreiche Verstecke nötig.

22-25 °C 12 cm

Platystomatichthys sturio

(Kner, 1857)

22-26 °C 40 cm

Störspatelwels
Familie: **Pimelodidae**
Verbreitung: Amazonasbecken
Größe: 40 cm
Futter: **Fleischfresser.** Lebende Fische, Regenwürmer, Rinderherz usw. Nimmt weder Trockenfutter noch Futtertabletten
Temperaturbereich: 22-26 °C
pH: 6,2-7,5 dH: bis 20°

Die Oberkieferbarteln dieser nicht immer leicht einzugewöhnenden Flußfische sind sehr lang und zeigen in der Mitte oft einen seltsamen roten Fleck, dessen Funktion noch unbekannt ist. Außerdem haben viele Exemplare ein störartig aufgebogenes Maul.

Zucht
Nicht bekannt.

Aquarieneinrichtung
Großes Becken, das außerdem breit genug für die langen Barteln sein muß. Nur mit Fischen vergesellschaften, die als Beute zu groß sind. Die Tiere benötigen tagsüber zahlreiche Verstecke und gedämpftes Licht; das Wasser sollte gut gefiltert sein und eine leichte Strömung aufweisen.

Pseudopimelodus raninus raninus

(Valenciennes, 1840)

22-25 °C 10 cm

Frosch-Fettwels
Familie: **Pimelodidae**
Verbreitung: Amazonasbecken, Französisch-Guyana und Surinam
Größe: 10 cm
Futter: **Fleischfresser.** Insektenlarven und kleine Fische, nimmt aber auch Futtertabletten
Temperaturbereich: 22-25 °C
pH: 6,5-7,3 dH: bis 20°

P. r. raninus ist eine der kleinsten Arten dieser Gattung und außerdem eine der wenigen, die in einem Gesellschaftsbecken gehalten werden können (von den unten genannten Einschränkungen abgesehen). Leider sieht man die Tiere tagsüber kaum. Bei gedämpftem Licht kann man sie aber manchmal mit Futter herauslocken.

Zucht

Nicht bekannt. Eventuell sind die Weibchen zur Laichzeit ein wenig aufgebläht.

Aquarieneinrichtung

Solange keine Paarungsaktivitäten stattfinden, gibt es mit anderen Fischen, die mindestens eine Größe von etwa 4 cm haben und daher nicht gefressen werden können, keine Probleme. Da sich die Welse tagsüber verstecken, muß man ihnen entsprechende Rückzugsmöglichkeiten bieten.

Kryptopterus bicirrhis

(Valenciennes, 1839)

Indischer Glaswels
Familie: **Siluridae**
Verbreitung: In Ostindien und Südostasien weit verbreitet
Größe: 10 cm
Futter: **Insektenfresser.** Bevorzugt kleine Wirbellose, nimmt aber ersatzweise auch Trockenfutter
Temperaturbereich: 22-26 °C
pH: 6,2-7,0 dH: 5-16°

Der Körper dieses Welses, der in klaren Bächen lebt, ist so durchsichtig, daß man sogar die inneren Organe erkennen kann. Diese Transparenz kann variieren und hängt vermutlich entweder vom Fundort oder von der Nahrung ab, zu der unbedingt kleine, lebende Tiere gehören müssen. Während der Ruhephasen stehen die Fische in einem Winkel von etwa 30°, sie schwimmen aber in horizontaler Lage.

Zucht

Über Geschlechtsunterschiede liegen keine Informationen vor; Zuchterfolge sind selten.

Aquarieneinrichtung

Dieser Wels der mittleren Wasserzonen gewöhnt sich oft nur ein wenig schwer ein, ist dann aber ziemlich robust. Er sollte nicht einzeln, sondern im Schwarm gehalten werden. Er eignet sich gut für ein Gesellschaftsbecken und benötigt viel freien Schwimmraum, aber auch gut gefiltertes Wasser mit einer leichten Strömung. Kleine Brut wird gefressen, ansonsten aber ist er harmlos.

22-26 °C 10 cm

Silurus glanis

Linnaeus, 1758

Wels, Waller
Familie: **Siluridae**
Verbreitung: Europa, in England ausgewildert
Größe: 300 cm
Futter: **Alles!**
Temperaturbereich: 4-20 °C
pH: 6,0-7,6 dH: bis 20°

Dieser Wels, der von den Niederlanden bis nach Rußland verbreitet ist, zeichnet sich vor allen Dingen durch seine unglaubliche Gefräßigkeit aus. Seine Nahrung umfaßt Fische, Wasservögel und Pflanzen ebenso wie alles, was sonst noch in sein großes Maul hineinpaßt. Normalerweise werden die Tiere etwa 3 m groß; man hat aber auch schon 5 m lange Exemplare gefangen. Seine Einführung in englische Gewässer erfolgte vor allem, um Forderungen von Anglern entgegenzukommen.

Zucht

Das Weibchen legt rund 100.000 klebrige Eier auf Pflanzen ab, das Männchen bewacht sie. Die Jungen schlüpfen – je nach Temperatur – nach 16 bis 19 Tagen.

4-20 °C 300 cm

Aquarieneinrichtung

Kann – von Jungtieren abgesehen – nur in Fließgewässern und Seen gehalten werden.

SALMLER

Alestidae
Anostomidae
Characidae
Citharinidae
Crenuchidae
Ctenoluciidae
Curimatidae
Erythrinidae
Gasteropelecidae
Hemiodidae
Hepsetidae
Lebiasinidae
Serrasalmidae

ARNOLDICHTHYS SPILOPTERUS

(BOULENGER, 1909)

Afrikanischer Großschuppensalmler, Arnolds Rotaugensalmler
Familie: **Alestidae**
Verbreitung: Lagos bis zum Nigerdelta (Westafrika)
Größe: 8 cm
Futter: **Insektenfresser.** Trockenfutter, kleine gefrorene oder lebende Wirbellose, etwa Wasserflöhe
Temperaturbereich: 23-28 °C
pH: 6,0-7,5 dH: bis 20°

Ein aktiver, friedlicher Schwarmfisch, der Lebendfutter bevorzugt, aber auch Gefrier- und Trockenfutter nimmt. Die Afterflosse der Männchen zeigt rote, gelbe und schwarze Streifen, die der Weibchen hat eine schwarze Spitze.

Zucht
Ein Paar kann in weichem, leicht saurem Wasser über 1.000 Eier ablegen. Die raschwüchsigen Jungfische schlüpfen nach 36 Stunden und schwimmen eine Woche später frei. Gefüttert werden sie mit frisch geschlüpften *Artemia*-Nauplien.

Aquarieneinrichtung
Das Becken sollte mindestens 100 cm lang und nicht zu dicht bepflanzt sein, um genügend offenen Schwimmraum zu bieten.

23-28 °C 8 cm

LADIGESIA ROLOFFI

GÉRY, 1968

22-25 °C 4 cm

Orangeroter Zwergsalmler
Familie: **Alestidae**
Verbreitung: Liberia, Sierra Leone, Elfenbeinküste, Ghana
Größe: 4 cm
Futter: **Allesfresser.** Nimmt Trocken- und Gefrierfutter, bevorzugt aber Lebendfutter
Temperaturbereich: 22-25 °C
pH: 5,5-6,5 dH: bis 10°

Von diesem Fisch, der Transporte schlecht verträgt und oft auch schwer einzugewöhnen ist, sollten kleine Schwärme in einem ruhigen Gesellschaftsaquarium gehalten werden. Die Männchen haben eine vergrößerte Afterflosse.

Zucht
Die wenigen Eier werden bevorzugt über Torfsubstrat abgelegt. Die Jungen benötigen sehr kleines Lebendfutter.

Aquarieneinrichtung
Bepflanztes Becken mit guter Filterung und viel freiem Schwimmraum, da die Fische sehr aktiv sind. Gern angenommen wird auch ein feiner Sprühstrahl am Wasserauslaß. Decken Sie das Becken immer gut ab, da die Fische springen. Einige Schwimmpflanzen sind ebenfalls nützlich.

LEPIDARCHUS ADONIS

ROBERTS, 1966

22-25 °C 2 cm

Adonissalmler
Familie: **Alestidae**
Verbreitung: Westafrika
Größe: 2 cm
Futter: **Insektenfresser.** Trockenfutter und kleine gefrorene oder lebende Wirbellose, etwa Wasserflöhe
Temperaturbereich: 22-25 °C
pH: 5,8-6,5 dH: bis 6°

Zarter, kleiner Salmler, der im Schwarm mit ebenfalls kleinen und friedlichen Fischen gehalten werden kann. Die Männchen haben dunkle Flecken auf dem Hinterleib, die Weibchen sind fast durchscheinend.

Zucht
Benötigt zum Ablaichen sehr weiches, saures Wasser von höchstens 4° dH. Die durchschnittlich 25 Eier werden auf Pflanzen abgelegt; die Jungfische schlüpfen nach etwa 36 Stunden. Sie schwimmen innerhalb einer Woche frei und können mit frisch geschlüpften *Artemia*-Nauplien gefüttert werden. Dunkeln Sie das Aquarium für die Jungfische ab, und beleuchten Sie nur die Futterecken.

Aquarieneinrichtung
Becken mit sehr schwacher Filterung und zahlreichen feinblättrigen Pflanzen.

Phenacogrammus interruptus

(Boulenger, 1899)

Blauer Kongosalmler
Familie: **Alestidae**
Verbreitung: Zaïre
Größe: Männchen 8,5 cm, Weibchen 6 cm
Futter: **Insektenfresser.** Trockenfutter, gefrorene Wirbellose wie Wasserflöhe, Mückenlarven usw.
Temperaturbereich: 22-26 °C
pH: 6,0-7,0 dH: bis 18°

Ein etwas nervöser, ängstlicher Fisch, der sich in einem kleinen Schwarm sicherer fühlt. Die Männchen sind mit ihren langen, gleitenden Flossen sehr attraktiv, während die Weibchen eher farblos wirken. Damit sie den typischen, schillernden Körperglanz bekommen, müssen sie reichlich Lebend- oder Gefrierfutter erhalten. Zarte Pflanzen können angefressen werden.

Zucht

Die etwa 300 Eier werden über feinblättrigen Pflanzen abgelegt. Meist geschieht dies am Morgen, wenn die ersten Sonnenstrahlen das Becken erreichen. Oft kann das Ablaichen auch durch einen Wasserwechsel angeregt werden. Die Jungfische schlüpfen nach etwa sechs Tagen; sie werden mit Infusorien und *Artemia*-Nauplien gefüttert.

Aquarieneinrichtung

Benötigt wird ein Becken mit feinblättrigen Pflanzen und freiem Schwimmraum sowie einem starken Filter, der eine Strömung erzeugt.

22-26 °C — 8,5 cm

Abramites hypselonotus

(Günther, 1868)

Brachsensalmler
Familie: **Anostomidae**
Verbreitung: Orinoco- und Amazonasbecken
Größe: 13 cm
Futter: **Pflanzenfresser.** Nimmt auch *Detritus* und Mikroorganismen vom Boden. Bieten Sie außerdem Salatblätter und kleines Trocken-, Gefrier- und Lebendfutter an
Temperaturbereich: 22-26 °C
pH: 6,0-7,5 dH: bis 18°

Jungfische leben sich in einem Gesellschaftsbecken gut ein, verhalten sich im Alter gegenüber Artgenossen aber oft intolerant. Die Vorliebe der Tiere für pflanzliche Kost kann zum Problem für Ihre Pflanzen werden. Ausreichendes Grünfutter hilft, diesen Schwierigkeiten entgegenzuwirken.

Zucht

Nicht bekannt.

Aquarieneinrichtung

Becken mit Holz und großen Kieseln sowie einigen robusten Pflanzen, etwa Amazonaspflanzen (*Echinodorus*) oder Javafarn (*Microsorium pteropus*). Letzterer kann fest auf Holz aufgebunden werden. Sorgen Sie außerdem durch einen starken Filter für eine Strömung.

22-26 °C — 13 cm

Anostomus anostomus

(Linnaeus, 1758)

Prachtkopfsteher
Familie: **Anostomidae**
Verbreitung: Amazonas, oberhalb von Manaus, Orinoco, Venezuela, Guayana, Kolumbien
Größe: 18 cm
Futter: **Pflanzenfresser.** Salat und Erbsen, aber auch kleines Lebendfutter, etwa Wasserflöhe
Temperaturbereich: 22-27 °C
pH: 5,8-7,5 dH: bis 20°

In kleineren Gruppen sind diese sehr attraktiven Fische unverträglich, einzeln oder in Schwärmen von mindestens acht Tieren gehalten, zeigen sie sich dagegen friedlich und belästigen keine anderen Fische. Einzelne Exemplare bilden ein Revier.

22-27 °C — 18 cm

Zucht

Bereits gelungen, Details sind jedoch nicht bekannt.

Aquarieneinrichtung

Gut bepflanztes Aquarium mit Spalten in der Steindekoration und starker Beleuchtung zur Förderung des Algenwachstums. Sorgen Sie außerdem für einen guten Filter, der eine kräftige Strömung erzeugt.

Anostomus ternetzi

Fernandez-Yepez, 1949

24-27 °C 16 cm

Goldstreifen-Kopfsteher

Familie: **Anostomidae**

Verbreitung: Rio Orinoco, Rio Xingu, Rio Araguaia (Brasilien)

Größe: 16 cm

Futter: **Pflanzenfresser.** Bieten Sie die übliche pflanzliche Kost sowie kleines Lebend- und Gefrierfutter

Temperaturbereich: 24-27 °C

pH: 6,0-7,5 dH: bis 20°

Diese Art ähnelt *A. anostomus*, hat allerdings keine gefärbten Flossen. Die Tiere sind sehr friedlich, so daß sie gut mit anderen mittelgroßen Fischen vergesellschaftet werden können. Aquarienpflanzen werden gern angefressen, sofern man nicht ausreichend Salat und Erbsen zufüttert.

Zucht

Nicht bekannt.

Aquarieneinrichtung

Gut bepflanztes Becken mit Höhlen aus Holz oder Steinen. Sorgen Sie außerdem für einen starken Filter, der eine kräftige Strömung erzeugen kann.

Leporinus fasciatus

(Bloch, 1794)

22-27 °C 25 cm

Gebänderter Leporinus

Familie: **Anostomidae**

Verbreitung: Nebenflüsse des Amazonas (Venezuela)

Größe: 25 cm

Futter: **Pflanzenfresser.** Normale pflanzliche Kost. Bieten Sie ihm zudem auch kleines Lebend- oder Gefrierfutter

Temperaturbereich: 22-27 °C

pH: 6,0-7,5 dH: bis 20°

Untereinander können die Fische etwas unverträglich sein (sie knabbern die Flossen von Artgenossen an), anderen Arten gegenüber sind sie zumeist aber friedlich.

Zucht

Nicht bekannt.

Aquarieneinrichtung

Da nur die härtesten Pflanzen überleben, empfiehlt es sich, das Becken hauptsächlich mit Wurzeln und Steinen zu dekorieren. Außerdem sollte das Aquarium eine gute Filteranlage besitzen, die eine kräftige Strömung erzeugt.

Aphyocharax anisitsi

Eigenmann und Kennedy, 1903

18-27 °C 5 cm

Rotflossensalmler

Familie: **Characidae**

Verbreitung: Rio Paraná (Argentinien)

Größe: 5 cm

Futter: **Allesfresser.** Kleines Lebend- und Gefrierfutter, Trockenfutter

Temperaturbereich: 18-27 °C

pH: 6,0-8,0 dH: bis 28°

Anspruchsloser, friedlicher Schwarmfisch, der auch in einem ungeheizten Aquarium gehalten werden kann. Allerdings verblassen die Farben, wenn der Fisch am unteren Ende seines Temperaturbereichs gehalten wird. Männchen haben einen Haken auf der Afterflosse. Eine langlebige Art: 8 bis 10 Jahre sind bei richtiger Haltung nichts Ungewöhnliches. Guter Anfängerfisch.

Zucht

Die Eier werden über feinblättrigen Pflanzen abgelegt. Entfernen Sie die Elterntiere, da sie den Laich fressen. Die Jungfische werden mit feinem Trockenfutter und frisch geschlüpften *Artemia*-Nauplien gefüttert.

Aquarieneinrichtung

Gut bepflanztes Aquarium mit offenem Schwimmraum.

Astyanax fasciatus mexicanus

(Cuvier, 1819)

22-25 °C 9 cm

Blinder Höhlensalmler

Familie: **Characidae**

Verbreitung: Texas (USA), Mexiko bis Panama

Größe: 9 cm

Futter: **Allesfresser.** Lebend-, Trocken- und Gefrierfutter

Temperaturbereich: 22-25 °C

pH: 6,0-8,0 dH: bis 30°

Dieser Fisch ist anspruchslos, sollte im Schwarm gehalten werden und eignet sich gut für ein Gesellschaftsbecken. Männchen sind schlanker als Weibchen.

Zucht

Laicht bereitwillig in kühlerem Wasser. Die Jungfische schlüpfen nach ungefähr 48 Stunden und schwimmen einige Tage später frei. Füttern Sie sehr feine Nahrung. Die jungen Fische haben Augen, die sich aber später zurückentwickeln.

Aquarieneinrichtung

Jedes Gesellschaftsbecken mit ausreichender Filterung und sanfter Strömung.

Axelrodia stigmatias

(Fowler, 1914)

Deutscher Name ist nicht bekannt
Familie: **Characidae**
Verbreitung: Amazonasbecken
Größe: 3 cm
Futter: **Fleischfresser.** Kleines Lebendfutter, nimmt aber auch Trocken- und Gefrierfutter
Temperaturbereich: 22-26 °C
pH: 5,5-6,5 dH: bis 8°

Ein zarter, kleiner Schwarmfisch, der – allerdings nur mit anderen friedlichen Fischen – vergesellschaftet werden kann. Die Männchen zeigen eine ausgeprägtere weiße Zeichnung, die Weibchen sind zur Laichzeit rundlicher.

Zucht
Nicht bekannt.

Aquarieneinrichtung
Gut bepflanztes, über Torf gefiltertes Aquarium mit einigen Schwimmpflanzen und Holz sowie einer leichten Strömung.

22-26 °C 3 cm

Boehlkea fredcochui

Géry, 1966

22-26 °C 5 cm

Blauer Perusalmler
Familie: **Characidae**
Verbreitung: Rio Marañon (Peru)
Größe: 5 cm
Futter: **Allesfresser.** Lebend-, Trocken- und Gefrierfutter
Temperaturbereich: 22-26 °C
pH: 5,5-7,5 dH: bis 12°

Dieser Fisch wird beim Händler oft übersehen, da er seine wahren Farben unter Streß nicht zeigt. In saurem Wasser und bei schwacher Beleuchtung treten die zarten Blautöne und der schillernde Glanz des Fisches dagegen deutlich hervor.

Zucht
Es gibt Zuchterfolge, Einzelheiten sind aber unbekannt.

Aquarieneinrichtung
Becken mit weichem, leicht saurem Wasser, einer guten Filterung, gedämpfter Beleuchtung sowie Holz und Pflanzen. Bei letzteren muß darauf geachtet werden, daß sie die Wasserqualität vertragen.

Bryconops melanurus

(Bloch, 1795)

Rotschwänzchensalmler
Familie: **Characidae**
Verbreitung: Östliches Brasilien
Größe: 10 cm
Futter: **Allesfresser.** Vorwiegend Lebendfutter, nimmt aber auch Trocken- und Gefrierfutter
Temperaturbereich: 23-26 °C
pH: 5,5-6,5 dH: bis 10°

Ein Schwarm Jungfische kann in einem Gesellschaftsbecken gehalten werden. Im Alter sind die Fische aber häufig zänkisch. Männchen sind schlanker als Weibchen.

Zucht
Berichte über eine Zucht im Aquarium fehlen. Nötig sind vermutlich sehr weiches Wasser von etwa 4° dH und eine Temperatur um 28 °C. Die Fische sind Freilaicher.

Aquarieneinrichtung
Großes Aquarium mit sehr guter Wasserqualität sowie Pflanzen und Steinen oder

Holz, aber auch mit genügend offenem Schwimmraum. Das Wasser sollte sauerstoffreich sein und schnell fließen, was sich durch einen großen Außenfilter mit Sprühstrahl-Auslaß erreichen läßt.

23-26 °C 10 cm

Chalceus macrolepidotus

Cuvier, 1817

Schlanksalmler, Glanzsalmler

Familie: **Characidae**

Verbreitung: Amazonas und Guayana-Länder

Größe: 25 cm

Futter: **Fleischfresser.** Nimmt Fleisch, Fischbrocken und Futtertabletten

Temperaturbereich: 23-27 °C

pH: 6,5-7,5 dH: bis 18°

Ein größerer Raubfisch für den Spezialisten. Er sollte in einem großen Becken mit guter Abdeckung gehalten werden, denn die Fische springen gern. Dabei können sie sich Schuppen ausreißen, so daß sie anfällig für Sekundärinfekte werden. Nur mit Fischen ähnlicher Größe vergesellschaften.

23-27 °C 25 cm

Obwohl ein Raubfisch, nehmen junge Tiere auch Trockenfutter und Futtertabletten.

Zucht

Nicht bekannt.

Aquarieneinrichtung

Großes, gut gefiltertes Becken von mindestens 150 cm Länge mit einer kräftigen Strömung und wenigen Pflanzen, auch wenn diese durch die Fische zumeist nicht beschädigt werden.

Cheirodon kriegi

Schindler, 1937

23-26 °C 5 cm

Dreipunkttetra

Familie: **Characidae**

Verbreitung: Becken des Rio Paraguay und Oberlauf des Rio Guaporé (zentrales Südamerika)

Größe: 5 cm

Futter: **Allesfresser.** Trockenfutter und kleines Lebend- und Gefrierfutter

Temperaturbereich: 23-26 °C

pH: 6,0-7,0 dH: bis 15°

Ein friedlicher, aber nicht sehr farbenprächtiger Fisch für das Gesellschaftsaquarium. Der schwarze Bauchfleck sieht aus wie der Trächtigkeitsfleck bei Lebendgebärenden, hat hier aber keine vergleichbare Bedeutung. Die Weibchen werden mit zunehmendem Alter rundlicher.

Zucht

Freilaicher. Setzen Sie zwei Männchen und ein Weibchen in ein Becken mit feinblättrigen Pflanzen, etwa Javamoos. Die Elterntiere sollten nach dem Laichen entfernt werden. Die Jungfische schlüpfen nach fünf Tagen und schwimmen vier Tage später frei. Als erste Nahrung eignen sich *Artemia*-Nauplien.

Aquarieneinrichtung

Gut bepflanztes Aquarium mit schwacher Strömung und effizienter Filterung, da die Fische auf jede Verschlechterung der Wasserqualität empfindlich reagieren.

Coelurichthys tenuis

Nichols, 1913

Barberos Tetra

Familie: **Characidae**

Verbreitung: Nordargentinien über Paraguay bis Südbrasilien

Größe: 5 cm

Futter: **Allesfresser.** Bevorzugt Lebendfutter, nimmt aber auch Trocken- und Gefrierfutter

Temperaturbereich: 19-22 °C

pH: 5,5-6,5 dH: bis 4°

Ein friedlicher, jedoch nur für den Spezialisten geeigneter Fisch. Die Wasserqualität muß genau stimmen: kühl, weich, leicht sauer, viel Sauerstoff und mit einer starken Strömung.

Zucht

Diese Fische werden durch Kopulation befruchtet. Nach einer stürmischen Balz wird ein Spermienpaket in das Weibchen übertragen. Dieses kann danach jederzeit ablaichen, auch noch Wochen später. Die Eier werden unter Blättern abgelegt. Die

Jungfische sind winzig und schwierig zu ernähren.

Aquarieneinrichtung

Teilweise bepflanztes Aquarium mit schwacher Beleuchtung und ausgesprochen guter

19-22 °C 5 cm

Filterung, die für starke Strömung im besonders sauberen Wassers sorgt.

Corynopoma riisei

Gill, 1858

Zwergdrachenflosser

Familie: **Characidae**

Verbreitung: Rio Meta (Kolumbien)

Größe: 6,5 cm

Futter: **Allesfresser.** Lebend-, Trocken- und Gefrierfutter

Temperaturbereich: 22-27 °C

pH: 6,0-7,5 dH: bis 25°

Ein friedlicher Schwarmfisch für das Gesellschaftsaquarium. Die Tiere gewöhnen sich manchmal schwer ein, sind dann aber sehr robust. Die Männchen haben längere Brustflossen.

Zucht

Die Milch wird im Eileiter der Weibchen deponiert, und die Eier werden dort befruchtet, wenn sie den Körper des Weibchens verlassen. Bei der Eiablage muß daher kein Männchen anwesend sein. Die Jungfische schlüpfen nach etwa 30 Stunden; sie können mit frisch geschlüpften *Artemia*-Nauplien gefüttert werden.

Aquarieneinrichtung

Gut bepflanztes Gesellschaftsaquarium mit einigen Schwimmpflanzen und sanfter Filterung.

22-27 °C 6,5 cm

Creagrutus beni

Eigenmann, 1911

Goldbandsalmler

Familie: **Characidae**

Verbreitung: Valenciasee (Venezuela), Amazonas in Peru, Bolivien, Rio Tocantins (Brasilien)

Größe: 8 cm, die Population in Venezuela erreicht nur 4,5 cm

Futter: **Allesfresser.** Lebend-, Trocken- und Gefrierfutter

Temperaturbereich: 22-26 °C

pH: 6,0-7,0 dH: bis 20°

22-26 °C 8 cm

Ein friedlicher Schwarmfisch, der gut mit anderen kleinen Salmlern vergesellschaftet werden kann. Die Weibchen sind farbenprächtiger und robuster als die Männchen.

Zucht

Die Weibchen können Sperma speichern. Es werden ca. 60 Eier abgelegt. Die Jungfische schlüpfen nach etwa 24 Stunden und schwimmen drei Tage später frei. Sie fressen *Artemia*-Nauplien, die sie gern vom Boden aufnehmen.

Aquarieneinrichtung

Teilweise bepflanztes Aquarium mit ausreichend freiem Schwimmraum und heller Beleuchtung.

Exodon paradoxus

(Müller und Troschel, 1845)

22-26 °C 15 cm

Zweitupfenraubsalmler

Familie: **Characidae**

Verbreitung: Guayana-Länder und Nordbrasilien

Größe: 15 cm

Futter: **Fleischfresser.** Fisch- oder Fleischbrocken, Rote Mückenlarven

Temperaturbereich: 22-26 °C

pH: 5,5-7,5 dH: bis 20°

Dieser Raubfisch ist für ein Gesellschaftsbecken ungeeignet. In größeren Gruppen (ca. ein Dutzend) lebt er recht friedlich. In kleineren Gruppen von nur vier oder fünf Tieren kommt es jedoch häufig zu Kämpfen, wobei sich Fische, die ihren Gegner nicht als Ganzes verschlingen können, oft die Augen ausbeißen oder Fleischstücke aus dem Körper reißen.

Zucht

Die Eier werden über Pflanzen abgelegt. Die Jungfische schlüpfen nach etwa 36 Stunden. Sie sind Kannibalen, so daß es schwierig ist, eine größere Anzahl großzuziehen.

Aquarieneinrichtung

Bepflanztes Aquarium mit Holzdekoration und einer starken Filterung, die sauberes Wasser mit einer kräftigen Strömung liefert. Decken Sie das Becken gut ab, da die Fische springen.

Gymnocorymbus socolofi

Géry, 1964

Socolofs Rotmantelsalmler
Familie: **Characidae**
Verbreitung: Rio Meta (Kolumbien)
Größe: 5,5 cm
Futter: **Allesfresser.** Trockenfutter, Insektenlarven, pflanzliche Kost
Temperaturbereich: 22-26 °C
pH: 5,5-7,5 dH: bis 20°

Die bis zu 3 cm großen Jungfische sind sehr attraktiv und aktiv. Sie haben rot-orangefarbene unpaare Flossen; allerdings verblaßt diese Färbung im Alter, und die Fische werden ruhiger.

Zucht
Mehrfach nachgezogen.

Aquarieneinrichtung
Teilweise bepflanztes Aquarium mit schattigen Bereichen.

22-26 °C 5,5 cm

Hasemania nana

(Reinhardt i. Lütken, 1874)

22-26 °C 5 cm

Kupfersalmler
Familie: **Characidae**
Verbreitung: Brasilien
Größe: 5 cm
Futter: **Allesfresser.** Trockenfutter und Insektenlarven
Temperaturbereich: 22-26 °C
pH: 6,5-7,5 dH: bis 15°

Dank seiner friedlichen Veranlagung ein idealer Fisch für das Gesellschaftsaquarium. Männchen sind schlanker und farbiger. Die Spitze der Afterflosse ist bei ihnen weiß, bei den Weibchen gelb.

Zucht
Bei guter Verfassung der Elterntiere leicht zu züchten. Die bis zu 200 Eier werden über feinblättrigen Pflanzen oder einem Laichmop abgelegt. Entfernen Sie die Elterntiere. Die Jungfische sind bei guter Fütterung leicht aufzuziehen.

Aquarieneinrichtung
Teilweise bepflanztes Aquarium mit kräftiger Strömung, freiem Schwimmraum und einer guten Filteranlage für sauerstoffreiches, sauberes Wasser.

Hemigrammus bleheri

Géry, 1986

Rotkopfsalmler
Familie: **Characidae**
Verbreitung: Rio Vaupés (Kolumbien), Rio Negro (Brasilien)
Größe: 4,5 cm
Futter: **Allesfresser.** Trockenfutter, Insektenlarven
Temperaturbereich: 22-26 °C
pH: 6,0-7,0 dH: bis 10°

Kann in der Haltung schwierig sein, sofern die Wasserqualität nicht stimmt. Regelmäßige Wasserwechsel sind erforderlich, da die Tiere empfindlich auf Nitrat reagieren. Zur Laichzeit sind die Männchen schlanker.

Zucht
Nicht leicht zu züchten. Verwenden Sie weiches (unter 4°dH), saures (pH 6,0-6,5) Wasser. Die Eier werden auf dem Boden oder an Pflanzen abgelegt. Die Jungfische schlüpfen nach 36 Stunden und schwimmen nach vier Tagen frei. Sie können mit frisch geschlüpften *Artemia*-Nauplien ernährt werden.

Aquarieneinrichtung
Dicht bepflanztes Aquarium mit Holzdekoration. Gute Filterung, die dem sauberen Wasser eine Strömung verleiht.

22-26 °C 4,5 cm

Hemigrammus erythrozonus

Durbin, 1909

Glühlichtsalmler
Familie: **Characidae**
Verbreitung: Essequibo (Guayana)
Größe: 4 cm
Futter: **Allesfresser.** Trockenfutter, Insektenlarven
Temperaturbereich: 22-26 °C
pH: 6,0-7,5 dH: bis 15°

Dieser friedliche Schwarmfisch für dicht bepflanzte Gesellschaftsbecken wird in großem Maßstab kommerziell gezüchtet. Männchen sind schlanker als Weibchen.

Zucht

Die Tiere laichen in weichem, saurem Wasser und bei hohen Temperaturen (26 °C) bereitwillig über und zwischen feinblättrigen Pflanzen ab.

Aquarieneinrichtung

Becken mit vielen Pflanzen und Holz zum Verstecken.

22-26 °C 4 cm

Hemigrammus pulcher

Ladiges, 1938

22-27 °C 4,5 cm

Karfunkelsalmler
Familie: **Characidae**
Verbreitung: Gegend um Iquitos (Peru), Brasilien
Größe: 4,5 cm
Futter: **Allesfresser.** Trockenfutter und Insektenlarven
Temperaturbereich: 22-27 °C
pH: 6,0-7,5 dH: bis 15°

Ein guter Schwarmfisch für das Gesellschaftsaquarium. Die Männchen sind schlanker und haben eine spitze Schwimmblase, während die der Weibchen gerundet ist. Es existieren zwei Unterarten: *H. pulcher pulcher* Ladiges, 1938 und *H. pulcher haraldi* Géry, 1961.

Zucht

Die Eier werden wie bei anderen *Hemigrammus*-Arten auch über und zwischen Pflanzen abgelegt. Die Jungfische füttert man mit frisch geschlüpften *Artemia*-Nauplien.

Aquarieneinrichtung

Dicht bepflanztes Aquarium mit Holzdekoration, sauberem, weichem Wasser und einer kräftigen Strömung.

Hemigrammus ulreyi

(Boulenger, 1895)

Flaggensalmler
Familie: **Characidae**
Verbreitung: Oberer Rio Paraguay
Größe: 5 cm
Futter: **Allesfresser.** Trockenfutter, Insektenlarven, kleine wirbellose Wassertiere, lebend oder gefroren
Temperaturbereich: 23-27 °C
pH: 6,0-7,0 dH: bis 10°

Ein anfangs scheuer Fisch, der viel Platz und die Gesellschaft anderer friedlicher Arten benötigt. Die Männchen sind schlanker als die Weibchen. Die Tiere zeigen ihre schönsten Farben im Sonnenlicht.

Zucht

Es gibt keine Berichte über Zuchterfolge.

Aquarieneinrichtung

Benötigt wird ein dicht bepflanztes Aquarium mit Holzdekoration, sauberem, weichem Wasser und einer kräftigen Strömung.

23-27 °C 5 cm

Hyphessobrycon flammeus

Myers, 1924

Roter von Rio
Familie: **Characidae**
Verbreitung: Gegend um Rio de Janeiro (Brasilien)
Größe: 4 cm
Futter: **Allesfresser.** Trockenfutter und Insektenlarven
Temperaturbereich: 22-27 °C
pH: 6,5-7,0 dH: bis 22°

Ein geselliger Fisch, der oft übersehen wird, weil er seine wahren Farben unter dem harten Licht im Becken des Händlers nicht zeigt. Nur bei schwacher Beleuchtung kommen die schönen Rottöne zur Geltung. Die Männchen haben tiefrote Afterflossen und Brustflossen mit einer schwarzen Spitze. Den Weibchen fehlt dieser schwarze Fleck, und die Afterflosse ist hellrot bis gelb.

Zucht
Die Eier werden – typisch für Salmler – zwischen Pflanzen abgelegt; die Jungfische kann man mit frisch geschlüpften *Artemia*-Nauplien ernähren. Bei fünf- bis sechsmaliger täglicher Futtergabe gedeihen die Jungfische besser als bei ein oder zwei Fütterungen.

Aquarieneinrichtung
Typisches Gesellschaftsaquarium mit kleinen, friedlichen Arten. Gedämpfte Beleuchtung, die man durch einige Schwimmpflanzen erreichen kann.

22-27 °C 4 cm

Hyphessobrycon loretoensis

Ladiges, 1938

22-27 °C 4 cm

Loretosalmler
Familie: **Characidae**
Verbreitung: Amazonas, Peru
Größe: 4 cm
Futter: **Allesfresser.** Trockenfutter, Wasserflöhe, *Artemia*-Nauplien sowie kleines Lebend- und Gefrierfutter
Temperaturbereich: 22-27 °C
pH: 6,0-7,5 dH: bis 15°

Eine nicht ganz einfache Art für das Gesellschaftsbecken. Die selten angebotenen Wildfänge sind oft unterernährt und schwierig zu füttern. Zu Anfang sollten Sie kleines Lebendfutter anbieten, das später durch Gefrier- und Trockenfutter ergänzt wird. Die Männchen sind im allgemeinen schlanker als die Weibchen.

Zucht
Keine Details bekannt.

Aquarieneinrichtung
Becken mit anderen kleinen, friedlichen Fischen, Pflanzen und Holz.

Hyphessobrycon pulchripinnis

Ahl, 1937

Schönflossensalmler, Zitronensalmler
Familie: **Characidae**
Verbreitung: Brasilien
Größe: 4,5 cm
Futter: **Allesfresser.** Lebend-, Trocken- und Gefrierfutter
Temperaturbereich: 23-27 °C
pH: 6,0-7,5 dH: bis 20°

Ein hübscher Schwarmfisch für das Gesellschaftsaquarium, der unablässig in Bewegung ist. Die Männchen haben einen schwarzen Rand an der Afterflosse.

Zucht
Nicht ganz einfach. Die Eier sind hellgelb. Die Jungfische lassen sich mit kleinem Lebendfutter aufziehen.

Aquarieneinrichtung
Gut gepflegtes Gesellschaftsbecken. Der Schlüssel zum Erfolg scheint in einer guten Wasserqualität zu liegen.

23-27 °C 4,5 cm

HYPHESSOBRYCON SOCOLOFI

WEITZMAN, 1977

22-27 °C 4,5 cm

Socolofs Kirschflecksalmler
Familie: **Characidae**
Verbreitung: Rio Negro (Brasilien)
Größe: 4,5 cm
Futter: **Allesfresser.** Trockenfutter, lebende oder gefrorene Wasserflöhe, *Artemia*-Nauplien usw.
Temperaturbereich: 22-27 °C
pH: 6,0-7,0 dH: bis 10°

Man hält am besten einen Schwarm von sechs oder mehr dieser friedlichen Fische, etwa zusammen mit *Corydoras*-Arten oder anderen Bodenfischen in einem Gesellschaftsbecken. Ausgewachsene Männchen haben auffällig blaue Rücken- und Afterflossen. Die Weibchen zeigen dagegen einen roten Afterflossensaum und eine rote Rückenflossenspitze.

Zucht
Relativ leicht zu züchten. Setzen Sie gut genährte Paare in ein 45 cm großes Zuchtbecken. Die Wassertemperatur sollte 26-27 °C betragen und der pH-Wert auf 6,0 sowie die Härte auf 4° dH abgesenkt werden. Sorgen Sie außerdem für Pflanzen, zwischen denen abgelaicht werden kann.

Aquarieneinrichtung
Bepflanztes Aquarium mit freiem Schwimmraum und gedämpfter Beleuchtung. Die Tiere reagieren empfindlich auf eine Verschlechterung der Wasserqualität, so daß wöchentlich ein Teil des Wassers gewechselt werden sollte.

IGUANODECTES SPILURUS

(GÜNTHER, 1864)

Eidechsensalmler
Familie: **Characidae**
Verbreitung: Von Guayana bis Zentralbrasilien und südlich des Rio Madeira
Größe: 5-6 cm
Futter: **Allesfresser.** Trockenfutter, lebende oder gefrorene Insektenlarven und kleine Wassertiere
Temperaturbereich: 23-27 °C
pH: 5,5-7,5 dH: bis 18°

Die weite Verbreitung zeigt, daß es sich um einen sehr anpassungsfähigen Fisch handelt. Die verschiedenen Populationen unterscheiden sich in der Färbung; insgesamt ist die Art aber eher unscheinbar, weshalb sie oft übersehen wird. Dabei läßt sie sich gut züchten und ist eine Bereicherung für das Aquarium des Spezialisten. Bei den Männchen sind die vorderen Strahlen der Afterflosse verlängert.

Zucht
Das Wasser sollte etwa 2° dH und einen pH-Wert von 6,0 haben. Die Eier werden

23-27 °C 5-6 cm

über einem Laichmop abgelegt. Die Jungfische schlüpfen nach ca. 12 Tagen; sie werden mit *Artemia*-Nauplien gefüttert.

Aquarieneinrichtung
Benötigt wird ein dicht bepflanztes Aquarium mit Holzdekoration und kräftiger Strömung sowie klarem, sauerstoffreichem Wasser.

INPAICHTHYS KERRI

GÉRY UND JUNK, 1977

23-27 °C 4 cm

Kerris Salmler
Familie: **Characidae**
Verbreitung: Rio Aripuanã (Amazonasgebiet)
Größe: Männchen 4 cm, Weibchen 3 cm
Futter: **Allesfresser.** Trockenfutter, Insektenlarven und kleine lebende und gefrorene Wassertiere
Temperaturbereich: 23-27 °C
pH: 6,5-7,5 dH: bis 10°

Sehr attraktiver und aktiver Fisch für ein Gesellschaftsaquarium mit ausreichend Schwimmraum. Den blauglänzenden Körper, der gut in einem gemischten Schwarm zur Geltung kommt, haben nur Männchen.

Zucht
Die Eier werden einzeln auf feinblättrigen Pflanzen, etwa Javamoos, abgelegt. Die Elterntiere sollten nach dem Ablaichen entfernt werden, da sie Laichräuber sind. Als erste Nahrung dienen Infusorien und *Artemia*-Nauplien. Die Wassertemperatur sollte etwa 27 °C betragen.

Aquarieneinrichtung
Dicht bepflanztes Aquarium mit einigen freien Bereichen und gedämpfter Beleuchtung. Stellen Sie eine gute Wasserqualität sicher, da die Fische ihre Farben nicht zeigen, wenn sie unter Streß stehen.

Megalamphodus sweglesi

Géry, 1961

20-23 °C 4 cm

Roter Phantomsalmler	
Familie: **Characidae**	
Verbreitung: Rio Meta und Rio Muco (Kolumbien), oberes Orinocobecken	
Größe: 4 cm	
Futter: **Allesfresser.** Trockenfutter, Insektenlarven, kleine lebende oder gefrorene Wassertiere	
Temperaturbereich: 20-23 °C	
pH: 5,5-7,5 dH: bis 18°	

Ein sehr schöner, friedlicher, aber ein wenig empfindlicher Fisch für Gesellschaftsaquarien. Achten Sie auf die Wasserqualität und vor allem auf die Temperatur, da zu hohe Temperaturen die häufigste Todesursache sind. Füttern Sie mehrmals täglich kleinere Mengen. Die Männchen haben eine vergrößerte, rote Rückenflosse, die der Weibchen ist rot, weiß und schwarz.

Zucht

Voraussetzung sind sehr weiches Wasser und niedrige Temperature (1-2° dH, pH 5,5-6,0 und 20-22 °C). Verwenden Sie Javamoos oder künstliches Laichkraut und dunkeln Sie das Becken ab. Die Eier sind rostbraun. Füttern Sie die freischwimmenden Jungfische mit frisch geschlüpften *Artemia*-Nauplien.

Aquarieneinrichtung

Bepflanztes Becken mit anderen friedlichen Arten. Achten Sie auf gute Wasserqualität und führen Sie häufig Teilwasserwechsel durch.

Moenkhausia pittieri

Eigenmann, 1920

Brillantsalmler	
Familie: **Characidae**	
Verbreitung: Valenciasee (Venezuela)	
Größe: 6 cm	
Futter: **Allesfresser.** Lebendfutter, gefrorene kleine Wirbellose sowie lebende Wasserflöhe und Wassertierchen	
Temperaturbereich: 24-28 °C	
pH: 5,5-7,0 dH: 4-10°	

Ein Schwarmfisch für gut bepflanzte Gesellschaftsbecken. Für gutes Wachstum und schöne Flossenbildung sollte ausreichend Lebendfutter (etwa Wasserflöhe oder Rote und Weiße Mückenlarven) gefüttert werden. Notfalls kann auch Gefrierfutter verwendet werden. Ausgewachsene Männchen erkennt man an ihren verlängerten Flossen und der intensiveren Färbung.

Zucht

Verwenden Sie ein Becken mit weichem, saurem Wasser. Die Eier werden auf feinblättrigen Pflanzen abgelegt; die Jungen schlüpfen nach zwei Tagen. Ist ihr Dottersack aufgezehrt, werden sie mit *Artemia*-Nauplien gefüttert. Elterntiere müssen entfernt werden, da es sich um Laichräuber handelt.

24-28 °C 6 cm

Aquarieneinrichtung

Becken mit Pflanzen zum Verstecken und einer gleichmäßigen Strömung.

Moenkhausia sanctaefilomenae

(Steindachner, 1907)

Rotaugen-Moenkhausia	
Familie: **Characidae**	
Verbreitung: Paraguay, Bolivien, Peru, Brasilien	
Größe: 7 cm	
Futter: **Allesfresser.** Lebend-, Trocken- und Gefrierfutter	
Temperaturbereich: 22-26 °C	
pH: 6,0-8,0 dH: bis 25°	

Ein häufig angebotener Fisch, der in Zuchtbetrieben vermehrt wird. Er ist robust und eignet sich ausgezeichnet für Gesellschaftsbecken. Ausgewachsene Männchen sind schlanker als die Weibchen.

22-26 °C 7 cm

Zucht

Die Fische laichen zwischen den Wurzeln von Schwimmpflanzen oder in Laichmops. Die Jungfische schlüpfen nach etwa 36 Stunden. Sie benötigen sehr feine Nahrung.

Aquarieneinrichtung

Normales Gesellschaftsaquarium mit einigen Pflanzen.

Nematobrycon palmeri

Eigenmann, 1911

23-27 °C 5 cm

Kaisertetra, Kaisersalmler

Familie: **Characidae**

Verbreitung: Westküste Kolumbiens

Größe: 5 cm

Futter: **Allesfresser.** Trockenfutter, Insektenlarven, kleine lebende oder gefrorene Wirbellose

Temperaturbereich: 23-27 °C

pH: 5,0-7,5 dH: bis 22°

Die Art eignet sich sehr gut für ein Gesellschaftsbecken zusammen mit anderen friedlichen Fischen. Bei den Männchen sind – im Gegensatz zu den unscheinbareren Weibchen – Rückenflosse und die mittleren sowie äußeren Strahlen der Schwanzflosse verlängert und stärker gefärbt.

Zucht

Ein Becken mit weichem, etwa 27 °C warmem Wasser und gedämpfter Beleuchtung. Verwenden Sie Javamoos oder künstliches Laichkraut am Boden des Beckens, um die Eltern am Fressen der Eier zu hindern. Entfernen Sie die Elternfische nach dem Ablaichen. Die Jungfische schlüpfen nach etwa 36 Stunden und benötigen sehr feine Nahrung, z. B. Infusorien und später *Artemia*-Nauplien.

Aquarieneinrichtung

Dicht bepflanztes, gut gefiltertes Aquarium mit einer leichten Strömung und anderen friedlichen Fischen. Regelmäßige Wasserwechsel sind zu empfehlen.

Paracheirodon axelrodi

(Schultz, 1956)

22-26 °C 5 cm

Roter Neon

Familie: **Characidae**

Verbreitung: Venezuela und Brasilien bis Ostkolumbien

Größe: 5 cm

Futter: **Allesfresser.** Trockenfutter, Insektenlarven sowie kleine lebende oder gefrorene Wirbellose

Temperaturbereich: 22-26 °C

pH: 4,5-6,0 dH: bis 4°

Diese Art eignet sich sehr gut für Gesellschaftsaquarien. Bei den meisten der angebotenen Fische handelt es sich um Wildfänge. Männchen sind im allgemeinen schlanker als Weibchen.

Zucht

Vergleichbar dem Neonsalmler, benötigt aber ein größeres Becken. Die bis zu 500 Eier werden gewöhnlich am Abend abgelegt.

Aquarieneinrichtung

Bepflanztes Aquarium mit ähnlich friedlichen Arten und einigen Schwimmpflanzen, die das Licht dämpfen. Achten Sie sorgfältig auf die Wasserqualität, und wechseln Sie regelmäßig das Wasser.

Paracheirodon innesi

(Myers, 1936)

Neonsalmler, Neontetra

Familie: **Characidae**

Verbreitung: Rio Putumayo (Peru)

Größe: 4 cm

Futter: **Allesfresser.** Trockenfutter, Insektenlarven, kleine lebende oder gefrorene Wirbellose

Temperaturbereich: 20-26 °C

pH: 7,0 dH: bis 20°

Der wohl beliebteste Zierfisch, der im großen Maßstab für den Handel gezüchtet wird und wenig Ansprüche an die Aquarienbedingungen stellt. Die schlankeren Männchen haben ein gerades, blaues Längsband, das der rundlicheren Weibchen ist gebogen. Halten Sie einen Schwarm von mindestens sechs Tieren.

Zucht

Becken mit folgenden Wasserwerten: dH 1-2°, pH 5,0-6,0 und etwa 24 °C. Verwenden Sie Javamoos oder einen künstlichen Ersatz am Beckenboden und dunkeln Sie das Aquarium ab. Das Weibchen wird bei der Paarung vom Männchen umschlungen. Entfernen Sie später die Elternfische. Die Jungfische schlüpfen nach etwa 24 Stunden und schwimmen nach fünf Tagen frei. Füttern Sie Infusorien und später *Artemia*-Nauplien.

20-26 °C 4 cm

Aquarieneinrichtung

Gut bepflanztes Aquarium mit anderen friedlichen Arten. Achten Sie auf die Wasserqualität, und führen Sie regelmäßige Wasserwechsel durch.

Paracheirodon simulans

(Géry, 1963)

23-26 °C 3 cm

Blauer Neon
Familie: **Characidae**
Verbreitung: Brasilien
Größe: 3 cm
Futter: **Allesfresser.** Trockenfutter, Insektenlarven, kleine lebende oder gefrorene Wirbellose
Temperaturbereich: 23-26 °C
pH: 5,5-6,0 dH: bis 15°

Diese Art ist zwar eigentlich gut für Gesellschaftsaquarien geeignet, allerdings nicht ganz einfach zu halten, so daß sie selten importiert wird. Achten Sie auf die Wasserqualität, da die Fische sehr empfindlich auf Nitrat reagieren. Außerdem sind sie anfällig für Oodinium-Infektionen, die unverzüglich behandelt werden müssen. Halten Sie möglichst einen Schwarm. Die Männchen sind schlanker als die Weibchen.

Zucht
Wie *P. innesi.* Allerdings laichen die Tiere nicht so einfach ab.

Aquarieneinrichtung
Bepflanztes Gesellschaftsaquarium mit anderen friedlichen Arten. Die erfolgreiche Haltung hängt von der Wasserqualität ab. Führen Sie daher regelmäßige Wasserwechsel durch.

Petitella georgiae

Géry und Boutiere, 1964

Georgis Rotmaulsalmler
Familie: **Characidae**
Verbreitung: Peru
Größe: 5 cm
Futter: **Allesfresser.** Trockenfutter, Insektenlarven sowie kleine lebende oder gefrorene Wirbellose
Temperaturbereich: 23-26 °C
pH: 5,5-7,0 dH: bis 10°

Diese Fische sind eine sehr gute Ergänzung zu *Corydoras*-Arten oder auch südamerikanischen Zwergbuntbarschen. Allerdings sind sie manchmal nicht ganz einfach zu halten. Da sie farbenprächtiger sind als *Hemigrammus rhodostomus* (Ahls Rotmaulsalmler), lohnen sie die Mühe jedoch. Die Geschlechter sind kaum voneinander zu unterscheiden, sieht man einmal vom stärkeren Kontrast in der Streifenfärbung der Schwanzflosse bei den Männchen ab.

Zucht
Schwierig, aber bereits gelungen. Die Eier werden zwischen feinblättrigen Pflanzen abgelegt.

Aquarieneinrichtung
Dicht bepflanztes Aquarium mit ruhigen Bereichen, weichem, saurem Wasser und einer leichten Strömung. Regelmäßige Teilwasserwechsel mit abgestandenem oder qualitativ gutem Wasser helfen, die Fische bei guter Gesundheit zu halten.

23-26 °C 5 cm

Phenagoniates macrolepis

(Meek und Hildebrand, 1913)

Panama Glutsalmler
Familie: **Characidae**
Verbreitung: Südliches Panama
Größe: 6 cm
Futter: **Fleischfresser.** Kleines Lebendfutter aller Art
Temperaturbereich: 22-24 °C
pH: 6,5-7,0 dH: bis 8°

Diese Art bevorzugt weiches, leicht saures Wasser. Die Tiere können untereinander sehr aggressiv sein, greifen andere Fische aber normalerweise nicht an. In der Natur leben sie einzeln oder in kleinen Gruppen.

Zucht
Nicht bekannt.

Aquarieneinrichtung
Becken mit sehr kräftiger Filterung, dichter Bepflanzung, einer nicht zu starken Beleuchtung und einer guten Abdeckung, da dieser Fisch gern springt. Alle 10 bis 14 Tage sollte ein Teil des Wassers gewechselt werden.

22-24 °C 6 cm

THAYERIA BOEHLKEI

WEITZMAN, 1957

22-28 °C 6 cm

Schrägschwimmer

Familie: **Characidae**

Verbreitung: Peru und westliches Brasilien

Größe: 6 cm

Futter: **Allesfresser.** Lebend-, Trocken- und Gefrierfutter

Temperaturbereich: 22-28 °C

pH: 5,5-7,5 dH: bis 20°

Ein anspruchsloser Fisch für Gesellschaftsaquarien, solange die Nitrit- und Nitratwerte niedrig bleiben. Die Fische stehen schräg im Wasser. Laichbereite Weibchen haben eine ausgebogene Bauchlinie.

Zucht

Dieser sehr produktive Fisch kann bis zu 1.000 Eier ablegen.

Aquarieneinrichtung

Gut bepflanztes Aquarium, in dem regelmäßig alle 10 bis 14 Tage 25 % des Wassers ausgetauscht werden. Diese Art toleriert auch Brackwasser.

THAYERIA OBLIQUA

EIGENMANN, 1908

22-28 °C 8 cm

Pinguinsalmler

Familie: **Characidae**

Verbreitung: Brasilien

Größe: 8 cm

Futter: **Allesfresser.** Lebend-, Trocken- und Gefrierfutter

Temperaturbereich: 22-28 °C

pH: 5,5-7,5 dH: bis 18°

Ein Fisch, der sich besonders gut für ein Gesellschaftsaquarium eignet. Voraussetzung ist, daß das Wasser sauerstoffreich und sauber ist. Zur Laichzeit sind die Weibchen etwas rundlicher als die Männchen.

Zucht

Nicht bekannt.

Aquarieneinrichtung

Dicht bepflanztes Aquarium mit einer hochwertigen Filteranlage, die das sauerstoffreiche Wasser, das dieser Fisch benötigt, auch liefern kann.

TRIPORTHEUS ANGULATUS

(SPIX, 1829)

22-28 °C über 10 cm

Punktierter Kropfsalmler, Armbrustsalmler

Familie: **Characidae**

Verbreitung: Amazonasbecken und Orinoco

Größe: über 10 cm

Futter: **Fleischfresser.** Trocken- und Gefrierfutter, lebende Insektenlarven

Temperaturbereich: 22-28 °C

pH: 6,0-7,5 dH: bis 15°

Die Art zeigt sich gegenüber Fischen vergleichbarer Größe friedlich, während kleinere Tiere oft gejagt werden. Es handelt sich um Oberflächenfische, die gern springen. Die Tiere können sehr aktiv sein und benötigen daher viel freien Schwimmraum. Da sie zudem druckempfindlich und sauerstoffbedürftig sind, sollte das Wasser gut durchlüftet sein.

Zucht

Nicht bekannt.

Aquarieneinrichtung

Becken von mindestens 125 cm Länge mit viel freiem Schwimmraum. Sorgen Sie für eine gute Abdeckung, um die Fische am Herausspringen zu hindern, und benutzen Sie möglichst eine Sprühdüse am Filterauslaß.

CHARACIDIUM FASCIATUM

REINHARDT, 1866

19-24 °C 10 cm

Gebänderter Bodensalmler

Familie: **Characidae**

Verbreitung: In Südamerika weit verbreitet

Größe: 10 cm

Futter: **Fleischfresser.** Futtertabletten, lebende und gefrorene Insektenlarven usw.

Temperaturbereich: 19-24 °C

pH: 5,5-7,5 dH: bis 24°

Mit anderen Fischen lebt er friedlich zusammen, beansprucht aber gegenüber Artgenossen ein eigenes Revier. In seinem Verhalten und seinen Bewegungen erinnert dieser Fisch an Schmerlen. Die Rückenflosse des Männchens ist gepunktet.

Zucht

Freilaicher. Die Eier fallen zwischen Steine und Kies. Die Jungfische schlüpfen nach etwa 36 Stunden. Sie benötigen Pflanzenverstecke und können mit Infusorien oder frisch geschlüpften *Artemia*-Nauplien gefüttert werden.

Aquarieneinrichtung

Bepflanztes Aquarium mit guter Strömung. Das Wasser sollte sauerstoffreich, sauer und weich sein, auch wenn härteres Wasser akzeptiert wird.

CHARACIDIUM RACHOVII

(REGAN, 1913)

Rachows Grundsalmler	
Familie: **Characidae**	
Verbreitung: Südliches Brasilien	
Größe: 7 cm	
Futter: **Fleischfresser.** Futtertabletten, lebende oder gefrorene Insektenlarven usw.	
Temperaturbereich: 20-24 °C	
pH: 5,5-7,5 dH: bis 24°	

Schmerlenähnlicher, friedlicher Fisch. Die Männchen haben eine gepunktete, Weibchen eine transparente Rückenflosse.

Zucht
Nicht bekannt.

Aquarieneinrichtung
Bepflanztes Aquarium mit weichem, leicht saurem, sauerstoffreichem Wasser und kräftiger Strömung.

20-24 °C 7 cm

ELACHOCHARAX GEORGIAE

GÉRY, 1965

Zwerggrundsalmler	
Familie: **Characidae**	
Verbreitung: Brasilien	
Größe: 3 cm	
Futter: **Fleischfresser.** Sehr kleines Lebendfutter, nimmt aber auch Trockenfutter	
Temperaturbereich: 23-29 °C	
pH: 5,5-6,5 dH: bis 8°	

Ein echter Liebhaberfisch, der selten im Handel ist. Die Art wird am besten in einem Schwarm von zehn oder mehr Tieren in einem gut bepflanzten Artenaquarium oder mit anderen kleinen, sehr friedlichen Fischen gehalten.

23-29 °C 3 cm

Zucht
Nicht bekannt.

Aquarieneinrichtung
Dicht bepflanztes Aquarium mit weichem, leicht saurem, sauerstoffreichem Wasser sowie flachen Steinen oder Holz, auf denen sich die Fische aufhalten können.

CITHARINUS CITHARUS

(GEOFFROY, 1809)

Hochrücken-Geradsalmler	
Familie: **Citharinidae**	
Verbreitung: Senegal bis zum Nildelta	
Größe: 50 cm	
Futter: **Allesfresser.** Tabletten-, Lebend-, Trocken- und Gefrierfutter	
Temperaturbereich: 22-28 °C	
pH: 7,0-8,5 dH: bis 15°	

Großer, hochrückiger Fisch, der ein sehr geräumiges Aquarium braucht. In der Natur durchwühlt er den Schlamm nach Futter.

22-28 °C 50 cm

Zucht
Nicht bekannt.

Aquarieneinrichtung
Großes Aquarium mit viel Schwimmraum, weichem Bodengrund, guter Filterung und mittelstarker Strömung.

Distichodus lusosso

Schilthuis, 1891

22-26 °C | 40 cm

Deutscher Name ist nicht bekannt
Familie: **Citharinidae**
Verbreitung: Angola, Zaïrebecken, Kamerun
Größe: 40 cm
Futter: **Pflanzenfresser.** Salat, Erbsen usw.
Temperaturbereich: 22-26 °C
pH: 6,0-7,5 dH: bis 18°

Ein friedlicher Fisch, der gut mit anderen großen und friedfertigen Arten gehalten werden kann. Füttern Sie reichlich Grünfutter. Von *D. sexfasciatus* läßt er sich durch seine längere Schnauze unterscheiden.

Zucht
Nicht bekannt.

Aquarieneinrichtung
Großes Aquarium mit ausreichend freiem Schwimmraum und einer gleichmäßig starken Strömung. Verwenden Sie robuste Pflanzen, etwa Javamoos und Javafarn, oder künstliche Gewächse.

Distichodus sexfasciatus

Boulenger, 1897

22-26 °C | 25 cm

Zebra-Geradsalmler
Familie: **Citharinidae**
Verbreitung: Angola, Zaïrebecken
Größe: 25 cm
Futter: **Pflanzenfresser.** Salat, Erbsen usw.
Temperaturbereich: 22-26 °C
pH: 6,0-7,5 dH: bis 18°

Ein friedlicher Fisch für ein Gesellschaftsbecken mit anderen Arten ähnlicher Größe. Die Jungfische sind farbenprächtiger als ausgewachsene Exemplare, bei denen die rote Färbung zu Grau verblaßt. Sorgen Sie für reichlich pflanzliche Kost.

Zucht
Nicht bekannt.

Aquarieneinrichtung
Großes Aquarium mit gut gefiltertem, weichem, leicht saurem Wasser. Pflanzen wie Javafarn können verwendet werden, weichblättrige Arten werden jedoch gefressen. Bieten Sie zudem Verstecke aus Holz an.

Nannaethiops unitaeniatus

Günther, 1871

22-26 °C | 6,5 cm

Afrikanischer Einstreifensalmler
Familie: **Citharinidae**
Verbreitung: Vom Niger bis zum Zaïre und Weißen Nil
Größe: 6,5 cm
Futter: **Fleischfresser.** Kleines Lebendfutter wie Wasserflöhe, Rote Mückenlarven o. ä., zusätzlich Trocken- und Gefrierfutter
Temperaturbereich: 22-26 °C
pH: 6,5-7,5 dH: bis 10°

Ein Schwarmfisch mit einer feinen Färbung, die bei den schlankeren Männchen etwas kräftiger ausgebildet ist. Zur Laichzeit können Teile der Rückenflosse und die obere Hälfte der Schwanzflosse bei den Männchen rot sein.

Zucht
Das Laichen in weichem, leicht saurem Wasser wird durch Sonnenlicht angeregt. Die Eier werden über Pflanzen und Steinen abgelegt. Die Jungfische schlüpfen nach etwa 30 Stunden und schwimmen nach fünf Tagen frei. Sie werden anfangs mit Infusorien und *Artemia*-Nauplien gefüttert.

Aquarieneinrichtung
Dicht bepflanztes Becken mit klarem, gut gefiltertem Wasser.

Nannocharax fasciatus

Günther, 1867

22-26 °C | 7 cm

Afrikanischer Bodensalmler
Familie: **Citharinidae**
Verbreitung: Westafrika, von Volta bis Gabun
Größe: 7 cm
Futter: **Fleischfresser.** Kleines Lebendfutter, aber auch Trocken- und Gefrierfutter
Temperaturbereich: 22-26 °C
pH: 6,5-7,5 dH: bis 12°

Ein Fisch für Experten, der mit kleinen, friedlichen Arten in einem Gesellschaftsbecken mit sauerstoffreichem Wasser und guter Strömung gehalten werden kann. Er ruht sich gern auf seinen Brust-, After- und Schwanzflossen unter Pflanzen aus.

Oft bereitet die Fütterung Probleme. Beginnen Sie mit kleinem Lebendfutter, und versuchen Sie nach der Eingewöhnung Trockenfutter in den Ausstrom des Filters zu geben.

Zucht
Nicht bekannt.

Aquarieneinrichtung
Becken mit breitblättrigen Pflanzen sowie einem guten Filter für eine starke Strömung und gut durchlüftetes Wasser.

NEOLEBIAS ANSORGEI

BOULENGER, 1912

23-28 °C 3,5 cm

Ansorges Salmler, Grüner Neolebias
Familie: **Citharinidae**
Verbreitung: Zentralafrika
Größe: 3,5 cm
Futter: **Fleischfresser.** Kleines Lebendfutter, etwa Wasserflöhe, Rote Mückenlarven, zusätzlich Trocken- und Gefrierfutter
Temperaturbereich: 23-28 °C
pH: 6,0-7,0 dH: bis 10°

Wenn Sie eine neue Herausforderung suchen: Dies ist ein wundervoller Fisch für ein Artenbecken. In Gesellschaftsaquarien wird er unterdrückt. Männchen sind stärker gefärbt. Die Art ist anfällig gegen Frischwasser, so daß für einen Wasserwechsel abgestandenes Wasser benutzt werden sollte.

Zucht

Die Eier werden über Moos oder Torf abgelegt und schlüpfen nach 24 Stunden. Die winzigen Jungfische hängen für mehrere Tage an der Oberfläche und sollten mit Infusorien gefüttert werden, gefolgt von *Artemia*-Nauplien.

Aquarieneinrichtung

Kleines Aquarium von vielleicht 50 cm Länge mit einigen feinblättrigen Pflanzen. Falls gefiltert wird, dann sehr sanft. Die Wassertiefe sollte etwa 20 cm betragen.

PARAPHAGO ROSTRATUS

BOULENGER, 1899

Gestreifter Schnabelsalmler
Familie: **Citharinidae**
Verbreitung: Zaïrebecken
Größe: 18 cm
Futter: **Fleischfresser.** Kleine Fische, Fleischbrocken usw.
Temperaturbereich: 24-26 °C
pH: 6,0-7,0 dH: bis 12°

Dieser gierige Räuber sollte allein oder mit Bodenfischen, z. B. großen Welsen, gehalten werden. Er beißt mit seinen scherenartigen Kiefern mit beweglichem oberen Schnabelteil Stücke aus den Flossen anderer Fische.

Zucht

Nicht bekannt.

24-26 °C 18 cm

Aquarieneinrichtung

Gut gefiltertes Becken mit Pflanzendickichten, aber auch offenen Bereichen zum Jagen.

PHAGO MACULATUS

AHL, 1922

Gefleckter Schnabelsalmler
Familie: **Citharinidae**
Verbreitung: Nigerdelta (Westafrika)
Größe: 14 cm
Futter: **Fleischfresser.** Jungfische bekommen kleines Lebendfutter, ausgewachsene Exemplare Fische
Temperaturbereich: 23-28 °C
pH: 6,5-7,5 dH: bis 20°

Nur allein oder mit größeren Fischen halten, die er nicht verschlucken kann. Als typische Jäger lauern die Tiere die meiste Zeit unter Pflanzen und Wurzeln. Leider beißt er anderen Fischen oft Stücke aus der Schwanzflosse. Stellen Sie sich darauf ein, lebende Fische füttern zu müssen.

Zucht

Nicht bekannt.

Aquarieneinrichtung

Becken mit vielen Wurzeln und Pflanzen als Verstecke. Anspruchslos, soweit es die Wasserqualität betrifft.

23-28 °C 14 cm

Phagoborus ornatus

(Boulenger, 1899)

Gezeichneter Schnabelsalmler

Familie: **Citharinidae**

Verbreitung: Zaïrebecken

Größe: 20 cm

Futter: **Fleischfresser.** Kleine Fische und große Insektenlarven

Temperaturbereich: 22-26 °C

pH: 5,5-7,0 dH: bis 12°

Ein Raubfisch, den man allein oder mit größeren Bodenfischen – z. B. größeren *Loricariids*-Arten – halten sollte. Jungtiere nehmen Insektenlarven, ausgewachsene Exemplare nur noch lebende Fische.

Zucht
Nicht bekannt.

Aquarieneinrichtung
Großes Aquarium mit Pflanzendickichten und offenen Bereichen. Sorgen Sie für eine gute Filterung und regelmäßige Wasserwechsel, um die Wasserqualität zu halten.

22-26 °C 20 cm

Crenuchus spilurus

Günther, 1863

24-27 °C 6 cm

Segelflossensalmler, Fleckenschwanzsalmler, Kleiner Raubsalmler

Familie: **Crenuchidae**

Verbreitung: Guayana

Größe: 6 cm

Futter: **Fleischfresser.** Insektenlarven, kleine Fische usw. Nimmt auch Trocken- und Gefrierfutter

Temperaturbereich: 24-27 °C

pH: 5,5-6,5 dH: bis 8°

Ein Fisch für ein Artenaquarium, da sehr aktive Beckenbewohner ihn scheu machen. Meist friedlich; ältere Männchen können aber u. U. Reviere bilden. Die Männchen haben eine ausgezogene Rückenflosse; die Weibchen sind kleiner und unscheinbarer.

Zucht
Wahrscheinlich legt er seine Eier auf Steine und fächelt ihnen Luft zu. Die natürliche Laichzeit reicht von Oktober bis Februar.

Aquarieneinrichtung
Kleines, gut gefiltertes Becken mit einigen Steinen und Wurzeln zum Verstecken.

Poecilocharax weitzmani

Géry, 1965

Weitzmans Raubsalmler, Grünpunkttetra

Familie: **Crenuchidae**

Verbreitung: Obere Solimoes-Region, obere Rio Negro/Orinoco-Region

Größe: 3,5 cm

Futter: **Fleischfresser.** Kleine Wirbellose, etwa Wasserflöhe

Temperaturbereich: 24-27 °C

pH: 5,0-6,5 dH: bis 6°

Wird am besten im Artenbecken gehalten. Die Tiere vertragen Transporte sehr schlecht und sind oft schwer einzugewöhnen. Achten Sie daher besonders auf die Wasserqualität, und geben Sie reichlich Lebendfutter. Neu importierte Wildfänge sind nur etwas für Experten. Männchen haben längere Flossen und sind schlanker.

Zucht
Im Aquarium bisher nicht gelungen.

24-27 °C 3,5 cm

Aquarieneinrichtung
Gut gefiltertes Becken mit sehr weichem, saurem Wasser, feinem Bodengrund sowie Steinen und Holz. Eine dichte Bepflanzung aus Javamoos ist ebenfalls zu empfehlen.

Boulengerella lateristriga

(Boulenger, 1895)

Streifenhechtsalmler
Familie: **Ctenoluciidae**
Verbreitung: Rio Negro, Rio Urubu (Brasilien)
Größe: 40 cm
Futter: **Fleischfresser.** Insekten und kleine Fische
Temperaturbereich: 22-27 °C
pH: 5,5-6,5 dH: bis 10°

Jagt einzeln und in Gruppen und sollte nur mit anderen ruhigen Arten gehalten werden, die zu groß zum Fressen sind. Der nervöse Fisch wird bei Importen oft verletzt. Überprüfen Sie vor dem Kauf, ob die Fische Futter annehmen.

Zucht
Nicht bekannt.

Aquarieneinrichtung
Geräumiges Aquarium mit guter Abdeckung und viel Schwimmraum an der Oberfläche. Einige Schwimmpflanzen geben den Fischen Sicherheit. Die Art benötigt sauerstoffreiches Wasser und ist anfällig für schlechte Wasserqualität. Stellen Sie also sicher, daß Ihre Filterung sehr gut funktioniert. Wasserwechsel bis zu einem Drittel sollten alle 14 Tage mit abgestandenem Wasser durchgeführt werden.

22-27 °C | 40 cm

Boulengerella maculata

(Valenciennes, 1849)

Gefleckter Hechtsalmler
Familie: **Ctenoluciidae**
Verbreitung: Amazonas
Größe: 35 cm
Futter: **Fleischfresser.** Jungfische fressen Trockenfutter, ausgewachsene Tiere Insekten und kleine Fische
Temperaturbereich: 22-27 °C
pH: 6,0-7,5 dH: bis 18°

Ein Oberflächenfisch, der mit Artgenossen, aber auch mit anderen, größeren Fischen vergesellschaftet werden kann. Er ist etwas ängstlich, so daß er sich bei einer panischen Flucht oder beim Springen manchmal am Glas verletzt. Dabei ist das lange Maul besonders anfällig. Er benötigt viel Platz und sauberes, sauerstoffreiches Wasser.

22-27 °C | 35 cm

Zucht
Nicht bekannt.

Aquarieneinrichtung
Großes Becken mit breitblättrigen Pflanzen und Holz, viel freiem Oberflächen-Schwimmraum und einer leichten Strömung, die durch einen Außenfilter mit Sprühstrahl-Auslaß hervorgerufen wird.

Ctenolucius hujeta

(Valenciennes, 1849)

Hujeta-Hechtsalmler
Familie: **Ctenoluciidae**
Verbreitung: Zentral- und Südamerika
Größe: 70 cm, meist aber nur 20 cm
Futter: **Fleischfresser.** Insekten, aber hauptsächlich Fische
Temperaturbereich: 22-25 °C
pH: 6,5-7,5 dH: bis 20°

In kleinen Schwärmen gehalten, jagen diese Fische gern gemeinsam in einer sanften Strömung an der Oberfläche. Bei der Reinigung des Beckens sollte man gut auf die ängstlichen Tiere achten, da sie sich beim erschreckten, schnellen Rückzug leicht verletzen. In Gefangenschaft sind die Männchen meist kleiner, und ihre Bauchflossen haben einen ausgefransten Saum (wobei die mittleren Flossenstrahlen länger sind als die äußeren), während die Außenkante bei den Weibchen geradlinig ist.

Zucht
Becken mit einem Paar oder zwei Männchen und einem Weibchen. Es können über 1.000 Eier abgelegt werden. Die oft kannibalischen Jungfische schlüpfen bei 27 °C nach etwa 20 Stunden. Erste Nahrung sind *Artemia*-Nauplien.

22-25 °C | 70 cm

Aquarieneinrichtung
Großes Aquarium mit gut bepflanzten Rück- und Seitenwänden und Verstecken, einer kräftigen Strömung, Schwimmpflanzen, die den Lichteinfall reduzieren, oder gedämpfter Beleuchtung. Die Tiere vertragen keine schlechte Wasserqualität, so daß Sie wöchentlich bis zur Hälfte des Wassers wechseln sollten.

Curimata spilura
Günther, 1864

Deutscher Name ist nicht bekannt
Familie: **Curimatidae**
Verbreitung: In Südamerika weit verbreitet
Größe: 9 cm
Futter: **Pflanzenfresser.** Hauptsächlich Grünfutter, nimmt aber auch Trockenfutter
Temperaturbereich: 21-27 °C
pH: 6,0-7,5 dH: bis 25°

Friedlicher Schwarmfisch für größere Gesellschaftsbecken, sofern die Pflanzen robust genug sind, um heftigen Angriffen standzuhalten! Vorbeugend sollte ein reichhaltiges Angebot an pflanzlicher Kost zur Verfügung gestellt werden.

Zucht
Im Aquarium bisher nicht gelungen. In der Natur laichen sie zu Beginn der Regenzeit in Überschwemmungsgebieten ab.

Aquarieneinrichtung
Großes, gut gefiltertes Aquarium mit echten oder künstlichen Pflanzen und Holz sowie starker Beleuchtung, damit das Wachstum der Algen gefördert wird, die von den Fischen gern abgeweidet werden.

21-27 °C 9 cm

Semaprochilodus taeniurus
(Valenciennes, 1817)

Schwanzstreifensalmler
Familie: **Curimatidae**
Verbreitung: Westliches Kolumbien und Brasilien
Größe: 30 cm
Futter: **Pflanzenfresser.** Algen, Erbsen usw.
Temperaturbereich: 22-25 °C
pH: 5,5-7,5 dH: bis 20°

In einem großen Aquarium mit anderen friedlichen Fischen wird diese Art zumeist sehr alt. Bei einem pH-Wert von 6,0 und einer Härte von etwa 10° dH zeigen die Tiere ihre schönsten Farben und wachsen auch am besten. Als Futter kann man

ihnen Erbsen, Salat und andere pflanzliche Kost anbieten, aber auch Futtertabletten.

Zucht
Nicht bekannt.

Aquarieneinrichtung
Großes, gut gefiltertes Aquarium mit Holz, auf dem Javafarn aufgebunden werden kann, da diese robuste Pflanze die Attacken der Fische zumeist übersteht. Sorgen Sie außerdem für einen weichen Bodengrund, da die Tiere gern wühlen.

22-25 °C 30 cm

Erythrinus erythrinus
(Schneider, 1801)

Blauer Raubsalmler
Familie: **Erythrinidae**
Verbreitung: Brasilien
Größe: 25 cm
Futter: **Fleischfresser.** Lebende Fische, große Insektenlarven usw. Manchmal können sie auch an Fleischbrocken gewöhnt werden
Temperaturbereich: 22-26 °C
pH: 6,0-7,5 dH: bis 20°

Dieser sehr räuberische Fisch sollte unbedingt allein gehalten werden. Machen Sie sich schon vor dem Kauf klar, daß er lebende Fische bekommen muß, da er sonst eingeht. Die Schwimmblase wird als zusätzliches Atmungsorgan eingesetzt, so daß dieser Fisch auch in sauerstoffarmen Gewässern leben kann. Ein Salmler, dem die Fettflosse fehlt.

22-26 °C 25 cm

Zucht
Nicht bekannt.

Aquarieneinrichtung
Pflanzen und Holz zum Verstecken. Schwache Filterung.

Hoplias malabaricus
(Bloch, 1794)

21-25 °C · 50 cm

Tigersalmler
Familie: **Erythrinidae**
Verbreitung: Mittleres und nördliches Südamerika
Größe: 50 cm
Futter: **Fleischfresser.** Fische (lebend oder tot), Fleischbrocken, Regenwürmer usw.
Temperaturbereich: 21-25 °C
pH: 6,0-8,0 dH: bis 24°

Ein Einzelgänger, der nur mit viel größeren Fischen gehalten werden sollte, etwa dem Wels *Pseudodoras niger*. Die Tiere lauern die meiste Zeit unter Pflanzen und greifen alles an, was auch nur im entferntesten in ihr Maul paßt. Die schlankeren Männchen haben eine fast gerade Bauchlinie, während die der Weibchen gewölbt ist. Seien Sie bei der Reinigung des Beckens vorsichtig, da es unter ihnen Angstbeißer gibt! Tigersalmler haben ein zusätzliches Atmungsorgan, das ihnen das Leben in sauerstoffarmem Wasser erlaubt.

Zucht
In einem sehr großen Aquarium möglich.

Aquarieneinrichtung
Becken mit Holz und großen Pflanzen. Die Filterung muß große Mengen Eiweißabfälle bewältigen können.

Carnegiella strigata
(Günther, 1864)

24-27 °C · 4 cm

Marmorierter Beilbauchfisch
Familie: **Gasteropelecidae**
Verbreitung: Peru
Größe: 4 cm
Futter: **Fleischfresser.** Hauptsächlich kleines Lebendfutter, nimmt auch etwas Trockenfutter
Temperaturbereich: 24-27 °C
pH: 5,5-7,5 dH: bis 18°

Echte Oberflächenfische, die man mit Weißen Mückenlarven und Taufliegen ernährt. Sie müssen in Schwärmen von mindestens sechs Tieren gehalten werden, da sie sonst trauern. Oft schwimmen sie rasant durchs Becken, um dann wieder bewegungslos in der Strömung zu stehen. Die Weibchen sind rundlicher; zur Laichzeit kann man den Rogen erkennen. Allen Arten dieser Gattung fehlt die Fettflosse.

Zucht
Weiches Wasser von etwa 5° dH und mit einem pH-Wert von ca. 6,0. Mit Mückenlarven und Taufliegen gefütterte, kräftige Tiere laichen zwischen Schwimmpflanzen ab. Die Jungfische schlüpfen nach etwa 30 Stunden. Sie werden mit Infusorien, pulverisiertem Flockenfutter, *Artemia*-Nauplien usw. ernährt.

Aquarieneinrichtung
Gesellschaftsaquarium mit einer guten Filteranlage, die eine starke Strömung erzeugt, dazu Pflanzendickichte und freier Schwimmraum an der Oberfläche. Da die Fische gern springen, muß für eine dichte Abdeckung gesorgt sein.

Gasteropelecus sternicla
(Linnaeus, 1758)

23-26 °C · 6,5 cm

Silberbeilbauchfisch
Familie: **Gasteropelecidae**
Verbreitung: Brasilien, Guayana, Surinam
Größe: 6,5 cm
Futter: **Fleischfresser.** Kleine Fliegen, Weiße Mückenlarven, auch etwas Trockenfutter
Temperaturbereich: 23-26 °C
pH: 6,0-7,0 dH: bis 12°

Die Art kann bei fehlenden Versteckmöglichkeiten sehr scheu werden. Setzen Sie Schwimmpflanzen ein, aber lassen Sie immer noch genug freie Oberfläche zum Füttern. Die Tiere können im Gesellschaftsaquarium gehalten werden. Männchen sind von oben betrachtet schlanker als Weibchen.

Zucht
In Aquarien bisher nicht gelungen. Könnte ähnlich sein wie bei *Carnegiella strigata*.

Aquarieneinrichtung
Bepflanztes, gut gefiltertes Gesellschaftsaquarium mit Holz und einigen Schwimmpflanzen. Sorgen Sie für eine gute Abdeckung, da die Fische gern springen.

Hemiodopsis gracilis
(Günther, 1864)

23-27 °C · 16 cm

Federsalmler
Familie: **Hemiodidae**
Verbreitung: Brasilien, Guayana
Größe: 16 cm
Futter: **Allesfresser.** Plankton, Aufwuchs, Trockenfutter und kleine Wirbellose
Temperaturbereich: 23-27 °C
pH: 5,5-7,0 dH: bis 15°

Ein aktiver Schwarmfisch für größere Gesellschaftsaquarien mit ähnlich großen, friedlichen Fischen. Das Becken darf nicht überbesetzt sein, da die Tiere sauerstoffreiches Wasser brauchen. Gerade bei der Eingewöhnung ist die Wasserqualität wichtig.

Zucht
Nicht bekannt.

Aquarieneinrichtung
Großes Becken mit viel freiem Schwimmraum und einer sehr guten Filteranlage, die das Wasser zweimal pro Stunde umwälzt und mit Sauerstoff anreichert.

Hepsetus odoe

(Bloch, 1794)

26-28 °C 70 cm

Afrikanischer Hechtsalmler
Familie: **Hepsetidae**
Verbreitung: Tropisches Afrika außer Nilbecken
Größe: 70 cm
Futter: **Fleischfresser.** Lebende Fische, Fleisch- oder Fischbrocken
Temperaturbereich: 26-28 °C
pH: 6,0-7,5 dH: bis 15°

Ein sehr räuberischer Fisch, der nur von Experten gehalten werden sollte. Junge Fische gewöhnen sich leicht an ein Aquarium. Sie wachsen aber ausgesprochen schnell, so daß man ihnen bald ein sehr großes Becken zur Verfügung stellen muß, um Verletzungen zu vermeiden. In ihrer Heimat gelten sie als Speisefisch.

Zucht
Im Aquarium bisher nicht gelungen. In der Natur bauen sie ein freischwimmendes Blasennest, das von einem oder beiden Elterntieren bewacht wird.

Aquarieneinrichtung
Großes Aquarium mit einem großen und sehr effizienten Filter, spärlicher Bepflanzung und Holz. Verzichten Sie auf alle scharfkantigen Gegenstände, an denen sich die Fische verletzen können, wenn sie aufgeschreckt werden. Gute Abdekkung, da die Tiere springen.

Copella nattereri

(Steindachner, 1875)

23-26 °C 5 cm

Blaupunktsalmler
Familie: **Lebiasinidae**
Verbreitung: Unterer Amazonas bis Rio Negro
Größe: 5 cm
Futter: **Allesfresser.** Hauptsächlich Lebendfutter, nimmt aber auch Trocken- und Gefrierfutter
Temperaturbereich: 23-26 °C
pH: 5,5-7,0 dH: bis 20°

Ein friedlicher Fisch für dicht bepflanzte Gesellschaftsaquarien. Die Männchen sind farbiger als die Weibchen und haben eine größere Rückenflosse. Damit die Männchen nicht kämpfen, werden sie am besten in einer kleinen Gruppe gehalten, in der beide Geschlechter vertreten sind.

Zucht
Die Eier werden auf breiten Blättern, etwa auf *Echinodorus*-Arten abgelegt. Die Männchen bewachen die Eier bis zum Ausschlüpfen nach etwa 30 Stunden. Als erste Nahrung dienen Infusorien und andere Kleinstlebewesen.

Aquarieneinrichtung
Gut gefiltertes Gesellschaftsaquarium mit einigen Schwimmpflanzen, Holz und einer leichten Strömung.

Lebiasina multimaculata

Boulenger, 1911

23-27 °C 7 cm

Vielpunkt-Zwergraubsalmler
Familie: **Lebiasinidae**
Verbreitung: Nordwest-Kolumbien
Größe: 7 cm
Futter: **Fleischfresser.** Mückenlarven und vergleichbares Lebendfutter, frißt auch Fischbrut und Gefrierfutter
Temperaturbereich: 23-27 °C
pH: 6,0-7,5 dH: bis 22°

Da es sich um einen Raubfisch handelt, sollte er nur mit annähernd gleich großen Arten gehalten werden. Die Ansprüche an die Wasserqualität sind niedrig, da die Art auch in ihrem natürlichen Lebensraum mit Sauerstoffmangel umgehen muß. Als zusätzliches Atmungsorgan wird dann die Schwimmblase eingesetzt. Die Männchen sind schlanker und farbenprächtiger.

Zucht
Nicht bekannt.

Aquarieneinrichtung
Bepflanztes, leicht gefiltertes Becken mit vielen Verstecken.

Nannobrycon eques

(Steindachner, 1876)

23-28° C 5 cm

Spitzmaul-Ziersalmler
Familie: **Lebiasinidae**
Verbreitung: Westliches Kolumbien, Guayana, Rio Negro
Größe: 5 cm
Futter: **Fleischfresser.** Insektenlarven, Wasserflöhe u.ä.
Temperaturbereich: 23-28 °C
pH: 5,5-7,0 dH: bis 10°

Ein friedfertiger Fisch, der – möglichst als Schwarm – mit anderen friedlichen Arten vergesellschaftet werden kann. Meist stehen die Tiere unbeweglich zwischen Pflanzen oder Zweigen an der Oberfläche. Nachts ändert sich die Färbung: Die waagerechten Bänder verschwinden fast ganz, dafür zeigen sich senkrechte Streifen.

Zucht
Sehr weiches, saures Wasser. Die Paare laichen über Javamoos oder einem künstlichen Ersatz ab. Entfernen Sie die Elternfische, da sie Laichräuber sind. Als erste Nahrung dienen Infusorien und frisch geschlüpfte *Artemia*-Nauplien.

Aquarieneinrichtung
Dicht bepflanztes Aquarium mit besonders guter Wasserqualität.

Nannostomus espei

(Meinken, 1956)

Espes Ziersalmler, Gebänderter Ziersalmler
Familie: **Lebiasinidae**
Verbreitung: Südwest-Guayana
Größe: 3,5 cm
Futter: **Allesfresser.** Kleines Lebendfutter, Trocken- und Gefrierfutter
Temperaturbereich: 22-25 °C
pH: 5,5-7,0 dH: bis 8°

Zarter, kleiner Salmler, der im Schwarm von mindestens einem Dutzend Tieren gehalten werden sollte. Das goldene Längsband ist bei den Männchen deutlicher als bei den Weibchen.

Zucht
Zum Laichen müssen die Tiere mit Lebendfutter, etwa Mückenlarven gefüttert werden. Sorgen Sie zum Schutz der Eier für eine Brutkammer oder reichlich Javamoos. Die Jungfische schlüpfen nach 48 Stunden. Sie werden mit Rädertierchen und dann mit *Artemia*-Nauplien gefüttert.

22-25 °C 3,5 cm

Aquarieneinrichtung
Gut bepflanztes Gesellschaftsaquarium mit anderen friedlichen Arten, weichem, saurem Wasser und guter Filterung. Regelmäßige Wasserwechsel sind zu empfehlen.

Pyrrhulina vittata

Regan, 1912

24-27 °C 6 cm

Kopfbindensalmler
Familie: **Lebiasinidae**
Verbreitung: Amazonasbecken, Rio Madeira
Größe: 6 cm
Futter: **Fleischfresser.** Kleines Lebend-, Trocken- und Gefrierfutter
Temperaturbereich: 24-27 °C
pH: 6,0-7,5 dH: bis 15°

Stärkere Männchen verhalten sich gegenüber schwächeren Artgenossen oft aggressiv, während andere Fische kaum angegriffen werden. Die Weibchen sind weniger streitsüchtig. Halten Sie mehrere Fische in einem ziemlich großen Becken, in dem jeder ein Revier beanspruchen kann.

Zucht
Das Männchen reinigt ein breites Blatt oder einen Stein und verteidigt die darauf abgelegten Eier bis zum Schlüpfen der Jungfische nach zwei Tagen. Füttern Sie diese mit frisch geschlüpften *Artemia*-Nauplien.

Aquarieneinrichtung
Großes Gesellschaftsaquarium sowohl mit freien Schwimmbereichen als auch mit dichter Bepflanzung, darunter breitblättrige Arten. Gute Filteranlage, die eine ausreichende Strömung erzeugt.

Catoprion mento

(Cuvier, 1819)

Wimpelpiranha
Familie: **Serrasalmidae**
Verbreitung: Guayana und südliches Amazonasgebiet (Mato Grosso)
Größe: 15 cm
Futter: **Fleischfresser.** Fischschuppen und -fleisch, Lebendfutter
Temperaturbereich: 23-26 °C
pH: 5,5-6,5 dH: bis 5°

Dieser Fisch wird am besten einzeln oder mit Fischen ähnlicher Größe in einem sehr großen, gut gepflegten Aquarium gehalten. Jungfische sind noch recht verträglich, ältere fressen anderen Fischen jedoch oft die Schuppen ab.

Zucht
Nicht bekannt.

Aquarieneinrichtung
Geräumiges Aquarium mit großen Pflanzen, Wurzeln und Holz. Gute Filteranlage, die eine starke Strömung erzeugt.

23-26 °C 15 cm

Myleus rubripinnis

(Müller und Troschel, 1844)

23-26° C 35 cm

Haken-Scheibensalmler

Familie: **Serrasalmidae**

Verbreitung: Guayana, Amazonas

Größe: 35 cm, im Aquarium aber nur bis ca. 12 cm

Futter: **Allesfresser.** Jede Art von kleinem Futter, etwa Wasserflöhe, Trockenfutter, Erbsen usw.

Temperaturbereich: 23-26 °C

pH: 6,0-7,0 dH: bis 20°

Die Haltung dieser Art sollten Sie nur erwägen, wenn Sie eine gute Wasserqualität, sauerstoffreiches Wasser und viel freien Schwimmraum bieten können. Die Fische behalten auch im Alter den silbrigen Glanz, der zusammen mit den roten Afterflossen sehr attraktiv wirkt. Manche Tiere haben winzige, vermutlich von einer bisher unbekannten Krankheit herrührende Flecken oder Blasen auf dem Körper.

Zucht

Nicht bekannt.

Aquarieneinrichtung

Geräumiges Aquarium mit sehr guter Wasserqualität, Steinen ohne scharfe Kanten, Holz und Pflanzen.

Myleus schomburgkii

(Jardine, 1841)

Schomburgks Scheibensalmler

Familie: **Serrasalmidae**

Verbreitung: Brasilien, Venezuela

Größe: 12 cm

Futter: **Allesfresser.** Alle Arten pflanzlicher Nahrung, z. B. Mango, Pfirsich, Salat, Erbsen usw., aber auch kleines Lebendfutter

Temperaturbereich: 24-27 °C

pH: 5,5-7,0 dH: bis 10°

Ein sehr attraktiver Fisch, dessen einziger Nachteil für das Gesellschaftsaquarium seine Vorliebe für Pflanzen ist. Die Männchen haben eine längliche, spitz zulaufende Rückenflosse; ihre Afterflosse ist ausgezogen und zweigeteilt.

Zucht

Nicht bekannt.

Aquarieneinrichtung

Großes, gut gefiltertes Becken mit Wurzeln und robusten oder künstlichen Pflanzen. Verwenden Sie Sand als Bodengrund, da die Fische gern nach Nahrung wühlen.

24-27 °C 12 cm

Serrasalmus rhombeus

(Linnaeus, 1766)

23-26 °C 38 cm

Gefleckter Sägesalmler, Roter Piranha

Familie: **Serrasalmidae**

Verbreitung: Amazonasbecken und Guayana

Größe: 38 cm

Futter: **Fleischfresser.** Lebende Fische, Fisch- und Fleischbrocken, etwas Trockenfutter

Temperaturbereich: 23-26 °C

pH: 5,5-7,0 dH: bis 10°

Der Piranha hat den Ruf, einem Opfer innerhalb von Sekunden das Fleisch vom Knochen zu nagen. Menschen greift er normalerweise aber nicht an, es sei denn aus Angst. Die Zähne sind scharf wie Rasiermesser und können böse Wunden verursachen, so daß bei Reinigungsarbeiten Vorsicht geboten ist. Bei den Männchen ist der vordere Teil der Afterflosse verlängert. Füttern Sie zwei- oder dreimal wöchentlich.

Zucht

Im Aquarium gelungen; Einzelheiten sind aber kaum bekannt. Die Jungfische schlüpfen nach etwa zwei Tagen, schwimmen aber erst über eine Woche später frei. Füttern Sie mit Lebendfutter, das nach und nach größer werden sollte.

Aquarieneinrichtung

Am besten ein sehr großes Artenaquarium, da sich die Fische dann gegenseitig nicht angreifen, es sei denn, ein Tier ist aus irgendeinem Grund besonders geschwächt. Gute Filteranlage, die die Ausscheidungen dieser gierigen Fleischfresser bewältigt. Entfernen Sie regelmäßig die Futterreste, und sorgen Sie für Pflanzendickichte und Wurzeln zum Verstecken.

Buntbarsche

Cichlidae

Acarichthys heckelii
(Müller und Troschel, 1848)

Heckels Buntbarsch
Familie: **Cichlidae**
Verbreitung: Guayana, Surinam, Brasilien, Peru
Größe: 20 cm
Futter: **Allesfresser.** Lebend-, Trocken- und Gefrierfutter
Temperaturbereich: 23-25 °C
pH: 6,5-7,5 dH: bis 18°

Ein anmutiger, friedlicher Buntbarsch, der zwar ein Revier bildet, aber andere Fische nicht belästigt. Wenn Sie Wildfänge erworben haben, müssen Sie ihnen möglicherweise zunächst Lebendfutter geben. Danach kann man sie aber meist auch an Trocken- und Gefrierfutter gewöhnen.

Zucht
In Gruppen von je fünf oder sechs Eiern werden mit Zwischenabständen einige hundert Eier in Höhlen abgelegt. Das Weibchen bewacht den Laich und die

23-25 °C 20 cm

Jungfische, das Männchen das Revier. Die Jungfische werden mit *Artemia*-Nauplien und anderem, kleinem Futter ernährt.

Aquarieneinrichtung
Geräumiges, gut gefiltertes Becken mit einigen Pflanzen und vielen Höhlen, in denen sich die Fische verstecken können. Außerdem sind regelmäßige Wasserwechsel notwendig.

Aequidens pulcher
(Gill, 1858)

19-23 °C 20 cm

Blaupunktbuntbarsch
Familie: **Cichlidae**
Verbreitung: Nördliches Südamerika, Trinidad
Größe: 20 cm
Futter: **Allesfresser.** Lebend-, Trocken- und Gefrierfutter
Temperaturbereich: 19-23 °C
pH: 6,5-8,0 dH: bis 25°

Ein einfach zu haltender Fisch, vorausgesetzt, das Aquarium wird gut gepflegt, da die Tiere schnell unter einer Verschlechterung der Wasserqualität leiden. Bei den Männchen sind Rücken- und Afterflossenstrahlen verlängert.

Zucht
Leicht zu züchten und aufzuziehen. Die Eier werden auf Steinen abgelegt und, ebenso wie die Jungfische, von den Eltern bewacht und gepflegt. Gut miteinander harmonierende Paare laichen regelmäßig.

Aquarieneinrichtung
Größeres, gut gefiltertes Gesellschaftsbecken mit vielen Steinen und Pflanzen zum Verstecken. Sorgen Sie außerdem für regelmäßige Wasserwechsel.

Aequidens rivulatus
(Günther, 1859)

Silbersaumbuntbarsch, Orangesaumbuntbarsch
Familie: **Cichlidae**
Verbreitung: Ecuador, Peru
Größe: 20 cm
Futter: **Allesfresser.** Möglichst Lebendfutter, nimmt aber auch Trocken- und Gefrierfutter
Temperaturbereich: 21-24 °C
pH: 6,5-7,5 dH: bis 15°

Eine aggressive Art, die nur mit Fischen vergesellschaftet werden sollte, die sich wehren können. Die Tiere bilden ein Revier und verteidigen es – besonders zur Laichzeit. Die Männchen sind normalerweise größer als die dunkleren Weibchen.

21-24° C 20 cm

Zucht
Bilden Elternfamilien, wobei beide Elternteile das Gelege und die Jungfische betreuen. Anfangs wachsen diese recht langsam, ernährt man sie mit *Artemia*-Nauplien, werden sie aber schnell größer.

Aquarieneinrichtung
Großes, gut gefiltertes Gesellschaftsbecken mit viel freiem Schwimmraum und Bereichen, in denen die Tiere ihr Revier einrichten können. Regelmäßige Wasserwechsel sind zu empfehlen.

Aequidens tetramerus

(Heckel, 1840)

24-26 °C 20 cm

Grünglanzbuntbarsch
Familie: **Cichlidae**
Verbreitung: Mittleres und nördliches Südamerika
Größe: 20 cm
Futter: **Fleischfresser.** Hauptsächlich Lebendfutter, nimmt aber auch Trocken- und Gefrierfutter
Temperaturbereich: 24-26 °C
pH: 6,5-7,0 dH: bis 12°

Ein schöner Fisch aus ruhigen Gewässern, der nicht oft in den Handel kommt. Wenn doch, werden meist Nachzuchten angeboten, die nie die Größe oder Farbenpracht von Wildfängen erreichen. Ausgewachsene Exemplare können gegenüber anderen Fischen sehr intolerant sein, Jungfische sind friedlicher. In seiner Heimat wird *A. tetramerus* als Speisefisch geschätzt.

Zucht

Die bis zu 1.000 Eier werden auf einer glatten Fläche abgelegt und von den Elterntieren betreut.

Aquarieneinrichtung

Großes, gut gefiltertes Aquarium mit robusten Pflanzen sowie Steinen und Holz. Sorgen Sie für regelmäßige Wasserwechsel.

Amphilophus alfari

(Meek, 1907)

Deutscher Name ist nicht bekannt
Familie: **Cichlidae**
Verbreitung: Mittelamerika
Größe: 22 cm
Futter: **Allesfresser.** Lebend-, Trocken- und Gefrierfutter
Temperaturbereich: 23-26 °C
pH: 6,5-7,0 dH: bis 10°

Bezüglich Färbung, aber auch Körper- und Flossenform sehr variabel, selbst wenn die Tiere aus demselben Flußsystem stammen. Im Aquarium verhält er sich etwas tyrannisch und wühlt auch gern. Männchen sind sehr viel größer als Weibchen.

Zucht

Die Eier werden normalerweise auf einer festen, senkrechten Fläche abgelegt. Das Weibchen bewacht Eier und Jungfische.

Aquarieneinrichtung

Großes Aquarium mit Steinen, Holz und Pflanzen zum Verstecken. Gute Filteranlage, die auch mit dem Schmutz fertig wird, den die Fische beim Wühlen aufwirbeln.

23-26 °C 22 cm

Amphilophus citrinellus

(Günther, 1864)

Deutscher Name ist nicht bekannt
Familie: **Cichlidae**
Verbreitung: Mittelamerika
Größe: 30 cm
Futter: **Allesfresser.** Lebend-, Trocken- und Gefrierfutter
Temperaturbereich: 21-25 °C
pH: 6,5-7,5 dH: bis 18°

Ein recht aggressiver Fisch, besonders während der Laichzeit. Er wühlt gerne, so daß eine Bepflanzung Zeit- und Geldverschwendung ist. Männchen haben eine kegelförmige Genitalpapille, längere Flossen und einen Kopfbuckel; die Genitalpapille der Weibchen ist breiter und halbrund.

Zucht

Eine fruchtbare Art, die ihre Eier auf Steinen ablegt. Bei Fütterung mit *Artemia*-Nauplien und Trockenfutterstaub wachsen die Jungfische schnell.

Aquarieneinrichtung

Großes, gut gefiltertes Aquarium mit Steinen und Holz. Die Dekoration sollte direkt auf dem Bodenglas des Aquariums liegen, damit die Tiere sie nicht unterhöhlen können.

21-25 °C 30 cm

Amphilophus labiatus

(Günther, 1864)

24-26 °C 25 cm

Deutscher Name ist nicht bekannt
Familie: **Cichlidae**
Verbreitung: Mittelamerika
Größe: 25 cm
Futter: **Allesfresser.** Lebend-, Trocken- und Gefrierfutter sowie Futtertabletten
Temperaturbereich: 24-26 °C
pH: 6,5-7,5 dH: bis 15°

Ein gieriger Fisch, der nahezu alles frißt. Er wächst schnell, und da er aggressiv und revierbildend ist, sollte er nur zusammen mit Fischen vergesellschaftet werden, die sich wehren können. Die Männchen sind größer als die Weibchen und haben eine spitze Genitalpapille, während die der Weibchen stumpf ist.

Zucht

Das Weibchen kümmert sich um die Brut. Wenn die Jungfische frei schwimmen, kann mit *Artemia*-Nauplien gefüttert werden.

Aquarieneinrichtung

Wie bei *A. citrinellus.*

Anomalochromis thomasi

(Boulenger, 1915)

23-27 °C 10 cm

Afrikanischer Schmetterlingsbuntbarsch
Familie: **Cichlidae**
Verbreitung: Liberia, Guinea, Sierra Leone
Größe: Männchen 10 cm, Weibchen 7 cm
Futter: **Allesfresser.** Lebend-, Trocken- und Gefrierfutter, pflanzliche Kost
Temperaturbereich: 23-27 °C
pH: 6,5-7,0 dH: bis 10°

Dieser sehr friedliche Fisch kann mit Arten von ähnlichem Verhalten vergesellschaftet werden. Während der Laichzeit zeigen die Männchen mehr Schwarz in ihrer Färbung, sonst sind die Geschlechter kaum zu unterscheiden.

Zucht

Die Eier werden auf einem gesäuberten Blatt oder Stein abgelegt. Sowohl Eier als auch Jungfische werden bewacht. In zu kleinen Becken fressen die Eltern allerdings manchmal ihre Brut.

Aquarieneinrichtung

Gut gefiltertes, alteingerichtetes Becken mit breitblättrigen Pflanzen und Steinen zum Verstecken.

Apistogramma agassizii

(Steindachner, 1875)

22-24 °C 8 cm

Agassiz' Zwergbuntbarsch
Familie: **Cichlidae**
Verbreitung: Südliche Nebenflüsse des Amazonas
Größe: 8 cm
Futter: **Allesfresser.** Lebend-, Trocken- und Gefrierfutter
Temperaturbereich: 22-24 °C
pH: 6,0-6,5 dH: bis 10°

Revierbildende, aber friedliche Art. Das Revier kann Gelege mehrerer Weibchen umfassen, die ihre Grenzen gegeneinander, aber nicht gegen das Männchen verteidigen. Vermutlich paart sich das Männchen mit allen Weibchen seines Reviers. Die Männchen haben ausgezogene Flossen, sind farbenprächtiger und zumeist auch größer als die Weibchen.

Zucht

Die Eiablage erfolgt in Höhlen, etwa Blumentöpfen. Das Weibchen betreut das Gelege und führt die Jungfische, während das Männchen das Revier verteidigt.

Aquarieneinrichtung

Gut bepflanztes, alteingerichtetes, effizient gefiltertes Gesellschaftsbecken mit Höhlen und anderen Verstecken. Sorgen Sie außerdem für regelmäßige Wasserwechsel.

Apistogramma bitaeniata

Pellegrin, 1936

23-25 °C 6 cm

Zweistreifen-Zwergbuntbarsch
Familie: **Cichlidae**
Verbreitung: Peru, Brasilien
Größe: Männchen 6 cm, Weibchen 4 cm
Futter: **Fleischfresser.** Kleines Lebendfutter
Temperaturbereich: 23-25 °C
pH: 5,0-6,0 dH: bis 7°

Ein im Handel nur selten angebotener, zarter, kleiner Fisch. Man sollte ein Männchen und mehrere Weibchen zusammen halten, wobei letztere im Revier des Männchens eigene Unterreviere bilden. Die Männchen sind größer, farbenprächtiger und haben längere Flossen.

Zucht

Typische Höhlenbrüter, die weiches, saures Wasser von etwa 26 °C benötigen. Nach dem Schlüpfen werden die Jungfische vom Weibchen geführt.

Aquarieneinrichtung

Dicht bepflanztes Aquarium mit Höhlen. Überprüfen Sie, ob das Wasser weich (maximal 10° dH) und sauer ist, und sorgen Sie für eine gute Filterung und regelmäßige Wasserwechsel.

Apistogramma borellii

(Regan, 1906)

Borellis Zwergbuntbarsch
Familie: **Cichlidae**
Verbreitung: Matto-Grosso-Gebiet, Rio Paraguay und andere Flüsse dieser Region (Südamerika)
Größe: Männchen 8 cm, Weibchen 4,5 cm
Futter: **Fleischfresser.** Hauptsächlich kleines Lebendfutter
Temperaturbereich: 24-25 °C
pH: 6,0-6,5 dH: bis 12°

Eine schöne Art, die man in einem nicht zu dicht besetzten Becken mit friedlichen Fischen vergesellschaften kann. Es werden Reviere gebildet, Probleme gibt es jedoch nur während der Paarungszeit. Dann sollte immer eines der farbenprächtigeren Männchen mit mehreren Weibchen gehalten werden, wobei es Berichte gibt, daß einige der Weibchen aus dem Harem nie Eier legen. Junge Männchen nehmen manchmal die Färbung eines Weibchens an, um Konflikte mit anderen Männchen zu vermeiden.

Zucht

In einer Höhle werden ca. 60 Eier abgelegt. Das Weibchen führt die Jungfische, während das Männchen das Revier verteidigt.

24-25 °C 8 cm

Aquarieneinrichtung

Gut gefiltertes, bepflanztes Aquarium mit einigen Höhlen.

Apistogramma cacatuoides

Hoedeman, 1951

Kakadu-Zwergbuntbarsch
Familie: **Cichlidae**
Verbreitung: Amazonasbecken
Größe: Männchen 9 cm, Weibchen 5 cm
Futter: **Fleischfresser.** Kleines Lebendfutter, nimmt auch Trockenfutter
Temperaturbereich: 24-25 °C
pH: 7,0 dH: bis 10°

Der Fisch verdankt seinen Namen der teilweise ausgezogenen Rückenflosse. Männchen sind wesentlich größer als Weibchen und haben längere Flossen. Man sollte stets ein Männchen mit mehreren Weibchen halten. Das Männchen beansprucht dabei das Oberrevier in mittleren Regionen des Aquariums, während die Weibchen zur Brutzeit Unterreviere bilden. In der Brutpflegezeit färben sich die Weibchen leuchtend gelb.

Zucht

Die Eier werden an einer Höhlendecke abgelegt und vom Weibchen bewacht, während das Männchen das Revier verteidigt. Da sich ein Männchen mit mehreren Weibchen paart, kann es vorkommen, daß sich die Nachkommen verschiedener Mütter mischen und gemeinschaftlich bewacht werden. Verwenden Sie kein Mittel gegen Verpilzung der Eier, da die Art gegenüber Chemikalien sehr empfindlich ist.

Aquarieneinrichtung

Pflanzen, Holz und Steine, die Höhlen bilden. Eine gute Filteranlage sollte die Wasserqualität sicherstellen.

24-25 °C 9 cm

Apistogramma macmasteri

Kullander, 1979

Karierter Zwergbuntbarsch
Familie: **Cichlidae**
Verbreitung: Orinoco-Becken
Größe: 8 cm
Futter: **Fleischfresser.** Lebendfutter
Temperaturbereich: 24-30 °C
pH: 6,0-6,5 dH: bis 8°

Ein sehr schöner kleiner Fisch, der bei der Revierverteidigung eine herrliche Färbung zeigt. Beobachten läßt sich das besonders gut, wenn er mit anderen, friedlichen Fischen gehalten wird. Die Männchen sind größer und haben eine rot gesäumte Schwanzflosse.

24-30 °C 8 cm

Zucht

Polygame, höhlenbrütende Art, bei der sich das Weibchen um Eier und Jungfische kümmert, während das Männchen das Revier verteidigt.

Aquarieneinrichtung

Alteingerichtetes, gut gefiltertes, bepflanztes Aquarium mit einigen Höhlen.

Apistogramma nijsseni

Kullander, 1979

24-30 °C 6,5 cm

Panda-Zwergbuntbarsch
Familie: **Cichlidae**
Verbreitung: Peru
Größe: Männchen 6,5 cm, Weibchen 4 cm
Futter: **Fleischfresser.** Lebendfutter; nimmt eventuell Gefrier- und Trockenfutter
Temperaturbereich: 24-30 °C
pH: 5,5-7,0 dH: maximal 5°

Ein sehr schöner Fisch, der seine wahren Farben aber nur bei optimalen Wasserbedingungen zeigt. Die Männchen sind größer und ausgesprochen farbenprächtig, die Weibchen dagegen ungewöhnlich gelb-schwarz gefärbt. Eine friedliche Art, die gut vergesellschaftet werden kann.

Zucht
Es gibt Berichte über Nachzuchten, Details sind jedoch nicht bekannt.

Aquarieneinrichtung
Gut bepflanztes, alteingerichtetes Aquarium mit starker Filterung und möglichst reichhaltiger Holzdekoration, etwa Kokosnußschalen, die als Laichhöhlen und Verstecke dienen können. Das Wasser sollte sehr weich und sauer sein, da sich die Tiere nur unter solchen Bedingungen wirklich wohl fühlen.

Apistogramma steindachneri

(Regan, 1908)

Steindachners Zwergbuntbarsch
Familie: **Cichlidae**
Verbreitung: Guayana
Größe: Männchen 10 cm, Weibchen 7 cm
Futter: **Fleischfresser.** Lebendfutter
Temperaturbereich: 23-25 °C
pH: 6,0-7,0 dH: bis 10°

Die Tiere sind nur während der Paarungszeit aggressiv. Allerdings muß man dann damit rechnen, daß sie alle anderen Fische in einer Ecke zusammentreiben. Männchen sind größer und farbiger als Weibchen.

Zucht
Das Männchen hält einen Harem. Die Eier werden in Höhlen abgelegt, und das Weibchen betreibt Brutpflege. Die Jungfische werden von beiden Eltern bewacht.

Aquarieneinrichtung
Dicht bepflanztes, gut gefiltertes Gesellschaftsbecken mit Höhlen und Verstecken.

23-25 °C 10 cm

Apistogramma trifasciata

(Eigenmann und Kennedy, 1903)

Dreistreifenzwergbuntbarsch
Familie: **Cichlidae**
Verbreitung: Paraguay und Rio Guaporé (Südamerika)
Größe: Männchen 6 cm, Weibchen 4,5 cm
Futter: **Fleischfresser.** Kleines Lebendfutter
Temperaturbereich: 26-29 °C
pH: 6,0-6,5 dH: bis 8°

Ein revierbildender, aber friedlicher Fisch. Bei den farbenprächtigeren Männchen sind der dritte bis fünfte Hartstrahl der Rückenflosse verlängert. Halten Sie ein Männchen mit mehreren Weibchen.

26-29 °C 6 cm

Zucht
Sorgen Sie für weiches, leicht saures Wasser. Abgelaicht wird in Höhlen, wobei sich das Weibchen um die Eier und die Jungfische kümmert, während das Männchen das Revier verteidigt.

Aquarieneinrichtung
Bepflanztes Aquarium mit sandigem Bodengrund sowie Steinen und Holzstücken, die von den Weibchen als Reviergrenzen genutzt werden können. Nach Möglichkeit sollte in jedem Revier eine Höhle (z. B. ein Blumentopf) vorhanden sein. Achten Sie auf die Wasserqualität: Sorgen Sie für einen gut arbeitenden Filter, und führen Sie regelmäßige Teilwasserwechsel durch.

Archocentrus nigrofasciatus

(Günther, 1866)

Grünflossenbuntbarsch, Zebrabuntbarsch	
Familie: **Cichlidae**	
Verbreitung: Mittelamerika	
Größe: 15 cm	
Futter: **Allesfresser.** Lebend-, Trocken- und Gefrierfutter, pflanzliche Kost	
Temperaturbereich: 20-24 °C	
pH: 6,5-8,0 dH: bis 20°	

Eine anspruchslose Art, die eine gute Laichbereitschaft zeigt, allerdings ziemlich aggressiv ist, so daß sie sich nicht für Gesellschaftsbecken eignet. Die Männchen sind größer, haben längere Flossen und entwickeln mit zunehmendem Alter einen Fetthöcker auf der Stirn; bei den Weibchen sind im unteren Teil des Körpers einige verstreute, orangefarbene Schuppen zu erkennen. Es existiert eine Albinoform.

Zucht
Die Eier werden in einer Höhle oder im Freien abgelegt. Beide Elternteile betreuen Eier und Jungfische; letztere lassen sich mit *Artemia*-Nauplien aufziehen.

Aquarieneinrichtung
Bei mehr als einem Paar wird ein großes Aquarium benötigt, um Reviere bilden zu können. Wichtig sind Steine, Holz, robuste Pflanzen und regelmäßige Wasserwechsel.

20-24 °C 15 cm

Archocentrus sajica

(Bussing, 1974)

23-25 °C 22 cm

Sajicabuntbarsch, Weinrotflossiger Buntbarsch	
Familie: **Cichlidae**	
Verbreitung: Costa Rica	
Größe: Männchen 22 cm, Weibchen 17 cm	
Futter: **Allesfresser.** Lebend-, Trocken- und Gefrierfutter	
Temperaturbereich: 23-25 °C	
pH: 7,0 dH: bis 15°	

Ein kleinerer, friedlicher Buntbarsch, den man mit mittelgroßen Fischen in einem Gesellschaftsbecken halten kann, in dem sich oft sogar Paare finden und fortpflanzen. Männchen sind größer und haben verlängerte Rücken- und Afterflossen. Sollte nicht zusammen mit *A. nigrofasciatus* gehalten werden, da es zwischen den beiden Arten zur Bastardbildung kommen kann.

Zucht
Die Eier werden bevorzugt in Höhlen abgelegt und, ebenso wie die Jungfische, vom Weibchen bewacht, während das Männchen das Revier verteidigt. Bisweilen werden die Rollen aber auch vertauscht. Die Aufzucht der Jungfische kann problematisch sein: Häufig wächst nur ein Teil normal auf, während der andere verkümmert.

Aquarieneinrichtung
Gut bepflanztes, alteingerichtetes Becken mit effizienter Filterung und vielen Verstecken, darunter auch einigen Höhlen.

Archocentrus spilurus

(Günther, 1862)

Schwanzfleckenbuntbarsch	
Familie: **Cichlidae**	
Verbreitung: Guatemala	
Größe: Männchen 12 cm, Weibchen 8 cm	
Futter: **Allesfresser.** Lebend-, Trocken- und Gefrierfutter, pflanzliche Kost	
Temperaturbereich: 22-25 °C	
pH: 6,5-7,5 dH: bis 12°	

Sehr friedliche Art, die sich unter den richtigen Bedingungen regelmäßig fortpflanzt. Die größeren Männchen haben zugespitzte Rücken- und Bauchflossen; ältere Exemplare besitzen oft einen Stirnhöcker.

Zucht
Die Eier werden in Höhlen abgelegt. Nach dem Ausschlüpfen werden die Jungfische in kleine Gruben gebracht und von beiden Elternteilen betreut.

Aquarieneinrichtung
Bepflanztes Becken mit guter Filterung und einigen Höhlen.

22-25 °C 12 cm

Astatotilapia burtoni

(Günther, 1893)

Burtons Maulbrüter
Familie: **Cichlidae**
Verbreitung: Ost- und Zentralafrika
Größe: Männchen 12 cm, Weibchen 7 cm
Futter: **Allesfresser.** Lebend-, Trocken- und Gefrierfutter, pflanzliche Kost
Temperaturbereich: 20-24 °C
pH: 8,0-9,0 dH: bis 20°

Ein gegenüber Artgenossen revierbildender und aggressiver Fisch, der mit anderen Arten jedoch meist friedlich zusammenlebt. Die größeren und farbigeren Männchen haben Eiflecken auf der Afterflosse. Halten Sie ein Männchen mit mehreren Weibchen.

Zucht

Maulbrüter. Die etwa 30 Eier werden zunächst in Gruben abgelegt und dann vom Weibchen im Maul ausgebrütet. Dorthin kehren die Jungfische auch nach dem Schlüpfen immer wieder zurück.

20-24 °C 12 cm

Aquarieneinrichtung

Becken mit Kies oder Sand, dichtem Pflanzenbewuchs und vielen Steinen zum Verstecken. Regelmäßige Wasserwechsel sind zu empfehlen.

Astronotus ocellatus

(Cuvier, 1829)

22-25 °C 33 cm

Pfauenaugenbuntbarsch
Familie: **Cichlidae**
Verbreitung: Südamerika
Größe: 33 cm
Futter: **Fleischfresser.** Lebendfutter und Fleischbrocken, Futtertabletten
Temperaturbereich: 22-25 °C
pH: 6,5-7,5 dH: bis 20°

Diese anspruchslosen Fische eignen sich sehr gut dafür, erste Erfahrungen mit Buntbarschen zu sammeln. Sie sind als Jungfische sehr attraktiv, wachsen aber leider sehr schnell. Die Ansprüche an die Wasserqualität sind gering: Sowohl weiches als auch hartes, saures oder alkalisches Wasser wird toleriert, solange extreme Bedingungen vermieden werden.

Zucht

Man benötigt ein großes Aquarium, da das Paar während des Ablaichens ziemlich stürmisch sein kann. Das Weibchen legt auf einem geputzten Stein 1.000 bis 2.000 Eier ab; diese und die Jungfische werden von beiden Elternteilen betreut.

Aquarieneinrichtung

Großes Aquarium mit freiem Schwimmraum sowie Steinen und Holz. Verwenden Sie eingetopfte Pflanzen oder große, gut wurzelnde Arten, und sichern Sie diese zusätzlich durch Steine, um die Fische vom Ausgraben abzuhalten. Eine Alternative bieten künstliche Pflanzen. Wichtig ist eine sehr gute Filterung, die die Abfälle dieser gefräßigen Fische bewältigen kann.

Aulonocara baenschi

Meyer und Riehl, 1985

Baenschs Malawibuntbarsch
Familie: **Cichlidae**
Verbreitung: Malawisee
Größe: 10 cm
Futter: **Allesfresser.** Lebend-, Trocken- und Gefrierfutter
Temperaturbereich: 22-25 °C
pH: 7,5-8,5 dH: bis 25°

Eine friedliche Art, die gut für ein Malawisee-Becken geeignet ist. Die gelb-blaue Färbung der Männchen kann je nach Herkunftsort unterschiedlich intensiv sein. Weibchen sind eintönig graubraun.

Zucht

Typische Maulbrüter. Die Eier werden im Maul des Weibchens befruchtet.

Aquarieneinrichtung

Normales Malawisee-Aquarium mit vielen Steinen und Verstecken.

22-25 °C 10 cm

Aulonocara jacobfreibergi

(Johnson, 1974)

24-26 °C 15 cm

Feenbuntbarsch

Familie: **Cichlidae**

Verbreitung: Malawisee

Größe: 15 cm

Futter: **Fleischfresser.** Lebend- und Gefrierfutter

Temperaturbereich: 24-26 °C

pH: 7,5-8,0 dH: bis 18°

Dominierende Männchen zeigen die schönsten Farben. In der Natur leben die Fische in Schwärmen mit nur einem vollständig ausgefärbten Männchen. Generell sind Männchen größer, haben längere Bauchflossen und spitzere Rücken- und Afterflossen; Weibchen zeigen rote Streifen auf der Rückenflosse. Am Kopf befinden sich zahlreiche Sinnesporen, die Teil des Seitenliniensystems sind.

Zucht

Maulbrüter. Die Eier werden im Maul des Weibchens befruchtet.

Aquarieneinrichtung

Sorgen Sie für eine gute Filterung und einige Steine, die es den Tieren ermöglichen, Reviere abzugrenzen.

Aulonocara nyassae

Regan, 1921

25-26 °C 18 cm

Kaiserbuntbarsch

Familie: **Cichlidae**

Verbreitung: Malawisee

Größe: 18 cm

Futter: **Fleischfresser.** Lebendfutter, nimmt aber auch Trocken- und Gefrierfutter

Temperaturbereich: 25-26 °C

pH: 8,0 dH: bis 18°

Die Männchen dieses schönen Malawisee-Buntbarsches sind dunkelblau mit einem hellen Rückenflossensaum; die Weibchen wirken unscheinbarer. Sie sind eigentlich Fleischfresser, nehmen im Aquarium aber auch Trocken- und Gefrierfutter.

Zucht

Maulbrüter. Das Weibchen legt die Eier auf dem Boden ab und nimmt sie dann sofort ins Maul. Anschließend präsentiert ihr das Männchen die Eiflecken an seiner Afterflosse, während es zugleich seine Milch abgibt. Das Weibchen versucht, die Eiattrappen ebenfalls aufzunehmen, wobei die Milch in ihr Maul gelangt und die Eier befruchtet.

Aquarieneinrichtung

Typisches Malawisee-Aquarium mit guter Filterung und hartem, alkalischem Wasser sowie vielen Steinen, damit die Tiere Reviere bilden und sich verstecken können.

Chalinochromis brichardi

Poll, 1974

25-27 °C 15 cm

Maskenbuntbarsch

Familie: **Cichlidae**

Verbreitung: Tanganjikasee

Größe: 15 cm

Futter: **Fleischfresser.** Lebendfutter wird bevorzugt, nimmt aber auch Trockenfutter

Temperaturbereich: 25-27 °C

pH: 7,0-9,0 dH: bis 15°

Dieser revierbildende, aber friedliche Buntbarsch mit enger Paarbildung lebt an den Felsenküsten des Tanganjikasees in Tiefen von etwa 2 bis 10 m. Die Männchen haben einen auffälligen schwarzen Fleck in der Rückenflosse; bei den Weibchen ist dieser weniger stark ausgeprägt.

Zucht

Die Eier werden an die Decke oder die Wände von Felsenhöhlen oder -spalten geheftet. Die Jungfische, die nach etwa drei Tagen schlüpfen und im Revier der Eltern bleiben, können mit *Artemia*-Nauplien gefüttert werden.

Aquarieneinrichtung

Sorgen Sie für ausreichend Felshöhlen und -spalten, robuste Pflanzen und eine gute Filterung.

Biotodoma cupido

(Heckel, 1840)

23-25 °C 13 cm

Schwanzstreifenbuntbarsch

Familie: **Cichlidae**

Verbreitung: Westliches Guayana

Größe: 13 cm

Futter: **Fleischfresser.** Kleines Lebendfutter

Temperaturbereich: 23-25 °C

pH: 7,0 dH: bis 10°

Eine revierbildende und etwas aggressive Art, die daher nur mit größeren Fischen vergesellschaftet werden darf, die sich zur Wehr setzen können. Eine Unterscheidung der Geschlechter ist nicht immer einfach. Normalerweise sind Rücken- und Afterflosse der Männchen jedoch spitzer als bei den Weibchen.

Zucht

Die Art bildet Paare. Die klebrigen Eier werden in einer vom Männchen gegrabenen Grube abgelegt und verklumpen dort. Sie werden allein vom Weibchen betreut, während die Jungfische, die man mit sehr kleinem Lebendfutter ernährt, von beiden Eltern bewacht werden.

Aquarieneinrichtung

Becken mit guter Filterung, Höhlen und Spalten aus Steinen sowie einigen robusten Pflanzen im Vordergrund und an den Seiten.

Chromidotilapia guentheri

(Sauvage, 1882)

Günthers Prachtbarsch
Familie: **Cichlidae**
Verbreitung: Westafrika
Größe: 18 cm
Futter: **Allesfresser.** Lebend-, Trocken- und Gefrierfutter
Temperaturbereich: 23-25 °C
pH: 7,0 dH: bis 12°

Ein Fisch afrikanischer Küstenflüsse und Lagunen mit fester Paarbildung. Gegenüber Artgenossen ist er aggressiv; werden mehrere Exemplare gehalten, stellt sich eine Rangfolge ein. Männchen sind größer als die farbenprächtigeren Weibchen.

Zucht

Die Eier werden offen abgelegt und sofort vom Männchen ins Maul genommen. Wenn die Jungfische frei schwimmen, werden sie von beiden Eltern betreut.

23-25 °C 18 cm

Aquarieneinrichtung

Gut gefiltertes Artenbecken mit sandigem Bodengrund und vielen Verstecken aus Steinen oder Holz, Blumentöpfen etc.

Cichla ocellaris

Bloch und Schneider, 1801

Grüner Augenfleckkammbarsch
Familie: **Cichlidae**
Verbreitung: Nördliches Südamerika
Größe: 60 cm
Futter: **Fleischfresser.** Lebendfutter aller Art, insbesondere Fische, aber auch Fleischbrocken
Temperaturbereich: 24-28 °C
pH: 6,5-7,5 dH: bis 15°

Ein Raubfisch, der in einem Artenaquarium gehalten werden sollte. Er stellt keine Ansprüche an die Wasserqualität, solange extreme Bedingungen vermieden werden. Ältere Männchen entwickeln einen Fettbuckel. In ihrer Heimat sind die Tiere wichtige Speisefische, die auch in Teichen gezüchtet werden.

Zucht

Im Aquarium wenig wahrscheinlich. Im Freiland werden die Eier im flachen Wasser auf Steinen abgelegt. Die Eltern betreuen die Brut.

24-28 °C 60 cm

Aquarieneinrichtung

Großes Aquarium mit guter Filterung, Pflanzen, Steinen und Holz sowie freiem Schwimmraum.

Cichlasoma bimaculatum

(Linnaeus, 1758)

Zweifleckbuntbarsch
Familie: **Cichlidae**
Verbreitung: Nördliches Südamerika
Größe: 20 cm
Futter: **Allesfresser.** Lebend-, Trocken- und Gefrierfutter
Temperaturbereich: 22-26 °C
pH: 6,5-7,5 dH: bis 12°

Ein anspruchsloser, relativ friedlicher Fisch, der paarweise gehalten werden sollte. Die Männchen werden etwas größer, wenn man sie mit Arten ähnlicher Größe und ähnlichem Temperament vergesellschaftet. Leicht zu füttern: Herkömmliches Zierfischfutter wird in der Regel akzeptiert.

22-26 °C 20 cm

Zucht

Die Eier werden auf einem gesäuberten, flachen Stein abgelegt. Beide Eltern betreuen Eier und Jungfische, die relativ schnell wachsen.

Aquarieneinrichtung

Gut gefiltertes, bepflanztes Becken, vorausgesetzt, es handelt sich um sehr robuste Pflanzen. Verwenden Sie Steine und Holz, um Verstecke aufzubauen.

Cichlasoma portalegrense

(Hensel, 1870)

Streifenbuntbarsch
Familie: **Cichlidae**
Verbreitung: Brasilien, Bolivien, Paraguay
Größe: 15 cm
Futter: **Allesfresser.** Lebend-, Trocken- und Gefrierfutter
Temperaturbereich: 19-24 °C
pH: 6,0-7,0 dH: bis 10°

Ein robuster Anfängerfisch, der einfach zu halten und zu züchten ist. Geschlechtsunterschiede sind kaum erkennbar. Manchmal sind die Männchen zur Paarungszeit grünlicher gefärbt und die Weibchen bräunlicher.

Zucht

Sorgen Sie für 25 bis 26 °C warmes und leicht saures Wasser mittlerer Härte. Die Eier werden auf einer glatten Unterlage abgelegt und die Jungfische mit herkömmlichem Aufzuchtfutter ernährt.

19-24 °C 15 cm

Aquarieneinrichtung

Becken mit Kies und robusten Pflanzen. Verwenden Sie Steine und Holz, um Verstecke und Laichplätze zu schaffen.

Cleithracara maronii

(Steindachner, 1882)

Maronibuntbarsch
Familie: **Cichlidae**
Verbreitung: Guayana
Größe: 15 cm
Futter: **Allesfresser.** Lebend-, Trocken- und Gefrierfutter
Temperaturbereich: 22-25 °C
pH: 6,0-8,0 dH: bis 20°

Ein friedlicher Fisch, der gut in größeren Gesellschaftsbecken gehalten werden kann. Die Art ist inzwischen allerdings so überzüchtet, daß sie ihre eigentliche Größe kaum noch erreicht. Daher sind Exemplare von 14 bis 15 cm nur noch selten zu finden, es sei denn, es handelt sich um Wildfänge. Die Geschlechtsunterschiede sind kaum erkennbar. Zur Laichzeit kann man die Geschlechter anhand der Genitalpapille auseinanderhalten.

Zucht

Die Eier werden auf einer glatten Oberfläche abgelegt und von den Eltern betreut.

Aquarieneinrichtung

Normale Gesellschaftsbecken sind für diese Art gut geeignet.

22-25 °C 15 cm

Copadichromis boadzulu

(Iles, 1960)

Deutscher Name ist nicht bekannt
Familie: **Cichlidae**
Verbreitung: Malawisee
Größe: 15 cm
Futter: **Allesfresser.** Lebend-, Trocken- und Gefrierfutter
Temperaturbereich: 24-26 °C
pH: 8,0-8,5 dH: bis 15°

Diese aktiven Fische, die mit anderen Malawisee-Buntbarschen vergesellschaftet werden können, benötigen viel freien Schwimmraum. Männchen sind weit farbenprächtiger als Weibchen und haben verlängerte Rücken- und Afterflossen.

24-26 °C 15 cm

Zucht

Maulbrüter, der sich im Gemeinschaftsbecken fortpflanzt. Halten Sie ein Männchen mit zwei Weibchen. Wenn die Jungen freigesetzt werden, sind sie schon ziemlich groß und leicht aufzuziehen.

Aquarieneinrichtung

Malawisee-Aquarium mit Felsdekoration.

Copadichromis chrysonotus

(Boulenger, 1908)

23-26 °C 15 cm

Gelbrückenmaulbrüter
Familie: **Cichlidae**
Verbreitung: Malawisee
Größe: 15 cm
Futter: **Allesfresser.** Lebend-, Trocken- und Gefrierfutter
Temperaturbereich: 23-26 °C
pH: 8,0-8,5 dH: 10-15°

Eine sehr friedliche Art, von der man sogar mehrere Männchen in einem Becken halten kann, die dann jeweils ein kleines Revier bilden. Leider haben die Fische die schlechte Angewohnheit, Pflanzen auszugraben. Sie können allerdings gut in einem unbepflanzten Becken leben. Die Männchen sind größer und farbiger und haben Eiflecken auf der Afterflosse.

Zucht
Ähnlich wie bei anderen *Copadichromis*-Arten. Das Männchen gräbt Mulden aus und versucht, das Weibchen zur Eiablage zu bewegen. Die Eier werden vom Weibchen im Maul ausgebrütet.

Aquarieneinrichtung
Typisches Malawisee-Aquarium mit guter Filteranlage und Felsaufbauten, aber auch einigen freien Bereichen, in denen die Fische ablaichen können.

Copora nicaraguensis

(Günther, 1864)

Nicaraguabuntbarsch, Traumbarsch
Familie: **Cichlidae**
Verbreitung: Costa Rica
Größe: bis 25 cm
Futter: **Allesfresser.** Lebend-, Trocken- und Gefrierfutter
Temperaturbereich: 23-26 °C
pH: 7,0-8,0 dH: bis 15°

Eine revierbildende Art, die aber meist ziemlich friedlich ist, so daß man sie mit anderen Fischen vergesellschaften kann. Die Männchen sind normalerweise größer und können einen leichten Stirnbuckel haben. Leider fressen die Tiere Pflanzen.

Zucht
Die nicht am Laichsubstrat haftenden Eier werden bis zum Schlüpfen der Jungfische in einer dunklen Höhlenecke auf dem Boden abgelegt. Das Weibchen betreut Gelege und Jungfische, während das Männchen das Revier verteidigt. Die Jungen werden mit frisch geschlüpften *Artemia*-Nauplien gefüttert.

23-26 °C bis 25 cm

Aquarieneinrichtung
Becken mit guter Filterung, vielen Höhlen und Verstecken sowie einigen robusten Pflanzen, etwa Javafarn.

Crenicichla johanna

Heckel, 1840

Grauer Kammbuntbarsch
Familie: **Cichlidae**
Verbreitung: Brasilien und nördliches Südamerika
Größe: 35 cm
Futter: **Fleischfresser.** Lebendfutter und Fleischbrocken
Temperaturbereich: 23-26 °C
pH: 6,5-7,5 dH: bis 15°

Dieser Raubfisch kann nur mit Fischen vergesellschaftet werden, die zu groß sind, um als Futterfische in Frage zu kommen. Frisch importierte Wildfänge brauchen anfangs Lebendfutter, können dann aber zumeist an Fleischbrocken und sogar Trockenfutter und Futtertabletten gewöhnt werden.

23-26 °C 35 cm

Zucht
Diese Art laicht in Höhlen.

Aquarieneinrichtung
Großes Aquarium mit Felsspalten und -höhlen sowie einigen Pflanzen. Von einer guten Filterung abgesehen, werden wenig Anforderungen an die Wasserqualität gestellt, solange extreme pH-Werte und Härtegrade vermieden werden.

CRENICICHLA LEPIDOTA

HECKEL, 1840

23-27 °C bis 45 cm

Pfauenaugenkammbarsch, Hechtkammbarsch
Familie: **Cichlidae**
Verbreitung: Brasilien, Bolivien
Größe: bis 45 cm
Futter: **Fleischfresser.** Lebendfutter und Fleischbrocken
Temperaturbereich: 23-27 °C
pH: 6,5-7,5 dH: bis 12°

Ein Raubfisch mit einem ähnlichen Verhalten wie *C. johanna*. Die Männchen sind normalerweise größer, dunkler und haben größere Flossen, von denen die Rückenflosse etwas ausgezogen ist. Es gibt aber unterschiedlich gefärbte Lokalrassen, die eine Bestimmung oft schwierig machen.

Zucht

Die Eier werden an Höhlendecken abgelegt. Das Weibchen bewacht die Brut, während das Männchen das Revier verteidigt.

Aquarieneinrichtung

Wie bei *C. johanna*.

CRENICICHLA STRIGATA

(GÜNTHER, 1862)

24-27 °C über 40 cm

Gestreifter Kammbuntbarsch
Familie: **Cichlidae**
Verbreitung: Guayana, Nordbrasilien, Amazonas
Größe: über 40 cm
Futter: **Fleischfresser.** Lebendfutter und Fleischbrocken
Temperaturbereich: 24-27 °C
pH: 7,0 dH: bis 20°

Da bei Jungfischen eine Unterscheidung der Geschlechter unmöglich ist, sollten die Tiere als Schwarm im großen Aquarium gehalten werden. Wenn sie eine Länge von etwa 30 cm erreicht haben, erkennt man die Weibchen an ihrem rotvioletten Bauch.

Zucht

In ihrem natürlichen Lebensraum sollen die Tiere in Höhlen ablaichen, wobei die Eier angeblich an Fäden von der Decke herabhängen. Beide Elternteile bewachen Eier und Jungfische.

Aquarieneinrichtung

Großes Aquarium mit guter Filterung, gedämpfter Beleuchtung und vielen Höhlen sowie einigen großen, robusten Pflanzen.

CYNOTILAPIA AFRA

(GÜNTHER, 1893)

23-26 °C 12 cm

Rotflossiger Malawizebrabuntbarsch
Familie: **Cichlidae**
Verbreitung: Malawisee
Größe: 12 cm
Futter: **Fleischfresser.** Kleines Lebendfutter
Temperaturbereich: 23-26 °C
pH: 8,0-8,5 dH: bis 15°

In der Natur ernähren sich diese Fische von Kleinkrebsen im Plankton; in Gefangenschaft brauchen sie reichlich Wasserflöhe, *Artemia*-Nauplien usw. Die Männchen sind leuchtend hellblau gefärbt – mit dunklen, senkrechten Streifen und Eiflecken auf der Afterflosse – die Weibchen dagegen unscheinbar blaugrau. Halten Sie ein Männchen mit mehreren Weibchen.

Zucht

Maulbrüter. Eier und Jungfische werden allein vom Weibchen betreut.

Aquarieneinrichtung

Typisches, felsiges Malawisee-Becken mit guter Filterung, vielen Verstecken und einigen robusten Pflanzen, etwa Javafarn.

CYPHOTILAPIA FRONTOSA

(BOULENGER, 1906)

24-26 °C 35 cm

Tanganjika-Beulenkopf
Familie: **Cichlidae**
Verbreitung: Tanganjikasee
Größe: 35 cm
Futter: **Fleischfresser.** Lebendfutter, nimmt aber auch Trocken- und Gefrierfutter
Temperaturbereich: 24-26 °C
pH: 8,0-9,0 dH: bis 20°

Eine revierbildende Art, die aber gegenüber anderen Fischen relativ verträglich ist. Beide Geschlechter haben einen Stirnbuckel und unterscheiden sich nur im Verhalten voneinander. In ihrer afrikanischen Heimat gelten sie als Delikatesse.

Zucht

Die Eier werden in einer Höhle abgelegt und dann vom Weibchen im Maul ausgebrütet. Die Betreuung der Eier und der Jungfische kann bis zu sechs Wochen anhalten.

Aquarieneinrichtung

Gut gefiltertes Becken mit feinem Sand und vielen Steinen, damit die Tiere ihre Reviergrenzen festlegen können. Pflanzen sind nicht erforderlich.

Cyprichromis leptosoma

(Boulenger, 1898)

23-25 °C 14 cm

Zitronenschwanz	
Familie: **Cichlidae**	
Verbreitung: Tanganjikasee	
Größe: 14 cm	
Futter: **Allesfresser.** Lebend-, Trocken- und Gefrierfutter	
Temperaturbereich: 23-25 °C	
pH: 8,0-9,0 dH: bis 20°	

Ein friedlicher Schwarmfisch, der viel freien Schwimmraum in den oberen Bereichen benötigt. Er kann mit anderen Buntbarschen vergesellschaftet werden. Die Schwanzflosse der braunen Männchen ist gelb, die Bauchflosse hat gelbe Spitzen, während Rücken- und Afterflosse blau sind. Weibchen sind unscheinbar grau.

Zucht

Balz und Laichvorgang finden nahe der Oberfläche statt. Nach jeder Eiablage dreht sich das Weibchen blitzschnell um und fängt das Ei mit dem Maul auf. Insgesamt können etwa 50 Eier abgegeben werden, die innerhalb von drei Wochen ausschlüpfen. Nach dem Freilassen halten sich auch die Jungfische, die von den Eltern ignoriert werden, dicht an der Wasseroberfläche auf.

Aquarieneinrichtung

Großes, gut gefiltertes Becken mit offenem Schwimmraum in den oberen Bereichen, während die unteren für andere Buntbarsche mit Steinen dekoriert werden können. Sorgen Sie für eine gute Filterung und für eine sichere Abdeckung, da die Fische springen.

Cyprichromis nigripinnis

(Boulenger, 1901)

23-25 °C 10 cm

Schwarzflossiger Kärpflingsbuntbarsch	
Familie: **Cichlidae**	
Verbreitung: Tanganjikasee	
Größe: 10 cm	
Futter: **Fleischfresser.** Wasserflöhe usw., eventuell Trockenfutter	
Temperaturbereich: 23-25 °C	
pH: 7,5-8,5 dH: bis 15°	

Ein Fisch des offenen Wassers. Auf den Boden begeben sich die Tiere nur zum Ablaichen. Die Männchen zeigen eine sehr hübsche Bronzefärbung mit hellblauen Nadelstreifen. Rücken- und Schwanzflosse sind hellblau gesäumt, die Afterflosse ist schwarz. Den Weibchen fehlen die blauen Nadelstreifen; ihre Afterflosse ist gelb, die Rückenflosse dunkelblau gesäumt.

Zucht

Die Zucht ist weitgehend unbekannt. Die Eier werden auf fester Unterlage abgelegt und im Maul des Weibchens ausgebrütet.

Aquarieneinrichtung

Großes Becken mit genügend freiem Schwimmraum in den oberen Bereichen, einigen robusten Planzen und flachen Steinen.

Dicrossus filamentosus

Ladiges, 1958

23-25 °C 9 cm

Gabelschwanz-Schachbrettcichlide	
Familie: **Cichlidae**	
Verbreitung: Rio Negro, Orinoco-Becken (Südamerika)	
Größe: Männchen 9 cm, Weibchen 6 cm	
Futter: **Fleischfresser.** Vorzugsweise kleines Lebendfutter, gelegentlich Trockenfutter	
Temperaturbereich: 23-25 °C	
pH: 5,5-6,0 dH: bis 5°	

Ein revierbildender Buntbarsch, der mit südamerikanischen Salmlern in einem bepflanzten Aquarium vergesellschaftet werden kann. Man sollte stets ein Männchen mit mehreren Weibchen halten und auf die Wasserqualität achten, da die Art empfindlich reagieren kann. Die Männchen sind größer und haben farbigere Flossen, während die der Weibchen durchscheinen.

Zucht

Die Eier werden auf Pflanzen oder flachen Steinen abgelegt. Das Weibchen betreut sie ebenso wie später die Jungfische. Bei zu hartem Wasser kann der Laich verpilzen.

Aquarieneinrichtung

Gut bepflanztes Aquarium mit einem sehr effizienten Filter. Regelmäßige Wasserwechsel sind ebenfalls erforderlich.

Dimidiochromis compressiceps
(Boulenger, 1908)

Messerbuntbarsch
Familie: **Cichlidae**
Verbreitung: Malawisee
Größe: bis 25 cm
Futter: **Fleischfresser.** Lebend- und Gefrierfutter
Temperaturbereich: 22-27 °C
pH: 8,0-8,5 dH: 10-15°

Dieser gierige Raubfisch ist der einzige, der seine Beute mit dem Schwanz voran verschlingt. Man will auch beobachtet haben, daß er anderen Fischen die Augen ausbeißt. Ausgewachsene Männchen sind blaugrün und haben Eiflecken auf der Afterflosse; der Kopf der Weibchen ist goldgelb.

22-27 °C bis 25 cm

Zucht
Maulbrüter. Das Weibchen betreut die Brut. Achten Sie auf die Wasserwerte.

Aquarieneinrichtung
Becken mit guter Filterung, Felsendekor, offenem Bereich mit Sandboden und Dickichten großer Pflanzen (z. B. *Vallisnerien*), so daß neben viel Raum auch zahlreiche Verstecke zur Verfügung stehen.

Eretmodus cyanostictus
Boulenger, 1898

24-26 °C 8 cm

Tanganjikaclown, Gestreifter Grundelbuntbarsch
Familie: **Cichlidae**
Verbreitung: Tanganjikasee
Größe: 8 cm
Futter: **Fleischfresser.** Hauptsächlich Lebendfutter
Temperaturbereich: 24-26 °C
pH: 8,5-9,0 dH: 12-15°

Ein Bewohner felsiger Uferbereiche, der wegen seiner hohen Anforderungen an die Wasserqualität nicht einfach zu halten ist. Die Geschlechter lassen sich nur schwer voneinander unterscheiden: Meist sind die Bauchflossen der Männchen etwas länger. Es werden Paare gebildet, die sich selbst finden sollten, so daß man am besten mehrere Exemplare zusammen aufwachsen läßt. Die Paarbindung bleibt dauerhaft bestehen.

Zucht
Die bis zu 25 Eier werden auf einer gereinigten Unterlage abgelegt und befruchtet, bevor das Weibchen sie im Maul ausbrütet. Die Jungtiere werden von beiden Eltern betreut.

Aquarieneinrichtung
Sorgen Sie für so viele Felsverstecke wie möglich und für Pflanzendickichte. Verwenden Sie kein Holz, da das Wasser dann schnell zu sauer wird. Ausgesprochen wichtig ist ein wirklich effizienter Filter. Zusätzlich sollte alle 7 bis 10 Tage etwa ein Drittel des Wassers gewechselt werden, um eine gute Wasserqualität sicherzustellen.

Etroplus maculatus
(Bloch, 1795)

Punktierter Buntbarsch, Indischer Buntbarsch
Familie: **Cichlidae**
Verbreitung: Sri Lanka und Westindien
Größe: 8 cm
Futter: **Allesfresser.** Lebend-, Trocken- und Gefrierfutter, pflanzliche Kost
Temperaturbereich: 21-25 °C
pH: 7,0-8,0 dH: 15-30°

Diese auch im Brackwasser vorkommenden Fische hält man am besten in einem Becken mit Meerwasserzusatz. Außerhalb der Laichzeit ist die Unterscheidung der Geschlechter schwierig. Die Weibchen sind normalerweise farbloser, während die Männchen einen roten Flossensaum haben. Bei schlechten Wasserbedingungen verlieren aber oft auch die Männchen ihre Farbe.

Zucht
Die an kurzen Stielen sitzenden Eier werden an eine glatte Unterlage – ein Stück Schiefer – geheftet. Die Jungfische werden in einer Grube untergebracht und bewacht.

Aquarieneinrichtung
Gut bepflanztes, alteingerichtetes Aquarium mit Steinverstecken und einem effektiven Filter, der für eine gute Wasserqualität sorgt.

21-25 °C 8 cm

Etroplus suratensis

(Bloch, 1790)

23-26 °C bis 46 cm

Indischer Streifenbuntbarsch
Familie: **Cichlidae**
Verbreitung: Indien und Sri Lanka
Größe: bis 46 cm
Futter: **Allesfresser.** Lebend-, Trocken- und Gefrierfutter, pflanzliche Kost
Temperaturbereich: 23-26 °C
pH: 8,0-8,5 dH: 20-25°

Dieser Fisch wird am besten in Brackwasser gehalten, verträgt aber auch Süßwasser, vorausgesetzt es erfolgt eine langsame Eingewöhnung. Sichtbare Geschlechtsunterschiede gibt es nicht.
Die Art ist aggressiv, besonders gegenüber Artgenossen und zur Laichzeit. Zarte Pflanzen werden gefressen.

Zucht
Die Eier werden offen oder an einer geschützten Stelle auf einer glatten Oberfläche abgelegt. Beide Elternteile betreuen Laich und Jungfische.

Aquarieneinrichtung
Brackwasserbecken mit Steinverstecken und einigen robusten, salztoleranten Pflanzen. Sorgen Sie für eine starke Filterung, damit eine sehr gute Wasserqualität erhalten bleibt.

Geophagus brasiliensis

(Quoy und Gaimard, 1824)

20-23 °C 28 cm

Brasilperlmutterfisch
Familie: **Cichlidae**
Verbreitung: Ostbrasilien
Größe: 28 cm, meist aber kleiner
Futter: **Allesfresser.** Lebend-, Trocken- und Gefrierfutter
Temperaturbereich: 20-23 °C
pH: 6,5-7,0 dH: bis 10°

Obwohl revierbildend, ist diese Art gegenüber anderen Fischen recht verträglich. Die Geschlechter sind schwer zu unterscheiden, außer zur Paarungszeit, wenn die Genitalpapille des Männchens spitz und die des Weibchens gerundet ist. Am besten ist es, wenn sich die Paare selbst finden, da bei unpassenden Partnern die Gefahr besteht, daß die Eier gefressen werden.

Zucht
In einer ruhigen, dunklen Ecke werden auf einem gereinigten Stein bis zu 700 Eier abgelegt. Das Weibchen betreut Laich und Jungfische, während das Männchen das Revier verteidigt.

Aquarieneinrichtung
Gut gefiltertes Becken mit Pflanzen und Holz, die Verstecke bieten, sowie einigen flachen Steinen zum Ablaichen.

Geophagus surinamensis

(Bloch, 1791)

22-25 °C 30 cm

Surinamperlfisch
Familie: **Cichlidae**
Verbreitung: Von Guayana bis zum Amazonas
Größe: 30 cm
Futter: **Allesfresser.** Lebend-, Trocken- und Gefrierfutter
Temperaturbereich: 22-25 °C
pH: 6,5-7,0 dH: bis 10°

Ein aggressiver Fisch, der viel Zeit mit Wühlen verbringt. Eine Unterscheidung der Geschlechter ist nahezu unmöglich.

Zucht
Die Eier werden auf einem geputzten Stein abgelegt und von beiden Eltern erst direkt vor oder während des Schlüpfens ins Maul aufgenommen.

Aquarieneinrichtung
Großes Aquarium mit einigen Höhlen aus Steinen oder Holz. Verwenden Sie große, robuste, eingetopfte Pflanzen, die außerdem durch Steinumrandungen vor dem Ausgraben geschützt werden sollten. Verwenden Sie einen Bodengrund aus feinem Kies oder Sand, damit sich die Tiere beim Wühlen nicht verletzen, und legen Sie einige flache Steine auf den Boden.

Guianacara geayi

(Pellegrin, 1902)

22-25 °C   15 cm

Deutscher Name ist nicht bekannt
Familie: **Cichlidae**
Verbreitung: Guayana und Nordbrasilien
Größe: Männchen 15 cm, Weibchen 13 cm
Futter: **Allesfresser.** Lebend-, Trocken- und Gefrierfutter
Temperaturbereich: 22-25 °C
pH: 6,5-7,0 dH: bis 12°

Ein revierbildender, aber im allgemeinen friedlicher Fisch, der nur während der Laichzeit etwas unverträglich wird. Die Männchen sind größer und haben eine eckigere Stirn. Ihre Genitalpapille ist spitz und nach hinten gerichtet, die der Weibchen ist dagegen stumpf und weist nach vorn.

Zucht
Die Eier werden in einer Höhle abgelegt und vom Weibchen betreut, während das Männchen das Revier verteidigt. Nach dem Schlüpfen kümmern sich beide Elternteile um die Brut.

Aquarieneinrichtung
Gesellschaftsbecken mit Höhlen und anderen Verstecken und einem Bodengrund aus feinem Kies, da die Tiere gerne graben.

Gymnogeophagus balzanii

(Perugia, 1891)

Ballonkopf-Erdfresser, Paraguay-Maulbrüter
Familie: **Cichlidae**
Verbreitung: Paraguay und Rio Paraná (Südamerika)
Größe: 20 cm
Futter: **Allesfresser**
Temperaturbereich: 22-27 °C
pH: 6,5-7,5 dH: bis 15°

Ein revierbildender, aber ruhiger und friedlicher Fisch, der zwar gern gräbt, die Pflanzen dabei aber kaum beschädigt. Ausgewachsene Männchen sind leicht an der viel längeren Rücken- und Afterflosse und am Stirnbuckel zu erkennen.

Zucht
Das Weibchen nimmt die Eier etwa 30 Stunden, nachdem sie auf einem Stein abgelegt wurden, ins Maul. Später kümmert es sich auch um die Jungfische.

Aquarieneinrichtung
Bepflanztes, gut gefiltertes Gesellschaftsbecken mit feinem Kies oder Sand und ähnlich großen, friedlichen Fischen. Sorgen Sie außerdem für Höhlen und Pflanzenverstecke mit Steinen zum Ablaichen.

22-27 °C   20 cm

Gymnogeophagus gymnogenys

(Hensel, 1870)

Dunkler Perlmutterbuntbarsch
Familie: **Cichlidae**
Verbreitung: Südbrasilien, Uruguay, Argentinien
Größe: 25 cm
Futter: **Allesfresser.** Lebend-, Trocken- und Gefrierfutter
Temperaturbereich: 21-24 °C
pH: 6,5-7,0 dH: bis 10°

Wühlt sehr gern. Männchen sind viel größer. Es werden Reviere gebildet, Fische ähnlicher Größe aber meist nicht belästigt.

Zucht
Nicht bekannt.

Aquarieneinrichtung
Wie bei *Satanoperca daemon* (s. S. 123).

21-24 °C   25 cm

Hemichromis bimaculatus

Gill, 1862

21-23 °C bis 15 cm

Roter Buntbarsch

Familie: **Cichlidae**

Verbreitung: Mittleres Liberia bis Südguinea

Größe: bis 15 cm

Futter: **Allesfresser.** Lebend-, Trocken- und Gefiierfutter

Temperaturbereich: 21-23 °C

pH: 7,0 dH: bis 12°

Diese Bewohner von Regenwaldbiotopen sind für ihr aggressives Verhalten während der Laichzeit bekannt. Eine Unterscheidung der Geschlechter ist praktisch nur während dieser Periode möglich. Lassen Sie die Tiere selbst Paare bilden, da es bei unpassenden Partnern manchmal sogar zu tödlich endenden Kämpfen kommen kann.

Zucht

Die bis zu 500 Eier werden auf Steinen abgelegt und die Jungfische von den als fürsorglich geltenden Elterntieren betreut. Diese bringen sie in einer Grube unter, die in einer abgeschiedenen Ecke des Aquariums angelegt wurde.

Aquarieneinrichtung

Gut bepflanztes, effizient gefiltertes Becken mit Holz und Steinen, in dem die Fische Schutz finden, aber auch ihre Jungen aufziehen können.

Hemichromis lifalili

Loiselle, 1979

22-24 °C 10 cm

Lifalilis Buntbarsch

Familie: **Cichlidae**

Verbreitung: Zaïrebecken

Größe: 10 cm

Futter: **Allesfresser.** Lebend-, Trocken- und Gefrierfutter

Temperaturbereich: 22-24 °C

pH: 7,0 dH: bis 12°

Diese Art erinnert sehr stark an den Roten Buntbarsch, unterscheidet sich von diesem aber in der Färbung, der Länge des Mauls und der Form des unteren Pharynxknochens.

Zucht

Die Paare sind ausgezeichnete Eltern, die sich sowohl um die auf Steinen abgelegten Eier als auch um die Jungfische kümmern.

Aquarieneinrichtung

Gut bepflanztes Becken, dem des Roten Buntbarsches vergleichbar. Allerdings muß stärker auf die Wasserqualität geachtet und sichergestellt werden, daß ausreichend Sauerstoff vorhanden ist.

Herichthys cyanoguttatum

(Baird und Girard, 1854)

20-24 °C bis 30 cm

Perlcichlide

Familie: **Cichlidae**

Verbreitung: Texas (USA) und nordöstliches Mexiko

Größe: bis 30 cm

Futter: **Allesfresser.** Lebend-, Trocken- und Gefrierfutter

Temperaturbereich: 20-24 °C

pH: 6,5-7,0 dH: bis 12°

Diese revierbildenden Fische sind Artgenossen wie auch anderen Fischen gegenüber sehr unverträglich. Die Geschlechter lassen sich nur schwer unterscheiden. Normalerweise sind die Männchen jedoch größer und stärker gefärbt – am deutlichsten zu erkennen während der Paarungszeit. Wird auch als *Cichlasoma cyanoguttatum* geführt.

Zucht

Die Eier werden auf einem gesäuberten Stein abgelegt. Zwar betreiben die Eltern Brutpflege, aber es kommt dennoch vor, daß der Laich gefressen wird.

Aquarieneinrichtung

Großes, gut gefiltertes und gut belüftetes Becken mit Sand oder feinem Kies sowie Steinen und Pflanzen, die von den Fischen zur Abgrenzung ihrer Reviere genutzt werden können. Wöchentliche Wasserwechsel sind zu empfehlen.

Heros severus

Heckel, 1840

23-25 °C 20 cm

Augenfleckbuntbarsch

Familie: **Cichlidae**

Verbreitung: Mittleres und nördliches Südamerika

Größe: 20 cm

Futter: **Fleischfresser.** Hauptsächlich Lebendfutter, aber auch Trocken- und Gefrierfutter

Temperaturbereich: 23-25 °C

pH: 6,0-6,5 dH: bis 7°

Ein verträglicher Buntbarsch aus pflanzenreichen Gewässern, der nur zur Laichzeit etwas aggressiver sein kann. Männchen haben zugespitzte Flossen und eine rotbraune Tüpfelung am Kopf, Weibchen einen dunklen Fleck in der Rückenflosse.

Zucht

Die Partnerwahl sollte den Tieren selbst überlassen bleiben. Die bis zu 1.000 Eier werden auf einem gesäuberten Stein abgelegt und Laich und Jungfische von beiden Eltern betreut. Gefüttert wird mit *Artemia*-Nauplien.

Aquarieneinrichtung

Geräumiges Becken mit flachen Steinen und großen Pflanzen, z. B. Amazonaspflanzen. Um die Wasserqualität zu erhalten, sind regelmäßige Wasserwechsel und eine sehr gute Filteranlage notwendig.

Herotilapia multispinosa

(Günther, 1866)

Regenbogencichlide
Familie: **Cichlidae**
Verbreitung: Panama bis Nicaragua
Größe: bis 13 cm
Futter: **Allesfresser.** Lebend-, Trocken- und Gefrierfutter, pflanzliche Kost
Temperaturbereich: 22-25 °C
pH: 7,0 dH: bis 10°

Diese Fische erinnern an Chamäleons, da sie je nach Stimmung ihr Farbkleid wechseln können. Die Geschlechter sind schwer zu unterscheiden; lediglich die Flossen des Männchens sind oft ein wenig spitzer und länger. Sicherheit gewinnt man jedoch erst direkt vor der Eiablage, da dann die kurze Legeröhre des Weibchens sichtbar wird.

Zucht

Auf einem Stein werden zahlreiche Eier abgelegt, die das Weibchen durch Flossenfächeln mit Sauerstoff versorgt. Die Jungen werden in flachen Mulden untergebracht.

Aquarieneinrichtung

Geräumiges Aquarium mit nicht zu starker Filterung, feinem Kies sowie Steinen, Holz und einigen Pflanzen.

22-25 °C — bis 13 cm

Hoplarchus psittacus

(Heckel, 1840)

24-27 °C — 35 cm

Papageibuntbarsch
Familie: **Cichlidae**
Verbreitung: Brasilien
Größe: 35 cm
Futter: **Allesfresser.** Lebend-, Trocken- und Gefrierfutter, Futtertabletten
Temperaturbereich: 24-27 °C
pH: 5,5-6,0 dH: bis 8°

Die Jungfische dieser revierbildenden Art sind relativ unscheinbare, großäugige Tiere; ausgewachsene Männchen dagegen haben einen auffälligen roten Bauch und eine oliv- und hellgrüne Zeichnung auf Rücken und Flanken. Wenn das Becken groß genug ist, können die Tiere mit anderen Fischen vergesellschaftet werden, z. B. mit großen Welsen. Männchen haben eine spitze Genitalpapille, die der Weibchen ist stumpf.

Zucht

Über die Zucht ist wenig bekannt. Die zahlreichen Eier werden gern unter einem Überhang abgelegt und von den Elterntieren betreut.

Aquarieneinrichtung

Sehr großes, gut gefiltertes Aquarium mit vielen Verstecken aus großen Wurzeln und Steinen sowie robusten Pflanzen.

Julidochromis dickfeldi

Staeck, 1975

22-25 °C — 8 cm

Dickfelds Schlankcichlide
Familie: **Cichlidae**
Verbreitung: Südwestufer des Tanganjikasees
Größe: 8 cm
Futter: **Allesfresser.** Lebend-, Trocken- und Gefrierfutter
Temperaturbereich: 22-25 °C
pH: 8,0-9,0 dH: bis 14°

Diese Art lebt in der Übergangszone zwischen Geröll und Felslitoral. Sie ist gegenüber Artgenossen oft etwas unverträglich, aber wenn genug Verstecke und ausreichend Platz zur Revierbildung vorhanden sind, gibt es keine Probleme. Die Unterscheidung der Geschlechter ist schwierig; Weibchen können etwas größer sein.

Zucht

Bei den angegebenen Wasserwerten und etwas erhöhter Temperatur (etwa 27 °C) werden bis zu 300 Eier an eine Höhlendecke geheftet. Aus ihnen schlüpfen nach maximal drei Tagen die Jungen, die von den Eltern betreut werden.

Aquarieneinrichtung

Versuchen Sie, den natürlichen Lebensraum möglichst realistisch aus Steinen nachzubilden, wobei die Dekoration bis zur Oberfläche reichen kann. In den Bodengrund aus Sand können einige Pflanzen, etwa *Vallisnerien*, eingesetzt werden. Sorgen Sie außerdem für eine gute Filterung.

JULIDOCHROMIS MARLIERI

POLL, 1956

22-25 °C bis 15 cm

Schachbrett-Schlankcichlide	
Familie: **Cichlidae**	
Verbreitung: Tanganjikasee	
Größe: bis 15 cm	
Futter: **Allesfresser.** Lebend-, Trocken- und Gefrierfutter	
Temperaturbereich: 22-25 °C	
pH: 7,5-9,0 dH: bis 15°	

Diese Art entstammt dem gleichen Biotop wie Dickfelds Schlankcichlide. Die Tiere verhalten sich gegenüber Artgenossen friedlich, vorausgesetzt, sie können ihr eigenes Revier bilden. Jedes Verrücken von Steinen beim Reinigen des Aquariums kann allerdings Revierkämpfe nach sich ziehen. Die Geschlechter erkennt man zur Laichzeit an den unterschiedlichen Genitalpapillen.

Zucht
Die Tiere legen durchschnittlich 120 Eier in Höhlen ab. Die Jungen werden von beiden Elternteilen bewacht.

Aquarieneinrichtung
Wie bei *J. dickfeldi.*

JULIDOCHROMIS REGANI

POLL, 1942

22-25 °C bis 30 cm

Vierstreifen-Schlankcichlide	
Familie: **Cichlidae**	
Verbreitung: Tanganjikasee	
Größe: bis 30 cm	
Futter: **Allesfresser.** Lebend-, Trocken- und Gefrierfutter	
Temperaturbereich: 22-25 °C	
pH: 8,0-9,0 dH: bis 15°	

Typischer, revierbildender Vertreter seiner Gattung, der gegenüber Artgenossen aggressiv sein kann und gern wühlt. Zur Laichzeit lassen sich die Geschlechter an der Genitalpapille unterscheiden.

Zucht
Höhlenbrüter, bei dem das Weibchen die Eier bewacht und das Männchen das Revier. Die Jungfische werden von beiden Elternteilen betreut. Es wurde beobachtet, daß auch Weibchen das Revier verteidigen.

Aquarieneinrichtung
Becken mit guter Filterung, weichem Bodengrund, zahlreichen Höhlen in Steinaufbauten, die bis zur Oberfläche reichen können, und einigen robusten Pflanzen.

JULIDOCHROMIS TRANSCRIPTUS

MATTHES, 1959

Schwarzweißer Schlankcichlide	
Familie: **Cichlidae**	
Verbreitung: Tanganjikasee	
Größe: 7 cm	
Futter: **Allesfresser.** Lebend-, Trocken- und Gefrierfutter	
Temperaturbereich: 22-25 °C	
pH: 8,0-9,0 dH: bis 15°	

Die kleinste Art der Gattung, die auf den ersten Blick wie *J. marlieri* aussieht, aber nur zwei statt drei Fleckenreihen besitzt. Verhalten wie *J. marlieri.*

Zucht
Ein nicht sehr produktiver Höhlenbrüter, dessen Gelege oft nur aus 30 Eiern besteht.

Aquarieneinrichtung
Wie bei *J. dickfeldi.*

22-25 °C 7 cm

Labeotropheus fuelleborni

Ahl, 1927

Schabemundbuntbarsch	
Familie: **Cichlidae**	
Verbreitung: Malawisee	
Größe: 15 cm	
Futter: **Allesfresser.** Lebend-, Trocken- und Gefrierfutter, Algen	
Temperaturbereich: 22-25 °C	
pH: 7,5-8,5 dH: bis 15°	

Revierbildende, aggressive Art. Halten Sie ein Männchen mit mehreren Weibchen, wobei jedoch genug Höhlen vorhanden sein sollten, in denen sich diese verstecken können. Paare werden nur während der Laichzeit gebildet. Weibchen treten in mehreren Farbvarianten auf. Die Tiere weiden gern Algen ab.

Zucht

Das Weibchen legt die Eier auf einem gesäuberten Stein ab und nimmt sie sofort ins Maul. Dies versucht sie anschließend auch mit den Eiflecken des Männchens, das gleichzeitig seine Milch abgibt, so daß der Laich oral befruchtet wird.

22-25 °C 15 cm

Aquarieneinrichtung

Mit robusten Pflanzen ausgestattetes, gut gefiltertes Becken mit zahlreichen Höhlen und einigen flachen Steinen, auf denen die Fische ablaichen können. Sorgen Sie außerdem für eine gute Beleuchtung, damit Algen wachsen.

Labeotropheus trewavasae

Fryer, 1956

Gestreckter Schabemundmaulbrüter	
Familie: **Cichlidae**	
Verbreitung: Malawisee	
Größe: 12 cm	
Futter: **Allesfresser.** Lebend-, Trocken- und Gefrierfutter, Algen	
Temperaturbereich: 21-24 °C	
pH: 7,0-8,0 dH: bis 15°	

Ein sehr unverträglicher, revierbildender Fisch, von dem man ein Männchen mit mehreren Weibchen halten sollte. Die Männchen haben deutliche Eiflecken auf der Afterflosse; beim Weibchen fehlen diese entweder oder sind nur schwach angedeutet. Es gibt verschiedene geographische Rassen, die sich in der Färbung unterscheiden, darunter auch weiße Exemplare.

Zucht

Zum Laichen werden höhere Temperaturen benötigt. Eiablage und Befruchtung wie bei *L. fuelleborni*. Das Männchen sollte nach der Paarung entfernt werden, es sei denn, das Weibchen hat Versteckmöglichkeiten.

21-24 °C 12 cm

Aquarieneinrichtung

Gut gefiltertes Becken, robuste Pflanzen (Javafarn), viele Steine und Algen.

Laetacara curviceps

(Ahl, 1924)

Tüpfelbuntbarsch	
Familie: **Cichlidae**	
Verbreitung: Amazonasbecken	
Größe: 9 cm	
Futter: **Allesfresser.** Lebend-, Trocken- und Gefrierfutter	
Temperaturbereich: 22-26 °C	
pH: 6,0-7,0 dH: bis 18°	

Die Art kann paarweise in einem Gesellschaftsbecken gehalten werden, wo die Tiere außerhalb der Laichzeit zumeist friedlich sind. Die Männchen sind größer und haben verlängerte Rücken- und Afterflossen. Die Färbung der Art ist sehr variabel.

Zucht

Die Fische laichen bevorzugt in weichem bis mittelhartem Wasser. Die Eier werden auf einer glatten Unterlage (einem Stein oder einem Stück Schiefer) abgelegt. Beide Eltern kümmern sich um die Jungen, deren erste Nahrung aus frisch geschlüpften *Artemia*-Nauplien bestehen sollte.

Aquarieneinrichtung

Bepflanztes, leicht gefiltertes Gesellschaftsbecken mit Sand oder feinem Kies und vielen Verstecken aus Holz oder Steinen. Regelmäßige Wasserwechsel sind zu empfehlen.

22-26 °C 9 cm

Melanochromis auratus
(Boulenger, 1897)

Türkisgoldbarsch
Familie: **Cichlidae**
Verbreitung: Malawisee
Größe: Männchen 11 cm, Weibchen 9 cm
Futter: **Allesfresser.** Lebend-, Trocken- und Gefrierfutter, Algen
Temperaturbereich: 22-26 °C
pH: 7,0-8,5 dH: bis 15°

Unverträgliche, revierbildende Art, von der man ein Männchen und vier bis fünf Weibchen in einem Aquarium mit vielen Verstecken halten sollte. Die Geschlechter unterscheiden sich in der Färbung: Männchen zeigen mehr Schwarz und haben Eiflecken auf der Afterflosse; Weibchen sind gelblich.

Zucht
Typische Maulbrüterfamilie: Das Weibchen nimmt die Eier auf, die oral befruchtet werden. Die Brutfürsorge endet etwa eine Woche nach Schlüpfen der Jungfische.

Aquarieneinrichtung
Herkömmliches Malawisee-Aquarium mit vielen Steinen und guter Filterung.

22-26 °C 11 cm

Mesonauta festiva
(Heckel, 1840)

23-25 °C 15 cm

Flaggenbuntbarsch
Familie: **Cichlidae**
Verbreitung: Guayana, Amazonasbecken
Größe: 15 cm
Futter: **Allesfresser.** Lebend-, Trocken- und Gefrierfutter, Algen
Temperaturbereich: 23-25 °C
pH: 6,5-7,5 dH: bis 10°

Die meisten der heute im Handel erhältlichen Tiere sind Nachzuchten und vertragen daher neutrales Wasser. Die Fische sind ruhig und etwas ängstlich. Auf Chemikalien und Nitrat reagieren sie sehr empfindlich. Halten Sie die Art nicht mit kleinen Fischen, da diese gefressen werden.

Zucht
Die Zucht ist schwierig. Man benötigt weiches (dH 5°), saures (pH 6,0-6,5), warmes (bis 28 °C) Wasser. Die Eier werden auf eine glatte Oberfläche gelegt, etwa ein Blatt oder einen Stein, und beide Eltern kümmern sich um Laich und Jungfische.

Aquarieneinrichtung
Dicht bepflanztes Becken mit Verstecken aus Holz. Sorgen Sie außerdem für breitblättrige Pflanzen - z. B. Amazonasschwertpflanzen - sowie für einige flache Steine zum Ablaichen. Die Wasserqualität muß durch einen sehr guten Filter und regelmäßige Wasserwechsel sichergestellt werden.

Microgeophagus ramirezi
(Myers und Harry, 1948)

Südamerikanischer Schmetterlingsbuntbarsch
Familie: **Cichlidae**
Verbreitung: Kolumbien, Venezuela
Größe: 7 cm
Futter: **Allesfresser.** Lebend-, Trocken- und Gefrierfutter
Temperaturbereich: 22-26 °C
pH: 7,0 dH: bis 10°

Die meisten der im Handel erhältlichen Tiere sind Nachzuchten, die häufig nicht mehr die Größe und Farbenpracht von Wildfängen erreichen. Die Art eignet sich für ein Gesellschaftsbecken mit weichem Wasser. Männchen haben längere vordere Rückenflossenstrahlen; Weibchen zeigen eine Rotfärbung am Bauch. Die Tiere sind ziemlich kurzlebig, so daß dreijährige Exemplare schon als alt gelten.

Zucht
Die Eier werden auf Steinen oder in Gruben abgelegt. Um die Jungfische, denen man frisch geschlüpfte *Artemia*-Nauplien gibt, kümmern sich beide Elterntiere.

22-26 °C 7 cm

Aquarieneinrichtung
Gut bepflanztes Aquarium mit einigen Steinen und Holz, aber auch mit freiem Schwimmraum. Achten Sie auf die Wasserqualität, da die Tiere in diesem Punkt empfindlich sind und sowohl Chemikalien als auch nicht aufbereitetes Frischwasser nur schlecht vertragen.

Nandopsis festae
(Boulenger, 1899)

Orangeroter Tigerbuntbarsch
Familie: **Cichlidae**
Verbreitung: Ecuador
Größe: 50 cm
Futter: **Fleischfresser.** Lebendfutter, Fleischbrocken
Temperaturbereich: 26-28 °C
pH: 7,0-7,5 dH: bis 12°

Diese Fische haben all die schlechten Gewohnheiten, die man Buntbarschen nachsagt: zänkisch, aggressiv, und sie wühlen viel. Sie sind aber auch sehr schön gefärbt, mit einem Schimmer Blaugrün, Rosa und Gold. Wegen ihres Temperaments werden sie am besten in einem Artenbecken gehalten.

Zucht
Sehr produktive Art. Das Weibchen bewacht die auf flachen Steinen abgelegten Eier, das Männchen verteidigt das Revier. Teil des Laichrituals ist das Graben tiefer Gruben, in die die Jungfische nach dem Ausschlüpfen überführt werden. Sobald diese frei schwimmen, wechseln sich die Eltern in der Bewachung ab. Gefüttert werden sie mit frisch geschlüpften *Artemia*-Nauplien.

26-28 °C   50 cm

Aquarieneinrichtung
Großes Becken, wie bei *N. managuense*, und regelmäßige Wasserwechsel.

Nandopsis friedrichsthalii
(Heckel, 1840)

22-27 °C   bis 25 cm

Friedrichsthal-Buntbarsch
Familie: **Cichlidae**
Verbreitung: Mittelamerika
Größe: bis 25 cm
Futter: **Allesfresser.** Lebend-, Trocken- und Gefrierfutter
Temperaturbereich: 22-27 °C
pH: 7,0-7,5 dH: bis 15°

Ein friedlicher, mittelamerikanischer Buntbarsch, der in einem Becken mit einigen wenigen großen, robusten Pflanzen, die viel freien Schwimmraum gewährleisten, gehalten werden sollte. Die Männchen sind normalerweise größer und dunkler gefärbt.

In der Natur fressen diese Barsche fast ausschließlich Fische und anderes Lebendfutter, im Aquarium sind sie Allesfresser.

Zucht
Die Tiere laichen auf Steinen ab. Nachdem die Jungen geschlüpft sind, werden sie in Gruben untergebracht.

Aquarieneinrichtung
Wie bei *N. managuense*, außerdem können aber einige robuste Pflanzen eingesetzt werden.

Nandopsis managuense
(Günther, 1866)

Managua-Buntbarsch
Familie: **Cichlidae**
Verbreitung: Östliches Honduras, Nicaragua, Costa Rica
Größe: bis 70 cm, im Aquarium meist nur 30 cm
Futter: **Allesfresser.** Lebend-, Trocken- und Gefrierfutter, Futtertabletten
Temperaturbereich: 23-25 °C
pH: 7,0-8,5 dH: bis 15°

Gegenüber Artgenossen und anderen Fischen unverträglich. Die Geschlechter sind schwer zu unterscheiden. Normalerweise sind die Männchen größer, stärker gefärbt und haben spitzer ausgezogene Rücken- und Afterflossen. In ihren Heimatländern sind sie wichtige Speisefische.

Zucht
Die sehr fruchtbare Art kann bis zu 5.000 gelbe Eier legen. Das Weibchen übernimmt anschließend den größten Teil der Brutpflege.

23-25 °C   bis 70 cm

Aquarieneinrichtung
Großes, gut gefiltertes Becken mit freiem Schwimmraum ebenso wie mit geschützten Bereichen. Legen Sie die Dekoration direkt auf den Beckenboden, da die Fische wühlen. Sichern Sie außerdem Ihre Pflanzen vor den „Ausgrabungsarbeiten".

NANDOPSIS OCTOFASCIATUM

(REGAN, 1903)

22-25 °C 20 cm

Achtbindenbuntbarsch
Familie: **Cichlidae**
Verbreitung: Guatemala, Yucatán, Honduras
Größe: 20 cm
Futter: **Allesfresser.** Lebend-, Trocken- und Gefrierfutter, pflanzliche Kost
Temperaturbereich: 22-25 °C
pH: 6,5-7,0 dH: bis 12°

Diese unverträglichen und bissigen Fische benötigen ein Artenbecken. Bei den Männchen sind Rücken- und Afterflossen spitzer ausgezogen, ebenso wie die Genitalpapille, die bei den Weibchen gerundet ist.

Zucht

Leicht zu züchten, da sie bereitwillig Paare bilden und auf Steinen bis zu 800 Eier ablegen. Die in Gruben untergebrachten Jungfische werden von beiden Eltern betreut.

Aquarieneinrichtung

Gut gefiltertes Becken mit zahlreichen Höhlen zum Verstecken. Legen Sie das Holz und die Steine zur Sicherheit direkt auf den Beckenboden. Da die Tiere Pflanzen fressen, sollten Sie auf Holz gesetzten Javafarn oder künstliche Pflanzen verwenden.

NANDOPSIS SALVINI

(GÜNTHER, 1862)

Salvins Buntbarsch
Familie: **Cichlidae**
Verbreitung: Südmexiko, Guatemala, Honduras
Größe: 15 cm
Futter: **Allesfresser**
Temperaturbereich: 22-26 °C
pH: 7,0 dH: bis 10°

Diese sehr reizvoll gefärbte Art wühlt nicht, vergreift sich nicht an Pflanzen und kann, obwohl oft aggressiv, mit ähnlich großen Fischen vergesellschaftet werden. Die Männchen sind größer und farbiger als die Weibchen, die einen dunklen Fleck in der Rückenflosse und auf dem unteren Rand des Kiemendeckels aufweisen.

Zucht

Die Art pflanzt sich leicht fort. Beide Elterntiere kümmern sich um den auf gesäuberten Steinen abgelegten Laich und die Jungfische.

Aquarieneinrichtung

Gut gefiltertes, bepflanztes Becken mit einigen Verstecken.

22-26 °C 15 cm

NANDOPSIS TETRACANTHUS

(CUVIER UND VALENCIENNES, 1831)

Kubabuntbarsch
Familie: **Cichlidae**
Verbreitung: Kuba
Größe: 25 cm
Futter: **Allesfresser.** Lebend-, Trocken- und Gefrierfutter
Temperaturbereich: 21-26 °C
pH: 6,5-7,5 dH: bis 15°

Revierbildende, aber nicht sehr aggressive Art, die in Sümpfen, Seen und sogar Brackwasser vorkommt und mit anderen mittelamerikanischen Fischen und Welsen vergesellschaftet werden kann. Geschlechtsunterschiede sind kaum erkennbar. Die Männchen werden größer, und die Weibchen zeigen zur Laichzeit eine schwarze Bauchpartie und dunkle vertikale Bänder auf einem silberweißen Körper.

Zucht

Typischer Offenbrüter, der bis zu 500 Eier ablegt. Die Eltern kümmern sich gut um Laich und Jungfische.

21-26 °C 25 cm

Aquarieneinrichtung

Gut gefiltertes Becken mit ausreichend Verstecken aus Steinen und Holz. Einige große Pflanzen können ebenfalls eingesetzt werden, da sie die Reviergrenzen markieren. Regelmäßig Wasser wechseln.

Nandopsis trimaculatum

(Günther, 1866)

23-30 °C 36 cm

Schulterfleckbuntbarsch
Familie: **Cichlidae**
Verbreitung: Mittelamerika
Größe: Männchen 36 cm, Weibchen 25 cm
Futter: **Allesfresser.** Lebend-, Trocken- und Gefrierfutter, pflanzliche Kost
Temperaturbereich: 23-30 °C
pH: 7,0-8,0 dH: bis 15°

Möglicherweise einer der aggressivsten Buntbarsche, so daß er nur mit Fischen vergesellschaftet werden sollte, die sich wehren können. Die Männchen sind größer als die dunkler gefärbten Weibchen, die zur Laichzeit außerdem senkrechte Binden zeigen. Pflanzen werden ausgegraben und zerstört.

Zucht

Typischer Offenbrüter mit gutem Brutpflegeverhalten. Die Zucht gelingt am besten mit jungen Paaren.

Aquarieneinrichtung

Großes Aquarium mit einem Bodengrund aus Kies und vielen Verstecken. Legen Sie die Steine und das Holz auf den Beckenboden, um Unfälle beim Wühlen der Fische zu vermeiden. Sorgen Sie außerdem für eine gute Filterung, die mit dem Schmutz fertig wird, der beim Wühlen entsteht.

Nannacara anomala

Regan, 1905

22-25 °C 9 cm

Gestreifter Zwergbuntbarsch, Glänzender Zwergbuntbarsch
Familie: **Cichlidae**
Verbreitung: Guayana
Größe: Männchen 9 cm, Weibchen 5 cm
Futter: **Fleischfresser.** Lebendfutter, nimmt manchmal auch Trockenfutter
Temperaturbereich: 22-25 °C
pH: 6,0-6,5 dH: bis 10°

Kann zusammen mit anderen friedlichen Fischen in einem Gesellschaftsbecken gehalten werden. Lediglich zur Laichzeit wird ein Revier gebildet und verteidigt, so daß es passieren kann, daß andere Fische in einer Ecke des Beckens zusammengedrängt werden. Männchen sind größer und stärker gefärbt als Weibchen.

Zucht

Die Eier werden in Höhlen abgelegt. Das Weibchen bewacht den Laich und die Jungfische. Untersuchungen haben gezeigt, daß seine ruckartige Schwimmweise bei den Jungen den Folgetrieb auslöst.

Aquarieneinrichtung

Dicht bepflanztes und gut gefiltertes Gesellschaftsbecken mit Höhlen und anderen Verstecken.

Neolamprologus brichardi

Poll, 1974

22-25 °C 10 cm

Feenbarsch, Prinzessin von Burundi
Familie: **Cichlidae**
Verbreitung: Tanganjikasee
Größe: 10 cm
Futter: **Allesfresser.** Lebend-, Trocken- und Gefrierfutter
Temperaturbereich: 22-25 °C
pH: 7,5-8,5 dH: bis 20°

Diesen schönen kleinen Barsch aus der felsigen Uferzone könnte man fast für einen Meerwasserfisch halten. Geschlechtsunterschiede sind gering, abgesehen von den etwas stärker ausgezogenen Rücken- und Afterflossen der Männchen. Halten Sie nach Möglichkeit einen Schwarm. Paarbildung erfolgt nur zur Laichzeit.

Zucht

Die Weibchen bewachen die in Höhlen abgelegten Eier, um die Jungfische kümmern sich die Elterntiere kaum. Oft findet man Jungfische verschiedener Generationen, die in einer „Familiengemeinschaft" leben, wobei ältere Geschwister bei der Betreuung jüngerer helfen.

Aquarieneinrichtung

Gut gefiltertes Becken mit Felsaufbauten, sandigem Boden und einigen Pflanzen.

Neolamprologus leleupi

Poll, 1956

24-26 °C 10 cm

Tanganjika-Goldcichlide
Familie: **Cichlidae**
Verbreitung: Tanganjikasee
Größe: 10 cm
Futter: **Fleischfresser.** Hauptsächlich Lebendfutter, nimmt aber auch Trockenfutter
Temperaturbereich: 24-26 °C
pH: 7,5-8,5 dH: bis 15°

Diese attraktive Art ist relativ friedlich. Die Männchen werden allerdings aggressiv, wenn zu viele Weibchen im Becken sind. Unglücklicherweise sind die Geschlechter aber kaum zu unterscheiden.

Zucht

Höhlenbrüter, wobei sich das Weibchen um die rund 100 Eier und die Jungen kümmert, während das Männchen das Revier verteidigt. Das Becken muß sehr sauber gehalten werden, da die Brut anfällig für bakterielle Infektionen ist.

Aquarieneinrichtung

Becken mit Sand und vielen Felsaufbauten sowie einigen Pflanzen. Zur Aufrechterhaltung der Wasserqualität sind eine gute Filterung und regelmäßige Wasserwechsel erforderlich.

Nimbochromis linni

(Burgess und Axelrod, 1975)

23-26 °C 25 cm

Rüssel-Polystigma
Familie: **Cichlidae**
Verbreitung: Malawisee
Größe: 25 cm
Futter: **Allesfresser.** Lebend-, Trocken- und Gefrierfutter, Futtertabletten
Temperaturbereich: 23-26 °C
pH: 8,0-8,5 dH: 10-15°

Das Maul dieses Raubfisches ist charakteristisch für seine Lebensweise: Gefräßig verschlingt er jeden anderen Fisch, der zwischen seine Kiefer paßt. Daher sollte man die Art nur mit Fischen ähnlicher Größe vergesellschaften. Die Männchen sind stärker gefärbt, haben eine rot-gelb-weiß gesäumte Rückenflosse und Eiflecken auf der Afterflosse.

Zucht

Das Weibchen brütet die Eier bis zu einer Woche im Maul aus und kümmert sich anschließend auch um die Jungfische, die sich bei Gefahr immer wieder in ihr Maul zurückziehen.

Aquarieneinrichtung

Typisches, gut gefiltertes Malawisee-Becken mit Sand oder Kies und vielen Steinen, zwischen denen sich die Tiere verstecken können, aber auch mit offenen Bereichen. Pflanzen können ebenfalls eingesetzt werden.

Nimbochromis livingstonii

(Günther, 1893)

24-27 °C 20 cm

Schläfer
Familie: **Cichlidae**
Verbreitung: Malawisee
Größe: 20 cm
Futter: **Allesfresser.** Lebend-, Trocken- und Gefrierfutter
Temperaturbereich: 24-27 °C
pH: 8,0-8,5 dH: 10-15°

Revierbildender, aber gegenüber Artgenossen friedlicher Buntbarsch. Halten Sie ein Männchen mit mehreren Weibchen. Männchen sind stärker gefärbt und haben Eiflecken auf der Afterflosse. Ihr natürlicher Lebensraum ist die Uferregion mit sandigem Untergrund. Bei der Jagd können sie sich mit der Seite flach auf den Boden legen und sich tot stellen. Kommt ein Fisch, um von dem vermeintlichen „Aas" zu fressen, schnappen sie blitzschnell zu.

Zucht

Die Weibchen brüten die bis zu 100 Eier im Maul aus.

Aquarieneinrichtung

Gut gefiltertes Becken mit feinem Kies, einigen Pflanzen und Steinaufbauten, zwischen denen die Tiere ein Revier errichten und dessen Höhlen sie nutzen können.

Paratheraps synspilum

Hubbs, 1935

24-27 °C 35 cm

Deutscher Name ist nicht bekannt
Familie: **Cichlidae**
Verbreitung: Mittelamerika
Größe: 35 cm
Futter: **Allesfresser.** Lebend-, Trocken-, Gefrierfutter, Futtertabletten, pflanzliche Kost
Temperaturbereich: 24-27 °C
pH: 7,0-7,5 dH: bis 15°

Sicher einer der spektakulärsten mittelamerikanischen Buntbarsche. Er ist revierbildend und gegenüber Artgenossen sehr aggressiv; andere Fische werden meist nicht belästigt. Die Unterscheidung der Geschlechter ist schwierig; alte Männchen entwickeln aber oft einen Stirnbuckel. Wenn Sie züchten wollen, sollten Sie einen Schwarm Jungtiere halten, in dem sich die Paare selbst finden können. Eine abwechslungsreiche Kost verbessert die Färbung der Tiere.

Zucht

Produktive Art: Über 1.000 Eier werden auf einem gesäuberten Stein abgelegt. Die Eltern bewachen Laich und Jungfische.

Aquarieneinrichtung

Großes, gut gefiltertes Becken mit Steinen und Holz, aber auch offenem Schwimmraum. Regelmäßige Wasserwechsel sind zu empfehlen.

Pelvicachromis humilis

(Boulenger, 1916)

24-26 °C   12,5 cm

Deutscher Name ist nicht bekannt
Familie: **Cichlidae**
Verbreitung: Westafrika
Größe: Männchen 12,5 cm, Weibchen 10 cm
Futter: **Allesfresser.** Lebend-, Trocken- und Gefrierfutter
Temperaturbereich: 24-26 °C
pH: 6,0-6,5 dH: bis 8°

Von diesem relativ kleinen Fisch sind drei Farbvarianten bekannt, die vom jeweiligen Lebensraum abhängen. Männchen sind größer als Weibchen und haben spitze Rücken-, After- und Bauchflossen. Die Art ist friedlich, außer wenn zur Laichzeit Reviere gebildet werden.

Zucht
Höhlenbrüter, bei denen sich beide Elternteile an der Aufzucht der Brut beteiligen.

Aquarieneinrichtung
Geräumiges, alteingerichtetes, gut bepflanztes Aquarium mit weichem und leicht saurem Wasser sowie einem sehr effizienten Filtersystem, das eine gute Wasserqualität gewährleistet.

Pelvicachromis pulcher

(Boulenger, 1901)

Purpurprachtbarsch
Familie: **Cichlidae**
Verbreitung: Nigeria
Größe: 10 cm
Futter: **Allesfresser.** Lebend-, Trocken- und Gefrierfutter
Temperaturbereich: 24-25 °C
pH: 6,5-7,5 dH: bis 12°

Wie viele andere Buntbarsche auch wird diese Art in großen Mengen für den Handel gezüchtet, mit dem Ergebnis, daß häufig zu kleine, blasse und schwächliche Exemplare in die Aquarien kommen. Man kann die Tiere in einem Gesellschaftsbecken halten. Männchen sind größer und haben längere und spitzere Rücken- und Afterflossen; die Weibchen sind farbenprächtiger und besitzen eine abgerundete Afterflosse.

Zucht
Die Eier werden in Höhlen abgelegt. Die Weibchen kümmern sich um den Laich, während die Männchen das Revier verteidigen. An der Aufzucht der Jungfische beteiligen sich beide Elterntiere. Lassen Sie die Jungen so lange bei den Eltern, bis diese wieder laichbereit sind. Andernfalls gerät das Männchen zu schnell wieder in Balzstimmung und tyrannisiert das Weibchen.

Aquarieneinrichtung
Gut gefiltertes, bepflanztes Gesellschaftsbecken mit Höhlen und anderen Verstecken.

24-25 °C   10 cm

Pelvicachromis roloffi

(Thys, 1968)

Roloffs Prachtbarsch
Familie: **Cichlidae**
Verbreitung: Westafrika
Größe: Männchen 8,5 cm, Weibchen 6 cm
Futter: **Allesfresser.** Lebend-, Trocken- und Gefrierfutter
Temperaturbereich: 24-26 °C
pH: 6,0-7,0 dH: bis 8°

Dieser ruhige, kleine Fisch kann in einem Gesellschaftsaquarium gehalten werden. Reviere werden nur zur Laichzeit gebildet. Die größeren Männchen haben ausgezogene Rücken-, After- und Bauchflossen sowie ein dunkles Längsband auf der Flanke, die Weibchen einen rundlichen, violetten Bauch.

24-26 °C   8,5 cm

Zucht
Dem Ablaichen in einer Höhle geht eine längere Balz voraus. Laich und Jungtiere werden von beiden Eltern betreut.

Aquarieneinrichtung
Wie bei *P. humilis.*

Placidochromis electra
(Burgess, 1979)

24-26 °C bis 16 cm

Likomamaulbrüter
Familie: **Cichlidae**
Verbreitung: Malawisee
Größe: bis 16 cm
Futter: **Allesfresser.** Lebend-, Trocken- und Gefrierfutter
Temperaturbereich: 24-26 °C
pH: 8,0-9,0 dH: bis 18°

Diese friedliche Art kann problemlos mit anderen verträglichen Malawisee-Buntbarschen gehalten werden. Pflanzen werden nicht beschädigt. Männchen sind größer und farbenprächtiger als Weibchen. Die Tiere bilden ein Revier und pflanzen sich selbst in Gesellschaftsbecken fort.

Zucht
Die Eier werden vom Weibchen, das sich auch um die Jungfische kümmert, im Maul ausgebrütet.

Aquarieneinrichtung
Typisches Malawisee-Becken mit vielen Steinen und einigen Pflanzen.

Protomelas annectens
(Regan, 1922)

24-26 °C 20 cm

Deutscher Name ist nicht bekannt
Familie: **Cichlidae**
Verbreitung: Malawisee
Größe: 20 cm
Futter: **Allesfresser.** Lebend-, Trocken- und Gefrierfutter
Temperaturbereich: 24-26 °C
pH: 7,5-9,0 dH: bis 20°

Dieser friedliche Buntbarsch kann mit Arten derselben Gattung oder anderen Fischen von ähnlichem Charakter vergesellschaftet werden. Die Männchen zeigen etwas mehr Blau in der Färbung und sind größer als die Weibchen. Die Tiere durchsieben den Bodengrund gern nach Nahrung, wühlen aber nicht im eigentlichen Sinne, so daß auch keine Pflanzen entwurzelt werden.

Zucht
Einzelheiten zur Zucht sind nicht bekannt.

Aquarieneinrichtung
Gut gefiltertes Becken mit Steinaufbauten, Pflanzendickichten und einem Bodengrund aus Sand.

Pseudocrenilabrus multicolor
(Hilgendorf, 1903)

20-24 °C 8 cm

Vielfarbenmaulbrüter, Kleiner Maulbrüter
Familie: **Cichlidae**
Verbreitung: Vom unteren Nil bis Uganda und Tansania
Größe: 8 cm
Futter: **Allesfresser.** Lebend-, Trocken- und Gefrierfutter
Temperaturbereich: 20-24 °C
pH: 6,5-7,5 dH: bis 12°

Dieser kleine Fisch kann ohne größere Probleme in einem Gesellschaftsbecken gehalten werden. Die Männchen sind größer und – besonders zur Laichzeit – auch stärker gefärbt als die Weibchen.

Zucht
Die Eier werden in einer Laichgrube abgelegt und erst nach der Befruchtung vom Weibchen ins Maul genommen. Die Jungen schlüpfen nach etwa zehn Tagen.

Aquarieneinrichtung
Bepflanztes Gesellschaftsbecken mit vielen Verstecken. Sorgen Sie für eine gute Wasserqualität, und führen Sie regelmäßige Wasserwechsel durch.

Pseudocrenilabrus philander dispersus
(Trewavas, 1936)

21-24 °C 11 cm

Messingmaulbrüter, Kupfermaulbrüter
Familie: **Cichlidae**
Verbreitung: Südafrika
Größe: 11 cm
Futter: **Allesfresser.** Lebend-, Trocken- und Gefrierfutter
Temperaturbereich: 21-24 °C
pH: 6,5-7,5 dH: bis 12°

Die Art kann sehr aggressiv und rauflustig sein, besonders zur Laichzeit. Während dieser Periode wühlen die Tiere auch gern. Man sollte sie nur mit Fischen vergesellschaften, die sich wehren können. Männchen sind stärker gefärbt als Weibchen.

Zucht
Vergleichbar *P. multicolor.*

Aquarieneinrichtung
Gut gefiltertes Becken mit Verstecken aus Steinen und Holz sowie robusten Pflanzen, die man – falls nötig – eintopfen sollte.

Pseudotropheus lombardoi

Burgess, 1977

Malawiprachtmaulbrüter	
Familie: **Cichlidae**	
Verbreitung: Malawisee	
Größe: 15 cm	
Futter: **Allesfresser.** Lebend-, Trocken- und Gefrierfutter	
Temperaturbereich: 24-26 °C	
pH: 8,0-8,5 dH: bis 18°	

Beide Geschlechter können sehr aggressiv sein und anderen Fischen Verletzungen zufügen. Unterscheiden lassen sie sich in der Färbung: Männchen sind leuchtend gelb mit Eiflecken auf der Afterflosse, Weibchen sind hellblau mit dunklen Bändern. Halten Sie ein Männchen mit zwei Weibchen.

Zucht

Die maulbrütenden Weibchen kümmern sich um Eier und Jungfische. Diese lassen sich leicht mit frisch geschlüpften *Artemia*-Nauplien und pulverisiertem Trockenfutter aufziehen.

Aquarieneinrichtung

Großes, gut gefiltertes und nicht zu dicht besetztes Malawisee-Aquarium, in dem ausreichend Platz zur Revierbildung ist. Sorgen Sie für einige Steine oder Holzstücke, die als Reviergrenzen genutzt werden können.

24-26 °C 15 cm

Pseudotropheus socolofi

Johnson, 1974

Blauer Maulbrüter	
Familie: **Cichlidae**	
Verbreitung: Malawisee	
Größe: 12 cm	
Futter: **Allesfresser.** Lebend-, Trocken- und Gefrierfutter	
Temperaturbereich: 24-26 °C	
pH: 8,0-8,5 dH: bis 18°	

Eine friedliche Art, nur während der Laichzeit etwas zänkisch. Männchen erkennt man an den Eiflecken auf der Afterflosse.

Zucht

Typische Maulbrüter. Das Weibchen betreut Eier und Jungfische. Sobald diese frei schwimmen, hört die Brutpflege auf.

Aquarieneinrichtung

Malawisee-Becken mit Felsaufbauten.

24-26 °C 12 cm

Pseudotropheus tropheops

Regan, 1921

Gelber Maulbrüter	
Familie: **Cichlidae**	
Verbreitung: Malawisee	
Größe: bis 20 cm	
Futter: **Allesfresser.** Lebend-, Trocken- und Gefrierfutter, pflanzliche Kost	
Temperaturbereich: 24-26 °C	
pH: 8,0-8,5 dH: bis 20°	

Diese Art verhält sich nicht nur gegenüber Artgenossen aggressiv, sondern belästigt auch andere Fische. Die revierbildenden Männchen sind größer und stärker gefärbt als die Weibchen und haben Eiflecken auf der Afterflosse. Halten Sie ein Männchen mit mehreren Weibchen. Es existieren verschiedene Farbvarianten.

Zucht

Typischer Maulbrüter. Es werden etwa 40 Eier gelegt. Die Jungfische werden nur wenige Tage von der Mutter bewacht.

Aquarieneinrichtung

Malawisee-Aquarium mit Felsaufbauten und einigen Pflanzen, damit die Fische ein Revier abgrenzen können.

24-26 °C bis 20 cm

Pseudotropheus zebra

(Boulenger, 1899)

Blauer Njassabuntbarsch, Malawiblaubarsch

Familie: **Cichlidae**

Verbreitung: Malawisee

Größe: 12 cm

Futter: **Allesfresser.** Lebend-, Trocken- und Gefrierfutter, pflanzliche Kost

Temperaturbereich: 22-27 °C

pH: 8,0-9,0 dH: bis 20°

Ein ausgesprochen kampflustiger Fisch, der viel Platz für sein Revier benötigt, da er sonst alle anderen Aquarienbewohner tyrannisiert. Halten Sie ein Männchen, das an den Eiflecken auf der Afterflosse zu erkennen ist, zusammen mit mehreren Weibchen. Die Weibchen bilden manchmal Schwärme. Es existieren mehrere Farbvarianten.

Zucht

Typische Maulbrüter. Die Weibchen legen bis zu 60 Eier ab, wobei die mütterliche Brutfürsorge nach Freisetzung der Jungfische maximal acht Tage andauert.

Aquarieneinrichtung

Becken mit Felsdekoration, in der eine Menge Höhlen und Spalten vorhanden sein sollten. Dazu einige Pflanzen, damit die Fische ein Revier abgrenzen können.

22-27 °C 12 cm

Pterophyllum altum

Pellegrin, 1903

Hoher Segelflosser

Familie: **Cichlidae**

Verbreitung: Orinoco-Becken

Größe: 18 cm

Futter: **Allesfresser.** Lebend-, Trocken- und Gefrierfutter, pflanzliche Kost

Temperaturbereich: 28-30 °C

pH: 5,5-6,0 dH: bis 8°

Von dieser Art sind nur Wildfänge im Handel. Sie sind sehr anspruchsvoll in Bezug auf die Wasserqualität und benötigen hohe Temperaturen. Die majestätisch anzusehenden Tiere unterscheiden sich von *P. scalare* durch die steil ansteigende Rückenlinie und die sattelförmige Vertiefung über der „Schnauze". Es gibt Kreuzungen mit *P. scalare*, deren Nachkommen viel höhere Flossen haben. Ein friedlicher Fisch, der am besten in einem Artenbecken gehalten wird.

28-30 °C 18 cm

Zucht

Es gibt Zuchterfolge, die aber nicht detailliert beschrieben sind.

Aquarieneinrichtung

Hohes Aquarium (möglichst 60 cm) mit großen Pflanzen, etwa Amazonaspflanzen, und Moorkienholz. Die Art benötigt ein sehr effizientes Filterungssystem, damit die Wasserqualität erhalten bleibt.

Pterophyllum scalare

(Lichtenstein, 1823)

Segelflosser, Skalar

Familie: **Cichlidae**

Verbreitung: Vom mittleren Amazonas bis nach Peru und Ecuador

Größe: 15 cm

Futter: **Allesfresser.** Lebend-, Trocken- und Gefrierfutter, pflanzliche Kost

Temperaturbereich: 24-28 °C

pH: 6,5-7,5 dH: bis 10°

In den Handel kommen praktisch nur noch Nachzuchten, die in Südostasien, Südafrika und den USA in großen Mengen gezüchtet werden. Dabei sind viele verschiedene Varianten entstanden, die sich in Farbe und Form der Flossen unterscheiden. Allerdings hat diese Überzüchtung auch zu Degenerationserscheinungen geführt, etwa mangelhafter Färbung oder Zwergwuchs. Gute Züchtungslinien sind aber meist recht robust. Skalare können im Gesellschaftsbecken gehalten werden, fressen aber manchmal kleine Fische, etwa Neonsalmler. Die Geschlechter lassen sich nur anhand der Genitalpapille unterscheiden, die bei den Männchen spitz, bei den Weibchen abgerundet ist.

Zucht

Die Eier werden auf einem gesäuberten Blatt oder Stein abgelegt. Beide Eltern kümmern sich um die Jungfische.

Aquarieneinrichtung

Großes, alteingerichtetes, gut gefiltertes, möglichst warmes Aquarium mit vielen Pflanzen. Besonders gut eignen sich hohe Becken, da die Fische ihre Flossen dann besser zeigen können. Regelmäßige Wasserwechsel sind zu empfehlen.

24-28 °C 15 cm

Satanoperca acuticeps

Heckel, 1840

Spitzkopf
Familie: **Cichlidae**
Verbreitung: Amazonasbecken
Größe: 25 cm
Futter: **Allesfresser.** Lebend-, Trocken- und Gefrierfutter
Temperaturbereich: 24-26 °C
pH: 6,5-7,0 dH: bis 12°

Ein schöner, nicht aggressiver Buntbarsch, der mit anderen friedlichen Fischen vergesellschaftet werden kann. Sein einziger Nachteil ist, daß er gerne wühlt. Männchen haben verlängerte Rücken- und Afterflossen.

Zucht
Der einzige Zuchtbericht stammt aus der Zeit um die Jahrhundertwende. Er gibt an, die Fische seien Freilaicher und die Brutpflege würde von beiden Elterntieren übernommen.

Aquarieneinrichtung
Großes, gut gefiltertes Aquarium mit Stein- und Holzaufbauten. Einige gut verwurzelte, große Pflanzen können eingesetzt werden, müssen aber durch Steine vor dem Ausgraben geschützt werden.

24-26 °C 25 cm

Satanoperca daemon

Heckel, 1840

26-30 °C 30 cm

Teufelskralle
Familie: **Cichlidae**
Verbreitung: Orinoco, Amazonas und Rio Negro (Südamerika)
Größe: 30 cm
Futter: **Allesfresser.** Lebend-, Trocken- und Gefrierfutter
Temperaturbereich: 26-30 °C
pH: 6,0-6,5 dH: bis 10°

Diese recht friedliche Art wird oft mit *S. acuticeps* verwechselt. Sie hat aber zwei Flecken auf der Flanke und einen weiteren auf der Schwanzflossenwurzel, während *S. acuticeps* drei Flecken auf der Flanke und einen auf der Schwanzflossenwurzel zeigt. Ausgewachsene Männchen haben verlängerte Rückenflossenstrahlen.

Zucht
Nicht bekannt.

Aquarieneinrichtung
Großes Aquarium mit einem Bodengrund aus Sand oder feinem Kies und gut verwurzelten Pflanzen. Eine effiziente Filterung, die mit dem Schmutz zurechtkommt, der beim Wühlen aufgewirbelt wird, ist unbedingt erforderlich.

Satanoperca jurupari

Heckel, 1840

24-26 °C 25 cm

Teufelsangel
Familie: **Cichlidae**
Verbreitung: Brasilien, Guayana
Größe: 25 cm, normalerweise kleiner
Futter: **Allesfresser.** Lebend-, Trocken- und Gefrierfutter
Temperaturbereich: 24-26 °C
pH: 6,0-7,0 dH: bis 10°

Ein recht friedlicher Fisch. Die Tiere sind starke Wühler und können erstaunliche Mengen an Kies umherbewegen. Eine Unterscheidung der Geschlechter ist außerhalb der Paarungszeit unmöglich.

Zucht
Die bis zu 400 Eier werden auf einer glatten Fläche abgelegt. 24 Stunden später nimmt das Weibchen sie ins Maul, bewahrt sie jedoch vorn oben am Gaumen und nicht wie die meisten Buntbarsche im Kehlsack auf. Die Elterntiere teilen sich die Brutpflege, Eier und Jungfische werden von beiden abwechselnd im Maul getragen.

Aquarieneinrichtung
Großes Aquarium mit Sand oder feinem Kies, gut verwurzelten Pflanzen und einigen Steinen, die auf den Beckenboden gelegt werden sollten, damit die Fische sie nicht unterhöhlen können. Sorgen Sie außerdem für einen guten Filter, der mit dem Schmutz fertig wird, den die Tiere aufwirbeln.

Spathodus marlieri

Poll, 1950

25-27 °C bis 9 cm

Marliers Grundelbuntbarsch
Familie: **Cichlidae**
Verbreitung: Tanganjikasee
Größe: bis 9 cm
Futter: **Allesfresser.** Lebend-, Trocken- und Gefrierfutter
Temperaturbereich: 25-27 °C
pH: 7,5-8,5 dH: 10-20°

Eine relativ friedliche Art, solange es genug Schlupfwinkel und Spalten gibt, in die die Tiere schlüpfen können. Zur Paarungszeit werden sie oft unverträglich. Die Männchen sind größer und bekommen mit zunehmendem Alter einen Stirnbuckel. Halten Sie die Fische paarweise.

Zucht
Das Weibchen nimmt zunächst die Eier im Maul auf, anschließend den Samen des Männchens und kümmert sich dann etwa 10 bis 14 Tage um Eier und Jungfische, bevor das Männchen die Brutpflege übernimmt.

Aquarieneinrichtung
Gut gefiltertes Becken mit relativ hartem, alkalischem Wasser. Der Bodengrund sollte aus feinem Sand bestehen; außerdem sollten Steinaufbauten und Pflanzen zum Verstecken vorhanden sein.

Steatocranus casuarius

Poll, 1939

Buckelkopfbuntbarsch
Familie: **Cichlidae**
Verbreitung: Unterer und mittlerer Zaïre
Größe: Männchen 11 cm, Weibchen 8 cm
Futter: **Allesfresser.** Lebend-, Trocken- und Gefrierfutter, Futtertabletten
Temperaturbereich: 24-28 °C
pH: 6,5-7,0 dH: bis 18°

Dieser etwas aggressive Fisch gilt allgemein als häßlich, da die Männchen ein mächtiges Fettpolster auf der Stirn haben. Bei den Weibchen ist dieser Auswuchs deutlich kleiner. Die Art lebt in Einehe; auch beim Tode eines der Partner wird kein Ersatz angenommen. Die Fische können wegen einer verkleinerten Schwimmblase nicht im Wasser schweben, sondern sie bewegen sich – ähnlich wie Grundeln – ruckartig auf dem Boden fort.

Zucht
Die nur 20 bis 60 Eier werden in einer Höhle abgelegt, etwa einem Blumentopf, und von den Eltern betreut.

24-28 °C 11 cm

Aquarieneinrichtung
Becken mit Steinen, Holz und Pflanzen. Sorgen Sie für Höhlen und andere Verstecke und für eine effiziente Filterung.

Symphysodon aequifasciatus

Pellegrin, 1903

Grüner Diskus
Familie: **Cichlidae**
Verbreitung: Amazonas
Größe: bis 15 cm
Futter: **Fleischfresser.** Kleines Lebendfutter, Nachzuchten nehmen normalerweise auch Trocken- und Gefrierfutter
Temperaturbereich: 26-30 °C
pH: 6,5 dH: bis 5°

Ein sehr friedlicher Fisch, der nur während der Laichzeit ein Revier bildet. Man hält am besten mehrere Exemplare in einem Artenbecken, damit sich die Paare selbst finden können. Die Geschlechter lassen sich nur an der Genitalpapille unterscheiden, die bei den Männchen spitz und bei den Weibchen abgerundet ist.

26-30 °C 15 cm

Zucht
Zur Zucht wird warmes, leicht saures, weiches Wasser benötigt. Die Eier werden auf eine gereinigte Oberfläche gelegt und von den Eltern betreut. Nach dem Freischwimmen ernähren sich die Jungfische anfangs von einem Hautsekret der Eltern.

Aquarieneinrichtung
Großes Becken mit Pflanzen und Holz. Gute Wasserqualität und regelmäßige Wasserwechsel sind wichtig.

Symphysodon discus

Heckel, 1840

26-30 °C 20 cm

Echter Diskus, Pompadourfisch

Familie: **Cichlidae**

Verbreitung: Rio Negro (Südamerika)

Größe: 20 cm

Futter: **Fleischfresser.** Kleines Lebendfutter, nimmt aber auch Trocken- und Gefrierfutter

Temperaturbereich: 26-30 °C

pH: 6,0-6,5 dH: bis 5°

Im Verhalten und bezüglich der Geschlechtsunterschiede ähnelt dieser Fisch aus ruhigen, pflanzenreichen Gewässern *S. aequifasciatus*. Von *S. discus* existieren zahlreiche Unterarten und Zuchtformen, die sich in Farbe, Körperform und Flossenausprägung oder in einer Kombination dieser Merkmale unterscheiden.

Zucht

Ähnlich *S. aequifasciatus*. Allerdings schlechter zu züchten, da es schwierig ist, die Tiere zur Eiablage anzuregen.

Aquarieneinrichtung

Möglichst geräumiges, hohes Becken mit weichem Bodengrund und einigen großen Pflanzen und Wurzeln. Sorgen Sie für gedämpfte Beleuchtung, Temperaturen von etwa 27 °C im Sommer und 24 °C im Winter und für eine gute Filterung, damit eine optimale Wasserqualität gewährleistet bleibt.

Teleogramma brichardi

Poll, 1959

20-23 °C 12 cm

Quappenbuntbarsch

Familie: **Cichlidae**

Verbreitung: Unterlauf des Zaïre

Größe: Männchen 12 cm, Weibchen 9 cm

Futter: **Allesfresser.** Lebend-, Trocken- und Gefrierfutter

Temperaturbereich: 20-23 °C

pH: 6,5-7,0 dH: bis 10°

Die Art benötigt viel Platz, weil sie große Reviere bildet und gegenüber Artgenossen sehr unverträglich ist. Weibchen haben einen breiten, weißen Saum in der Rücken- und im oberen Teil der Schwanzflosse; bei den Männchen ist dieser Streifen schmaler.

Zucht

Die Eier werden in Höhlen abgelegt. Anschließend vertreibt das Weibchen seinen Partner und sorgt für die Brut, während das Männchen das Revier verteidigt. Sobald die Jungen frei schwimmen, werden sie von den Eltern kaum noch beachtet.

Aquarieneinrichtung

Verwenden Sie Steinaufbauten mit vielen Höhlen und Spalten, und sorgen Sie für eine gute Filterung.

Telmatochromis bifrenatus

Myers, 1936

24-26 °C 6 cm

Zweibandcichlide

Familie: **Cichlidae**

Verbreitung: Tanganjikasee

Größe: 6 cm

Futter: **Allesfresser.** Lebend-, Trocken- und Gefrierfutter

Temperaturbereich: 24-26 °C

pH: 9,0 dH: 12-15°

Diese friedliche Art aus der felsigen Uferzone gehört zu den kleinsten Buntbarschen. Männchen sind größer als Weibchen und haben längere Flossen. Halten Sie ein Männchen mit zwei oder drei Weibchen.

Zucht

Ein Blumentopf reicht zumeist als Laichhöhle. Die Jungfische schlüpfen innerhalb von 10 Tagen. Das Weibchen kümmert sich um die Jungen, bis sie frei schwimmen; danach erlischt sein Interesse.

Aquarieneinrichtung

Becken mit guter Filterung und Steinen zum Verstecken und Abgrenzen des Reviers.

Telmatochromis temporalis

Boulenger, 1898

Deutscher Name ist nicht bekannt

Familie: **Cichlidae**

Verbreitung: Tanganjikasee

Größe: 10 cm

Futter: **Allesfresser.** Lebend-, Trocken- und Gefrierfutter

Temperaturbereich: 25-27 °C

pH: 8,0-9,0 dH: 10-20°

Außerhalb der Laichzeit friedlich. Männchen sind größer als Weibchen und entwickeln im Alter einen Stirnbuckel.

25-27 °C 10 cm

Zucht

Höhlenbrüter. Die Eier werden an der Höhlendecke abgelegt. Das Weibchen versorgt den Laich mit Frischwasser und bewacht die Jungfische. Sobald diese frei schwimmen, kümmern sich beide Eltern um sie.

Aquarieneinrichtung

Typisches Malawisee-Aquarium mit Stein- und Felsdekoration.

THORICHTHYS MEEKI

(BRIND, 1918)

21-23 °C 15 cm

Feuermaulbuntbarsch
Familie: **Cichlidae**
Verbreitung: Guatemala, Yucatán
Größe: 15 cm
Futter: **Allesfresser.** Lebend-, Trocken- und Gefrierfutter
Temperaturbereich: 21-23 °C
pH: 7,0 dH: bis 10°

Revierbildende Art, aber außerhalb der Laichzeit meist friedlich. Beeindruckend sind die Drohgebärden, bei denen Kiemen und Kehlsack aufgebläht werden. Männchen sind größer und farbiger, mit einer ziegelroten Färbung von der Kehle bis zum Bauch, und haben ausgezogene Flossen.

Zucht
Auf einem Stein werden bis zu 500 Eier abgelegt. Die Jungfische, um die sich beide Eltern kümmern, werden in verschiedenen Gruben untergebracht. Die Art kann vier bis fünf Bruten im Jahr aufziehen.

Aquarieneinrichtung
Großes, gut gefiltertes, bepflanztes Gesellschaftsbecken mit Verstecken aus Holz und Steinen. Lassen Sie einige offene Bereiche, damit die Tiere frei schwimmen und ihr Imponierverhalten zeigen können.

TILAPIA BUTTIKOFERI

(HUBRECHT, 1881)

Zebratilapie
Familie: **Cichlidae**
Verbreitung: Westafrika
Größe: 25 cm
Futter: **Allesfresser.** Lebend-, Trocken- und Gefrierfutter, Futtertabletten, pflanzliche Kost
Temperaturbereich: 22-25 °C
pH: 6,5-7,0 dH: bis 15°

Jungtiere sind gesellig und friedlich. Im Alter wird die Art jedoch zunehmend aggressiver und jagt dann auch kleinere Fische in Beutegröße. Sie sollten daher nur mit gleich großen Arten vergesellschaftet werden. Senkrechte, helle und dunkle Streifen machen die Tiere sehr attraktiv. Die Männchen sind größer als die Weibchen.

22-25 °C 25 cm

Zucht
Es handelt sich um Substratlaicher mit Brutpflegeverhalten. Ansonsten ist über die Zucht wenig bekannt.

Aquarieneinrichtung
Geräumiges, gut gefiltertes Aquarium mit Steinen und einigen großen, robusten und gut verwurzelten Pflanzen.

TILAPIA MARIAE

BOULENGER, 1899

Marienbuntbarsch
Familie: **Cichlidae**
Verbreitung: Einzugsgebiet des Niger bis Kamerun
Größe: bis 35 cm
Futter: **Allesfresser.** Lebend-, Trocken- und Gefrierfutter, Futtertabletten, pflanzliche Kost
Temperaturbereich: 21-25 °C
pH: 6,5-7,0 dH: bis 10°

Im Jugendstadium haben die Fische senkrechte schwarze und gelbliche Streifen, die sich mit zunehmendem Alter zu Flecken zurückentwickeln und verblassen, während der Körper eine gelbliche Färbung annimmt. Die Art kann recht aggressiv sein. Männchen haben längere Flossen und eine steiler ansteigende Stirn als Weibchen. Interessant ist die Tatsache, daß man bei Wildfängen Sand im Darm gefunden hat, der hilft, die Nahrung zu zerkleinern.

Zucht
Die bis zu 2.000 Eier werden auf Steinen abgelegt, aber nach zwei Tagen vom Männchen in eine geschützt gelegene Grube gebracht. Beide Eltern bewachen Laich und Jungfische.

Aquarieneinrichtung
Großes, gut gefiltertes Becken mit einem Bodengrund aus Sand sowie Holz und flachen Steinen. Robuste Pflanzen, etwa Javafarn, können versuchsweise eingesetzt werden (diese Art frißt Pflanzen), ansonsten muß man auf künstliche Gewächse zurückgreifen.

21-25 °C bis 35 cm

Tilapia zillii

(Gervais, 1848)

Zilles Buntbarsch
Familie: **Cichlidae**
Verbreitung: Nordafrika
Größe: bis 30 cm
Futter: **Allesfresser.** Lebendfutter und pflanzliche Kost, Trockenfutter wird möglicherweise verschmäht
Temperaturbereich: 21-23 °C
pH: 6,5-8,0 dH: bis 18°

Diese revierbildende, aggressive Art findet man nicht oft im Handel. Die Tiere wühlen und fressen Pflanzen, zeigen also nicht gerade gern gesehene Verhaltensweisen. Die Geschlechter lassen sich durch die Genitalpapille unterscheiden, die beim Männchen spitz, beim Weibchen abgerundet ist.

Zucht
Die etwa 1.000 Eier werden auf einem gesäuberten Stein abgelegt. Beide Eltern kümmern sich um Laich und Jungfische.

Aquarieneinrichtung
Großes Aquarium mit feinem Kies oder Sand sowie großen Steinen, die direkt auf dem Beckenboden liegen sollten. An die Wasserqualität werden wenig Ansprüche gestellt. Der Filter muß jedoch stark genug sein, um mit dem Schmutz fertig zu werden, der beim Wühlen aufgewirbelt wird.

21-23 °C — bis 30 cm

Tropheus brichardi

Nelissen und Thys, 1975

24-26 °C — 12 cm

Schoko-Moorii
Familie: **Cichlidae**
Verbreitung: Tanganjikasee
Größe: 12 cm
Futter: **Allesfresser.** Lebend-, Trocken- und Gefrierfutter, pflanzliche Kost
Temperaturbereich: 24-26 °C
pH: 7,0-9,0 dH: bis 15°

Kann mit anderen friedlichen Fischen vergesellschaftet werden, benötigt aber viele Versteckmöglichkeiten. Die Geschlechter sind nicht zu unterscheiden. Es handelt sich um Nahrungsspezialisten, die sich im See von Aufwuchs ernähren und daher auch pflanzliche Kost bekommen sollten.

Zucht
Freilaichende Maulbrüter. Die Eier sind gelb und etwa 7 mm groß. Eine Zucht erbringt durchschnittlich zehn Junge.

Aquarieneinrichtung
Großes, gut gefiltertes Aquarium mit vielgestaltiger Steindekoration und offenen Bereichen. Sorgen Sie für helles Licht, damit Futteralgen wachsen können.

Tropheus duboisi

Marlier, 1959

24-26 °C — 12 cm

Weißpunkt-Brabantbuntbarsch
Familie: **Cichlidae**
Verbreitung: Tanganjikasee
Größe: 12 cm
Futter: **Allesfresser.** Lebend-, Trocken- und Gefrierfutter, pflanzliche Kost
Temperaturbereich: 24-26 °C
pH: 8,5-9,0 dH: 10-12°

Diese Art bewohnt Felsbiotope des Tanganjikasees in einer Tiefe von 3 bis 15 m und ist revierbildend, zeigt sich jedoch nur gegenüber Artgenossen aggressiv. Meist schwimmen sie allein oder paarweise. Es handelt sich um Nahrungsspezialisten, die Mikroorganismen bevorzugen und mit einem beträchtlichen Anteil pflanzlicher Kost gefüttert werden sollten. Die Art ist nahe mit *T. moorii* verwandt, lebt aber in größeren Tiefen und zeigt ein anderes Sozialverhalten.

Zucht
Das Weibchen legt 5 bis 15 Eier und brütet sie im Maul aus. Die Pflege der Jungtiere, die eine attraktive samtschwarze Färbung mit weiß-blauen Flecken aufweisen, hält noch etwa eine Woche nach der Freisetzung an.

Aquarieneinrichtung
Typisches Tanganjikasee-Aquarium mit guter Filterung sowie Höhlen und Spalten in der Felsdekoration.

Tropheus moorii

Boulenger, 1898

Brabantbuntbarsch
Familie: **Cichlidae**
Verbreitung: Tanganjikasee
Größe: 15 cm
Futter: **Allesfresser.** Lebend-, Trocken- und Gefrierfutter, pflanzliche Kost
Temperaturbereich: 24-26 °C
pH: 7,0-9,0 dH: bis 15°

Eine Art mit zahlreichen, farblich unterschiedlichen geographischen Rassen. Da die Geschlechtsunterschiede gering sind, sollte man möglichst eine Gruppe halten, in der die Tiere selbst einen Partner finden können. Männchen bilden Reviere, neigen jedoch nur zu einer gewissen Aggressivität gegenüber Artgenossen.

Zucht
Freilaichende Maulbrüter. Das Weibchen fängt die Eier auf, bevor sie den Boden erreichen. Die mütterliche Brutpflege endet etwa eine Woche, nachdem die Jungen frei schwimmen.

Aquarieneinrichtung
Effektiv gefiltertes Becken mit Felsdekoration, aber auch freien Schwimmbereichen. Sorgen Sie für eine gute Beleuchtung, damit Algen wachsen können.

24-26 °C | 15 cm

Uaru amphiacanthoides

Heckel, 1840

26-28 °C | bis 30 cm

Keilfleckbuntbarsch
Familie: **Cichlidae**
Verbreitung: Amazonas, Guayana
Größe: bis 30 cm
Futter: **Fleischfresser.** Hauptsächlich Lebendfutter; als Jungfische pflanzliche Kost
Temperaturbereich: 26-28 °C
pH: 6,0 dH: bis 5°

Ein empfindlicher Fisch. Pflegen Sie einen Schwarm, damit die Tiere selbst Paare bilden können. Jungfische benötigen viel Pflanzennahrung. Die Färbung ändert sich mit zunehmendem Alter: Jungtiere sind gefleckt, ausgewachsene Exemplare haben einen dunklen Fleck auf der Flanke.

Zucht
Die Zucht stellt eine Herausforderung dar. Die Eier werden auf Steinen oder Blättern abgelegt; die Jungfische sind sehr empfindlich. Anfangs ernähren sie sich von einem Hautsekret der Eltern, später werden sie mit Mikroorganismen gefüttert.

Aquarieneinrichtung
Großes Becken mit gedämpftem Licht, Kiesboden, Holz, Steinen und einigen robusten Pflanzen, etwa Amazonaspflanzen oder Javafarn. Auf die Wasserqualität muß geachtet werden.

Vieja maculicauda

(Regan, 1905)

22-26 °C | 30 cm

Deutscher Name ist nicht bekannt
Familie: **Cichlidae**
Verbreitung: Mittelamerika
Größe: 30 cm
Futter: **Allesfresser.** Pflanzliche Kost, Lebend-, Trocken- und Gefrierfutter
Temperaturbereich: 22-26 °C
pH: 6,5-7,5 dH: bis 15°

Männchen sind sehr schön gefärbt, während Weibchen eher unscheinbar wirken. Die Tiere sind untereinander, aber auch gegenüber anderen Fischen aggressiv. Da es sich um Pflanzenfresser handelt, benötigen sie viel Grünfutter, fressen aber auch alles andere, was ihnen angeboten wird.

Zucht
Freilaicher mit sehr gutem Brutpflegeverhalten.

Aquarieneinrichtung
Zur Einrichtung des gut gefilterten Beckens sollte man große Holzstücke und Steine verwenden. Setzen Sie nur künstliche Pflanzen ein, da alle anderen gefressen werden.

Karpfenähnliche Fische

Balitoridae
Cobitidae
Cyprinidae
Gyrinocheilidae

Homaloptera orthogoniata

Vaillant, 1902

Prachtflossensauger	
Familie: **Balitoridae**	
Verbreitung: Indonesien, Thailand	
Größe: 12 cm	
Futter: **Allesfresser.** Aufwuchs, Rote Mückenlarven und ähnliches	
Temperaturbereich: 20-24 °C	
pH: 7,0 dH: bis 10°	

Gegenüber anderen Fischen sehr friedlich; mit Artgenossen werden manchmal harmlose Scheinkämpfe ausgefochten. Die Tiere weiden sehr gern Algen von Steinen und Blättern ab.

Zucht
Nicht bekannt.

Aquarieneinrichtung
Gut gefiltertes, alteingerichtetes Becken mit sauerstoffreichem, weichem, neutralem Wasser, breitblättrigen Pflanzen, großen, flachen Steinen und einer kräftigen Strömung. Alle 10 bis14 Tage sollten etwa 20 % des Wassers gewechselt werden.

20-24 °C 12 cm

Homaloptera zollingeri

Bleeker, 1853

Deutscher Name ist nicht bekannt	
Familie: **Balitoridae**	
Verbreitung: Südostasien	
Größe: 10 cm	
Futter: **Allesfresser.** Bevorzugt Lebendfutter und Algen, nimmt nur im äußersten Notfall auch Trockenfutter	
Temperaturbereich: 22-24 °C	
pH: 6,0-6,5 dH: bis 10°	

Eine seltene, empfindliche Art, die schwer im Aquarium einzugewöhnen ist. Sie stammt aus schnellfließenden Gewässern, wo sich die Tiere mit Hilfe der vergrößerten Bauch- und Brustflossen, die zusammen mit dem Bauch eine napfartige Vertiefung bilden, am Untergrund festhalten.

22-24 °C 10 cm

Zucht
Nicht bekannt.

Aquarieneinrichtung
Becken mit einer guten Filteranlage, kühlem, klarem, gut durchlüftetem Wasser und starker Strömung sowie vielen Algen.

Botia berdmorei

(Blyth, 1860)

Berdmore-Schmerle	
Familie: **Cobitidae**	
Verbreitung: Birma, Thailand	
Größe: 15 cm, in der Natur 25 cm	
Futter: **Allesfresser.** Lebend-, Trocken- und Gefrierfutter	
Temperaturbereich: 22-26 °C	
pH: 6,5-7,5 dH: bis 15°	

Verhält sich gegenüber Artgenossen und anderen Fischen oft aggressiv, wobei diese nicht nur verjagt, sondern häufig auch am Fressen gehindert werden. Wenn die Tiere wütend sind, geben sie manchmal knackende Laute von sich. Im Umgang ist Vorsicht geboten, da unter den Augen Dornen sitzen, die sich leicht im Netz verfangen können. Diese Dornen werden auch im Kampf eingesetzt und können bei anderen Fischen Wunden und Kratzer verursachen.

22-26 °C 15 cm

Zucht
Nicht bekannt.

Aquarieneinrichtung
Großes, gut gefiltertes Becken mit feinem Sand sowie kleinen Kieseln und Holz.

Botia lohachata
Chaudhuri, 1912

24-28 °C 7 cm

Netzschmerle
Familie: **Cobitidae**
Verbreitung: Nord- und Nordostindien, Bangladesh
Größe: 7 cm
Futter: **Allesfresser.** Trocken-, Lebend- und Gefrierfutter, Futtertabletten
Temperaturbereich: 24-28 °C
pH: 6,0-6,5 dH: bis 8°

Diese dämmerungs- und nachtaktive Schmerle ist zwar relativ friedlich, aber nicht gesellig und beansprucht ein eigenes Revier. Sie sieht aus wie ein Bodenfisch, nimmt das Futter aber von der Wasseroberfläche, wobei sie sich auf den Rücken dreht. Die Färbung ist sehr variabel.

Zucht
Nicht bekannt.

Aquarieneinrichtung
Gut gefiltertes Gesellschaftsbecken mit größeren, robusten Fischen sowie Steinen, Holz und Pflanzen. Sorgen Sie außerdem für einige Höhlen zum Verstecken und für weichen Bodengrund zum Wühlen.

Botia macracanthus
(Bleeker, 1852)

Prachtschmerle
Familie: **Cobitidae**
Verbreitung: Indien, Sumatra, Borneo
Größe: 16 cm, in der Natur bis 30 cm
Futter: **Allesfresser.** Trocken- und Gefrierfutter, Futtertabletten, besonders aber Lebendfutter
Temperaturbereich: 25-30 °C
pH: 6,0-6,5 dH: bis 12°

Ein auch tagsüber aktiver Schwarmfisch, der auf jeden Fall in Gruppen gehalten werden sollte und eine Bereicherung für jedes Gesellschaftsaquarium darstellt. Er gilt als ein wenig anfällig für die Weißpünktchenkrankheit.

Zucht
Bisher keine Nachzuchten. In der Natur laicht die Art zu Beginn der Regenzeit in schnellfließenden Bächen. Die Jungen wachsen in ruhigeren Gewässern auf.

Aquarieneinrichtung
Nicht zu dicht besetztes, alteingerichtetes Gesellschaftsbecken mit guter Filteranlage, die sauberes, klares Wasser liefert.

25-30 °C 16 cm

Botia sidthimunki
Klausewitz, 1959

Zwergschmerle, Schachbrettschmerle
Familie: **Cobitidae**
Verbreitung: Hinterindien, nördliches Thailand
Größe: 5 cm
Futter: **Allesfresser.** Kleines Lebendfutter, Trockenfutter
Temperaturbereich: 25-28 °C
pH: 6,0-6,5 dH: bis 8°

Sehr aktiver, schwimmfreudiger Schwarmfisch, der in Gruppen von sechs und mehr Tieren in einem Gesellschaftsbecken gehalten werden sollte. Als Ruheplatz dient zumeist nicht der Boden, sondern eine breitblättrige Pflanze. Geschlechtsunterschiede sind nicht erkennbar.

25-28 °C 5 cm

Zucht
Nicht bekannt.

Aquarieneinrichtung
Alteingerichtetes Gesellschaftsbecken mit vielen Pflanzen, darunter auch breitblättrige Arten. Sorgen Sie außerdem für eine gute Filterung und regelmäßige Wasserwechsel.

Botia striata
Rao, 1920

Zebraschmerle, Streifenschmerle
Familie: **Cobitidae**
Verbreitung: Südindien
Größe: 6 cm, in der Natur 10 cm
Futter: **Allesfresser.** Lebend-, Trocken- und Gefrierfutter, Futtertabletten
Temperaturbereich: 23-26 °C
pH: 6,5-8,0 dH: bis 20°

Eine nicht aggressive, gesellige Schmerle für das Gesellschaftsbecken.

Zucht
Nicht bekannt.

Aquarieneinrichtung
Leicht gefiltertes Becken mit weichem Bodengrund zum Wühlen, Pflanzen, Holz und kleinen Steinen sowie Höhlen und Rohren zum Verstecken.

23-26 °C 6 cm

22-24 °C 8 cm

Lepidocephalus thermalis
(Valenciennes, 1846)

Indischer Steinbeißer
Familie: **Cobitidae**
Verbreitung: Indien und Sri Lanka
Größe: 8 cm
Futter: **Allesfresser.** Kleine Würmer, Lebendfutter, Trocken- und Gefrierfutter oder Futtertabletten
Temperaturbereich: 22-24 °C
pH: 6,5-7,0 dH: bis 6°

Geeignet für nicht zu warme Gesellschaftsbecken mit weichem, leicht saurem Wasser. Am besten wird eine Gruppe gehalten. Die Art ist nachtaktiv und häufig abends zu sehen, wenn die Tiere zur Futtersuche herauskommen.

Zucht
Nicht bekannt.

Aquarieneinrichtung
Gut gefiltertes Becken mit sauberem, klarem Wasser, einer starken Strömung, weichem Bodengrund zum Gründeln und flachen Steinen oder breitblättrigen Pflanzen, auf denen sich die Tiere gerne ausruhen.

Misgurnus anguillicaudatus
(Cantor, 1842)

Ostasiatischer Schlammpeitzger
Familie: **Cobitidae**
Verbreitung: Amurgebiet (Sibirien), China, Korea, Hainan, Japan
Größe: 50 cm
Futter: **Allesfresser.** Frißt wirklich alles, von Lebendfutter bis zu pflanzlicher Kost
Temperaturbereich: 10-15 °C
pH: 6,0-8,0 dH: bis 25°

Eine sehr friedliche Schmerle, die für ein Gesellschaftsbecken gut geeignet ist. Pflanzen sollten allerdings gut verwurzelt sein, da die Tiere gern wühlen und diese dabei oft ausgraben. Die Geschlechter sind schwer zu unterscheiden: Bei den Männchen ist allerdings der zweite Strahl der Brustflossen verdickt.

10-15 °C 50 cm

Zucht
Details von Erfolgen sind nicht bekannt.

Aquarieneinrichtung
Becken mit Sand oder Schlamm, gut verwurzelten oder eingetopften Pflanzen und Verstecken aus Holz oder Steinen. Außerdem ist eine gute Filteranlage erforderlich, die mit dem Schmutz fertig wird, den die Tiere beim Wühlen aufwirbeln.

Noemacheilus barbatulus

(Linnaeus, 1758)

Schmerle, Bartgrundel
Familie: **Cobitidae**
Verbreitung: Europa
Größe: 16 cm
Futter: **Fleischfresser.** Kleines Lebendfutter, etwa Wasserflöhe und *Tubifex*; auch Trockenfutter wird manchmal genommen
Temperaturbereich: 10-18 °C
pH: 7,0-7,5 dH: bis 15°

Diese Schmerlen sind nicht einfach zu halten, da ihnen hohe Wassertemperaturen zu schaffen machen. Männchen sind schlanker als Weibchen und haben längere Brustflossen mit einem verdickten zweiten Strahl. Halten Sie die Tiere als Gruppe mit anderen friedlichen Fischen.

Zucht
Laicht zwischen März und Mai. Die Eier werden auf Steinen oder direkt auf dem Boden abgelegt und meistens vom Männchen bewacht. Die Jungfische, die nach sieben Tagen schlüpfen, werden mit *Artemia*-Nauplien gefüttert.

10-18 °C 16 cm

Aquarieneinrichtung
Großes Becken mit Kies und Steinen, einigen Pflanzen zum Verstecken sowie klarem, kühlem, gut durchlüftetem Wasser mit einer starken Strömung.

Balantiocheilus melanopterus

(Bleeker, 1851)

Haibarbe
Familie: **Cyprinidae**
Verbreitung: Südostasien
Größe: 35 cm
Futter: **Allesfresser.** Lebend- und Trockenfutter, pflanzliche Kost
Temperaturbereich: 22-28 °C
pH: 6,5-7,0 dH: bis 10°

Ein sehr aktiver Schwarmfisch, der viel Platz zum Schwimmen benötigt. Er ist etwas schreckhaft und springt dann leicht. Die Geschlechter lassen sich nur zur Laichzeit, wenn die Weibchen etwas dicker sind, unterscheiden.

Zucht
Bisher keine Nachzuchten gelungen.

Aquarieneinrichtung
Großes, gut gefiltertes Becken mit viel freiem Schwimmraum, einer gleichmäßig starken Strömung, großen Pflanzenarten, Holz und einer dichten Abdeckung.

22-28 °C 35 cm

Barbus arulius

(Jerdon, 1849)

19-24 °C 12 cm

Prachtglanzbarbe, Dreibandbarbe
Familie: **Cyprinidae**
Verbreitung: Südliches und südöstliches Indien
Größe: 12 cm
Futter: **Allesfresser.** Lebend- und Trockenfutter, pflanzliche Kost
Temperaturbereich: 19-24 °C
pH: 6,0-7,0 dH: bis 10°

Eine klassische, sehr robuste Barbe, die allerdings erst im Alter ihre schönste Färbung zeigt und daher nicht sehr häufig in Aquarien zu finden ist. Ausgewachsene Männchen sind stärker gefärbt als Weibchen und haben verlängerte Rückenflossenstrahlen; Weibchen sind meist rundlicher. Zur Laichzeit ist bei den Männchen außerdem ein Laichausschlag am Maul zu erkennen.

Zucht
Großes Becken mit Pflanzendickichten oder künstlichen Laichbüscheln. Nach einer heftigen Partnerwerbung werden zwischen Pflanzen oder dem Laichmop rund 80 Eier abgelegt.

Aquarieneinrichtung
Gut gefiltertes Gesellschaftsbecken mit Fischen ähnlicher Größe, breitblättrigen Pflanzen (feinblättrige werden oft gefressen!) und Holz.

Barbus barilioides

Boulenger, 1914

22-25 °C 5 cm

Blaustrichbarbe
Familie: **Cyprinidae**
Verbreitung: Südzaïre, Sambia, Nordsimbabwe, Angola
Größe: 5 cm
Futter: **Allesfresser.** Lebend-, Trocken-, Gefrierfutter
Temperaturbereich: 22-25 °C
pH: 6,0-6,5 dH: bis 7°

Eine scheue Art, die sich schwer eingewöhnt. Gute Wasserqualität und die Haltung als Schwarm ab zehn Tieren scheinen die Akklimatisierung zu erleichtern. Männchen sind deutlich schlanker als Weibchen.

Zucht

Dicht bepflanztes Zuchtbecken. Verwenden Sie feinblättrige Pflanzen, zwischen denen die Fische gern ablaichen. Die Elterntiere müssen anschließend entfernt werden, da sie die Eier fressen. Die Jungen schlüpfen nach etwa 36 bis 40 Stunden; sie werden mit Infusorien und *Artemia*-Nauplien gefüttert.

Aquarieneinrichtung

Ruhiges Gesellschaftsbecken mit effizienter Filterung, gut aufbereitetem Wasser und vielen Pflanzen.

Barbus bimaculatus

(Bleeker, 1864)

22-24 °C 7 cm

Zweifleckbarbe
Familie: **Cyprinidae**
Verbreitung: Sri Lanka
Größe: 7 cm
Futter: **Allesfresser.** Lebend-, Trocken- und Gefrierfutter
Temperaturbereich: 22-24 °C
pH: 6,5-7,0 dH: bis 15°

Klassischer Schwarmfisch, der sich unter Artgenossen am geborgensten fühlt. Dann schwimmen die Tiere auch offen in freien Bereichen, während einzeln oder paarweise gehaltene Exemplare dazu neigen, sich in dunkleren Aquarienbereichen zu verstecken. Die Männchen sind schlanker und haben eine kräftig-rote Längsbinde.

Zucht

Becken mit leicht saurem Wasser und Pflanzendickichten, in denen die Eier – in zahlreichen Laichgängen – abgelegt werden. Entfernen Sie die Elterntiere nach dem Ablaichen, da sie die Eier fressen. Die Jungfische schlüpfen nach etwa 24 Stunden und werden mit *Artemia*-Nauplien gefüttert. Das Aquarium muß sehr sauber sein, da die Jungfische empfindlich auf eine schlechte Wasserqualität reagieren.

Aquarieneinrichtung

Ruhiges, gut gefiltertes Gesellschaftsbecken mit dichter Rand- und Hintergrundbepflanzung, aber auch freiem Schwimmraum und einer leichten Strömung.

Barbus binotatus

Valenciennes, 1842

Große Fleckenbarbe
Familie: **Cyprinidae**
Verbreitung: Philippinen, Indonesien, Malaysia
Größe: 12 cm, in der Natur 18 cm
Futter: **Allesfresser.** Lebend-, Gefrier- und Trockenfutter
Temperaturbereich: 24-26 °C
pH: 6,0-7,0 dH: bis 10°

Ein Schwarmfisch, der mit Fischen ähnlicher Größe in einem geräumigen Gesellschaftsbecken gehalten werden kann. Männchen sind schlanker als Weibchen.

24-26 °C 12 cm

Zucht

Die Art laicht normalerweise am frühen Morgen, wobei die Eier über Steinen abgelegt werden. Da die Elterntiere Laichräuber sind, sollte das Zuchtbecken mit groben Kieseln oder einem Netz ausgestattet werden. Die Jungfische werden mit frisch geschlüpften *Artemia*-Nauplien gefüttert.

Aquarieneinrichtung

Gut gefiltertes Gesellschaftsbecken mit Steinen, Holz und Pflanzen sowie einer kräftigen Strömung.

Barbus callipterus
Boulenger, 1907

20-24 °C 9 cm

Prachtflossenbarbe
Familie: **Cyprinidae**
Verbreitung: Niger bis Kamerun
Größe: 9 cm
Futter: **Allesfresser.** Trocken-, Gefrier- und Lebendfutter, pflanzliche Kost
Temperaturbereich: 20-24 °C
pH: 6,5-7,5 dH: bis 12°

Ein anspruchsloser Fisch, der sich leicht an ein Leben im Aquarium gewöhnt. Da er gern springt, sollte man Schwimmpflanzen einsetzen und für eine gute Abdeckung sorgen. Die Geschlechter lassen sich, außer zur Laichzeit, wenn die Weibchen dicker sind, kaum unterscheiden.

Zucht
Nicht bekannt.

Aquarieneinrichtung
Gut gefiltertes, bepflanztes Gesellschaftsbecken mit konstanter Strömung und einer guten Abdeckung.

Barbus conchonius
(Hamilton, 1822)

18-22 °C 8 cm

Prachtbarbe
Familie: **Cyprinidae**
Verbreitung: Nördliches Vorderindien
Größe: 8 cm
Futter: **Allesfresser.** Trocken-, Gefrier- und Lebendfutter
Temperaturbereich: 18-22 °C
pH: 6,5-7,5 dH: bis 12°

Diese sehr friedliche Art, die in großer Zahl für den Handel gezüchtet wird, gewöhnt sich gut an ein Leben im Aquarium. Die Färbung ist bei niedrigeren Temperaturen intensiver. Die Männchen haben dann einen roten Bauch und einen goldgelben Rücken, die Weibchen sind einfarbig goldgelb. Außerdem gibt es eine langflossige Zuchtform.

Zucht
Leicht zu züchten. Setzen Sie ein Männchen mit zwei Weibchen zusammen. Die Eier werden über Pflanzen abgelegt und fallen dann zu Boden. Sie sollten aber zusätzlich ein Netz spannen, damit die Elterntiere den Laich nicht fressen. Die Jungfische schlüpfen nach 30 Stunden. Sie werden mit *Artemia*-Nauplien gefüttert.

Aquarieneinrichtung
Normales, nicht zu warmes Gesellschaftsbecken mit guter Filterung.

Barbus cumingi
(Günther, 1868)

22-27 °C 5 cm

Ceylonbarbe
Familie: **Cyprinidae**
Verbreitung: Sri Lanka
Größe: 5 cm
Futter: **Allesfresser.** Lebend- und Gefrierfutter, pflanzliche Kost
Temperaturbereich: 22-27 °C
pH: 6,5-7,5 dH: bis 12°

Ein beliebter Zierfisch, der heute in großer Zahl für den Handel gezüchtet wird. In Sri Lanka ist er inzwischen selten geworden. Die Männchen sind schlanker und stärker gefärbt.

Zucht
Die Zucht kann schwierig sein. Verwenden Sie ein Becken mit vielen Algen und anderen Pflanzen sowie weichem Wasser mit einem pH-Wert von 6,5-7,2.

Aquarieneinrichtung
Dicht bepflanztes, alteingerichtetes Becken mit guter Filterung und konstanter Strömung sowie einer gedämpften Beleuchtung, die sich mit Hilfe einiger Schwimmpflanzen erreichen läßt. Regelmäßige Wasserwechsel sind notwendig.

Barbus everetti
Boulenger, 1894

24-29 °C 10 cm

Clownbarbe, Everetts Barbe
Familie: **Cyprinidae**
Verbreitung: Südostasien
Größe: 10 cm
Futter: **Allesfresser.** Trocken-, Lebend- und Gefrierfutter, daneben aber auch pflanzliche Kost
Temperaturbereich: 24-29 °C
pH: 6,0-7,0 dH: bis 12°

Eine friedliche Barbe, die recht hohe Temperaturen benötigt. Männchen sind schlanker, stärker gefärbt als Weibchen und werden später geschlechtsreif (Weibchen nach etwa einem Jahr, Männchen nach 18 Monaten). Viele Zuchtschwierigkeiten resultieren aus der Verwendung zu junger Männchen.

Zucht
Verwenden Sie ein geräumiges, warmes Becken (28-29 °C) mit einem geschlechtsreifen, gut genährten Paar. Die Eiablage erfolgt über feinblättrigen Pflanzen. Die Jungfische werden mit frisch geschlüpften *Artemia*-Nauplien aufgezogen.

Aquarieneinrichtung
Großes Aquarium mit guter Filterung, hoher Temperatur und offenen Schwimmbereichen.

BARBUS FILAMENTOSUS

(VALENCIENNES, 1842)

20-24 °C 15 cm

Schwarzfleckbarbe

Familie: **Cyprinidae**

Verbreitung: Südliches Indien und Sri Lanka

Größe: 15 cm

Futter: **Allesfresser.** Lebend-, Trocken- und Gefrierfutter, pflanzliche Kost

Temperaturbereich: 20-24 °C

pH: 6,0-6,5 dH: bis 15°

Eine sehr aktive Art, die viel Platz braucht und besonders als Schwarm mit zahlreichen Tieren sehr hübsch wirkt. Die Männchen sind kleiner, aber stärker gefärbt als die Weibchen und haben verlängerte Rückenflossenstrahlen.

Zucht

Das Ablaichen findet zwischen Pflanzen statt; die Jungfische schlüpfen nach etwa 40 Stunden. Sie sind leicht mit *Artemia*-Nauplien und pulverisiertem Trockenfutter aufzuziehen.

Aquarieneinrichtung

Langes, gut gefiltertes Aquarium mit Rand- und Hintergrundbepflanzung.

BARBUS GELIUS

(HAMILTON, 1822)

18-22 °C 4 cm

Fleckenbarbe

Familie: **Cyprinidae**

Verbreitung: Zentralindien

Größe: 4 cm

Futter: **Allesfresser.** Kleines Lebendfutter, Trockenfutter und Algen

Temperaturbereich: 18-22 °C

pH: 6,0-7,0 dH: bis 10°

Diese Art ist besonders gut für kleinere Aquarien geeignet, in denen man sie auch mit anderen, nicht zu großen Fischen halten kann – möglichst als kleinen Schwarm. Männchen sind schlanker und haben eine kräftige kupferfarbene Seitenbinde.

Zucht

Die Eier werden in ruhigem, weichem, saurem Wasser an der Unterseite von Blättern abgelegt. Die Jungfische schlüpfen nach etwa 24 Stunden und werden mit kleinem Lebendfutter ernährt.

Aquarieneinrichtung

Gut gefiltertes Gesellschaftsbecken mit anderen kleinen, friedlichen Arten, Holzdekoration und niedrigen Pflanzen, über denen noch genug Schwimmraum bleibt.

BARBUS HOLOTAENIA

BOULENGER, 1904

Afrikanische Längsstrichbarbe, Vollstreifenbarbe

Familie: **Cyprinidae**

Verbreitung: Kamerun bis Zaïre und Angola

Größe: 12 cm

Futter: **Allesfresser.** Lebend- und Trockenfutter, dazu Algen und andere pflanzliche Kost, etwa Salat und Erbsen

Temperaturbereich: 24-28 °C

pH: 6,0-6,5 dH: bis 10°

Ein sehr aktiver Schwarmfisch, der sich gut mit anderen Arten vergesellschaften läßt. Die Tiere benötigen viel freien Schwimmraum.

24-28 °C 12 cm

Zucht

Nicht bekannt.

Aquarieneinrichtung

Großes, gut gefiltertes Aquarium mit weichem Bodengrund, Wurzeln und kleinen Steinen. Die Beckenrückseite sollte mit hohen, der Vordergrund mit niedrigen Pflanzen bewachsen sein.

BARBUS LATERISTRIGA

VALENCIENNES, 1842

Schwarzbandbarbe

Familie: **Cyprinidae**

Verbreitung: Südostasien

Größe: 18 cm

Futter: **Allesfresser**

Temperaturbereich: 24-27 °C

pH: 6,0-7,0 dH: bis 12°

Diese Art läßt sich gut mit Fischen von ähnlichem Verhalten vergesellschaften. Jungfische sind gesellig und ziemlich lebhaft, aber friedlich; ausgewachsene Tiere leben zumeist als Einzelgänger. Männchen sind schlanker und zeigen ein intensiveres Rot in der Rückenflosse.

24-27 °C 18 cm

Zucht

Etwa 100 Eier werden an Pflanzen geheftet. Die Jungfische schlüpfen nach ca. 24 Stunden und werden mit *Artemia*-Nauplien gefüttert.

Aquarieneinrichtung

Gut gefiltertes Gesellschaftsbecken mit Arten von ähnlicher Größe und Verhaltensweise, Pflanzendickichten, Holz und Steinen.

Barbus lineatus

Duncker, 1904

Bartellose Linienbarbe
Familie: **Cyprinidae**
Verbreitung: Malaiische Halbinsel, in Teilen Indonesiens
Größe: 12 cm
Futter: **Allesfresser.** Lebend-, Trocken- und Gefrierfutter, pflanzliche Kost
Temperaturbereich: 21-24 °C
pH: 6,0-6,5 dH: bis 10°

Aktiver Schwarmfisch, der in Gruppen von zehn oder mehr Tieren gehalten werden sollte. Die Streifen der Männchen sind deutlicher ausgeprägt als beim Weibchen.

Zucht

Becken mit sehr weichem, saurem Wasser (pH: 5,5 bis 6,0; dH: bis 5°). Die Eier werden zwischen Pflanzen abgelegt; die Jungfische schlüpfen nach etwa 24 Stunden. Sie lassen sich mit *Artemia*-Nauplien und feinem Trockenfutter aufziehen. Die Elterntiere aus dem Becken entfernen.

Aquarieneinrichtung

Bepflanztes Gemeinschaftsaquarium mit guter Filterung und freiem Schwimmraum für den aktiven Schwarm.

21-24 °C 12 cm

Barbus nigrofasciatus

Günther, 1868

Purpurkopfbarbe
Familie: **Cyprinidae**
Verbreitung: Sri Lanka
Größe: 6,5 cm
Futter: **Allesfresser.** Trocken-, Gefrier- und Lebendfutter
Temperaturbereich: 20-26 °C
pH: 6,0-7,0 dH: bis 15°

Kann gut in einem Gesellschaftsbecken gehalten werden, aber auch mit anderen Barben, die ein ähnliches Streifenmuster haben. Männchen sind größer als Weibchen und zeigen während der Laichzeit eine starke, purpurne Färbung, auf die sich auch der Name bezieht.

20-26 °C 6,5 cm

Zucht

Die Fische laichen morgens über und zwischen Pflanzen. Die Jungfische schlüpfen nach etwa 24 Stunden und werden dann mit kleinem Lebendfutter ernährt.

Aquarieneinrichtung

Gut gefiltertes Gesellschaftsbecken mit gedämpfter Beleuchtung, da sich die Fische sonst verstecken, und mit dicht gewachsenen Pflanzen, die ihnen ein Gefühl von Sicherheit vermitteln.

Barbus oligolepis

(Bleeker, 1853)

20-24 °C 5 cm

Eilandbarbe
Familie: **Cyprinidae**
Verbreitung: Indonesien
Größe: 5 cm
Futter: **Allesfresser.** Lebend-, Trocken- und Gefrierfutter, pflanzliche Kost
Temperaturbereich: 20-24 °C
pH 6,0-6,5 dH bis 10°

Diese Art wird in den Becken der Händler oft übersehen, da sie dort ihre wahren Farben nicht zeigt; unter den richtigen Bedingungen sind die Tiere aber wahre Schmuckstücke. Die ausgesprochen hübsch gefärbten Männchen zeigen manchmal Imponiergehabe, zu Kämpfen kommt es aber normalerweise nicht. Am besten wirken die Tiere als Schwarm.

Zucht

Zuchtbecken mit weichem, leicht saurem, warmem Wasser und Dickichten feinblättriger, hoher Pflanzen, die bis zur Oberfläche reichen, denn das Ablaichen erfolgt nahe der Wasseroberfläche. Die Jungfische schlüpfen nach etwa 36 Stunden und werden mit kleinem Futter ernährt.

Aquarieneinrichtung

Sehr gut gefiltertes Gesellschaftsbecken, viele Pflanzen, Holz und regelmäßige Teilwasserwechsel mit Altwasser.

Barbus orphoides

Valenciennes, 1842

22-25 °C 25 cm

Rotflossenbarbe, Rotwangenbarbe
Familie: **Cyprinidae**
Verbreitung: Südostasien
Größe: 25 cm
Futter: **Allesfresser.** Lebend-, Trocken- und Gefrierfutter, pflanzliche Kost
Temperaturbereich: 22-25 °C
pH: 6,0-6,5 dH: bis 10°

Besonders jüngere Exemplare lassen sich wegen ihrer attraktiven Färbung gut als Schwarm in einem größeren Aquarium halten. Die Jungtiere haben silbrige Körper mit roten Flossen, einen schwarzen Fleck auf der Schwanzwurzel und eine schwarz gesäumte Schwanzflosse. Bei ausgewachsenen Exemplaren, die manchmal die Pflanzen zerstören, verliert sich diese Färbung leider. Sie sind dann unscheinbar graugrün.

Zucht

Nicht bekannt.

Aquarieneinrichtung

Großes Aquarium mit effizienter Filterung, einigen robusten Pflanzen und Holz. Verwenden Sie gegebenenfalls künstliche Pflanzen.

Barbus pentazona

Boulenger, 1894

Fünfgürtelbarbe
Familie: **Cyprinidae**
Verbreitung: Südostasien
Größe: 5 cm
Futter: **Allesfresser.** Lebend-, Trocken- und Gefrierfutter
Temperaturbereich: 22-26 °C
pH: 6,0-6,5 dH: bis 10°

Eine etwas scheue Art, die nur zusammen mit friedlichen Fischen gehalten werden sollte. Sie bevorzugt Temperaturen am oberen Ende des empfohlenen Bereichs. Die Männchen sind kleiner und schlanker.

22-26 °C 5 cm

Zucht

Verwenden Sie wohlgenährte und gut harmonisierende Paare; die Laichpartner daher zuvor nicht separat halten! Es können bis zu 200 Eiern abgelegt werden; die Jungfische schlüpfen nach etwa 30 Stunden und bekommen als erste Nahrung frisch geschlüpfte *Artemia*-Nauplien. Achten Sie besonders auf die Hygiene, da die Brut sehr anfällig für Infektionen ist.

Aquarieneinrichtung

Dicht bepflanztes, alteingerichtetes Gesellschaftsbecken mit leichter, aber effizienter Filterung und gedämpfter Beleuchtung.

Barbus rhomboocellatus

Koumans, 1940

Rhombenbarbe
Familie: **Cyprinidae**
Verbreitung: Borneo (unbestätigt)
Größe: 5 cm
Futter: **Allesfresser.** Bevorzugt Lebendfutter, nimmt aber auch Trockenfutter
Temperaturbereich: 23-28 °C
pH: 6,5-7,5 dH: bis 10°

Eine selten importierte Art, deren Haltung sich aber durchaus lohnt. Die Tiere bevorzugen weiches, leicht saures, gut gefiltertes Wasser (mindestens zwei Durchläufe pro Stunde); bei jeder Verschlechterung der Wasserqualität verlieren sie ihre Farbe und fressen nicht. Die Männchen scheinen schlanker zu sein als die Weibchen. Bei guter Gesundheit und reichlich Lebendfutter zeigen die Fische einen schillernden Glanz.

Zucht

Nicht bekannt.

23-28 °C 5 cm

Aquarieneinrichtung

Alteingerichtetes Gesellschaftsbecken mit vielen Pflanzen und Holz sowie einem sehr starken Außenfilter, der für eine gute Umwälzung sorgt.

Barbus schwanefeldi

Bleeker, 1853

Brassenbarbe
Familie: **Cyprinidae**
Verbreitung: Südostasien
Größe: 35 cm
Futter: **Allesfresser.** Lebend-, Trocken- und Gefrierfutter, pflanzliche Kost
Temperaturbereich: 22-25 °C
pH: 6,5-7,0 dH: bis 10°

Obwohl die Art sehr oft für Gesellschaftsbecken angeboten wird, ist sie nicht wirklich dafür geeignet. Die ausgesprochen aktiven Tiere werden recht groß und benötigen viel freien Schwimmraum, so daß sich Schwärme von ihnen eher für sehr große Schaubecken eignen.

Zucht
Nicht bekannt.

Aquarieneinrichtung
Großes Becken mit wenigen Pflanzen, weichem Bodengrund, da die Tiere gerne wühlen, und einer Filteranlage, die mit dem aufgewirbelten Schmutz fertig wird.

22-25 °C 35 cm

Barbus tetrazona

(Bleeker, 1855)

20-26 °C 7 cm

Sumatrabarbe, Viergürtelbarbe
Familie: **Cyprinidae**
Verbreitung: Indonesien, Borneo
Größe: 7 cm
Futter: **Allesfresser.** Lebend-, Trocken- und Gefrierfutterr, pflanzliche Kost
Temperaturbereich: 20-26 °C
pH: 6,5-7,5 dH: bis 12°

Diese Fische werden oft einzeln oder paarweise in ein Gesellschaftsbecken gesetzt, wo sie andere Tiere allerdings schon bald in Panik versetzen, jagen und an den Flossen zupfen. Hält man dagegen einen Schwarm von acht oder mehr Exemplaren, stellt sich eine Rangordnung ein und andere Fische werden zumeist verschont. Die Männchen sind stärker gefärbt, schlanker und kleiner. Sorgen Sie dafür, daß beide Geschlechter im Schwarm vertreten sind. Es existieren mehrere Farbvarianten, etwa schwarze und grüne Formen, aber auch eine Albinoform.

Zucht
Zuchtbecken mit einem Paar und feinblättrigen Pflanzen, die bis an die Oberfläche reichen. Die Jungfische werden mit *Artemia*-Nauplien ernährt.

Aquarieneinrichtung
Gut gefiltertes Gesellschaftsbecken, das groß genug für einen Schwarm ist, sonst ein Artenaquarium.

Barbus ticto

(Hamilton, 1822)

Zweipunktbarbe
Familie: **Cyprinidae**
Verbreitung: Indien, Sri Lanka
Größe: 10 cm
Futter: **Allesfresser.** Lebend-, Trocken- und Gefrierfutter
Temperaturbereich: 19-22 °C
pH: 6,5 dH: bis 10°

Diese anspruchslose, attraktive Art eignet sich gut für ein Gesellschaftsbecken. Die Männchen haben ein rotes Längsband und eine stärker getüpfelte Rückenflosse. Im Winter kann die Wassertemperatur auf 14 bis 15 °C abgesenkt werden. Vergewissern Sie sich aber, daß die übrigen Fische solche Bedingungen vertragen.

Zucht
Zuchtbecken mit einem oder zwei Paaren. Da die Eltern Laichräuber sind, sollte das Ablaichen über Javamoos oder einem Netz erfolgen. Die Jungtiere schlüpfen nach 24 bis 36 Stunden; sie werden mit *Artemia*-Nauplien ernährt.

Beckeneinrichtung
Alteingerichtetes Gesellschaftsbecken.

19-22 °C 10 cm

Barbus titteya
(Deraniyagala, 1929)

23-26 °C 5 cm

Bitterlingsbarbe
Familie: **Cyprinidae**
Verbreitung: Sri Lanka
Größe: 5 cm
Futter: **Allesfresser.** Lebend-, Trocken- und Gefrierfutter
Temperaturbereich: 23-26 °C
pH: 6,5-7,5 dH: bis 12°

Diese Art wird am besten paarweise gehalten. Befinden sich weitere Tiere im Becken, sucht sich jedes eine eigene Ecke. Die Männchen zeigen zur Laichzeit eine herrlich kirschrote Färbung, die Weibchen sind braunrot.

Zucht
Die Eier werden über Pflanzen, etwa Javamoos, abgelegt und bleiben mit einem dünnen Faden an den Blättern hängen. Die Jungtiere schlüpfen nach etwa 24 Stunden und werden mit frisch geschlüpften *Artemia*-Nauplien gefüttert.

Aquarieneinrichtung
Gut gefiltertes Gesellschaftsbecken mit Pflanzendickichten.

Barbus vittatus
(Day, 1865)

20-24 °C 6 cm

Streifenbarbe
Familie: **Cyprinidae**
Verbreitung: Indien, Sri Lanka
Größe: 6 cm
Futter: **Allesfresser.** Lebend-, Trocken- und Gefrierfutter, pflanzliche Kost
Temperaturbereich: 20-24 °C
pH: 6,5 dH: bis 10°

Jungfische bilden Schwärme, während ältere Exemplare überwiegend als Einzelgänger leben. Diese sieht man dann hauptsächlich zwischen Pflanzen stehen. Männchen sind kleiner und schlanker als Weibchen.

Zucht
Dem eigentlichen Laichakt geht eine lange und komplexe Partnerwerbung voraus. Es werden bis zu 300 Eier abgelegt; die Jungtiere schlüpfen nach etwa 24 Stunden und benötigen dann sehr kleines Futter (Staubfutter).

Aquarieneinrichtung
Gut gefiltertes Gesellschaftsbecken mit Pflanzen und Holz.

Barbus viviparus
Weber, 1897

22-24 °C 6,5 cm

Nahtbarbe, Schneiderbarbe
Familie: **Cyprinidae**
Verbreitung: Südostafrika
Größe: 6,5 cm
Futter: **Allesfresser.** Trocken-, Gefrier- und Lebendfutter
Temperaturbereich: 22-24 °C
pH: 6,5-7,0 dH: bis 12°

Diese Art ist anspruchslos und bildet gern Schwärme. Sie kann mit friedlichen Fischen ähnlicher Größe vergesellschaftet werden. Der Artname „*viviparus*" bedeutet zwar „lebendgebärend", aber in Wahrheit legt dieser Fisch Eier.

Zucht
Nicht bekannt.

Aquarieneinrichtung
Gesellschaftsbecken mit viel freiem Schwimmraum und bepflanzten Rück- und Seitenwänden. Sorgen Sie außerdem für einen guten Filter, der auch eine konstante Strömung erzeugt.

Brachydanio albolineatus
(Blyth, 1860)

21-25 °C 6 cm

Schillerbärbling
Familie: **Cyprinidae**
Verbreitung: Südostasien
Größe: 6 cm
Futter: **Allesfresser.** Lebend- und Gefrierfutter
Temperaturbereich: 21-25 °C
pH: 6,5-7,0 dH: bis 12°

Diese Art wird sehr oft übersehen, obwohl sie als Schwarm unter geeigneten Bedingungen eine Attraktion für jedes Gesellschaftsbecken ist. Einzeltiere oder Gruppen von nur zwei bis drei Tieren zeigen dagegen nie ihre wahre Schönheit. Die Weibchen sind viel größer als die Männchen, letztere dafür stärker gefärbt.

Zucht
Die Eier werden in seichtem, frischem, warmem Wasser (26 bis 30 °C) über Pflanzendickichten abgelegt. Entfernen Sie die Elterntiere nach dem Ablaichen. Die Jungtiere schlüpfen nach etwa 36 Stunden. Sie werden am besten mit pulverisiertem Trockenfutter ernährt.

Aquarieneinrichtung
Gesellschaftsbecken mit anderen Fischen ähnlicher Größe.

Brachydanio kerri

(Smith, 1931)

23-25 °C 5 cm

Inselbärbling	
Familie: **Cyprinidae**	
Verbreitung: Auf den Inseln Koh Yao Yai und Koh Yao Noi (Thailand)	
Größe: 5 cm	
Futter: **Allesfresser.** Lebend-, Trocken- und Gefrierfutter, pflanzliche Kost	
Temperaturbereich: 23-25 °C	
pH: 6,5-7,0 dH: bis 12°	

Eine zart gefärbte Art, die sich gut mit anderen *Brachydanio*-Arten vergesellschaften läßt. Männchen sind deutlich schlanker als Weibchen. Die Tiere lassen sich sehr gut züchten.

Zucht

Becken mit flachem Wasser. Die Eier werden frei über dem Boden abgegeben. Verwenden Sie Murmeln, groben Kies oder einen Laichrost, damit die Elterntiere den Laich nicht erreichen können. Die Jungfische schlüpfen nach etwa 36 Stunden; sie benötigen kleines Lebendfutter.

Aquarieneinrichtung

Gut gefiltertes Gesellschaftsbecken mit Fischen ähnlicher Größe, schwacher Strömung sowie regelmäßigen Wasserwechseln.

Brachydanio nigrofasciatus

(Day, 1869)

24-28 °C 4,5 cm

Tüpfelbärbling	
Familie: **Cyprinidae**	
Verbreitung: Birma	
Größe: 4,5 cm	
Futter: **Allesfresser.** Lebend-, Trocken- und Gefrierfutter	
Temperaturbereich: 24-28 °C	
pH: 6,5-7,0 dH: bis 12°	

Diesen Bärbling, der wärmeres Wasser als andere *Brachydanio*-Arten zu bevorzugen scheint, hält man am besten im Schwarm. Die Afterflosse der schlankeren Männchen hat einen braunen, bei auffallendem Licht goldglänzenden Saum; bei den Weibchen ist dieser Saum nur angedeutet.

Zucht

Setzen Sie ein gut genährtes Zuchtpaar in ein Becken mit etwa 28 °C warmem Wasser. Die Eier werden zwischen Pflanzen abgelegt; Jungfische bekommen Infusorien oder *Artemia*-Nauplien.

Aquarieneinrichtung

Gesellschaftsbecken mit vielen Pflanzen, guter Umwälzung und regelmäßig gewechseltem Wasser.

Brachydanio rerio

(Hamilton, 1822)

18-24 °C 6 cm

Zebrabärbling	
Familie: **Cyprinidae**	
Verbreitung: Indien	
Größe: 6 cm	
Futter: **Allesfresser.** Trocken- und Gefrierfutter	
Temperaturbereich: 18-24 °C	
pH: 6,5-7,0 dH: bis 12°	

Ein sehr beliebter Zierfisch, der auf jeden Fall im Schwarm gehalten werden sollte. Die Männchen sind im allgemeinen schlanker als die Weibchen. Bemerkenswert ist die ausgeprägte Partnertreue bei dieser Fischart. Ein Männchen, das sich mit einem bestimmten Weibchen gepaart hat, ist kaum mehr mit einer anderen Partnerin zum Ablaichen zu bringen. Es existieren Zuchtformen mit Schleierflossen und eine Albinovariante.

Zucht

Zuchtbecken mit einem einzelnen Paar und dicht gesetzten, feinblättrigen Pflanzen, auf denen ca. 300 bis 400 Eier abgelegt werden. Die Jungfische schlüpfen nach etwa 48 Stunden und werden mit sehr feinem Futter ernährt.

Aquarieneinrichtung

Gesellschaftsbecken, möglichst mit Fischen von ähnlichem Verhalten. Sorgen Sie für gute Wasserbedingungen, verbunden mit regelmäßigen Wasserwechseln.

Chela dadyburjori

Menon, 1952

22-24 °C 4 cm

Dadyburjors Kielbauchbärbling
Familie: **Cyprinidae**
Verbreitung: Birma, Cochin (Südwestindien)
Größe: 4 cm
Futter: **Fleischfresser.** Kleine Fliegen und andere Insekten
Temperaturbereich: 22-24 °C
pH: 6,5-7,0 dH: bis 12°

Ein zarter Oberflächenfisch, dessen Haltung auch schwierig sein kann. Er benötigt viel Lebendfutter, z.B. in Gestalt von Taufliegen, Stechmückenlarven usw. Die Männchen sind schlanker als die Weibchen. In einem gut gepflegten Becken sind diese Fische jedoch recht langlebig, so daß ein Alter von vier Jahren nichts Ungewöhnliches ist.

Zucht
Das Ablaichen erfolgt in der Oberflächenvegetation, etwa zwischen *Riccia*-Arten und anderen Schwimmpflanzen.

Aquarieneinrichtung
Gut gepflegtes, dicht bepflanztes Aquarium mit sehr effizienter Filteranlage. Sorgen Sie außerdem für einige Schwimmpflanzen, aber lassen Sie noch Platz zum Füttern. Etwa 20 bis 25 % des Wassers sollten regelmäßig gewechselt werden, damit die Wasserqualität erhalten bleibt.

Chela laubuca

(Hamilton, 1822)

24-26 °C 6 cm

Indische Glasbarbe
Familie: **Cyprinidae**
Verbreitung: Südostasien
Größe: 6 cm
Futter: **Allesfresser.** Trocken-, Gefrier- und Lebendfutter, pflanzliche Kost
Temperaturbereich: 24-26 °C
pH: 6,5-7,0 dH: bis 12°

Ein ungewöhnlicher Schwarmfisch für das Gesellschaftsbecken. Die Tiere nehmen ihr Futter nur von der Oberfläche oder aus den oberen Wasserschichten; heruntergesunkene Nahrung wird ignoriert. Während der Laichzeit sind die Weibchen fülliger als die Männchen.

Zucht
Zuchtaquarium mit Pflanzendickichten. Bei der Paarung umschlingt das Männchen sein Weibchen, bevor ungefähr 35 Eier zwischen Pflanzen abgelegt werden. Die Jungfische schlüpfen nach etwa 24 Stunden. Sie benötigen sehr feines Futter.

Aquarieneinrichtung
Gut gefiltertes, bepflanztes Gesellschaftsbecken mit genau eingestellten Wasserbedingungen. Etwa alle 10 bis 14 Tage sollten 25 % des Wassers gewechselt werden. Sorgen Sie für eine gute Abdeckung, da die Fische gern springen.

Crossocheilus siamensis

(Smith, 1931)

Siamesische Rüsselbarbe
Familie: **Cyprinidae**
Verbreitung: Südostasien
Größe: 14 cm
Futter: **Allesfresser.** Hauptsächlich Pflanzen, aber auch Würmer
Temperaturbereich: 24-26 °C
pH: 6,5-7,5 dH: bis 15°

Ein recht nützlicher Fisch, da zu seiner Nahrung Fadenalgen und sogar Planarien gehören. Obwohl er gern Grünfutter nimmt, werden Pflanzen nicht beschädigt. Diese Art kann in einem Gesellschaftsbecken gehalten werden; zwischen Artgenossen gibt es manchmal harmlose Streitereien. Die Art bevorzugt gut belüftetes, leicht saures Wasser.

Zucht
Nicht bekannt.

Aquarieneinrichtung
Alteingerichtetes Gesellschaftsbecken mit sehr starker Filteranlage, die sauberes, sauerstoffreiches Wasser liefert.

24-26 °C 14 cm

CTENOPHARYNGODON IDELLA

(VALENCIENNES, 1844)

Graskarpfen
Familie: **Cyprinidae**
Verbreitung: Mittel- und Unterlauf des Amur, Flüsse im chinesischen Tiefland
Größe: 100 cm
Futter: **Pflanzenfresser**
Temperaturbereich: 10-20 °C
pH: 6,0-8,0 dH: bis 25°

Ein sehr großer Fisch, der am besten in einem Gartenteich gehalten wird, wo man ihn auch überwintern kann. Er ist in der Lage, gewaltige Mengen Pflanzenmaterial zu fressen, so daß man ihn auch schon eingesetzt hat, um Wasserwege frei zu halten. Junge Exemplare können in einem Kaltwasseraquarium gehalten werden. Weil die Tiere so einfach zu ernähren sind – sie nehmen jede Art von Grünfutter, sogar Grasschnitt – nutzt man sie auch als Speisefische.

Zucht
Das Ablaichen erfolgt in warmem (26 bis 28 °C), fließendem Wasser. Die Eier treiben davon und die Jungfische schlüpfen weiter stromabwärts. Eine Vermehrung im Aquarium oder einem Gartenteich ist wenig wahrscheinlich.

10-20 °C 100 cm

Aquarieneinrichtung
Großes Becken mit guter Filteranlage. Es lassen sich nur Steine, Holz und künstliche Pflanzen zur Dekoration verwenden.

CYCLOCHEILICHTHYS APOGON

(VALENCIENNES, 1842)

24-26 °C bis 50 cm

Indische Flußbarbe
Familie: **Cyprinidae**
Verbreitung: Südostasien
Größe: bis 50 cm, normalerweise aber nur 15-20 cm
Futter: **Allesfresser.** Trocken-, Gefrier- und Lebendfutter
Temperaturbereich: 24-26 °C
pH: 6,5-7,5 dH: bis 15°

Ein großer Fisch, der den Bodengrund gern nach Insektenlarven oder Pflanzen- und Tierresten durchwühlt. Er ist sehr anspruchslos und kann gut mit größeren, friedlichen Welsen vergesellschaftet werden.

Zucht
Nicht bekannt.

Aquarieneinrichtung
Vermeiden Sie extreme Wasserwerte und verwenden Sie einen starken Filter, der mit dem aufgewirbelten Schmutz zurechtkommt. Einige Pflanzen sollten ebenfalls eingesetzt werden.

CYCLOCHEILICHTHYS JANTHOCHIR

(BLEEKER, 1853)

Schönflossen-Flußbarbe
Familie: **Cyprinidae**
Verbreitung: Indonesien, Borneo
Größe: 20 cm
Futter: **Allesfresser.** Trocken-, Gefrier- und Lebendfutter
Temperaturbereich: 22-26 °C
pH: 6,0-6,5 dH: bis 8°

Ein aktiver Fisch, der viel freien Schwimmraum benötigt. Da er friedlich ist, kann man ihn ausgezeichnet mit Fischen vergleichbarer Größe oder mit Bodenwelsen vergesellschaften.

Zucht
Im Aquarium wenig wahrscheinlich.

Aquarieneinrichtung
Großes, gut gefiltertes Becken mit vielen Pflanzen. Sorgen Sie außerdem für regelmäßige Wasserwechsel.

22-26 °C 20 cm

DANIO AEQUIPINNATUS

(MCCLELLAND, 1839)

Malabarbärbling, Malabarkärpfling
Familie: **Cyprinidae**
Verbreitung: Indien, Sri Lanka
Größe: 10 cm
Futter: **Allesfresser.** Trocken-, Gefrier- und Lebendfutter, pflanzliche Kost
Temperaturbereich: 22-24 °C
pH: 6,0-7,0 dH: bis 12°

Ein Fisch für größere Gesellschaftsbecken. Halten Sie einen Schwarm aus beiden Geschlechtern. Bei Männchen verläuft der mittlere, blaue Streifen gerade über die Schwanzflosse, während er bei den Weibchen einen Knick nach oben macht.

Zucht
Sonnenlicht regt den Laichprozeß an. Es werden bis zu 300 Eier abgelegt. Die Jungfische schlüpfen nach etwa 30 Stunden; sie sind relativ leicht aufzuziehen.

Aquarieneinrichtung
Großes, gut gefiltertes Gesellschaftsbecken mit viel offenem Schwimmraum. Regelmäßige Wasserwechsel sind notwendig.

22-24 °C 10 cm

DANIO DEVARIO

(HAMILTON, 1822)

16-25 °C 15 cm

Devario-Bärbling
Familie: **Cyprinidae**
Verbreitung: Nordindien, Bangladesh
Größe: 15 cm
Futter: **Allesfresser.** Trocken-, Gefrier- und Lebendfutter, pflanzliche Kost
Temperaturbereich: 16-25 °C
pH: 6,5-7,0 dH: bis 12°

Bei dieser Art sollte man den Wasserbedingungen besondere Aufmerksamkeit schenken. Besonders wichtig ist die Temperatureinstellung. Außerhalb der Laichzeit sollte das Wasser eher kühl sein. Halten Sie einen Schwarm, da Einzeltiere oft scheu sind und sich verstecken. Die Männchen sind schlanker und stärker gefärbt.

Zucht
Die Tiere laichen in wärmerem Wasser zwischen Pflanzen. Die Jungfische sind relativ leicht mit kleinem Lebendfutter aufzuziehen.

Aquarieneinrichtung
Gesellschaftsbecken mit effizienter Filterung. Es empfiehlt sich, regelmäßig 20 % des Wassers zu wechseln.

EIRMOTUS OCTOZONA

SCHULTZ, 1959

Achtbinden-Trugbarbe
Familie: **Cyprinidae**
Verbreitung: Indonesien, Borneo
Größe: 5 cm
Futter: **Allesfresser.** Lebend- und Trockenfutter, pflanzliche Kost
Temperaturbereich: 24-26 °C
pH: 6,5-7,5 dH: bis 12°

Geeignet für ein Gesellschaftsbecken ist ein Schwarm von acht bis zehn Exemplaren. Die Tiere sind anspruchslos und leben eher versteckt, so daß man sie mit Fischen ähnlichen Verhaltens und ähnlicher Größe halten sollte. Die Männchen sind schlanker; ihre unpaaren Flossen und die Bauchflossen sind rötlich, die der Weibchen zeigen gelbliche Farbtöne.

Zucht
Nicht bekannt.

Aquarieneinrichtung
Bepflanztes, leicht gefiltertes, ruhiges Gesellschaftsbecken mit gedämpfter Beleuchtung oder Schwimmpflanzen, die Teile des Aquariums abdunkeln.

24-26 °C 5 cm

Epalzeorhynchus bicolor

(Smith, 1931)

Feuerschwanz-Fransenlipper
Familie: **Cyprinidae**
Verbreitung: Thailand
Größe: 12 cm
Futter: **Allesfresser.** Lebend-, Trocken- und Gefrierfutter, pflanzliche Kost
Temperaturbereich: 22-26 °C
pH: 6,5-7,5 dH: bis 15°

Dieser Fisch, der gern in Gesellschaftsbecken gehalten wird, kann zu einem wahren Tyrannen werden. Ausgewachsene Exemplare streiten nicht nur häufig untereinander, sondern belästigen auch andere Fische, so daß man sich auf einige Unruhe im Aquarium einstellen muß. Männchen sollen eine spitzere Rückenflosse haben, während der Hinterrand bei den Weibchen einen rechten Winkel bildet.

Zucht

Wegen ihrer Unverträglichkeit nicht einfach. Es gibt einen Bericht, nach dem die Eier in Höhlen abgelegt werden und die Jungen innerhalb von 48 Stunden schlüpfen.

22-26 °C 12 cm

Aquarieneinrichtung

Großes, dicht bepflanztes Becken mit Steinen und Holz, so daß eine Revierbildung ohne Sichtkontakt zu anderen möglich ist.

Epalzeorhynchus frenatus

Fowler, 1937

Grüner Fransenlipper
Familie: **Cyprinidae**
Verbreitung: Thailand
Größe: 15 cm
Futter: **Allesfresser.** Trocken-, Gefrier- und Lebendfutter, pflanzliche Kost
Temperaturbereich: 22-26 °C
pH: 6,5-7,5 dH: bis 15°

Diese Art wird oft im Gesellschaftsaquarium gehalten. Dabei handelt es sich eigentlich um Einzelgänger, die sich gegenüber Artgenossen aggressiv verhalten, jedoch andere Bewohner eines Gesellschaftsbeckens meist nicht belästigen. Männchen sind schlanker und haben einen schwarzen Afterflossensaum.

Zucht

Es gibt Berichte über zufällige Zuchterfolge. Einzelheiten sind nicht bekannt.

Aquarieneinrichtung

Großes, gut gefiltertes Gesellschaftsbecken mit Fischen ähnlicher Größe sowie Pflanzendickichten, Steinen und Holz, um die Revierabgrenzung zu erleichtern.

22-26 °C 15 cm

Epalzeorhynchus kallopterus

(Bleeker, 1850)

24-26 °C 15 cm

Schönflossige Rüsselbarbe
Familie: **Cyprinidae**
Verbreitung: Borneo, Indonesien, Thailand, Indien
Größe: 15 cm
Futter: **Allesfresser.** Lebend-, Trocken- und Gefrierfutter, pflanzliche Kost
Temperaturbereich: 24-26 °C
pH: 6,5-7,0 dH: bis 10°

Diese Art lebt zumeist einzelgängerisch; man kann allerdings mehrere Exemplare in einem Becken halten, vorausgesetzt, es ist genug Platz vorhanden, damit eine Revierbildung möglich ist. Andere Fische werden nicht belästigt. Die Tiere weiden gern Algen ab und verbringen viel Zeit in Ruhestellung, wobei sie sich mit den Brustflossen auf breitblättrigen Pflanzen aufstützen.

Zucht

Nicht bekannt.

Aquarieneinrichtung

Gesellschaftsbecken mit breitblättrigen Pflanzen und flachen Steinen sowie einer effizienten Filteranlage, die für sehr sauberes, klares, fließendes Wasser sorgt. Alle 10 bis 14 Tage sollten bis zu 25 % des Wassers gewechselt werden.

GARRA TAENIATA

SMITH, 1931

24-26 °C 15 cm

Deutscher Name ist nicht bekannt

Familie: **Cyprinidae**

Verbreitung: Thailand

Größe: 15 cm

Futter: **Allesfresser.** Trocken-, Gefrier- und Lebendfutter, pflanzliche Kost

Temperaturbereich: 24-26 °C

pH: 6,5-7,0 dH: bis 12°

Werden mehrere Exemplare gehalten, können sich diese relativ ungebärdig verhalten, indem sie den Bodengrund aufwühlen oder Pflanzen und Holz unterhöhlen. Andere Fische werden allerdings nicht belästigt.

Zucht

Nicht bekannt.

Aquarieneinrichtung

Bepflanztes Aquarium mit Holz, breitblättrigen Pflanzen und flachen Steinen, auf denen sich die Tiere gern ausruhen. Ist eine gute Filteranlage vorhanden, dann tollen die Fische häufig vor dem Auslaß herum. Regelmäßige Wasserwechsel sind notwendig.

GOBIO GOBIO

(LINNAEUS, 1758)

10-18 °C 20 cm

Gründling

Familie: **Cyprinidae**

Verbreitung: Weite Teile Europas

Größe: 20 cm

Futter: **Allesfresser.** Hauptsächlich Lebendfutter, aber auch Trockenfutter und Futtertabletten

Temperaturbereich: 10-18 °C

pH: 7,0-7,5 dH: bis 20°

Ein ziemlich friedlicher Kaltwasserfisch, den man etwa mit Elritzen und Steinbeißern vergesellschaften kann. Die Männchen zeigen zur Paarungszeit einen Laichausschlag.

Zucht

Nachzuchten sollen schon gelungen sein, Genaueres ist jedoch nicht bekannt.

Aquarieneinrichtung

Becken mit kühlem, klarem, gut gefiltertem, sauerstoffreichem Wasser und einer kräftigen Strömung. Der Bodengrund sollte aus Sand und einigen Steinen bestehen, außerdem können einige Pflanzen eingesetzt werden.

LABEO CHRYSOPHEKADION

(BLEEKER, 1849)

24-27 °C 60 cm

Schwarzer Fransenlipper

Familie: **Cyprinidae**

Verbreitung: Südostasien

Größe: 60 cm

Futter: **Allesfresser.** Lebend-, Trocken- und Gefrierfutter, pflanzliche Kost

Temperaturbereich: 24-27 °C

pH: 6,5-7,5 dH: bis 15°

Ein sehr großer, manchmal unverträglicher Fisch, der nicht für Gesellschaftsbecken geeignet ist. Seine Nahrung sollte reichlich pflanzliche Kost enthalten. In Südostasien ist er ein wichtiger Speisefisch, dessen Fleisch als Delikatesse gilt.

Zucht

Nicht bekannt.

Aquarieneinrichtung

Großes Aquarium mit Steinen und Holz, einer sehr effizienten Filterung und regelmäßigem Wasserwechsel. Sorgen Sie außerdem für eine gute Abdeckung, da die Fische gern springen.

LABEO FORSKALII

RÜPPELL, 1853

Nil-Fransenlipper

Familie: **Cyprinidae**

Verbreitung: Zuflußgebiet des Nils und Blauen Nils

Größe: 35 cm, im Aquarium 20 cm

Futter: **Allesfresser.** Lebend-, Trocken- und Gefrierfutter, pflanzliche Kost

Temperaturbereich: 20-25 °C

pH: 6,5-7,5 dH: bis 15°

Kann gegenüber Artgenossen recht unverträglich sein, belästigt andere Fische aber nicht. Ältere Tiere werden zunehmend revierbildend. Beim Männchen sind erster und letzter Rückenflossenstrahl verlängert.

Zucht

Nicht bekannt.

20-25 °C 35 cm

Aquarieneinrichtung

Geräumiges, gut gefiltertes Becken mit Fischen ähnlicher Größe sowie Steinen, Pflanzen und Holz zur Revierabgrenzung.

LABEO VARIEGATUS

PELLEGRIN, 1926

21-25 °C — 30 cm

Schwarzschecken-Fransenlipper
Familie: **Cyprinidae**
Verbreitung: Zaïre
Größe: 30 cm
Futter: **Allesfresser.** Trocken-, Gefrier- und Lebendfutter, Futtertabletten, pflanzliche Kost
Temperaturbereich: 21-25 °C
pH: 6,5-7,5 dH: bis 18°

Jungtiere verhalten sich gegenüber etwa gleich großen Fischen friedlich, werden mit zunehmendem Alter aber streitsüchtig und gegen Artgenossen sogar regelrecht aggressiv. Daher sollte man sie nur mit Fischen vergesellschaften, die sich verteidigen können. Die Tiere sind starke Fresser.

Zucht

Nicht bekannt.

Aquarieneinrichtung

Geräumiges, gut gefiltertes Aquarium mit Steinen, Holz und großen Pflanzen.

LABIOBARBUS FESTIVUS

(HECKEL, 1843)

Signalbarbe
Familie: **Cyprinidae**
Verbreitung: Borneo
Größe: 20 cm
Futter: **Allesfresser.** Lebend-, Trocken- und Gefrierfutter, pflanzliche Kost
Temperaturbereich: 22-25 °C
pH: 6,0-6,5 dH: bis 10°

Ein scheuer Fisch, den man am besten in einem großen, gut bepflanzten Becken mit anderen friedlichen Arten hält. Er ist sehr furchtsam und springt, wenn er sich erschreckt. Die Tiere, die reichlich Grünfutter benötigen, fressen auch Algen und Javamoos, andere Pflanzen werden meist verschont. Regelmäßige Wasserwechsel sind für ihre Gesundheit sehr wichtig.

Zucht

Nicht bekannt.

Aquarieneinrichtung

Großes Becken mit Wurzeln, Pflanzen und einer sehr guten Filteranlage, die eine kräftige Strömung erzeugt.

22-25 °C — 20 cm

LEPTOBARBUS HOEVENII

(BLEEKER, 1851)

Siambarbe
Familie: **Cyprinidae**
Verbreitung: Südostasien
Größe: 50 cm
Futter: **Allesfresser.** Lebend-, Trocken- und Gefrierfutter, pflanzliche Kost
Temperaturbereich: 22-26 °C
pH: 6,5-7,5 dH: bis 15°

Ein anspruchsloser, aber sehr großer Fisch, der nur als Jungfisch in einem normalen Aquarium gehalten werden kann. Die sehr aktiven Tiere springen gern, wobei sie sich leicht verletzen. Man hält sie am besten als Schwarm in einem Becken mit viel Schwimmraum.

Zucht

Nicht bekannt.

Aquarieneinrichtung

Großes, geräumiges Becken mit Holz, großen, robusten Pflanzen und einem starken Außenfilter, der für eine kräftige Strömung sorgt.

22-26 °C — 50 cm

LUCIOSOMA TRINEMA
(BLEEKER, 1855)

24-27 °C 30 cm

Hechtbärbling
Familie: **Cyprinidae**
Verbreitung: Südostasien
Größe: 30 cm
Futter: **Allesfresser.** Lebend-, Trocken- und Gefrierfutter, pflanzliche Kost
Temperaturbereich: 24-27 °C
pH: 6,5-7,0 dH: bis 10°

Dieser große, schwarmbildende Oberflächenfisch kann sehr gut mit mittelgroßen Bodenwelsen vergesellschaftet werden. Der Gattungsname bedeutet „hechtartiger Körper“ und bezieht sich auf seine stromlinienförmige Gestalt. Da die Tiere gern springen, muß das Becken gut abgedeckt sein. Die Geschlechter lassen sich angeblich an den verlängerten Bauchflossenstrahlen des Männchens unterscheiden.

Zucht
Nicht bekannt.

Aquarieneinrichtung
Diese attraktive Art benötigt ein langes, wenig bepflanztes Becken mit einer effizienten Filteranlage. Die Abdeckung sollte nicht zu leicht und gut befestigt sein, da diese großen, ungestümen Tiere sie sonst beim Springen abwerfen.

NOCOMIS LEPTOCEPHALUS
(GIRARD, 1857)

Deutscher Name ist nicht bekannt
Familie: **Cyprinidae**
Verbreitung: Flüsse an der Atlantik- und Pazifikküste der USA
Größe: 20 cm
Futter: **Allesfresser.** Algen und kleine Wirbellose
Temperaturbereich: 10-20 °C
pH: 6,0-7,0 dH: bis 10°

Eine Art für Kaltwasseraquarien. Jungfische besitzen eine dunkle Seitenbinde und einen Fleck auf dem Schwanz. Die Männchen haben zur Paarungszeit einen Laichausschlag auf einer Schwellung zwischen den Augen.

Zucht
Die Männchen bauen im Frühsommer ein Nest aus Steinen, das einen Durchmesser von bis zu 1 m haben kann.

Aquarieneinrichtung
Großes Becken mit guter Filteranlage, Steinen und Pflanzen, aber auch mit einigen freien, sandigen Bereichen.

10-20 °C 20 cm

NOTOMIGONUS CRYSOLEUCAS
(MITCHILL, 1814)

10-20 °C 30 cm

Deutscher Name ist nicht bekannt
Familie: **Cyprinidae**
Verbreitung: Osten Nordamerikas, von Südkanada bis zur Golfküste
Größe: 30 cm
Futter: **Allesfresser.** Kleine Wirbellose, pflanzliche Kost
Temperaturbereich: 10-20 °C
pH: 6,5-7,5 dH: bis 12°

Ein Schwarmfisch, der jung in Aquarien gehalten werden kann, wobei er viel freien Schwimmraum benötigt. Bei den Männchen haben After- und Bauchflossen zur Laichzeit einen orangenen Farbton. Angler verwenden diese Art häufig als Köderfisch.

Zucht
Das Ablaichen erfolgt im Frühling und Frühsommer in flachen Gewässern.

Aquarieneinrichtung
Großes, gut eingerichtetes Aquarium mit leichter Filterung, einem Bodengrund aus Sand oder Kies sowie Steinen, Holz und Pflanzendickichten.

Notropis lutrensis

(Baird und Girard, 1853)

Amerikanische Rotflossenorfe

Familie: **Cyprinidae**

Verbreitung: Mittlerer Westen der USA

Größe: 8 cm

Futter: **Allesfresser.** Lebend-, Trocken- und Gefrierfutter

Temperaturbereich: 15-24 °C

pH: 7,0-7,5 dH: bis 18°

Ein Kaltwasserfisch, der sich bei Aquarianern immer größerer Beliebtheit erfreut. Die Männchen sind stärker gefärbt und zeigen zur Paarungszeit einen Laichausschlag. Halten Sie möglichst einen Schwarm. In der Natur leben die Fische in langsamfließenden Gewässern mit Kies- oder Sandboden.

Zucht

Im Aquarium nicht bekannt.

Aquarieneinrichtung

Kaltwasserbecken mit einem Bodengrund aus Sand oder Kies, einigen Pflanzen und einer effizienten Filteranlage, die eine kräftige Strömung erzeugt.

15-24 °C 8 cm

Opsaridium chrystyi

(Boulenger, 1920)

22-24 °C 15 cm

Goldmäulchen, Sonnenmäulchen

Familie: **Cyprinidae**

Verbreitung: Nordghana

Größe: 15 cm

Futter: **Fleischfresser.** Hauptsächlich kleine Wirbellose sowie Fliegen von der Oberfläche, aber auch Trockenfutter

Temperaturbereich: 22-24 °C

pH: 6,5 dH: bis 10°

Ein sehr attraktiver, aber selten eingeführter schwarmbildender Oberflächenfisch, der bei der kleinsten Störung sofort springt. Besonders im Sonnenlicht zeigen die Tiere eine faszinierende Farbenpracht.

Zucht

Nicht bekannt.

Aquarieneinrichtung

Großes Becken mit Pflanzen und offenen Bereichen, aber auch mit Holz und kleinen Steinen. Sorgen Sie außerdem für einige Schwimmpflanzen, zwischen denen sich die Fische verstecken können, sowie für regelmäßige Wasserwechsel und eine effiziente Filteranlage, die eine gute Wasserqualität gewährleistet.

Osteochilus hasselti

(Valenciennes, 1842)

22-24 °C 30 cm

Nilem, Javakarpfen

Familie: **Cyprinidae**

Verbreitung: Südostasien

Größe: 30 cm

Futter: **Allesfresser.** Lebend-, Trocken- und Gefrierfutter, pflanzliche Kost

Temperaturbereich: 22-24 °C

pH: 6,5-7,0 dH: bis 10°

Eine attraktive, friedliche und leicht zu haltende Art. Jungfische eignen sich auch für ein Gesellschaftsbecken. Allerdings muß man sich darauf einstellen, sie in ein größeres Becken umsetzen zu müssen, wenn sie wachsen. Diese Art frißt Pflanzen; wenn allerdings genug Javamoos im Becken ist und außerdem reichlich Grünfutter angeboten wird, bleiben andere Pflanzen meist verschont.

Zucht

Nicht bekannt.

Aquarieneinrichtung

Jungfische eignen sich für bepflanzte Gesellschaftsbecken; ältere Exemplare kann man zusammen mit friedlichen Welsen halten. Sorgen Sie für eine gute Filteranlage, da die Tiere auf eine schlechte Wasserqualität empfindlich reagieren.

Parluciosoma cephalotaenia

(Bleeker, 1852)

Zweibindenbärbling
Familie: **Cyprinidae**
Verbreitung: Südostasien
Größe: 14 cm
Futter: **Allesfresser.** Lebend-, Trocken- und Gefrierfutter
Temperaturbereich: 22-24 °C
pH: 6,0-6,5 dH: bis 15°

Ein klassischer Schwarmfisch, der von Aquarianern oft übersehen wird. Es sollten Gruppen von sechs oder mehr Tieren gehalten werden. Männchen sind schlanker als Weibchen.

Zucht
Becken mit weichem, leicht saurem, warmem Wasser. Die Eier werden auf feinblättrigen Pflanzen abgelegt; die Jungfische schlüpfen nach etwa 36 Stunden. Sie benötigen hochwertiges Lebendfutter, etwa Infusorien, später dann *Artemia*-Nauplien.

Aquarieneinrichtung
Großes, gut gefiltertes Gesellschaftsbecken mit Pflanzen an Rück- und Seitenwänden, aber auch mit freiem Schwimmraum. Regelmäßige Wasserwechsel sind zu empfehlen.

22-24 °C 14 cm

Deutscher Name ist nicht bekannt
Familie: **Cyprinidae**
Verbreitung: Mittlere USA
Größe: 7,5 cm
Futter: **Allesfresser.** Hauptsächlich kleines Lebendfutter, nimmt in der Regel aber auch Trockenfutter
Temperaturbereich: 10-20 °C
pH: 6,5-7,0 dH: bis 12°

Ein Fisch für Kaltwasserbecken, der sich gut eingewöhnt und leicht zu halten ist. Flanken und Bauch der hübschen Männchen sind leuchtend rot oder gelb gefärbt. Damit sie ihre Farben auch zeigen, sollte man beide Geschlechter halten.

Zucht
Laichzeit ist von Frühjahr bis Frühsommer in flachen, schnellfließenden Gewässern.

Aquarieneinrichtung
Gut gefiltertes Becken mit sandigem Bodengrund, kleinen Steinen, einigen Pflanzen und einer kräftigen Strömung.

Phoxinus erythrogaster

(Rafinesque in Kirtland, 1844)

10-20 °C 7,5 cm

Pimephales notatus

(Rafinesque, 1820)

Deutscher Name ist nicht bekannt
Familie: **Cyprinidae**
Verbreitung: Im mittleren Westen der USA weit verbreitet.
Größe: 10 cm
Futter: **Allesfresser.** Wirbellose Wassertiere
Temperaturbereich: 10-20 °C
pH: 6,5-7,5 dH: bis 12°

Ein Schwarmfisch, der sich bei guten Wasserbedingungen und bei mindestens sechs Tieren leicht eingewöhnt.

10-20 °C 10 cm

Zucht
Zur Eiablage säubern die Männchen einen kleinen Bereich unter einem flachen Stein. Sie bewachen auch Laich und Jungfische.

Aquarieneinrichtung
Biologisch ausgereiftes Becken mit guter Filterung, feinem Bodengrund, flachen Steinen und Pflanzen zum Verstecken.

Rasbora borapetensis

Smith, 1934

22-26 °C 5 cm

Rotschwanzrasbora, Rotflossenrasbora
Familie: **Cyprinidae**
Verbreitung: Thailand, Westmalaysia
Größe: 5 cm
Futter: **Allesfresser.** Kleine Nahrung aller Art; Lebendfutter wird bevorzugt
Temperaturbereich: 22-26 °C
pH: 6,0-6,5 dH: bis 12°

Ein klassischer, friedlicher Schwarmfisch, der mit ebenso friedfertigen Arten ähnlicher Größe vergesellschaftet werden sollte. Die Männchen sind schlanker als die Weibchen, was allerdings nur zur Laichzeit deutlich zu erkennen ist.

Zucht

Becken mit niedrigem Wasserstand und Pflanzendickichten. Frischwasserzufuhr kann die Laichbereitschaft erhöhen. Jeweils etwa sechs der insgesamt 30 bis 40 Eier werden kurz nacheinander abgelegt. Die Elterntiere sollte man nach dem Ablaichen herausfangen. Die Jungfische, die mit sehr feinem Futter ernährt werden, schlüpfen nach ungefähr 36 Stunden.

Aquarieneinrichtung

Leicht gefiltertes Becken mit Pflanzen und Holz sowie einer gedämpften Beleuchtung.

Rasbora caudimaculata

Volz, 1903

20-25 °C 12 cm

Schwanzbindenrasbora
Familie: **Cyprinidae**
Verbreitung: Südostasien
Größe: 12 cm
Futter: **Allesfresser.** Trocken- und Lebendfutter, pflanzliche Kost
Temperaturbereich: 20-25 °C
pH: 6,5-7,5 dH: bis 12°

Eine Art für Schauaquarien, da die großen, aktiven Fische viel freien Schwimmraum benötigen. Sie springen aber auch sehr gern, so daß eine gute Abdeckung erforderlich ist. Die Männchen sind schlanker, ihre Afterflosse ist gelblich, während die Spitzen der Schwanzflossenlappen weiß sind.

Zucht

Nicht bekannt.

Aquarieneinrichtung

Großes Becken mit Wurzeln und kleinen Steinen. Sorgen Sie außerdem für eine gute Filteranlage, die eine kräftige Strömung erzeugen kann.

Rasbora daniconius daniconius

(Hamilton, 1822)

Schlankbärbling
Familie: **Cyprinidae**
Verbreitung: Thailand, Birma, Indien, Sri Lanka
Größe: 10 cm
Futter: **Allesfresser.** Bevorzugt kleines Lebendfutter, nimmt auch Trocken- und Gefrierfutter
Temperaturbereich: 24-26 °C
pH: 6,5-7,5 dH: bis 15°

Ein Schwarmfisch für dicht bepflanzte Aquarien. Halten Sie einen Schwarm von mindestens sechs Tieren, da einzelne Exemplare sich völlig zurückziehen oder sogar eingehen. Das goldene Längsband kommt am besten im Sonnenlicht zur Geltung. Die Männchen sind schlanker, kleiner und haben einen rötlichen Bauch.

Zucht

Geräumiges Becken, da Milch und unbefruchtete Eier das Wasser schnell verunreinigen. Sorgen Sie für sehr hohe, feinblättrige Pflanzen, da der Laich nahe der Wasseroberfläche abgegeben wird. Die Jungfische schlüpfen nach etwa drei Tagen; sie können mit *Artemia*-Nauplien gefüttert werden. Regelmäßige Wasserwechsel sind nötig.

Aquarieneinrichtung

Gut gefiltertes Gesellschaftsbecken mit ähnlichen Arten.

24-26 °C 10 cm

Rasbora dorsiocellata

Duncker, 1904

20-24 °C | 6,5 cm

Augenfleckbärbling
Familie: **Cyprinidae**
Verbreitung: Malaiische Halbinsel, Sumatra
Größe: 6,5 cm
Futter: **Allesfresser.** Lebend-, Trocken- und Gefrierfutter
Temperaturbereich: 20-24 °C
pH: 6,0-6,5 dH: bis 10°

Ein lebhafter Schwarmfisch, der viel freien Schwimmraum benötigt. Die Männchen haben eine rötliche Schwanzflosse, die der Weibchen ist gelblich. Wegen ihrer geringen Größe sollten sie nur mit kleinen Fischen vergesellschaftet werden.

Zucht

Becken mit Dickichten feinblättriger Pflanzen (besonders geeignet ist Javamoos). Setzen Sie die Weibchen etwa 36 Stunden vor den Männchen ins Zuchtbecken. Die Eier werden zwischen den Pflanzen abgelegt; die Jungfische schlüpfen nach ca. 24 Stunden und werden mit hochwertigem Lebendfutter ernährt.

Aquarieneinrichtung

Schwach gefiltertes, gut bepflanztes, alteingerichtetes Gesellschaftsbecken.

Rasbora einthovenii

(Bleeker, 1851)

Längsbandbärbling
Familie: **Cyprinidae**
Verbreitung: Südostasien
Größe: 8 cm
Futter: **Allesfresser.** Lebend-, Trocken- und Gefrierfutter
Temperaturbereich: 22-25 °C
pH: 6,0-6,5 dH: bis 8°

Ein Schwarmfisch für Gesellschaftsbecken. Eine Unterscheidung der Geschlechter ist nur während der Laichzeit möglich, wenn die Männchen kleiner und schmaler und die Weibchen größer und dicker sind und eine stark gewölbte Bauchlinie haben.

Zucht

Die Art laicht zwischen Pflanzen. Die Jungfische schlüpfen nach etwa 36 Stunden. Sie können relativ einfach mit *Artemia*-Nauplien aufgezogen werden.

Aquarieneinrichtung

Dicht bepflanztes, gut gefiltertes Gesellschaftsbecken mit einer gut befestigten Abdeckung, da die Fische gern springen.

22-25 °C | 8 cm

Rasbora elegans

Volz, 1903

Schmuckbärbling
Familie: **Cyprinidae**
Verbreitung: Südostasien
Größe: 20 cm
Futter: **Allesfresser**
Temperaturbereich: 21-25 °C
pH: 6,0-6,5 dH: bis 10°

Diese Art sollte als Schwarm in einem Gesellschaftsbecken gehalten werden, beispielsweise mit mittelgroßen Barben und Bärblingen. Die Geschlechter sind am einfachsten während der Laichzeit zu unterscheiden, da die Weibchen dann viel rundlicher wirken als die Männchen.

21-25 °C | 20 cm

Zucht

Sehr produktive Art, die über Pflanzen ablaicht. Entfernen Sie die Elterntiere, da sie Laichräuber sind. Die Jungfische schlüpfen nach etwa 36 Stunden und werden mit frisch geschlüpften *Artemia*-Nauplien ernährt.

Aquarieneinrichtung

Alteingerichtetes, gut bepflanztes Aquarium mit einer effizienten Filteranlage. Regelmäßige Wasserwechsel (etwa alle 10 bis 14 Tage 20 %) sind notwendig.

Rasbora espei
(Meinken, 1967)

Espes Bärbling, Espes Keilfleckbarbe
Familie: **Cyprinidae**
Verbreitung: Thailand
Größe: 4,5 cm
Futter: **Allesfresser.** Trocken-, Gefrier- und Lebendfutter, letzteres wird bevorzugt
Temperaturbereich: 23-27 °C
pH: 6,0-6,5 dH: bis 10°

Tagsüber schwimmen diese aktiven Fische zusammen umher, nachts ziehen sie sich einzeln zurück und ruhen während der Dunkelheit auf Blättern. Männchen sind schlanker und stärker gefärbt als Weibchen.

Zucht
Für die schwierige Zucht benötigt man ein Becken mit niedrigem Wasserstand und breitblättrigen Pflanzen, auf die Eier abgelegt werden. Die Jungfische schlüpfen nach etwa 24 Stunden und sollten mit Infusorien gefüttert werden.

Aquarieneinrichtung
Alteingerichtetes Gesellschaftsbecken mit anderen friedlichen Fischen und vielen Pflanzen, besonders breitblättrigen Arten. Außerdem sind eine gute Filterung und regelmäßige Wasserwechsel erforderlich.

23-27 °C | 4,5 cm

Rasbora heteromorpha
Duncker, 1904

22-25 °C | 4,5 cm

Keilfleckbärbling
Familie: **Cyprinidae**
Verbreitung: Südostasien
Größe: 4,5 cm
Futter: **Allesfresser.** Trocken-, Gefrier- und Lebendfutter, letzteres wird bevorzugt
Temperaturbereich: 22-25 °C
pH: 6,0-6,5 dH: bis 10°

Ein beliebter Zierfisch, der im Schwarm von mindestens acht Tieren gehalten und mit gleich großen, friedlichen Fischen vergesellschaftet werden sollte. Beim Weibchen ist der vordere Rand des Keilflecks gerade, beim Männchen leicht gerundet und am unteren Vorderrand etwas ausgezogen.

Zucht
Nicht einfach. Becken mit flachem, sehr weichem, saurem, warmem Wasser, einem jungen Weibchen und einem etwa zwei Jahre alten Männchen. Die Eier werden auf der Unterseite breiter Blätter abgelegt. Die Eltern werden nach dem Ablaichen entfernt und das Becken dunkel gehalten. Die Jungfische schlüpfen nach 24 Stunden und werden mit Infusorien gefüttert.

Aquarieneinrichtung
Bepflanztes Gesellschaftsbecken, gute Filterung und regelmäßig gewechseltes Wasser.

Rasbora kalochroma
(Bleeker, 1850)

25-28 °C | 10 cm

Schönflossenbärbling
Familie: **Cyprinidae**
Verbreitung: Südostasien
Größe: 10 cm
Futter: **Allesfresser.** Lebend-, Trocken- und Gefrierfutter
Temperaturbereich: 25-28 °C
pH: 6,0-6,5 dH: bis 10°

Einer der größeren und in der Haltung etwas schwierigen Bärblinge. Im Aquarium bildet er keinen Schwarm, sondern steht häufig in einem bestimmten Bereich, als hätte er dort ein Revier. Allerdings konnte man bisher keinerlei Revierverteidigung beobachten. Die Männchen sind stärker gefärbt als die Weibchen und haben eine dunklere Afterflosse.

Zucht
Nicht bekannt.

Aquarieneinrichtung
Diese Art kann in einem Gesellschaftsbecken mit gedämpfter Beleuchtung gehalten werden, in dem allerdings die Wasserbedingungen genau stimmen müssen. Manche Aquarianer fügen dem Wasser Salz hinzu. Überprüfen Sie in einem solchen Fall aber, ob die übrigen Fische dies vertragen.

Rasbora maculata

Duncker, 1904

24-26 °C 2,5 cm

Zwergbärbling

Familie: **Cyprinidae**

Verbreitung: Südostasien

Größe: 2,5 cm

Futter: **Allesfresser.** Alle Arten kleiner Nahrung

Temperaturbereich: 24-26 °C

pH: 6,0-6,5 dH: bis 10°

Wegen seiner geringen Größe – es handelt sich um den kleinsten aller Bärblinge – wird dieser Fisch am besten in einem Artenbecken gehalten. Die Männchen sind schlanker und stärker gefärbt als die Weibchen.

Zucht

In Pflanzendickichten werden bis zu 50 Eier abgelegt. Die Jungfische schlüpfen nach 24 bis 36 Stunden. Sie benötigen allerkleinstes Futter.

Aquarieneinrichtung

Kleines Becken mit vielen feinblättrigen Pflanzen und einer sanften Filterung.

Rasbora pauciperforata

Weber und de Beaufort, 1916

Rotstreifenbärbling, Glühlichtrasbora

Familie: **Cyprinidae**

Verbreitung: Südostasien

Größe: 7 cm

Futter: **Allesfresser.** Bevorzugt Lebendfutter, nimmt aber auch Trocken- und Gefrierfutter

Temperaturbereich: 22-25 °C

pH: 6,0-6,5 dH: bis 10°

Idealer Fisch für ein Gesellschaftsbecken. Halten Sie einen Schwarm von acht oder mehr Tieren, da Einzeltiere sich verstecken. Männchen sind schlanker als Weibchen.

Zucht

Lassen Sie die Tiere selbst Paare bilden. Die Eier werden auf feinblättrigen Pflanzen abgelegt; die Jungfische schlüpfen innerhalb von 36 Stunden. Füttern Sie feines Lebendfutter.

Aquarieneinrichtung

Dicht bepflanztes Gesellschaftsbecken, viel freier Schwimmraum, eine leichte Strömung und regelmäßige Wasserwechsel.

22-25 °C 7 cm

Rasbora reticulata

Weber und de Beaufort, 1915

22-26 °C 6 cm

Netzbärbling

Familie: **Cyprinidae**

Verbreitung: Sumatra

Größe: 6 cm

Futter: **Allesfresser.** Lebend-, Trocken- und Gefrierfutter

Temperaturbereich: 22-26 °C

pH: 6,0-6,5 dH: bis 10°

Eine sehr attraktive Art für das Gesellschaftsbecken mit anderen friedlichen Fischen ähnlicher Größe. Die Männchen sind schlanker als die Weibchen.

Zucht

Die Eier werden zwischen Pflanzen abgelegt. Jungfische zieht man mit frisch geschlüpften *Artemia*-Nauplien auf.

Aquarieneinrichtung

Großes, gut gefiltertes Gesellschaftsbecken mit freiem Schwimmraum. Wechseln Sie alle zehn Tage 25 % des Wassers, und sorgen Sie für eine gute Abdeckung, da die Fische springen.

Rasbora taeniata

Ahl, 1922

22-24 °C 7 cm

Goldstreifenbärbling

Familie: **Cyprinidae**

Verbreitung: Südostasien

Größe: 7 cm

Futter: **Allesfresser.** Lebend-, Trocken- und Gefrierfutter, pflanzliche Kost

Temperaturbereich: 22-24 °C

pH: 6,5-7,0 dH: bis 10°

Die schlanken Männchen haben eine gelblichrote, die rundlicheren Weibchen eine orangefarbene Schwanzflosse. Diese Art läßt sich besonders gut mit anderen Bärblingen und kleinen Barben vergesellschaften.

Zucht

Die Eier werden in flachem Wasser abgelegt. Die Elterntiere sollten herausgefangen werden, da sie Laichräuber sind. Die Jungfische schlüpfen nach etwa 36 Stunden; sie werden zunächst mit Infusorien und dann mit *Artemia*-Nauplien gefüttert.

Aquarieneinrichtung

Dicht bepflanztes, alteingerichtetes Gesellschaftsbecken mit guter Filteranlage und regelmäßigen Wasserwechseln. Sorgen Sie für eine gedämpfte Beleuchtung, z. B. durch Schwimmpflanzen auf einem Teil der Wasseroberfläche.

Rasbora trilineata

Steindachner, 1870

23-25 °C 15 cm

Glasbärbling, Glasrasbora, Dreilinienbärbling

Familie: **Cyprinidae**

Verbreitung: Malaysia, Sumatra, Borneo

Größe: 15 cm

Futter: **Allesfresser.** Trocken-, Gefrier- und Lebendfutter

Temperaturbereich: 23-25 °C

pH: 6,0-6,5 dH: bis 10°

Ein schöner Schwarmfisch für ein Schauaquarium, der auch mit anderen friedlichen Fischen vergesellschaftet werden kann. Die Männchen sind kleiner und schlanker als die Weibchen.

Zucht

Schwierig. Verwenden Sie ein Becken mit flachem, weichem, saurem Wasser. Die Eier werden zwischen Pflanzen abgelegt und schlüpfen innerhalb von 24 Stunden. Die Eltern müssen entfernt werden, bevor sie die Eier fressen. Die Jungfische werden mit *Artemia*-Nauplien ernährt.

Aquarieneinrichtung

Gut bepflanztes, möglichst langes Gesellschaftsbecken, in dem die Tiere ausreichend Platz zum Schwimmen haben. Sorgen Sie für eine gute Filteranlage.

Rasbora urophthalma

Ahl, 1922

23-25 °C 2,5 cm

Schwanzfleckbärbling

Familie: **Cyprinidae**

Verbreitung: Indonesien

Größe: 2,5 cm

Futter: **Allesfresser.** Bevorzugt kleines Lebendfutter, nimmt aber auch Trockenfutter

Temperaturbereich: 23-25 °C

pH: 6,0-6,5 dH: bis 10°

Ein zarter, kleiner Bärbling, der am besten in einem Artenaquarium gehalten wird. Anderenfalls sollte er lediglich mit Fischen gleicher Größe und gleichen Verhaltens vergesellschaftet werden. Die Männchen sind kleiner und schlanker als die Weibchen und haben an der Basis der Rückenflosse einen weißen Fleck und darüber eine schwarze Binde.

Zucht

Becken mit warmem (bis 28 °C), weichem und leicht saurem Wasser. Die Fische heften die 40 bis 50 Eier an die Unterseite von Blättern. Die Jungfische schlüpfen innerhalb von 48 Stunden und benötigen sehr kleine Nahrung.

Aquarieneinrichtung

Alteingerichtes Becken mit schmal- und breitblättrigen Pflanzen sowie einer sanften, aber effizienten Filterung. Alle sieben Tage sollten 10 % des Wassers gewechselt werden.

Rasbora vaterifloris

Deraniyagala, 1930

25-28 °C 4 cm

Perlmutterbärbling

Familie: **Cyprinidae**

Verbreitung: Sri Lanka

Größe: 4 cm

Futter: **Allesfresser.** Hauptsächlich kleines Lebendfutter, nimmt auch Trocken- und Pflanzenfutter

Temperaturbereich: 25-28 °C

pH: 6,0-6,5 dH: bis 5°

Ein Fisch für Spezialisten, da er hohe Anforderungen an die Wasserqualität stellt. Er wird am besten in einem gut bepflanzten Aquarium mit anderen sehr friedlichen, wärmeliebenden Fischen gehalten. Die Männchen sind schlanker und stärker gefärbt als die Weibchen.

Zucht

Die Zucht ist schwierig. Man benötigt ein gut bepflanztes Zuchtbecken, in dem der Wasserstand nach dem Ablaichen auf etwa 15 cm gesenkt wird. Die Jungfische schlüpfen nach ungefähr 36 Stunden. Sie benötigen sehr kleines Futter.

Aquarieneinrichtung

Gut bepflanztes, alteingerichtetes Gesellschafts- oder Artenbecken mit etwas freiem Schwimmraum und einer sehr guten Filteranlage. Achten Sie unbedingt auf die Temperatur.

SEMOTILUS ATROMACULATUS

(MITCHILL, 1818)

Deutscher Name ist nicht bekannt
Familie: **Cyprinidae**
Verbreitung: Östliches Nordamerika
Größe: 30 cm
Futter: **Allesfresser.** Algen und Wirbellose
Temperaturbereich: 10-20 °C
pH: 6,5-7,5 dH: bis 12°

Ein aktiver Fisch, der die Gesellschaft von Artgenossen bevorzugt. Jungtiere können im Aquarium gehalten werden, ältere Exemplare sind eher für einen Teich geeignet.

Zucht
Laichzeit ist das Frühjahr. Das Männchen hebt im Boden eine flache Grube aus, die als Nest dient. Sobald die Eier im Nest sind, werden sie mit Kies bedeckt und sich selbst überlassen.

Aquarieneinrichtung
Geräumiges Becken mit einer effizienten Filteranlage, einem Bodengrund aus Sand und Kies sowie mit Steinen, Holz und Pflanzendickichten.

10-20 °C 30 cm

TANICHTHYS ALBONUBES

LIN SHU-YEN, 1932

18-22 °C 4 cm

Kardinalfisch
Familie: **Cyprinidae**
Verbreitung: Südchina, in Bächen der Weißen-Wolken-Berge
Größe: 4 cm
Futter: **Allesfresser.** Lebend-, Trocken- und Gefrierfutter
Temperaturbereich: 18-22 °C
pH: 6,5-7,5 dH: bis 15°

Ein sehr anspruchsloser Fisch, vorausgesetzt, er wird bei niedrigen Temperaturen gehalten. Einzelne Exemplare verlieren oft die Farbe und verstecken sich, so daß sich ein Schwarm von mindestens acht Tieren empfiehlt. Die Männchen sind schlanker und stärker gefärbt als die Weibchen. Es existiert eine langflossige Zuchtvariante.

Zucht
Die Eier werden in kühlem Wasser über Pflanzen abgelegt. Die Jungfische schlüpfen nach etwa 36 Stunden und werden mit sehr feinem Futter ernährt.

Aquarieneinrichtung
Nicht zu warmes, gut gefiltertes Gesellschaftsbecken mit anderen friedlichen Fischen. Temperaturen von 22 °C und mehr werden über einen längeren Zeitraum nur schlecht vertragen.

25-28 °C 27 cm

GYRINOCHEILUS AYMONIERI

(TIRANT, 1883)

Siamesische Saugschmerle
Familie: **Gyrinocheilidae**
Verbreitung: Indien, Thailand
Größe: 27 cm
Futter: **Pflanzenfresser.** Bevorzugt pflanzliche Kost, nimmt aber auch Trocken- und Lebendfutter
Temperaturbereich: 25-28 °C
pH: 6,0-8,0 dH: bis 20°

Diese Art wird sehr oft gekauft, da sie Algen beseitigt. Allerdings werden die Tiere für viele Aquarien schnell zu groß und verhalten sich dann nicht selten recht ruppig oder sogar aggressiv; ältere Tiere bilden außerdem ein Revier. Geschlechtsreife Tiere, besonders die Männchen, haben um das Maul herum zahlreiche Dornen.

Zucht
Nicht bekannt.

Aquarieneinrichtung
Größere Gesellschaftsbecken mit Verstecken aus Steinen und Holz sowie großen Pflanzen, da sich die Fische gern auf Blättern ausruhen. Außerdem wird eine effiziente Filterung benötigt, die mit dem aufgewirbelten Bodengrund zurechtkommt.

Eierlegende Zahnkarpfen

Aplocheilidae
Cyprinodontidae

Aplocheilus lineatus

(Valenciennes, 1846)

24-25 °C 10 cm

Streifenhechtling, Piku
Familie: **Aplocheilidae**
Verbreitung: Vorderindien
Größe: 10 cm
Futter: **Fleischfresser.** Lebendfutter, von Insektenlarven bis zu Jungfischen; nimmt auch Trocken- und Gefrierfutter
Temperaturbereich: 22-25 °C
pH: 6,0-7,0 dH: bis 12°

Dieser Fisch kann recht aggressiv sein, besonders gegenüber Artgenossen, so daß man ihn nur mit größeren Fischen vergesellschaften sollte. Er sucht zumeist an der Oberfläche nach Insekten. Man hält am besten beide Geschlechter, da die Männchen während der Balz ihre schönsten Farben zeigen.

Zucht

Die Eier werden auf feinblättrigen Pflanzen oder einem Laichmop abgelegt. Morgensonne scheint das Laichen auszulösen – und zeigt die Fische zudem in ihren schönsten Farben. Entfernen Sie die Elterntiere, oder überführen Sie die Eier in ein gesondertes Becken. Die Jungfische schlüpfen nach etwa 12 Tagen und werden mit Staub- und kleinem Lebendfutter ernährt.

Aquarieneinrichtung

Becken mit einer leichten Strömung sowie Pflanzendickichten, Wurzeln und Steinen zum Verstecken. Einige Schwimmpflanzen geben dem Fisch Sicherheit und halten ihn vom Springen ab. Zusätzlich ist dennoch eine gute Abdeckung erforderlich.

Aphyosemion australe

(Rachow, 1921)

21-24 °C 6 cm

Bunter Prachtkärpfling, „Kap Lopez"
Familie: **Aplocheilidae**
Verbreitung: Westafrika
Größe: 6 cm
Futter: **Allesfresser.** Bevorzugt kleines Lebendfutter, nimmt aber auch Trockenfutter usw.
Temperaturbereich: 21-24 °C
pH: 5,5-6,5 dH: bis 10°

Einer der häufigsten anzutreffenden Eierlegenden Zahnkarpfen, der sehr gut für ein Gesellschaftsbecken mit weichem Wasser geeignet ist. Männchen sind stärker gefärbt und haben ausgezogene Flossen. Es existieren unterschiedliche Farbvarianten.

Zucht

Verwenden Sie ein Zuchtbecken mit weichem, leicht saurem Wasser, da im Gesellschaftsaquarium nur wenige Nachkommen überleben. Die Eier werden auf Laichmops oder feinblättrigen Pflanzen abgelegt. Sammeln Sie sie täglich ein und geben Sie sie in ein Aufzuchtbecken. Jungfische erhalten *Artemia*-Nauplien.

Aquarieneinrichtung

Leicht gefiltertes Gesellschaftsbecken mit anderen kleinen und sehr friedlichen Arten, Dickichten feinblättriger Pflanzen und weichem, leicht saurem Wasser.

Aphyosemion bivittatum

(Lönnberg, 1895)

22-24 °C 5 cm

Gebänderter Prachtkärpfling
Familie: **Aplocheilidae**
Verbreitung: Westafrika
Größe: 5 cm
Futter: **Fleischfresser.** Bevorzugt im allgemeinen Lebendfutter, nimmt aber auch gefrorene Mückenlarven und Wasserflöhe und manchmal sogar Trockenfutter
Temperaturbereich: 22-24 °C
pH: 6,0-6,5 dH: bis 10°

Von dieser Art gibt es mehrere Farbvarianten. Die Männchen sind stärker gefärbt als die Weibchen, und ihre Schwanzflosse weist oben und unten eine zipfelförmige Verlängerung auf.

Zucht

Kleines Becken mit viel Javamoos oder Ablaichmops, einem Bodengrund aus Torf und gedämpfter Beleuchtung. Die Jungfische schlüpfen nach etwa drei Wochen und werden mit Staubfutter ernährt.

Aquarieneinrichtung

Halten Sie die Tiere am besten in einem Artenaquarium, das ähnlich wie ein Zuchtbecken eingerichtet sein sollte. Führen Sie regelmäßige Wasserwechsel durch.

Aphyosemion calliurum

(Boulenger, 1911)

Rotsaumprachtkärpfling
Familie: **Aplocheilidae**
Verbreitung: Westafrika
Größe: 5 cm
Futter: **Fleischfresser.** Lebendfutter, nimmt aber auch Trocken- und Gefrierfutter
Temperaturbereich: 24-26 °C
pH: 6,5-7,0 dH: bis 15°

Männchen verhalten sich gegenüber Artgenossen oft etwas aggressiv. Sie sind farbenprächtiger als die Weibchen.

Zucht
Pflanzen- oder Bodenlaicher. Setzen Sie ein Männchen mit zwei Weibchen zusammen. Aufzucht durch Trockenlegung oder Überführung des Laichsubstrats in Aufzuchtschalen. Die Jungfische schlüpfen nach 2 bis 3 Wochen. Erstes Futter: *Artemia*-Nauplien.

24-26 °C 5 cm

Aquarieneinrichtung
Dicht bepflanztes Gesellschaftsbecken mit leicht saurem Wasser mittlerer Härte und einer schwachen Filterung.

Aphyosemion cinnamomeum

Clausen, 1963

Zimtprachtkärpfling
Familie: **Aplocheilidae**
Verbreitung: Westafrika
Größe: 5 cm
Futter: **Fleischfresser.** Hauptsächlich Lebendfutter, aber auch Trocken- und Gefrierfutter
Temperaturbereich: 22-24 °C
pH: 6,5-7,0 dH: bis 15°

Vom aggressiven Verhalten der Männchen abgesehen, problemlos zu halten. Männchen sind stärker gefärbt als Weibchen.

Zucht
Die Eier werden auf einem Laichmop oder feinblättrigen Pflanzen abgelegt; die Jungfische füttert man mit *Artemia*-Nauplien.

Aquarieneinrichtung
Gut bepflanztes Becken mit Fischen, die in der Lage sind, sich zu wehren. Sorgen Sie für regelmäßige Wasserwechsel.

22-24 °C 5 cm

Aphyosemion congicum

(Ahl, 1924)

Schwarzflossiger Prachtkärpfling
Familie: **Aplocheilidae**
Verbreitung: Westafrika
Größe: 4,5 cm
Futter: **Fleischfresser.** Bevorzugt Lebendfutter, nimmt aber auch Gefrierfutter
Temperaturbereich: 20-24 °C
pH: 6,0-6,5 dH: bis 15°

Die ausgesprochen attraktiven Männchen haben einen überwiegend gelben, oft grünlich schimmernden Körper mit roten Punkten; die Weibchen sind dagegen graubraun. Sehr friedliche Fische, die am besten in einem Artenbecken gehalten werden.

Zucht
Die Eier werden auf dem Boden, feinblättrigen Pflanzen oder einem Laichmop abgelegt; letzterer ist am besten geeignet. Setzen Sie ein Männchen und zwei Weibchen zusammen. Die Jungfische werden mit *Artemia*-Nauplien gefüttert.

Aquarieneinrichtung
Kleines, gut bepflanztes Becken. Führen Sie regelmäßige Wasserwechsel durch, und kontrollieren Sie laufend die Wasserqualität, da die Art hier empfindlich reagiert.

20-24 °C 4,5 cm

Aphyosemion fallax

Ahl, 1935

22-26 °C   9 cm

Schwalbenschwanz-Prachtkärpfling

Familie: **Aplocheilidae**

Verbreitung: Südwestliches Kamerun

Größe: 9 cm

Futter: **Fleischfresser.** Wirbellose Wassertiere

Temperaturbereich: 22-26 °C

pH: 6,5 dH: bis 10°

Diese Art, die mit anderen Arten vergesellschaftet werden kann, ist eng mit *A. sjostedi* verwandt, wobei es sogar Berichte über Zwischenformen gibt. Bei zu dichtem Besatz sind die Männchen gegenüber nicht laichbereiten Weibchen und anderen Männchen oft aggressiv. Die Männchen sind stärker gefärbt und haben ausgezogene Flossen; die Weibchen zeigen dagegen nur wenige rote Flecken, und ihre Flossen sind viel kleiner.

Zucht

Substratlaicher. Zucht in einem Becken mit Torfboden. Beobachten Sie die Paarung, und entfernen Sie das Weibchen, falls das Männchen zu aggressiv wird.

Aquarieneinrichtung

Ruhiges Gesellschaftsbecken mit zahlreichen Pflanzen zum Verstecken.

Aphyosemion gardneri

(Boulenger, 1911)

22-25 °C   6 cm

Stahlblauer Prachtkärpfling

Familie: **Aplocheilidae**

Verbreitung: Nigeria, westliches Kamerun

Größe: 6 cm

Futter: **Fleischfresser.** Hauptsächlich Insektenlarven usw., nimmt auch Trockenfutter

Temperaturbereich: 22-25 °C

pH: 6,0-6,5 dH: bis 8°

Ein sehr attraktiver Fisch, dessen Färbung je nach Herkunft variieren kann. Besonders die stärker gefärbten Männchen sind untereinander, aber auch gegenüber anderen Fischen oft zänkisch, so daß man die Tiere am besten in einem Artenbecken hält.

Zucht

Die Eier werden an feinblättrigen Pflanzen oder einem Laichmop abgelegt. Die Jungfische schlüpfen nach zwei bis drei Wochen. Sie werden mit *Artemia*-Nauplien gefüttert.

Aquarieneinrichtung

Kleines Becken, beispielsweise mit den Maßen 50 x 30 x 30 cm, dunklem Bodengrund, feinblättrigen Pflanzen, etwas Javamoos, weichem, leicht saurem Wasser und einer sehr sanften Filterung.

Aphyosemion geryi

(Lambert, 1958)

22-26 °C   5 cm

Zickzack-Prachtkärpfling

Familie: **Aplocheilidae**

Verbreitung: Westafrika

Größe: 5 cm

Futter: **Fleischfresser.** Lebendfutter, nimmt auch Trocken- und Gefrierfutter

Temperaturbereich: 22-26 °C

pH: 5,5-6,5 dH: bis 10°

Diese hübsche, unproblematische Art kann gut in einem Gesellschaftsbecken gehalten werden. Die Männchen sind stärker gefärbt, wobei der Grad der Färbung je nach Population variieren kann.

Zucht

Typisch für die Gattung *Aphyosemion*: Die Eier werden an Pflanzen oder einem Laichmop abgelegt. Die Jungfische können mit *Artemia*-Nauplien ernährt werden.

Aquarieneinrichtung

Wichtig für das Wohlbefinden der Tiere ist ein Becken mit weichem, saurem Wasser und zahlreichen Pflanzen. Führen Sie zudem regelmäßige Wasserwechsel durch.

Aphyosemion mirabile

Radda, 1970

22-25 °C   7 cm

Lasur-Wunderkärpfling

Familie: **Aplocheilidae**

Verbreitung: Kamerun (Gebiet um Mbio)

Größe: 7 cm

Futter: **Fleischfresser.** Kleines Lebendfutter, besonders Mückenlarven

Temperaturbereich: 22-25 °C

pH: 6,0-6,5 dH: bis 6°

Ein Fisch für Experten, der in einem Artenbecken gehalten werden sollte. Die Männchen sind farbiger als die Weibchen. Es wurden vier Unterarten beschrieben: *A. mirabile mirabile*, *A. m. moense*, *A. m. intermittens* und *A. m. traudeae*.

Zucht

Becken mit weichem, saurem Wasser, gedämpfter Beleuchtung, reichlich Javamoos oder einigen Laichmops. Setzen Sie ein Männchen mit zwei oder drei Weibchen zusammen. Die Eier sollten in Aufzuchtschalen mit Beckenwasser überführt werden. Die Jungfische erhalten nach dem Schlüpfen sehr feines Futter.

Aquarieneinrichtung

Gut bepflanztes Becken mit einem Bodengrund aus Torf, gedämpfter Beleuchtung, zahlreichen Verstecken und regelmäßigen Wasserwechseln.

APHYOSEMION SCHMITTI

(ROMAND, 1979)

Schmitts Prachtkärpfling
Familie: **Aplocheilidae**
Verbreitung: Liberia
Größe: 6 cm
Futter: **Fleischfresser.** Kleines Lebendfutter
Temperaturbereich: 22-24 °C
pH: 6,0-6,5 dH: bis 8°

Dieser friedliche Fisch kann mit anderen verträglichen Arten vergesellschaftet werden. Die Männchen sind sehr farbenprächtig; die braunen Weibchen haben nur wenige rote Punkte.

Zucht
Die an einem Laichmop abgelegten Eier werden eingesammelt und gesondert zum Schlüpfen gebracht. Die Jungfische werden mit *Artemia*-Nauplien gefüttert.

Aquarieneinrichtung
Bepflanztes Becken mit weichem, saurem Wasser und sehr sanfter Filterung.

22-24 °C 6 cm

APHYOSEMION SJOESTEDTI

(LÖNNBERG, 1895)

Blauer Prachtkärpfling
Familie: **Aplocheilidae**
Verbreitung: Ghana bis Westkamerun
Größe: 12 cm
Futter: **Fleischfresser.** Alle Arten von Lebendfutter, auch Fischbrut; nimmt aber auch Trocken- und Gefrierfutter
Temperaturbereich: 23-26 °C
pH: 6,0-6,5 dH: bis 15°

Ein aktiver Fisch, der gut in einem Gesellschaftsbecken gehalten werden kann, auch wenn die größeren und stärker gefärbten Männchen manchmal aggressiv sein können.

Zucht
Zuchtbecken mit weichem, leicht saurem Wasser, einer Temperatur von etwa 23 °C, einer dicken Torfschicht und einigen Klumpen Javamoos. Die Tiere sind Bodenlaicher. Nach dem Ablaichen wird der Torf ausgedrückt und etwa sechs Wochen bei 18 °C in einer Plastiktüte aufbewahrt, wobei er nicht austrocknen darf. Zum Schlüpfen der Jungfische wird Wasser aufgegossen. Die Jungen ernährt man mit frisch geschlüpften *Artemia*-Nauplien.

23-26 °C 12 cm

Aquarieneinrichtung
Großes Becken mit weichem, leicht saurem Wasser, einer leichten Filterung und zahlreichen Pflanzen, Wurzeln und Steinen zum Verstecken.

APHYOSEMION STRIATUM

(BOULENGER, 1911)

22-23 °C 5 cm

Gestreifter Prachtkärpfling
Familie: **Aplocheilidae**
Verbreitung: Gabun
Größe: 5 cm
Futter: **Fleischfresser.** Hauptsächlich Lebend-, aber auch Gefrierfutter
Temperaturbereich: 22-23 °C
pH: 6,0-6,5 dH: bis 10°

Die attraktiven Männchen haben rote Punktreihen, die sich über die gesamte Länge des Körpers erstrecken; die Weibchen wirken eher unscheinbar. Am besten hält man sie in einem Artenaquarium.

Zucht
Leicht zu züchten. Becken mit weichem, leicht saurem Wasser. Die Fische laichen über Javamoos oder einem Laichmop, wobei ein Paar im Laufe von vierzehn Tagen bis zu 30 Eier täglich legt. Die Jungfische schlüpfen nach etwa 12 Tagen und werden mit *Artemia*-Nauplien gefüttert.

Aquarieneinrichtung
Kleines Aquarium mit vielen feinblättrigen Pflanzen, einigen Schwimmpflanzen sowie einer Abdeckung – die Fische springen. Wichtig sind regelmäßige Wasserwechsel.

Aplocheilus dayi

(Steindachner, 1892)

Grüner Streifenhechtling
Familie: **Aplocheilidae**
Verbreitung: Sri Lanka, Südliches Indien
Größe: 10 cm
Futter: **Fleischfresser.** Kleines Lebendfutter, nimmt auch Trockenfutter
Temperaturbereich: 21-25 °C
pH: 6,0-7,0 dH: bis 15°

Dominante Männchen sind gegenüber Artgenossen oft aggressiv, so daß Verstecke vorhanden sein müssen. Männchen sind stärker gefärbt und haben größere Flossen, Weibchen zeigen einen schwarzen basalen Fleck auf der Rückenflosse.

Zucht

Täglich werden etwa 10 Eier über Pflanzen oder einem Laichmop abgelegt. Die Jungfische schlüpfen innerhalb von zwei Wochen und wachsen sehr schnell.

21-25 °C 10 cm

Aquarieneinrichtung

Leicht gefiltertes, dicht bepflanztes Becken, damit sich kleinere Fische vor größeren verstecken können, und eine Abdeckung, da diese Oberflächenfische gern springen.

Cynolebias boitonei

(de Carvalho, 1959)

Brasilianischer Leierflosser
Familie: **Aplocheilidae**
Verbreitung: Brasilien
Größe: 4 cm
Futter: **Fleischfresser.** Kleines Lebendfutter
Temperaturbereich: 20-24 °C
pH: 6,5-7,5 dH: bis 15°

Diese Fische hält man am besten in einer Gruppe mit Artgenossen in einem Artenbecken. Männchen haben ausgezogene Flossen und sind stärker gefärbt.

Zucht

Substratlaicher. Nach dem Ablaichen wird die Torfschicht herausgenommen und etwa acht Wochen feucht gelagert.

Aquarieneinrichtung

Becken mit Torf und Pflanzendickichten sowie regelmäßige Wasserwechsel.

20-24 °C 4 cm

Epiplatys grahami

(Boulenger, 1911)

23-27 °C 6 cm

Grahams Hechtling
Familie: **Aplocheilidae**
Verbreitung: Westafrika
Größe: 6 cm
Futter: **Fleischfresser.** Kleines Lebendfutter, nimmt aber auch Trockenfutter
Temperaturbereich: 23-27 °C
pH: 7,0 dH: bis 15°

Dieser Oberflächenfisch, der auch im Gesellschaftsbecken gehalten werden kann, ist ein guter Springer. Die Männchen sind wunderschön gefärbt: Ihr Körper ist metallisch-grün mit Reihen roter Punkte. Bei entsprechender Stimmung können sie auch schräge Querstreifen zeigen. Die Weibchen sind fülliger, haben transparente Flossen und sind weniger auffällig gefärbt.

Zucht

Es empfiehlt sich ein gesondertes Zuchtbecken. Die Eier werden über Pflanzen oder einem Laichmop abgelegt. Nehmen Sie den Laich heraus und überführen Sie ihn zum Ausschlüpfen in eine gesonderte Zuchtschale. Die Jungfische, die mit *Artemia*-Nauplien gefüttert werden, brauchen viel Platz.

Aquarieneinrichtung

Gut bepflanztes, leicht gefiltertes Gesellschaftsbecken mit einigen Schwimmpflanzen, offenem Schwimmraum und einer guten Abdeckung.

RIVULUS XIPHIDIUS

HUBER, 1979

22-25 °C 4 cm

Blaustreifenbachling

Familie: **Aplocheilidae**

Verbreitung: Surinam, Französisch-Guayana

Größe: 4 cm

Futter: **Fleischfresser.** Lebendfutter

Temperaturbereich: 22-25 °C

pH: 6,0-6,5 dH: bis 6°

Eine Art nur für Experten, da die Tiere empfindlich auf schlechte Wasserqualität reagieren und Schwierigkeiten in der Fütterung auftreten können. Es handelt sich um kleine, scheue Fische, die man am besten in einem Artenbecken hält oder mit sehr kleinen, friedlichen Salmlern bzw. *Corydoras*-Welsen vergesellschaftet. Die Männchen sind sehr farbenprächtig, die Weibchen kleiner und unscheinbarer.

Zucht

Setzen Sie Paare oder ein Männchen und zwei Weibchen zusammen. Die Eier werden an Laichmops oder Javamoos abgelegt. Die Jungfische schlüpfen nach etwa zwei Wochen. Sie sind winzig und werden zunächst mit Infusorien und dann mit *Artemia*-Nauplien gefüttert.

Aquarieneinrichtung

Artenbecken mit weichem, saurem Wasser und feinblättrigen Pflanzen. Regelmäßige Wasserwechsel sind unbedingt erforderlich.

APHANIUS DISPAR

(RÜPPELL, 1828)

16-25 °C 7 cm

Perlmutterkärpfling

Familie: **Cyprinodontidae**

Verbreitung: Küstenbereiche Somalias, Naher Osten ohne Mittelmeerküste sowie die Kutch-Region (Westindien)

Größe: 7 cm

Futter: **Allesfresser.** Trocken-, Gefrier-, Lebendfutter und Algen

Temperaturbereich: 16-25 °C

pH: 7,5-8,5 dH: bis 30°

Diese Art bevorzugt Wasser mit Salzzusatz. Die Dosierung richtet sich nach dem Herkunftsort der Fische. Die Männchen sind wunderschön gefärbt mit leuchtend gelben Streifen in der Schwanzflosse; Weibchen sind unscheinbarer. Halten Sie möglichst einen Schwarm, auch wenn ausgewachsene Tiere etwas zänkisch sein können. Bei einem geräumigen Becken mit vielen Verstecken gibt es vermutlich keine Probleme.

Zucht

Die Eier werden in einem etwa 27 °C warmen Becken auf Laichmops oder feinblättrigen, salztoleranten Pflanzen abgelegt. Die Jungfische werden mit frisch geschlüpften *Artemia*-Nauplien gefüttert

Aquarieneinrichtung

Gut gefiltertes Becken mit Plastik- oder salztoleranten Pflanzen.

APLOCHEILICHTHYS KATANGAE

(BOULENGER, 1912)

20-28 °C 4 cm

Katanga-Leuchtaugenfisch

Familie: **Cyprinodontidae**

Verbreitung: Südafrika und südliches Zentralafrika

Größe: 4 cm

Futter: **Fleischfresser.** Kleines Lebendfutter, nimmt notfalls auch Trocken- und Gefrierfutter

Temperaturbereich: 20-28 °C

pH: 6,5-7,5 dH: bis 12°

Ein Schwarmfisch, den man am besten in einem Artenbecken hält. Die Männchen sind lebhafter gefärbt, mit einem stärker ausgeprägten schwarzen Körperstreifen und gelblichen Flossen.

Zucht

Die Eier werden an einem Laichmop oder Pflanzen abgelegt. Sammeln Sie den Laich ab, und lassen Sie ihn in einem gesonderten Behälter ausschlüpfen. Die Jungfische benötigen anfangs sehr feines Futter, später *Artemia*-Nauplien.

Aquarieneinrichtung

Bepflanztes Becken mit weichem, etwas saurem Wasser, einer leichten Strömung und viel offenem Schwimmraum.

CUBANICHTHYS CUBENSIS

(EIGENMANN, 1902)

23-27 °C 4 cm

Kubakärpfling

Familie: **Cyprinodontidae**

Verbreitung: Westkuba

Größe: 4 cm

Futter: **Allesfresser.** Bevorzugt Lebend-, nimmt aber auch Trocken- und Gefrierfutter

Temperaturbereich: 23-27 °C

pH: 7,0 dH: bis 15°

Friedliche Art, die man in einem kleinen Schwarm halten sollte. Die stark farbigen Männchen zeigen aus Punkten zusammengesetzte Längsstreifen, die unscheinbareren Weibchen eine einzelne dunkle Längsbinde.

Zucht

Kann in einem Gesellschaftsbecken erfolgen, sofern ausreichender Pflanzenschutz für die Jungfische vorhanden ist. Die klebrigen Eier brauchen etwa 10 Tage zum Schlüpfen; als erste Nahrung dienen Pantoffeltierchen, gefolgt von frisch geschlüpften *Artemia*-Nauplien.

Aquarieneinrichtung

Dicht bepflanztes, gut gefiltertes Gesellschaftsbecken mit anderen kleinen, friedlichen Fischen.

Fundulus lineolatus

(Agassiz, 1854)

18-23 °C | 7 cm

Linienkärpfling
Familie: **Cyprinodontidae**
Verbreitung: Florida bis North Carolina
Größe: 7 cm
Futter: **Allesfresser.** Bevorzugt Lebendfutter, nimmt aber auch Trocken- und Gefrierfutter
Temperaturbereich: 18-23 °C
pH: 6,5-7,5 dH: bis 12°

Ein scheuer Fisch für ein Artenbecken. Jungfische leben in Schwärmen, ausgewachsene Exemplare bilden Paare. Männchen haben 11 bis 15 senkrechte Querstreifen, Weibchen 7 bis 8 dunkle Längsstreifen und nur schwache Querstreifen.

Zucht

Laicht problemlos auf Laichmops oder Pflanzen ab. Nehmen Sie die lichtempfindlichen Eier aus dem Becken, da die Eltern sie möglicherweise fressen. Die Jungfische schlüpfen nach etwa zwei Wochen. Sie werden mit frisch geschlüpften *Artemia*-Nauplien gefüttert.

Aquarieneinrichtung

Leicht gefiltertes Becken mit dicht bepflanzter Rückwand und offenem Schwimmraum für die Jungfischschwärme. Während der Wintermonate sind kühlere Temperaturen empfehlenswert.

Procatopus aberrans

Ahl, 1927

Blaugrüner Procatopus
Familie: **Cyprinodontidae**
Verbreitung: Westafrika
Größe: 6 cm
Futter: **Fleischfresser.** Kleines Lebendfutter, nimmt möglicherweise Trockenfutter
Temperaturbereich: 24-26 °C
pH: 7,0 dH: bis 12°

Ein Schwarmfisch, der auch wirklich in Schwärmen gehalten werden sollte. Er reagiert empfindlich auf eine schlechte Wasserqualität. Die Männchen haben einen schönen blau-metallisch glänzenden Körper und rötlich schimmernde Flossen. Die Weibchen sind kleiner, weniger stark gefärbt und haben farblose Flossen.

Zucht

Diese Fische legen ihre Eier in Spalten, also beispielsweise in Holzritzen, aber auch in die Ansaugschlitze von Filtern etc. Die Jungfische schlüpfen nach zwei Wochen und werden mit feinem Futter ernährt. Sie wachsen nur langsam.

Aquarieneinrichtung

Nicht zu dicht besetztes Gesellschaftsbecken mit einer effizienten Filteranlage und regelmäßigen Wasserwechseln.

24-26 °C | 6 cm

Procatopus similis

Ahl, 1927

24-26 °C | 7 cm

Deutscher Name ist nicht bekannt
Familie: **Cyprinodontidae**
Verbreitung: Nigeria und Westkamerun
Größe: 7 cm
Futter: **Fleischfresser.** Lebend-, aber auch Trocken- und Gefrierfutter
Temperaturbereich: 24-26 °C
pH: 6,5-7,5 dH: bis 15°

Die Männchen haben einen metallisch glänzenden, blaugrünen Körper und gelbliche, manchmal auch rötlich gezeichnete Flossen. Die Weibchen sind kleiner und unscheinbarer. In Schwärmen gehalten sind sie friedlich; einzelne Männchen können dagegen etwas zänkisch sein.

Zucht

Wie bei *P. aberrans*, jedoch oft nicht ganz so einfach zu züchten. Die Jungfische schlüpfen nach 12 bis 14 Tagen und werden mit *Artemia*-Nauplien gefüttert.

Aquarieneinrichtung

Gesellschaftsbecken mit offenem Schwimmraum, guter Filteranlage und leichter Strömung.

Lebendgebärende Zahnkarpfen

Anablepidae
Goodeidae
Hemirhamphidae
Poeciliidae

Anableps anableps

(Linnaeus, 1756)

Vierauge
Familie: **Anablepidae**
Verbreitung: Mittel- und nördliches Südamerika
Größe: Männchen 18 cm, Weibchen 24 cm
Futter: **Fleischfresser.** Insektenlarven und Würmer, nimmt auch Trockenfutter
Temperaturbereich: 23-28 °C
pH: 7,0-8,5 dH: 20-35°

Sehr aktiver Schwarmfisch, der gern springt und daher eine Abdeckung benötigt. Die Tiere sind Oberflächenfische mit geteilter Hornhaut, Pupille und Netzhaut: Das Vierauge verfügt somit über zwei obere und zwei untere Teilaugen. Die oberen ragen aus dem Wasser, sie dienen der Feindwahrnehmung. Die unteren Teilaugen ermöglichen ein Sehen unter Wasser. Wenn die Tiere die Hälfte ihrer Größe erreicht haben, sind sie fortpflanzungsfähig. Die Männchen besitzen ein Gonopodium.

23-28 °C 18 cm

Zucht
Flaches Becken mit warmem Brackwasser. Jungfische sind ca. 2,5 cm lang.

Aquarieneinrichtung
Schwach gefiltertes Becken mit Sandboden, niedrigem Wasserstand – warmes Brackwasser wird bevorzugt –, einigen Brackwasserpflanzen, etwa *Sagittaria*-Arten, und viel freiem Schwimmraum an der Oberfläche.

Ameca splendens

Miller und Fitzsimons, 1971

21-24 °C 7 cm

Ameca-Hochlandkärpfling, Flitterkärpfling
Familie: **Goodeidae**
Verbreitung: Mexiko
Größe: Männchen 7 cm, Weibchen 10 cm
Futter: **Allesfresser.** Hauptsächlich Algen und pflanzliche Kost, aber auch Lebend- und Trockenfutter etc.
Temperaturbereich: 21-24 °C
pH: 7,0-7,5 dH: bis 15°

Eine recht friedliche Art, die in Gesellschaftsbecken gehalten werden kann. Die Männchen haben eine modifizierte Afterflosse und ihre schwarz-gelb gebänderte Rückenflosse ist größer als die der Weibchen.

Zucht
Die Trächtigkeitsdauer beträgt rund acht Wochen, danach werden bis zu 30, fast 2 cm lange Jungfische geboren. Sie haben eine „Nabelschnur", die sich nach etwa 24 Stunden zurückbildet.

Aquarieneinrichtung
Becken mit guter Beleuchtung für ein kräftiges Algenwachstum, Pflanzendickichten und einigen Steinen. Verwenden Sie eine hochwertige Filteranlage, die das Wasser häufig umwälzt.

Characodon lateralis

Günther, 1866

Regenbogen-Goodeide
Familie: **Goodeidae**
Verbreitung: Mexiko
Größe: Männchen 3,5 cm, Weibchen 5 cm
Futter: **Allesfresser.** Zur Nahrung sollte reichlich Lebendfutter gehören
Temperaturbereich: 20-24 °C
pH: 7,0-7,5 dH: 8-30°

Eine hübsche Art, die mit anderen kleinen Fischen vergesellschaftet werden kann. Männchen sind kleiner, stärker gefärbt und haben längere Bauchflossen. Ist in der Natur fast ausgestorben, so daß die Zucht in Aquarien sehr wichtig ist.

Zucht
Nicht sehr produktiv: Etwa alle acht Wochen werden nur ungefähr 15 Junge geworfen. Das Geschlechterverhältnis der Jungfische ist etwa 1:5 zugunsten der Männchen. Die Aufzucht erfolgt mit kleinem Lebendfutter und Algen.

Aquarieneinrichtung
Hell beleuchtetes und gut gefiltertes Becken mit dunklem Bodengrund und starkem Algenwachstum.

20-24 °C 3,5 cm

Balsas Hochlandkärpfling
Familie: **Goodeidae**
Verbreitung: Mexiko
Größe: Männchen 6 cm, Weibchen 10 cm
Futter: **Allesfresser.** Hauptsächlich Algen und Lebendfutter, aber auch Trocken- und Gefrierfutter
Temperaturbereich: 21-24 °C
pH: 7,0-8,0 dH: 8-30°

Ein seltener Fisch, der in ein Gesellschaftsbecken integriert werden kann, wegen seiner Seltenheit aber besser im Artenbecken gehalten wird. Die stärker gefärbten Männchen haben ein Kopulationsorgan.

Zucht
Etwa alle zwei Monate werden 25 bis 30 Jungfische abgesetzt, die man mit Algen und kleiner Nahrung füttert. Sie werden nach etwa fünf Monaten geschlechtsreif.

Ilyodon whitei

(Meek, 1904)

Aquarieneinrichtung
Dicht bepflanztes, leicht gefiltertes Becken mit Steinen.

21-24 °C 6 cm

Xenotoca eiseni

(Rutter, 1896)

Eisens-Kärpfling, Banderolenkärpfling
Familie: **Goodeidae**
Verbreitung: Mexiko
Größe: Männchen 6 cm, Weibchen 7 cm
Futter: **Allesfresser.** Algen, Lebend-, Trocken- und Gefrierfutter
Temperaturbereich: 16-26 °C
pH: 7,0-8,0 dH: 8-30°

Ein recht anspruchsloser Fisch, wenn die Aquarienbedingungen stimmen. Gelegentlich soll er angeblich an den Flossen anderer Fische zupfen, ist aber sonst sehr friedlich. Die Männchen sind stärker gefärbt als die Weibchen.

Zucht
Die Weibchen gebären etwa alle acht Wochen, wobei große Fische bis zu 45 Junge zur Welt bringen. Die Art pflanzt sich auch im Gesellschaftsbecken fort – wenn Versteckmöglichkeiten in Form von Schwimmpflanzen vorhanden sind, überleben zumeist einige Jungfische.

Aquarieneinrichtung
Gesellschaftsbecken mit effizienter Filteranlage, die für eine gute Wasserumwälzung und einen hohen Sauerstoffgehalt sorgt.

16-26 °C 6 cm

Xenotoca variata

(Bean, 1887)

Nymphen-Hochlandkärpfling
Familie: **Goodeidae**
Verbreitung: Mexiko
Größe: Männchen 6 cm, Weibchen 7 cm
Futter: **Allesfresser.** Jede Art von pflanzlicher Kost und etwas Lebendfutter
Temperaturbereich: 21-24 °C
pH: 7,0-8,0 dH: 8-30°

Eine friedliche Art, die daher mit anderen kleinen Fischen vergesellschaftet werden kann. Weibchen haben ein deutliches, dunkles Seitenband, das bei Männchen, die eine gelb gesäumte Schwanzflosse besitzen, weniger stark ausgeprägt ist.

Zucht
Die Trächtigkeitsdauer beträgt rund acht Wochen. Danach werden etwa 30 Junge geworfen, die man mit Lebend- und Trockenfutter aufziehen kann.

Aquarieneinrichtung
Dicht bepflanztes Becken mit einer starken Filteranlage und kräftiger Strömung. Verwenden Sie Pflanzen mit harten Blättern, etwa Javafarn, da andere Pflanzen bei unzureichender pflanzlicher Kost gefressen werden.

21-24 °C 6 cm

Dermogenys pusillus

van Hasselt, 1823

20-30 °C — 7 cm

Hechtköpfiger Halbschnäbler

Familie: **Hemirhamphidae**

Verbreitung: Südostasien

Größe: 7 cm

Futter: **Fleischfresser.** Hauptsächlich Wirbellose, nimmt aber auch Trockenfutter

Temperaturbereich: 20-30 °C

pH: 7,0-7,5 dH: 10-20°

Ein schreckhafter Oberflächenfisch, der am besten in einem Artenbecken gehalten wird. Erschrickt er, springt oder schießt er hektisch durch das Becken, wobei er sich leicht Verletzungen zufügen kann, vor allen Dingen am Maul. Oft endet eine solche Flucht sogar tödlich. Die Männchen haben einen roten Fleck in der Rückenflosse, und die Afterflosse ist zu einem Begattungsorgan modifiziert.

Zucht

Die Trächtigkeitsdauer beträgt 20-60 Tage. Danach werden bis zu 30 Jungfische geworfen. Es kommt oft zu Totgeburten; die Häufigkeit läßt sich mit einem Zusatz von Vitamin D zum Futter verringern.

Aquarieneinrichtung

Leicht gefiltertes, niedriges Becken mit einem Bodengrund aus Sand, lichter Randbepflanzung und reichlich freiem Schwimmraum.

Hemirhamphodon pogonognathus

(Bleeker, 1853)

Zahnleistenhalbschnäbler

Familie: **Hemirhamphidae**

Verbreitung: Südostasien

Größe: Männchen 9 cm, Weibchen 6 cm

Futter: **Allesfresser.** Lebend-, Trocken- und Gefrierfutter

Temperaturbereich: 22-27 °C

pH: 7,0-7,5 dH: bis 10°

Ein Oberflächenfisch, der gegenüber Artgenossen sehr aggressiv sein kann. Das gilt besonders für die Männchen, so daß man nur eines mit mehreren Weibchen in einem großen Aquarium halten sollte. Die Männchen, deren Afterflosse zu einem Begattungsorgan modifiziert ist, sind deutlich größer als die Weibchen.

Zucht

Die Weibchen bringen etwa zwei Wochen lang täglich bis zu fünf lebende Junge zur Welt, die mit frisch geschlüpften *Artemia*-Nauplien gefüttert werden.

Aquarieneinrichtung

Großes, aber nicht unbedingt hohes Aquarium mit zahlreichen Pflanzen, darunter auch Schwimmpflanzen. Sorgen Sie für eine effiziente Filteranlage und eine gute Abdeckung, da die Fische gern springen.

22-27 °C — 9 cm

Nomorhamphus liemi

Vogt, 1978

Deutscher Name ist nicht bekannt

Familie: **Hemirhamphidae**

Verbreitung: Sulawesi

Größe: Männchen 6 cm, Weibchen 9 cm

Futter: **Fleischfresser.** Lebendfutter (Insektenlarven usw.), kann eventuell an Trockenfutter gewöhnt werden

Temperaturbereich: 24-26 °C

pH: 6,8-7,5 dH: bis 12°

Halten Sie diese aktive Art, die eine Abdeckung benötigt, möglichst im Schwarm. Die Flossen der Männchen sind gefärbt, die Afterflosse ist zu einem Begattungsorgan modifiziert. Beide Geschlechter haben einen fleischigen Lappen am Unterkiefer, der beim Männchen groß und schwarz, bei den Weibchen klein und rot oder farblos ist.

Zucht

Becken mit flachem, weichem, leicht saurem, etwa 25 °C warmem Wasser. Die Trächtigkeitsdauer beträgt ungefähr sechs bis acht Wochen. Es kommen nur wenige (etwa 10), rund 1,8 cm lange Jungfische zur Welt.

Aquarieneinrichtung

Kräftig gefiltertes Becken mit niedrigem Wasserstand, einigen Pflanzen und zahlreichen Verstecken und Höhlen aus Stein- und Holzaufbauten.

24-26 °C — 6 cm

Alfaro cultratus

(Regan, 1908)

Messerkärpfling	
Familie: **Poeciliidae**	
Verbreitung: Nicaragua bis West-Panama	
Größe: Männchen 6 cm, Weibchen 8 cm	
Futter: **Fleischfresser.** Hauptsächlich Lebendfutter, nimmt aber auch Trocken- und Gefrierfutter	
Temperaturbereich: 24-28 °C	
pH: 6,5-7,5 dH: bis 8°	

Kann mit kleinen, friedlichen Fischen vergesellschaftet werden. Männchen haben ein Gonopodium und verlängerte Bauchflossen, mit denen sie die Weibchen bei der Paarung stimulieren. Der Name bezieht sich auf zwei aufeinanderliegende Schuppenreihen am Körperende, durch die am Bauch ein messerähnlicher Kiel entsteht.

Zucht
Die Trächtigkeitsdauer beträgt etwa vier Wochen. Es werden bis zu 50 Junge geworfen. Diese sind sehr anfällig für bakterielle Infektionen, so daß Sauberkeit besonders wichtig ist. Füttern Sie *Artemia*-Nauplien.

Aquarieneinrichtung
Becken mit niedrigem Wasserstand, Pflanzendickichten, freiem Schwimmraum, sehr guter Filterung und einer kräftigen Strömung. Regelmäßige Wasserwechsel alle sieben Tage helfen, Infektionen vorzubeugen.

24-28 °C 6 cm

Brachyrhaphis episcopi

(Steindachner, 1878)

Bischofskärpfling	
Familie: **Poeciliidae**	
Verbreitung: Mittelamerika	
Größe: Männchen 3,5 cm, Weibchen 5 cm	
Futter: **Fleischfresser.** Hauptsächlich kleines Lebendfutter, manchmal Gefrierfutter, selten Trockenfutter	
Temperaturbereich: 24-26 °C	
pH: 7,0-8,0 dH: 4°	

Eine hübsche kleine Art, die sich aber nur schlecht über längere Zeit in Aquarien halten läßt. Die Tiere sind anfällig für Krankheiten, so daß Hygiene mehr als wichtig ist. Männchen sind stärker gefärbt und haben ein Gonopodium.

Zucht
Dicht bepflanztes Becken, da die Elterntiere ihre Jungen fressen. Die Trächtigkeitsdauer beträgt vier Wochen, danach werden etwa 15 Jungfische abgesetzt. Sie benötigen feinste Aufwuchsnahrung, *Artemia*-Nauplien allein genügen nicht!

Aquarieneinrichtung
Gut bepflanztes Artenbecken mit sehr effizienter Filterung. Überprüfen Sie besonders die Wasserqualität, und führen Sie regelmäßige Wasserwechsel durch.

24-26 °C 3,5 cm

Cnesterodon carnegiei

Haseman, 1911

Carnegie-Kärpfling	
Familie: **Poeciliidae**	
Verbreitung: Brasilien, Uruguay, Argentinien	
Größe: Männchen 2 cm, Weibchen 3,5 cm	
Futter: **Allesfresser.** Trockenfutter, kleines Lebendfutter, Gefrierfutter, Algen	
Temperaturbereich: 19-25 °C	
pH: 6,5-8,0 dH: bis 25°	

Ein sehr anspruchsloser Fisch, der sich gut für ein Gesellschaftsbecken mit kleinen, friedlichen Fischen eignet. Die Männchen sind kleiner und haben ein Gonopodium.

Zucht
Kleines Becken mit zahlreichen Pflanzen und einigen Algen. Nach nur 24 Tagen Trächtigkeitsdauer werden bis zu 15 winzige Jungfische abgesetzt, die kleinstes Futter benötigen. Die Elterntiere fressen ihre Jungen nicht.

Aquarieneinrichtung
Kleines, leicht gefiltertes Aquarium mit zahlreichen Pflanzen und guter Beleuchtung, damit Algen wachsen können.

19-25 °C 2 cm

Flexipenis vittata

Hubbs, 1926

24-27 °C 4,5 cm

Schwarzsaum-Kärpfling
Familie: **Poeciliidae**
Verbreitung: Mexiko
Größe: Männchen 4,5 cm, Weibchen 5,5 cm
Futter: **Allesfresser.** Trocken-, Gefrier- und Lebendfutter, pflanzliche Kost
Temperaturbereich: 24-27 °C
pH: 7,0-8,0 dH: bis 20°

Friedliche Art, die mit ähnlich verträglichen Fischen vergesellschaftet werden kann. Die stärker gefärbten Männchen haben ein Gonopodium, die Weibchen einen Trächtigkeitsfleck.

Zucht

Die Trächtigkeitsdauer beträgt vier Wochen. Danach werden bis zu 30 Jungfische abgesetzt, die leicht mit frisch geschlüpften *Artemia*-Nauplien und winzigem Trockenfutter aufzuziehen sind. Füttern Sie mehrmals täglich.

Aquarieneinrichtung

Bepflanztes Aquarium mit einer sehr guten Filteranlage, da diese Fische sauberes, klares Wasser mit einer kräftigen Strömung benötigen.

Gambusia affinis

(Baird und Girard, 1853)

Texaskärpfling
Familie: **Poeciliidae**
Verbreitung: Texas (USA)
Größe: Männchen 4 cm, Weibchen 6,5 cm
Futter: **Fleischfresser.** Frißt am liebsten Mückenlarven und anderes Lebendfutter, nimmt aber auch Trocken- und Gefrierfutter
Temperaturbereich: 18-24 °C
pH: 6,0-8,0 dH: bis 30°

Anspruchslose, gesellige Art, die mit ähnlichen Fischen vergesellschaftet werden kann. Die kleineren Männchen haben ein Gonopodium, die Weibchen einen Trächtigkeitsfleck. Wegen ihres nahezu unersättlichen Appetits auf Stechmückenlarven wird diese Art häufig zur Malariabekämpfung eingesetzt.

Zucht

Nach etwa vier Wochen Trächtigkeit werden 50 bis 60 Jungfische abgesetzt, die mit frisch geschlüpften *Artemia*-Nauplien oder winzigem Trockenfutter aufgezogen werden. Da die Eltern ihre Jungen fressen, muß als Schutz ausreichender Pflanzenbewuchs vorhanden sein.

18-24 °C 4 cm

Aquarieneinrichtung

Dicht bepflanztes, gut gefiltertes Becken.

Gambusia regani

Hubbs, 1926

Regans Kärpfling
Familie: **Poeciliidae**
Verbreitung: Mexiko
Größe: Männchen 3 cm, Weibchen 4 cm
Futter: **Allesfresser.** Trocken- und Lebendfutter
Temperaturbereich: 21-27 °C
pH: 6,5-7,5 dH: bis 25°

Ein unauffälliger, kleiner Fisch, bei dem die Geschlechter gleich gefärbt sind; Männchen haben aber ein Gonopodium. Halten Sie ihn in einem Artenbecken, und füttern Sie fünfmal täglich kleine Portionen.

21-27 °C 3 cm

Zucht

Alle drei bis vier Wochen werden rund 30 Jungfische freigesetzt, die mit *Artemia*-Nauplien und anderem kleinem Lebendfutter aufgezogen werden.

Aquarieneinrichtung

Bepflanztes Becken mit leichter Filterung und schwacher Strömung.

Girardinus falcatus

(Eigenmann, 1903)

Sichelkärpfling

Familie: **Poeciliidae**

Verbreitung: Westkuba

Größe: Männchen 4,5 cm, Weibchen 7 cm

Futter: **Allesfresser.** Trocken-, Gefrier- und Lebendfutter, pflanzliche Kost

Temperaturbereich: 24-29 °C

pH: 6,0-8,0 dH: bis 25°

Diese Art, die mit friedlichen Fischen vergesellschaftet werden kann, ist mit nahezu jedem Beckentyp zufrieden. Der Name bezieht sich auf das sichelförmige Gonopodium der Männchen.

Zucht
Leicht zu züchten und aufzuziehen, besonders wenn man die Tiere in einem gut bepflanzten Artenbecken hält. Alle drei bis vier Wochen können bis zu 40 Jungfische geworfen werden, die man mit *Artemia*-Nauplien und Grünfutter ernährt.

Aquarieneinrichtung
Gut bepflanztes Becken mit einigen freien Schwimmbereichen, einer guten Filterung und kräftiger Strömung.

24-29 °C 4,5 cm

Girardinus metallicus

Poey, 1854

Metallkärpfling

Familie: **Poeciliidae**

Verbreitung: Costa Rica, Kuba

Größe: Männchen 5 cm, Weibchen 9 cm

Futter: **Allesfresser**

Temperaturbereich: 22-26 °C

pH: 6,5-7,5 dH: bis 25°

Friedliche und einfach zu ernährende Art, die sich sehr gut für ein Gesellschaftsbecken eignet. Die viel kleineren Männchen haben ein schwarzes Gonopodium.

Zucht
Alle drei bis vier Wochen werden Gruppen von bis zu 100 Jungfischen von etwa 6 mm Länge abgesetzt. Sorgen Sie für Pflanzendickichte, vor allem aus Schwimmpflanzen, damit sich die Jungfische verstecken können. Später sollte man diese getrennt aufziehen, da sie sonst gefressen werden.

Aquarieneinrichtung
Gut bepflanztes Aquarium mit guter Filterung und leichter Strömung.

22-26 °C 5 cm

Heterandria bimaculata

(Heckel, 1848)

20-27 °C 7 cm

Zweifleck-Kärpfling

Familie: **Poeciliidae**

Verbreitung: Mexiko bis Honduras

Größe: Männchen 7 cm, Weibchen 15 cm

Futter: **Fleischfresser.** Lebend-, Trocken- und Gefrierfutter

Temperaturbereich: 20-27 °C

pH: 7,0-8,0 dH: 8-30°

Dieser Fisch kommt in der Natur in sehr unterschiedlichen Biotopen vor, so daß auch seine Ansprüche sehr verschieden sind. Versuchen Sie den tatsächlichen Ursprung der gekauften Fische herauszufinden (z. B. See mit Brackwasser), damit Sie für die entsprechenden Bedingungen sorgen können. Die Färbung variiert ebenfalls. So zeigen Tiere aus den Niederungen kräftigere Farben als solche aus Bergbächen. Männchen haben ein Gonopodium. Eine Haltung mit Fischen ähnlicher Größe ist möglich; kleinere werden dagegen oft gefressen!

Zucht
Etwa alle vier Wochen können große Weibchen bis zu 100 Jungfische absetzen. Entfernen Sie die Elterntiere, da diese ihre Nachkommen oft fressen. Aber auch heranwachsende Jungfische können Kannibalen sein, so daß man die größeren regelmäßig herausnehmen sollte. Legen Sie großen Wert auf Sauberkeit, da die Jungfische anfällig für bakterielle Infektionen sind.

Aquarieneinrichtung
Großes, gut gefiltertes Aquarium mit Pflanzen und einigen offenen Bereichen.

Heterandria formosa

AGASSIZ, 1853

Zwergkärpfling
Familie: **Poeciliidae**
Verbreitung: USA (South Carolina)
Größe: Männchen 2 cm, Weibchen 4,5 cm
Futter: **Allesfresser.** Kleine Wirbellose, Trockenfutter usw.
Temperaturbereich: 17-26 °C
pH: 6,5-7,5 dH: bis 25°

Einer der kleinsten Fische der Welt, den man am besten in einem Artenbecken hält. Die Weibchen sind größer als die Männchen, die ein Gonopodium haben. Da die Tiere bevorzugt Stechmückenlarven fressen, hat man vielerorts versucht, sie zur Bekämpfung dieser Insekten einzusetzen.

17-26 °C 2 cm

Zucht
Einfach zu züchten. Jungfische werden etwa alle zwei Wochen geboren.

Aquarieneinrichtung
Kleines, dicht bepflanztes Aquarium mit leichter Strömung.

Limia melanogaster

GÜNTHER, 1866

Dreifarbiger Jamaikakärpfling
Familie: **Poeciliidae**
Verbreitung: Jamaika, Haiti
Größe: Männchen 4 cm, Weibchen 6,5 cm
Futter: **Allesfresser.** Algen, kleine Wirbellose, Trockenfutter usw.
Temperaturbereich: 22-28 °C
pH: 7,5-8,5 dH: 20-30°

Diese anspruchslose, attraktive Art findet man leider nur selten in einem Aquarium, obwohl sie mehr Aufmerksamkeit verdient hätte. Die stärker gefärbten Männchen haben ein Gonopodium, die Weibchen einen Trächtigkeitsfleck.

Zucht
Leicht zu züchten, sofern die Tiere ausreichend mit Lebendfutter versorgt werden.

Aquarieneinrichtung
Becken mit kräftiger Strömung und Pflanzen, die hartes Wasser vertragen, etwa Javafarn oder *Vallisnerien.* Kombinieren Sie diese mit kleineren und größeren Steinen, wobei jedoch auch freier Schwimmraum erhalten bleiben sollte.

22-28 °C 4 cm

Limia nigrofasciata

(REGAN, 1913)

22-25 °C 4,5 cm

Schwarzbandkärpfling
Familie: **Poeciliidae**
Verbreitung: Haiti
Größe: Männchen 4,5 cm, Weibchen 7 cm
Futter: **Allesfresser.** Hauptsächlich pflanzliche Kost, aber auch kleine Wirbellose und Trockenfutter
Temperaturbereich: 22-25 °C
pH: 7,0-8,5 dH: 10-30°

Ein idealer Fisch für ein Gesellschaftsbecken, der sich in hartem Wasser sehr wohl fühlt. Sorgen Sie in der Ernährung für ausreichend pflanzliche Kost. Männchen sind sehr hochrückig, wobei sich die Krümmung während des Alters noch verstärkt; außerdem haben sie ein Gonopodium und eine keilförmige Schwanzflosse.

Zucht
Leicht zu züchten. Pro Wurf werden etwa 25 Jungfische abgesetzt. Die Weibchen fressen ihren Nachwuchs.

Aquarieneinrichtung
Bepflanztes Gesellschaftsbecken mit hartem Wasser.

Limia vittata

Guichenot, 1853

Bänderkärpfling

Familie: **Poeciliidae**

Verbreitung: Kuba

Größe: 12 cm

Futter: **Allesfresser.** Algen, kleine Wirbellose, Trockenfutter usw.

Temperaturbereich: 22-25 °C

pH: 7,5-8,5 dH: 8-30°

Ein ausgezeichneter Fisch für Gesellschaftsbecken mit hartem Wasser. Die auffällig gefärbten Männchen haben schwarze und goldene Flecken auf Rücken- und Schwanzflosse und ein Gonopodium. Die Färbung der Weibchen ist weniger auffällig.

Zucht

Alle vier Wochen können bis zu 50 Jungfische freigesetzt werden.

Aquarieneinrichtung

Gut gefiltertes Becken mit Pflanzen, Steinen und Holz. Dem Wasser kann Salz hinzugefügt werden, wenn dies von den anderen Fischen und den Pflanzen toleriert wird. Die Art reagiert sehr empfindlich auf Frischwasser, so daß Wasserwechsel mit Vorsicht durchgeführt werden müssen.

22-25 °C 12 cm

Limia zonata

(Nichols, 1915)

22-25 °C 6 cm

Zonatakärpfling

Familie: **Poeciliidae**

Verbreitung: Dominikanische Republik

Größe: Männchen 6 cm, Weibchen 8 cm

Futter: **Allesfresser.** Trocken-, Gefrier- und Lebendfutter, dazu viele Algen und andere pflanzliche Kost

Temperaturbereich: 22-25 °C

pH: 6,5-7,5 dH: 10-20°

Ein friedlicher Fisch für ein Gesellschafts- oder Artenbecken. Die Männchen haben ein Gonopodium.

Zucht

Alle vier bis fünf Wochen werden bis zu 30 Junge freigesetzt, die mit herkömmlichem Aufzuchtfutter ernährt werden.

Aquarieneinrichtung

Dicht bepflanztes Gesellschaftsbecken mit guter Filterung. Regelmäßige Wasserwechsel sind wichtig.

Phallichthys amates amates

(Miller, 1907)

Guatemalakärpfling

Familie: **Poeciliidae**

Verbreitung: Guatemala, Panama bis Honduras

Größe: Männchen 3 cm, Weibchen 6 cm

Futter: **Allesfresser.** Algen, kleine Wirbellose, Trockenfutter usw.

Temperaturbereich: 23-28 °C

pH: 6,5-7,5 dH: bis 25°

Eine Art für Gesellschaftsbecken mit friedlichen Fischen. Die viel kleineren Männchen haben ein Gonopodium.

Zucht

Alle vier Wochen können bis zu 80 Jungfische abgesetzt werden. Verwenden Sie einen Laichkasten, oder nehmen Sie die Eltern aus dem Becken, da sie die Jungen fressen. In dicht bepflanzten Gesellschaftsbecken überleben häufig einige Jungfische.

Aquarieneinrichtung

Gesellschaftsbecken mit Pflanzendickichten zum Schutz der Jungfische. Die Art ist anfällig für eine Verschlechterung der Wasserqualität, so daß die angegebenen Werte ziemlich genau eingehalten werden müssen.

23-28 °C 3 cm

PHALLOCEROS CAUDIMACULATUS

(HENSEL, 1868)

Kaudi, Rautenfleckkärpfling
Familie: **Poeciliidae**
Verbreitung: Mittelbrasilien, Paraguay, Uruguay
Größe: Männchen 3 cm, Weibchen 4,5 cm
Futter: **Allesfresser.** Algen, kleine Wirbellose, Trockenfutter usw.
Temperaturbereich: 23-28 °C
pH: 6,5-8,0 dH: 4-20°

Diese Art kann mit kleinen, ruhigen Fischen vergesellschaftet werden. Männchen sind kleiner als Weibchen, und ihre Kiemendeckel sind farbiger. Sie haben zudem ein Gonopodium, und ihre Rückenflosse ist schwarz gesäumt.

23-28 °C 3 cm

Zucht

Sorgen Sie dafür, daß sich kein Mulm auf dem Boden des Zuchtbeckens befindet, denn die bis zu 40 Jungfische sinken nach der Geburt auf den Grund und schwimmen erst über eine Stunde später frei.

Aquarieneinrichtung

Gesellschaftsbecken mit Pflanzendickichten zum Verstecken.

POECILIA CAUCANA

(STEINDACHNER, 1880)

Cauca-Molly, Kaukakärpfling
Familie: **Poeciliidae**
Verbreitung: Panama, Kolumbien, Venezuela
Größe: Männchen 4 cm, Weibchen 6 cm
Futter: **Allesfresser.** Kleines Lebendfutter und reichlich pflanzliche Kost
Temperaturbereich: 23-28 °C
pH: 7,0-7,5 dH: 10-25°

23-28 °C 4 cm

Eine friedliche Art für das Gesellschaftsbecken. Männchen haben ein Gonopodium.

Zucht

Zuchtbecken mit zahlreichen Pflanzen. Es kommen etwa 20 Jungfische zur Welt, die mit kleinem Lebendfutter ernährt werden.

Aquarieneinrichtung

Bewachsenes, gut gefiltertes Gesellschaftsbecken mit mittelhartem Wasser. Lassen Sie freien Schwimmraum, da sich die Fische gern in sanfter Strömung aufhalten.

POECILIA LATIPINNA

(LESUEUR, 1821)

Breitflossenkärpfling
Familie: **Poeciliidae**
Verbreitung: Süden der USA (South Virginia, Carolina, Florida, Texas)
Größe: Männchen 10 cm, Weibchen 12 cm
Futter: **Allesfresser.** Algen und andere pflanzliche Kost, zusätzlich kleines Lebend- und Trockenfutter
Temperaturbereich: 20-28 °C
pH: 7,5-8,5 dH: 10-30°

Eine Art mit unterschiedlichen Farbvarianten. Man kann sie in einem Gesellschaftsbecken mit hartem Wasser halten, noch besser ist allerdings Brack- oder sogar Meerwasser. Die Männchen haben eine deutlich größere Rückenflosse und ein Gonopodium.

Zucht

Verwenden Sie ein dicht bepflanztes Zuchtbecken oder einen Laichkasten. Alle vier Wochen können etwa 50 Junge geworfen werden, deren Nahrung auch Lebendfutter beinhalten sollte.

Aquarieneinrichtung

Gesellschaftsbecken mit hartem Wasser und robusten Arten. Die Pflanzen müssen gelegentliches Zupfen der Fische aushalten (z. B. Javafarn). Wichtig ist auch eine sehr effiziente Filterung.

20-28 °C 10 cm

Poecilia reticulata

Peters, 1859

Guppy, Millionenfisch
Familie: **Poeciliidae**
Verbreitung: Mittelamerika bis Brasilien
Größe: 6 cm
Futter: **Allesfresser.** Kleine Wirbellose, Trockenfutter usw.
Temperaturbereich: 18-27 °C
pH: 7,0-8,5 dH: 4-30°

Einer der beliebtesten Anfängerfische. Die auffallend gefärbten Männchen haben verlängerte Flossen und ein Gonopodium. Weibchen sind unscheinbarer, zeigen einen Trächtigkeitsfleck und oft auch eine farbige Schwanzflosse. Zu Millionen gezüchtet, wurden Guppys vielfach gekreuzt, um beim Männchen längere Flossen zu erhalten sowie unterschiedlich geformte Schwanzflossen und verschiedene Farbschläge. Dennoch besitzt gerade die Wildform ihren eigenen Reiz und ist es wert, gehalten zu werden, auch wenn sie empfindlicher auf schlechte Wasserqualität reagiert.

18-27 °C 6 cm

Zucht
Weibchen werden nach drei Monaten geschlechtsreif, Männchen noch früher. Ein Wurf besteht aus etwa 30 Jungfischen.

Aquarieneinrichtung
Bepflanztes Gesellschaftsbecken in jeder Größe.

Poecilia sphenops

Valenciennes, 1846

18-28 °C 6 cm

Spitzmaulkärpfling
Familie: **Poeciliidae**
Verbreitung: Mexiko bis Kolumbien
Größe: 6 cm
Futter: **Allesfresser.** Algen, Erbsen, Trockenfutter usw.
Temperaturbereich: 18-28 °C
pH: 7,0-8,5 dH: 12-30°

Die Wildform kann sehr gut am unteren Ende der angegebenen Temperaturskala leben. Heute werden allerdings hauptsächlich Zuchtformen angeboten, etwa Black Molly oder Leierschwanz, die empfindlicher und anfälliger für Krankheiten sind, so daß sie höhere Temperaturen benötigen und möglichst auch eine Salzzugabe. Die Männchen haben größere Flossen und ein Gonopodium.

Zucht
Sehr vermehrungsfreudig. Wenn Sie im Zuchtbecken für dichten Pflanzenwuchs sorgen, werden viele Jungfische überleben.

Aquarieneinrichtung
Bepflanztes Gesellschaftsbecken mit hartem Wasser. Halten Sie die Zuchtformen mit Fischen und Pflanzen, die höhere Temperaturen und ein wenig Salz tolerieren.

Poecilia velifera

(Regan, 1914)

25-28 °C 12 cm

Segelkärpfling
Familie: **Poeciliidae**
Verbreitung: Yucatán (Mexiko)
Größe: Männchen 12 cm, Weibchen 18 cm
Futter: **Pflanzenfresser.** Hauptsächlich pflanzliche Kost, aber auch Insektenlarven, Trockenfutter usw.
Temperaturbereich: 25-28 °C
pH: 7,5-8,5 dH: 20-35°

Eine schöne Art, sofern viel pflanzliche Kost, besonders Algen, gefüttert werden und die Wasserwerte stimmen, was man in einem Artenbecken am besten bieten kann. Die Tiere können sogar an Meerwasser gewöhnt werden, so daß man sie oft in neu eingerichtete Meerwasserbecken setzt. Die Männchen haben eine schöne, große Rückenflosse, die bei der Balz zur Schau gestellt wird. Im Handel findet man oft schwarze, rote oder gefleckte Kreuzungen zwischen *P. latipinna* und *P. velifera*, die meist robuster sind als die grüne Wildform. Unterscheiden lassen sie sich anhand der Rückenflossenstrahlen: 18 bis 19 bei *P. velifera* und 14 bei *P. latipinna.*

Zucht
Nicht einfach zu züchten. Die Jungfische sollten hauptsächlich mit Lebendfutter und zusätzlicher pflanzlicher Kost aufgezogen werden. Sie benötigen viel freien Schwimmraum, da sich die Rückenflosse der Männchen sonst nicht voll entwickelt.

Aquarieneinrichtung
Geräumiges, gut gefiltertes Becken mit einer kräftigen Strömung und hartem Wasser, dem auch Salz hinzugefügt werden kann. Zum Aufhärten läßt sich Dolomitgestein verwenden. Die Art kann mit Schützen- und Argusfischen vergesellschaftet werden.

Poecilia vivipara

(Bloch und Schneider, 1801)

24-28 °C 5 cm

Augenfleckkärpfling
Familie: **Poeciliidae**
Verbreitung: Westvenezuela bis Argentinien und auf einigen küstennahen Inseln
Größe: Männchen 5 cm, Weibchen 7 cm
Futter: **Allesfresser.** Trocken-, Gefrier- und Lebendfutter, pflanzliche Kost
Temperaturbereich: 24-28 °C
pH: 7,0-8,0 dH: 10-35°

Gesellige, friedliche Art, die gut für Gesellschaftsbecken geeignet ist. Die Männchen haben einen basalen schwarzen Fleck auf der Rückenflosse und ein Gonopodium.

Zucht
Die Trächtigkeitsdauer beträgt vier Wochen. Danach werden bis zu 100 Jungfische abgesetzt, die man mit handelsüblichem Aufzuchtfutter ernähren kann.

Aquarieneinrichtung
Niedriges, spärlich bepflanztes Becken mit leichter Strömung.

Poeciliopsis gracilis

(Heckel, 1848)

24-28 °C 3,5 cm

Seitenfleckkärpfling
Familie: **Poeciliidae**
Verbreitung: Mittelamerika
Größe: Männchen 3,5 cm, Weibchen 6 cm
Futter: **Allesfresser.** Alle Arten von Futter
Temperaturbereich: 24-28 °C
pH: 6,5-7,5 dH: 8-30°

Ein sehr attraktiver kleiner Fisch, der gut mit friedlichen Arten vergesellschaftet werden kann. Die Männchen sind kleiner als die Weibchen und haben ein Gonopodium.

Zucht
Am besten in einem dicht bepflanzten Artenbecken zu züchten, in dem etwa 30 Jungfische geworfen werden, die bereits nach rund drei Monaten geschlechtsreif sind.

Aquarieneinrichtung
Gesellschaftsbecken mit breitblättrigen Pflanzen zum Verstecken, einigen Schwimmpflanzen und einer effizienten Filteranlage mit hohem Umsatz.

Priapella compressa

Alvarez, 1948

24-27 °C 3-5 cm

Gedrungener Blauaugenkärpfling
Familie: **Poeciliidae**
Verbreitung: Mexiko
Größe: Männchen 3,5 cm, Weibchen 5 cm
Futter: **Allesfresser.** Kleines Lebendfutter aller Art, nimmt aber auch Trockenfutter und pflanzliche Kost
Temperaturbereich: 24-27 °C
pH: 6,5-7,2 dH: 8-20°

Sehr scheue Fische, die man am besten in einem dicht bepflanzten Artenbecken hält. Die Männchen sind dünner und haben ein Gonopodium.

Zucht
Füttern Sie die Zuchttiere mit reichlich Lebendfutter, besonders Schwarzen Mückenlarven. Die Weibchen können zum Werfen in einen Laichkasten gesetzt werden. Aufgezogen werden die Jungfische mit kleinem Lebendfutter.

Aquarieneinrichtung
Benötigt wird ein großes und gut gefiltertes Becken mit kräftiger Strömung, einigen Pflanzendickichten, viel freiem Schwimmraum und regelmäßigen Wasserwechseln.

Priapella intermedia

Alvarez, 1952

24-26 °C 5 cm

Leuchtaugenkärpfling

Familie: **Poeciliidae**

Verbreitung: Rio Coatzacoalcos (Mexiko)

Größe: Männchen 5 cm, Weibchen 7 cm

Futter: **Allesfresser.** Kleine Wirbellose, Trockenfutter

Temperaturbereich: 24-26 °C

pH: 7,0-7,5 dH: 10-20°

Die Art ist anfällig für Temperaturschwankungen, da diese in ihrem natürlichen Lebensraum kaum auftreten. Halten Sie die Tiere daher möglichst in einem Artenbecken, in dem gleichbleibende Temperaturen beibehalten werden können.

Zucht

Alle fünf Wochen können von einem ausgewachsenen Weibchen bis zu 20 Jungfische abgesetzt werden, die man mit *Artemia*-Nauplien aufziehen sollte.

Aquarieneinrichtung

Becken mit sauberem Wasser und kräftiger Strömung. Sorgen Sie unbedingt für eine gleichbleibende Temperatur, und bringen Sie einige Schwimmpflanzen ein, um das Licht zu dämpfen.

Quintana atrizona

Hubbs, 1934

24-28 °C 2 cm

Glaskärpfling

Familie: **Poeciliidae**

Verbreitung: Kuba

Größe: Männchen 2 cm, Weibchen 4 cm

Futter: **Allesfresser.** Grindalwürmer, Mikro-Älchen, pflanzliche Kost, *Artemia*-Nauplien

Temperaturbereich: 24-28 °C

pH: 6,5-7,5 dH: 4-18°

Ein etwas scheuer, aber friedlicher Fisch für ein Artenbecken. Die Männchen sind kleiner und haben ein Gonopodium. Füttern Sie möglichst dreimal täglich kleine Mengen.

Zucht

Becken mit Verstecken aus Javamoos und *Riccia*-Arten. Die Trächtigkeitsdauer beträgt fünf bis sechs Wochen, danach werden etwa 25 Junge geworfen. Wildfänge sind relativ leicht zu vermehren, bei nachfolgenden Generationen kann dies schwieriger sein.

Aquarieneinrichtung

Artenbecken mit feinblättrigen Pflanzen, minimaler Filterung und sehr geringer Strömung.

Xiphophorus helleri

Heckel, 1848

Schwertträger

Familie: **Poeciliidae**

Verbreitung: Mittelamerika

Größe: Männchen 10 cm, Weibchen 12 cm

Futter: **Allesfresser.** Kleine Wirbellose, Trockenfutter usw.

Temperaturbereich: 20-26 °C

pH: 7,0-8,0 dH: 8-35°

Ein beliebter Fisch für Gesellschaftsbecken, der leicht zu halten und zu züchten ist. Die einfache Vermehrung hat zur kommerziellen Entwicklung verschiedener Farbschläge und unterschiedlicher Flossenformen geführt. Die schwertartige Verlängerung des unteren Teils der Schwanzflosse, die auch für die Namensgebung verantwortlich ist, haben nur die Männchen. Sie entwickelt sich allerdings erst mit zunehmendem Alter. Den Weibchen fehlen „Schwert“ und Gonopodium, dafür haben sie einen Trächtigkeitsfleck.

Zucht

Ausgewachsene Weibchen können bis zu 80 Junge werfen. Sorgen Sie zum Schutz der Jungfische für dichten Pflanzenwuchs, oder verwenden Sie einen Laichkasten.

Aquarieneinrichtung

Großes Aquarium mit zahlreichen Pflanzen und viel freiem Schwimmraum.

20-26 °C 10 cm

Xiphophorus maculatus

(Günther, 1866)

Platy, Spiegelkärpfling

Familie: **Poeciliidae**

Verbreitung: Ostküste Mexikos und Guatemalas, nördliches Honduras

Größe: Männchen 4 cm, Weibchen 6 cm

Futter: **Allesfresser.** Kleine Wirbellose, Trockenfutter usw.

Temperaturbereich: 22-26 °C

pH: 7,0-8,0 dH: 8-35°

Diese friedliche und fruchtbare Art eignet sich gut für ein Gesellschaftsbecken, in dem auch Jungfische aufwachsen können. Die Männchen sind kleiner und haben ein Gonopodium. Da diese Art in großer Zahl für den Handel gezüchtet wird, gibt es inzwischen viele verschiedenfarbige Zuchtvarianten.

Zucht

Nicht sehr produktiv. Bei ausreichend Versteckmöglichkeiten überlebt ein Teil der Jungfische auch im Gesellschaftsbecken.

Aquarieneinrichtung

Gesellschaftsbecken jeder Größe.

22-26 °C 4 cm

Xiphophorus milleri

Rosen, 1960

Catemaco-Platy

Familie: **Poeciliidae**

Verbreitung: Catemaco-See (Mexiko)

Größe: Männchen 3 cm, Weibchen 4 cm

Futter: **Allesfresser.** Trocken-, Gefrier- und Lebendfutter, pflanzliche Kost

Temperaturbereich: 24-27 °C

pH: 7,5 dH: 4-30°

Eine ideale Art für Gesellschaftsbecken. Männchen haben ein Gonopodium, die Unterseite ihres Hinterkörpers ist schwarz getupft, und sie sind kleiner als die Weibchen, die einen Trächtigkeitsfleck zeigen.

24-27 °C 3 cm

Zucht

Die Zucht ist schwierig, da die Art relativ unproduktiv ist. Die maximale Anzahl der Jungen beträgt kaum mehr als fünf. Die Wasserqualität muß genau stimmen; Nitrate dürfen nicht vorhanden sein.

Aquarieneinrichtung

Sehr dicht bepflanztes Becken mit gut gefiltertem, sauerstoffreichem Wasser, das etwa zweimal pro Stunde umgewälzt werden sollte. Überprüfen Sie regelmäßig die Wasserqualität.

Xiphophorus pygmaeus

Hubbs und Gordon, 1943

Zwergschwertträger

Familie: **Poeciliidae**

Verbreitung: Rio Axtla (Mexiko)

Größe: 4 cm

Futter: **Allesfresser.** Kleine Wirbellose, Trockenfutter usw.

Temperaturbereich: 24-28 °C

pH: 7,0-8,5 dH: 10-30°

Diese Art kann in einem Gesellschaftsbecken gehalten werden, sofern die anderen Fische ebenfalls friedlich sind. Die Männchen haben ein Gonopodium, der sonst bei Schwertträgern übliche Schwertfortsatz ist jedoch nur andeutungsweise vorhanden. Die Weibchen sind größer mit einer stärker gewölbten Bauchlinie.

24-28 °C 4 cm

Zucht

Die Eltern stellen den wenigen Jungen oft nach, so daß Sie zahlreiche Pflanzenverstecke bieten oder einen Laichkasten verwenden sollten.

Aquarieneinrichtung

Becken mit sauberem, klarem, gut durchlüftetem Wasser und Verstecken aus Holz, Pflanzen oder Steinen sowie einigen Schwimmpflanzen.

XIPHOPHORUS VARIATUS

(MEEK, 1904)

Veränderlicher Spieglkärpfling, Papageienplaty	
Familie: **Poeciliidae**	
Verbreitung: Südmexiko	
Größe: Männchen 5,5 cm, Weibchen 7 cm	
Futter: **Allesfresser.** Kleine Wirbellose, Trockenfutter usw.	
Temperaturbereich: 15-25 °C	
pH: 7,0-8,0 dH: 8-35°	

Eine klassische Art für Gesellschaftsbecken. Die Fische können sogar in einem ungeheizten Zimmeraquarium gehalten werden, vorausgesetzt, sie werden langsam an die niedrigen Temperaturen gewöhnt. Die Fische zeigen dann normalerweise sogar mehr Farbe als in einem beheizten Becken. Die Männchen haben ein Gonopodium, die Weibchen einen Trächtigkeitsfleck.

Zucht
Trächtige Weibchen setzt man vor der Geburt der Jungen am besten in ein gesondertes Laichbecken, in dem ausreichend Pflanzen zum Schutz der Jungfische vorhanden sein sollten. Diese lassen sich leicht mit Trocken- oder Lebendfutter aufziehen.

Aquarieneinrichtung
Jedes herkömmliche Gesellschaftsbecken mit friedlichen Fischen.

15-25 °C 5,5 cm

XIPHOPHORUS XIPHIDIUM

(HUBBS UND GORDON, 1932)

Schwertplaty	
Familie: **Poeciliidae**	
Verbreitung: Mexiko	
Größe: Männchen 4 cm, Weibchen 5 cm	
Futter: **Allesfresser.** Algen, kleine Wirbellose, Trockenfutter usw.	
Temperaturbereich: 22-25 °C	
pH: 7,0-8,0 dH: 8-30°	

Diese Fische hält man am besten als großen Schwarm in einem Artenbecken mit guter Wasserqualität. Die Männchen haben ein kurzes Schwert.

Zucht
Nicht sehr produktiv. Maximal werden 20 Junge freigesetzt, die man reichlich mit *Artemia*-Nauplien versorgen muß.

Aquarieneinrichtung
Becken mit guter Filteranlage, um die Nitritwerte gering zu halten, und starker Beleuchtung für gutes Pflanzenwachstum.

22-25 °C 4 cm

REGENBOGEN-FISCHE

Atherinidae
Melanotaeniidae
Pseudomugilidae

Bedotia geayi

Pellegrin, 1907

20-24 °C 15 cm

Madagaskar-Ährenfisch, Rotschwanz-Ährenfisch

Familie: **Atherinidae**

Verbreitung: Madagaskar

Größe: 15 cm

Futter: **Allesfresser.** Algen, kleine Wirbellose, Trockenfutter usw.

Temperaturbereich: 20-24 °C

pH: 7,0 dH: über 10°

Eine friedliche Art, die für eine erfolgreiche Haltung im Schwarm bleiben sollte. Sie reagiert empfindlich auf eine Verschlechterung der Wasserqualität, die mittelhart bis hart und neutral bis leicht alkalisch sein sollte. Männchen haben kräftigere Farben und eine zugespitzte vordere Rückenflosse. Weibchen sind gelblicher und weisen eine ausgezogene Bauchlinie auf.

Zucht

Die an einem Faden hängenden Eier werden in feinblättrigen Pflanzen oder über Laichmops abgelegt. Die Aufzucht der Jungfische ist sehr schwierig. Verwenden Sie anfangs Infusorien und dann frisch geschlüpfte *Artemia*-Nauplien.

Aquarieneinrichtung

Becken mit kräftiger Strömung und viel freiem Schwimmraum, da die Tiere sehr aktiv sind. Sorgen Sie für eine starke Filteranlage, die eine gute Wasserqualität sicherstellt, und wechseln Sie wöchentlich etwa 25 % des Wassers.

Telmatherina ladigesi

Ahl, 1936

Celebes Sonnenstrahlfisch, Celebes Segelfisch

Familie: **Atherinidae**

Verbreitung: Sulawesi

Größe: 7,5 cm

Futter: **Allesfresser.** Algen, kleine Wirbellose, Trockenfutter usw.

Temperaturbereich: 22-27 °C

pH: 7,0 dH: mehr als 12°

Diese friedliche Art kann mit anderen, ebenso friedlichen Fischen vergesellschaftet werden. Die stärker gefärbten Männchen haben verlängerte Strahlen an der zweiten Rücken- und der Afterflosse; die Weibchen sind unscheinbarer. Die Tiere zeigen ihre Farben am besten in natürlichem Licht.

Zucht

Die Eier werden zwischen Pflanzen oder über einem Laichmop abgelegt. Die Jungfische schlüpfen nach etwa 10 Tagen und werden mit handelsüblichem Aufzuchtfutter oder frisch geschlüpften *Artemia*-Nauplien gefüttert.

Aquarieneinrichtung

Gut gefiltertes Becken mit viel freiem Schwimmraum, da die Tiere sehr aktiv sind. Das Wasser sollte neutral sein und eine mittlere Härte haben. Wenn die anderen Fische es vertragen, kann Salz hinzugefügt werden. Führen Sie wöchentliche Wasserwechsel durch. Setzen Sie die Fische nicht direkt von hartem in weicheres Wasser um, da sie auf einen solchen Wechsel sehr empfindlich reagieren, sondern gewöhnen Sie die Tiere langsam um.

22-27 °C 7,5 cm

Chilatherina axelrodi

Allen, 1980

25-28 °C 9 cm

Axelrods Regenbogenfisch

Familie: **Melanotaeniidae**

Verbreitung: Yungkiri (Nebenfluß des Pual-River, Papua-Neuguinea)

Größe: Männchen 9 cm, Weibchen 7 cm

Futter: **Allesfresser.** Trocken-, Gefrier- und Lebendfutter

Temperaturbereich: 25-28 °C

pH: 7,0-8,0 dH: bis 12°

Ein aktiver Fisch, der sich von seiner besten Seite zeigt, wenn er in einem Schwarm aus beiden Geschlechtern gehalten wird. Die Männchen sind stärker gefärbt als die Weibchen.

Zucht

Über mehrere Tage hinweg werden jeweils einige Eier abgelegt. Nehmen Sie das Laichsubstrat aus dem Becken und ziehen Sie die Jungfische gesondert auf. Füttern Sie frisch geschlüpfte *Artemia*-Nauplien.

Aquarieneinrichtung

Bepflanztes Gesellschaftsbecken mit viel freiem Schwimmraum.

Chilatherina bleheri

Allen, 1985

Blehers Regenbogenfisch
Familie: **Melanotaeniidae**
Verbreitung: Lake Holmes (Irian Jaya)
Größe: 10 cm
Futter: **Allesfresser.** Lebend-, Trocken- und Gefrierfutter, Mückenlarven werden bevorzugt
Temperaturbereich: 23-27 °C
pH: 7,0-7,5 dH: bis 15°

Der hintere Teil des Rückens der Männchen ist wundervoll rot gefärbt, mit dunklen Querstreifen. Diese findet man manchmal auch bei den ansonsten unscheinbareren Weibchen.

Zucht

Sonnenlicht regt das Ablaichen an. Die Eier werden auf Laichmops bzw. Pflanzen abgelegt und in einem anderen Becken aufgezogen; Jungfische erhalten *Artemia*-Nauplien.

Aquarieneinrichtung

Großes, gut bepflanztes Becken mit viel freiem Schwimmraum, starker Filterung und kräftiger Strömung.

23-27 °C 10 cm

Chilatherina fasciata

(Weber, 1913)

Gestreifter Regenbogenfisch
Familie: **Melanotaeniidae**
Verbreitung: Nord-Neuguinea
Größe: Männchen 11 cm, Weibchen 10 cm
Futter: **Allesfresser.** Bevorzugt Lebendfutter
Temperaturbereich: 27-30 °C
pH: 7,0-8,0 dH: bis 10°

Ein recht attraktiver Fisch, der helle Becken bevorzugt, da er aus Gewässern mit viel Sonneneinstrahlung stammt. Die Männchen dieser Fischart sind größer und stärker gefärbt als die Weibchen.

Zucht

Typisch für Regenbogenfische legt diese Art ihre Eier über mehrere Tage verteilt auf Javamoos oder einem Laichmop ab. Ziehen Sie die Jungfische mit kleinem Lebendfutter auf.

Aquarieneinrichtung

Becken mit Wurzeln und Pflanzen zum Verstecken, aber auch mit offenem Schwimmraum, guter Filterung, einer leichten Strömung sowie heller Beleuchtung.

27-30 °C 11 cm

Chilatherina sentaniensis

(Weber, 1908)

Sentani-Regenbogenfisch
Familie: **Melanotaeniidae**
Verbreitung: Lake Sentani (Irian Jaya)
Größe: Männchen 10 cm, Weibchen 8,5 cm
Futter: **Allesfresser.** Sollte sowohl Algen als auch Mückenlarven bekommen; nimmt Trocken- und Gefrierfutter
Temperaturbereich: 24-28 °C
pH: 6,5-7,5 dH: bis 15°

Dieser Schwarmfisch ist sehr aktiv, so daß er viel Platz benötigt. Die Männchen sind schlanker und stärker gefärbt.

Zucht

Das Ablaichen kann im Gesellschaftsbecken erfolgen. Die Weibchen legen jeweils nur einige Eier auf einem Laichmop ab. Die Jungfische sollten in einem separaten Becken aufgezogen werden. Verwenden Sie als Erstfutter *Artemia*-Nauplien.

Aquarieneinrichtung

Gruppen feinblättriger Pflanzen, die viel freien Schwimmraum lassen. Wichtig ist auch eine starke Filteranlage, da die Tiere auf eine schlechte Wasserqualität empfindlich reagieren.

24-28 °C 10 cm

Glossolepis incisus

Weber, 1908

24-26 °C 12 cm

Lachsroter Regenbogenfisch, Kammschuppen-Regenbogenfisch

Familie: **Melanotaeniidae**

Verbreitung: Lake Sentani (Irian Jaya)

Größe: Männchen 12 cm, Weibchen 10 cm

Futter: **Allesfresser.** Geschabtes Rindfleisch und viel Lebendfutter

Temperaturbereich: 24-26 °C

pH: 7,0 dH: bis 15°

Dank der intensiven Rotfärbung der Männchen die wohl bekannteste Regenbogenfisch-Art. Man könnte versucht sein, nur Männchen zu halten, da die Weibchen unscheinbarer silbrigbraun bis gelboliv gefärbt sind, jedoch zeigen die Männchen ihre besten Farben erst im Imponierverhalten vor den Weibchen.

Zucht

Die Eier werden im Verlauf mehrerer Tage auf einem Laichmop oder zwischen Javamoos abgelegt. Sammeln Sie den Laich ab, und ziehen Sie die Jungfische gesondert auf. Sie benötigen anfangs sehr kleines Futter, etwa Rädertierchen oder frisch geschlüpfte *Artemia*-Nauplien.

Aquarieneinrichtung

Geräumiges Aquarium mit einer leichten Strömung, da die aktiven Fische viel freien Schwimmraum benötigen. Achten Sie unbedingt auf gute Wasserqualität.

Glossolepis maculosus

Allen, 1981

Gefleckter Regenbogenfisch

Familie: **Melanotaeniidae**

Verbreitung: Nebenflüsse des Omsis-River (Papua-Neuguinea)

Größe: 5 cm

Futter: **Allesfresser.** Trocken- und Gefrierfutter, etwas Algenkost

Temperaturbereich: 24-26 °C

pH: 7,5 dH: ab 12°

Einer der kleineren Regenbogenfische, der mit anderen friedlichen Fischen vergesellschaftet werden kann. Halten Sie einen Schwarm, und achten Sie besonders auf die Wasserqualität. Die charakteristischen Flecken an den Flanken bekommen die Tiere im Alter von zwei bis drei Monaten.

Zucht

Legen Sie einen Büschel Javamoos oder einen Laichmop ins Becken. Es werden täglich nur wenige Eier abgelegt; bis zum Ausschlüpfen dauert es 8-10 Tage. Füttern Sie die Jungfische mit *Artemia*-Nauplien.

Aquarieneinrichtung

Becken mit effizienter Filterung und Pflanzendickichten.

24-26 °C 5 cm

Glossolepis multisquamatus

(Weber und de Beaufort, 1922)

Sepik-Regenbogenfisch

Familie: **Melanotaeniidae**

Verbreitung: Papua-Neuguinea, Irian Jaya

Größe: Männchen 12 cm, Weibchen 10 cm

Futter: **Allesfresser.** Bevorzugt in erster Linie Lebendfutter, nimmt aber auch Trocken- und Gefrierfutter

Temperaturbereich: 26-29 °C

pH: 6,5 dH: bis 10°

Diese Art ist besonders für geräumige Gesellschaftsbecken geeignet. Die Männchen sind größer und stärker gefärbt als die Weibchen.

Zucht

Laicht entweder im Gesellschaftsbecken oder im Zuchtaquarium mit weichem, leicht saurem Wasser auf Laichmops oder Javamoos. Es werden täglich nur wenige Eier abgelegt. Ziehen Sie die Jungfische gesondert auf, und füttern Sie sie mit sehr feiner Nahrung.

Aquarieneinrichtung

Ruhiges, möglichst strömungsfreies Becken mit vielen Pflanzen und Holz.

26-29 °C 12 cm

Glossolepis wanamensis

Allen und Kailola, 1979

25-28 °C 9 cm

Lake Wanam-Regenbogenfisch
Familie: **Melanotaeniidae**
Verbreitung: Lake Wanam (Papua-Neuguinea)
Größe: Männchen 9 cm, Weibchen 8,5 cm
Futter: **Allesfresser.** Bevorzugt in erster Linie Lebendfutter, nimmt aber auch handelsübliche Nahrung
Temperaturbereich: 25-28 °C
pH: 7,0-8,0 dH: bis 15°

Einer der eindrucksvollsten Regenbogenfische. Vor allem durch die verlängerten Flossen der Männchen sind sie ein besonderer Blickfang. Weibchen sind unscheinbarer und haben normale Flossen.

Zucht

Nicht ganz leicht zu vermehren. Verwenden Sie Wasser mit neutralem pH-Wert und einer Härte von etwa 10° dH. Die Eier werden auf Laichmops oder Javamoos abgelegt und schlüpfen nach etwa zehn Tagen. Die Jungfische benötigen sehr kleines Lebendfutter.

Aquarieneinrichtung

Dicht bepflanztes Aquarium mit offenen Bereichen, damit die Männchen die Weibchen anbalzen können. Eine gute Filterung ist zur längeren Haltung dieser Art unbedingt notwendig.

Iriatherina werneri

Meinken, 1974

24-27 °C 3,5 cm

Prachtregenbogenfisch, Filigranährenfisch
Familie: **Melanotaeniidae**
Verbreitung: Irian Jaya
Größe: Männchen 3,5 cm, Weibchen 3 cm
Futter: **Allesfresser.** Nimmt herkömmliches Zierfischfutter, bevorzugt aber Lebendfutter
Temperaturbereich: 24-27 °C
pH: 5,5-7,5 dH: 10-15°

Eine sehr attraktive Art, die allerdings nicht für Gesellschaftsbecken geeignet ist. Dort werden die Tiere häufig gejagt, und es kann auch passieren, daß ihre Flossen angenagt werden. Ideal ist daher ein Artenbecken, in dem die Männchen ungestört vor den Weibchen balzen können. Bei den Männchen sind die Strahlen der Rücken- und Afterflosse lang ausgezogen.

Zucht

Die Fische laichen auf großen Büscheln Javamoos. Entfernen Sie die Elterntiere nach der Eiablage, oder überführen Sie das Laichsubstrat in ein Aufzuchtbecken. Die Jungen schlüpfen nach etwa acht Tagen. Sie werden mit winzigem Lebendfutter aufgezogen, etwa Rädertierchen, und später mit *Artemia*-Nauplien.

Aquarieneinrichtung

Dicht bepflanztes Aquarium mit effizienter Filterung, aber sanfter Strömung. Zur Dekoration kann Holz verwendet werden.

Melanotaenia affinis

(Weber, 1908)

21-29 °C 11,5 cm

Variabler Regenbogenfisch
Familie: **Melanotaeniidae**
Verbreitung: Nördliches Papua-Neuguinea
Größe: Männchen 11,5 cm, Weibchen 10 cm
Futter: **Allesfresser.** Nimmt alle Arten herkömmlichen Futters
Temperaturbereich: 21-29 °C
pH: 7,0-7,5 dH: 10-15°

Ein weitverbreiteter Regenbogenfisch, von dem verschiedene Farbvarianten existieren. Die Männchen haben einen höheren Körper und sind farbiger als die Weibchen.

Zucht

Bei Einhaltung der angegebenen Wasserwerte leicht zu vermehren. Die Eier werden im Laufe einer Woche auf Javamoos oder einem Laichmop abgelegt. Anschließend werden entweder die Elterntiere entfernt oder der Laich mit der Unterlage in ein anderes Becken überführt. Die Jungfische werden mit *Artemia*-Nauplien gefüttert.

Aquarieneinrichtung

Großes, gut gefiltertes Aquarium mit freien Schwimmbereichen und einer leichten Strömung.

Melanotaenia boesemani

Allen und Cross, 1980

Boesemans Regenbogenfisch
Familie: **Melanotaeniidae**
Verbreitung: Ajamaru Seen (Irian Jaya)
Größe: Männchen 9 cm, Weibchen 7 cm
Futter: **Allesfresser.** Trocken-, Gefrier- und Lebendfutter
Temperaturbereich: 27-30 °C
pH: 6,5-7,0 dH: bis 10°

Ein wegen seiner ungewöhnlichen Färbung sehr begehrter Fisch, dessen Farbenpracht bei der Nachzucht im Aquarium aber scheinbar mit jeder Generation abnimmt. Ein Schwarm aus Männchen und Weibchen ist jedoch ein Blickfang für jedes größere Becken.

27-30 °C 9 cm

Zucht

Die Eier werden im Verlauf mehrerer Tage auf Javamoos oder einem Laichmop abgelegt. Die nicht leicht aufzuziehenden Jungfische benötigen sehr kleines Futter.

Aquarieneinrichtung

Großes Aquarium mit guter Filterung, aber nicht zu starker Strömung und viel freiem Schwimmraum.

Melanotaenia herbertaxelrodi

Allen, 1981

Tebera-Regenbogenfisch
Familie: **Melanotaeniidae**
Verbreitung: Lake-Tebera-Bassin (Papua-Neuguinea)
Größe: 8,5 cm
Futter: **Allesfresser.** Trocken-, Gefrier- und Lebendfutter
Temperaturbereich: 21-25 °C
pH: 7,5-8,0 dH: 10-15°

Ein friedlicher Schwarmfisch, bei dem die Männchen hochrückiger und stärker gefärbt sind.

Zucht

Wie bei anderen *Melanotaenia*-Arten: Die Jungfische schlüpfen nach etwa sieben Tagen und werden mit frisch geschlüpften *Artemia*-Nauplien gefüttert.

Aquarieneinrichtung

Großes, gut gefiltertes Aquarium mit leichter Strömung und dichter Rand- und Hintergrundbepflanzung, aber auch offenem Schwimmraum. Morgensonne regt nicht nur zum Laichen an, sie zeigt die Fische auch in ihren besten Farben.

21-25 °C 8,5 cm

Melanotaenia lacustris

Munro, 1964

Kutubu-Regenbogenfisch, Aquamarin-Regenbogenfisch
Familie: **Melanotaeniidae**
Verbreitung: Kutubusee (Papua-Neuguinea)
Größe: 10 cm
Futter: **Allesfresser.** Trocken-, Gefrier- und Lebendfutter
Temperaturbereich: 24-26 °C
pH: 7,0-7,5 dH: ungefähr 12°

Besonders die leuchtend blau gefärbten Männchen sind ein Blickfang für jedes Aquarium. Leider nimmt die Färbung mit jeder Nachzucht etwas ab.

Zucht

Unter natürlichen Lichtverhältnissen werden die Eier in den frühen Morgenstunden abgelegt. Die Jungfische schlüpfen nach etwa acht Tagen und werden mit *Artemia*-Nauplien gefüttert.

Aquarieneinrichtung

Viel freier Schwimmraum, da die Art sehr aktiv ist. Sie schätzt zudem regelmäßige Wasserwechsel.

24-26 °C 10 cm

Melanotaenia maccullochi

Ogilby, 1915

24-30 °C 6 cm

Zwergregenbogenfisch
Familie: **Melanotaeniidae**
Verbreitung: Südliches Papua-Neuguinea, Queensland, Australien (Cape York Halbinsel und die Küstenregion südlich von Cairns)
Größe: 6 cm
Futter: **Allesfresser.** Lebend-, Trocken- und Gefrierfutter
Temperaturbereich: 24-30 °C
pH: 5,5-7,5 dH: nicht unter 10°

Ein kleinerer Regenbogenfisch mit zwei Standortvarianten, die sich farblich unterscheiden: Bei Tieren, die aus Queensland, Australien, zwischen Cairns und Cardwell stammen, sind die Längsstreifen unterbrochen oder sehr undeutlich. Dafür haben sie, ähnlich wie die McIvor-Daintree-Population, einen neonartigen Streifen, der den Tieren aus dem Jardine-River in Südwest-Papua-Neuguinea fehlt.

Zucht

Die Tiere erreichen die Geschlechtsreife bei einer Größe von etwa 3 cm. Die Eier werden über Javamoos oder einem Laichmop abgelegt. Die Jungen schlüpfen nach einer Woche und werden mit sehr feinem Lebendfutter ernährt.

Aquarieneinrichtung

Gut bepflanztes Becken mit starker Filterung und leichter Strömung. Für die Gesundheit der Fische ist saures Wasser ein Muß.

Melanotaenia nigrans

(Richardson, 1843)

24-28 °C 7 cm

Großer Regenbogenfisch
Familie: **Melanotaeniidae**
Verbreitung: Nördlicher Teil der Northern Territories und Nordspitze der Cape York Halbinsel (Australien)
Größe: Männchen 7 cm, Weibchen 6 cm
Futter: **Allesfresser.** Trocken-, Gefrier- und Lebendfutter
Temperaturbereich: 24-28 °C
pH: 5,5-6,0 dH: 10-12°

Eine anspruchslose Art, die gut in einem Gesellschaftsbecken mit saurem Wasser gehalten werden kann. Kaufen Sie möglichst einen Schwarm, und vermeiden Sie plötzliche Temperaturabsenkungen.

Zucht

Die Tiere laichen auch auf Laichmops im Gesellschaftsbecken. Diese können dann herausgenommen werden, um die Jungfische in einem gesonderten Becken schlüpfen zu lassen. Reine Zuchtaquarien sollten relativ groß sein und Javamoos oder Laichmops enthalten. Die Jungfische werden mit frisch geschlüpften *Artemia*-Nauplien aufgezogen.

Aquarieneinrichtung

Gesellschaftsbecken mit leichter Strömung sowie Pflanzen und Holz (Wurzeln) zum Verstecken, aber auch mit offenen Bereichen.

Melanotaenia parkinsoni

Allen, 1980

Parkinsons Regenbogenfisch
Familie: **Melanotaeniidae**
Verbreitung: Südöstlich von Port Moresby (Papua-Neuguinea)
Größe: Männchen 11 cm, Weibchen 9 cm
Futter: **Allesfresser.** Bevorzugt Lebendfutter, nimmt auch Trocken- und Gefrierfutter
Temperaturbereich: 26-29 °C
pH: 7,5-8,0 dH: 8-15°

Diese recht unkomplizierte Art vermehrt sich oft sogar in einem Gesellschaftsbecken. Halten Sie die aktiven Fische möglichst als Schwarm.

Zucht

Die Eier werden auf Laichmops oder Javamoos abgelegt. Sie können einen Laichmop in ein Gesellschaftsbecken hängen und nach der Eiablage herausnehmen, um die Jungfische gesondert aufzuziehen.

Aquarieneinrichtung

Gut gefiltertes Becken mit dichter Seiten- und Hintergrundbepflanzung und viel freiem Schwimmraum.

26-29 °C 11 cm

Melanotaenia splendida splendida

(Peters, 1866)

Kap York-Regenbogenfisch
Familie: **Melanotaeniidae**
Verbreitung: Queensland (Australien)
Größe: Männchen 11 cm, Weibchen 10 cm
Futter: **Allesfresser.** Trocken-, Gefrier- und Lebendfutter
Temperaturbereich: 21-28 °C
pH: 6,5-7,5 dH: 10-12°

Von *M. splendida* gibt es zahlreiche Unterarten, die sich in Größe, Farbe und Verbreitung unterscheiden. Alle sind für eine Aquarienhaltung sehr gut geeignet.

Zucht

Typisch für Regenbogenfische. Die Jungfische sind relativ leicht aufzuziehen.

Zucht

Dicht bepflanztes Gesellschaftsbecken mit guter Filterung.

21-28 °C 11 cm

Melanotaenia trifasciata

(Rendahl, 1922)

22-28 °C 11 cm

Juwelen-Regenbogenfisch	
Familie:	**Melanotaeniidae**
Verbreitung:	Northern Territories und Cape York Halbinsel (Australien)
Größe:	Männchen 11 cm, Weibchen 9,5 cm
Futter:	**Allesfresser.** Trocken-, Gefrier- und Lebendfutter
Temperaturbereich:	22-28 °C
pH:	6,0-7,5 dH: 10-12°

Eine sehr farbenprächtige Art, die – je nach Herkunft – recht unterschiedlich gefärbt sein kann. Die Haltungsbedingungen sind ebenfalls vom natürlichen Standort abhängig. So benötigen einige Formen hartes Wasser (Goyder River), während andere weiches und saures Wasser bevorzugen.

Zucht

Die Zucht ist einfach. Wasserwechsel und Sonnenlicht können den Laichvorgang auslösen. Die Jungfische werden mit frisch geschlüpften *Artemia*-Nauplien gefüttert.

Aquarieneinrichtung

Gut gefiltertes, bepflanztes Gesellschaftsbecken. Regelmäßige Teilwasserwechsel sind unbedingt erforderlich.

Pseudomugil furcatus

(Nichols, 1955)

24-26 °C 5,5 cm

Gabelschwanz-Regenbogenfisch	
Familie:	**Pseudomugilidae**
Verbreitung:	Papua-Neuguinea
Größe:	Männchen 5,5 cm, Weibchen 4,5 cm
Futter:	**Allesfresser.** Bevorzugt Lebendfutter
Temperaturbereich:	24-26 °C
pH:	7,5-8,0 dH: 12-15°

Ein zarter, kleiner Fisch, dessen Haltung und Zucht eine Herausforderung ist und der sich am besten für ein Artenbecken eignet. Männchen haben eine ausgezogene erste Rückenflosse und sind stärker gefärbt.

Zucht

Kleines Aquarium mit Büscheln von Javamoos, in das zur Zucht ein Paar oder eine kleine Gruppe gesetzt wird. Die Jungfische schlüpfen nach zwei bis drei Wochen und werden mit sehr kleinem Lebendfutter ernährt.

Aquarieneinrichtung

Dicht bepflanztes Becken mit einigen Schwimmpflanzen, etwa Flutendem Steinlebermoos (*Riccia fluitans*).

Pseudomugil signifer

Kner, 1864

Schmetterlingsregenbogenfisch	
Familie:	**Pseudomugilidae**
Verbreitung:	Nördliches und östliches Queensland (Australien)
Größe:	4,5 cm
Futter:	**Allesfresser.** Algen, kleines Lebendfutter, Trockenfutter usw.
Temperaturbereich:	23-27 °C
pH:	7,0 dH: bis 15°

Ein farbenfroher Schwarmfisch, der vergesellschaftet werden kann, sich aber in einem Artenbecken besser entwickelt. Männchen sind normalerweise größer und farbiger als Weibchen und haben zur Laichzeit eine rote Afterflosse.

Zucht

Die Eier werden auf einem Laichmop oder feinblättrigen Pflanzen abgelegt. Das Wasser sollte einen neutralen pH-Wert aufweisen und eine Härte von etwa 12 bis 14° dH. Die ersten Jungfische schlüpfen nach etwa 14 Tagen und werden mit frisch geschlüpften *Artemia*-Nauplien gefüttert. Das Ablaichen kann durch Morgensonne angeregt werden.

Aquarieneinrichtung

Becken mit viel freiem Schwimmraum und einigen Pflanzen.

23-27 °C 4,5 cm

VERSCHIEDENE

Acipenseridae
Amiidae
Apteronotidae
Badidae
Belonidae
Catostomidae
Centrarchidae
Ceratodontidae
Chandidae
Channidae
Clupeidae
Cottidae
Electrophoridae
Eleotridae
Esocidae
Gasterosteidae
Gobiidae
Gymnotidae
Lepidosirenidae
Lepisosteidae
Lobotidae
Luciocephalidae
Mastacembelidae
Monodactylidae
Mormyridae
Nandidae
Notopteridae
Oryziatidae
Osteoglossidae
Pantodontidae
Percidae
Percichthyidae
Phractolaemidae
Polyodontidae
Polypteridae
Potamotrygonidae
Protopteridae
Rhamphichthyidae
Scatophagidae
Soleidae
Synbranchidae
Syngnathidae
Tetraodontidae
Toxotidae
Umbridae

Acipenser ruthenus

Linnaeus, 1758

Sterlet

Familie: **Acipenseridae**

Verbreitung: Europa und Sibirien

Größe: 100 cm

Futter: **Fleischfresser.** Insektenlarven, Schnecken, kleine Fische usw.

Temperaturbereich: 10-18 °C

pH: 7,0-7,5 dH: bis 10°

Ein Kaltwasserfisch, den man jung im Aquarium halten kann; größere Exemplare müssen dagegen in einem Teich untergebracht werden. Er ist trotz seiner Größe relativ friedlich, dennoch sollte man ihn nicht mit kleineren Fischen vergesellschaften. Der Name Sterlet bezieht sich auf die kleinen Knochensternchen, die sich in der Haut der Tiere befinden.

Zucht

Wegen seiner Größe im Aquarium wenig wahrscheinlich. In der Natur werden im Frühsommer über Geröll bis zu 135.000 Eier abgelegt. Die Jungfische schlüpfen nach etwa fünf Tagen.

Aquarieneinrichtung

Großes Aquarium mit sandigem Bodengrund, sehr sauberem, klarem, kaltem, gut durchlüftetem Wasser und einer kräftigen Strömung. Für größere Tiere sind Koi-Teiche geeignet.

10-18 °C 100 cm

Acipenser sturio

Linnaeus, 1758

10-18 °C 600 cm

Baltischer Stör

Familie: **Acipenseridae**

Verbreitung: Europa, Nordamerika

Größe: 600 cm

Futter: **Fleischfresser.** Kleine Fische, Würmer, Wirbellose

Temperaturbereich: 10-18 °C

pH: 7,0-7,5 dH: bis 20°

Ein sehr großer Fisch, der nur für Teiche oder besonders große Aquarien geeignet ist, und auch dann können nur Jungtiere gehalten werden. Der Rogen des Fisches ist als Kaviar bekannt; aus der Schwimmblase macht man Fischleim und das Fleisch wird gegessen. Die Tiere leben vor den Küsten Europas und an der Atlantikküste Nordamerikas. Von dort aus steigen sie vom späten Winter bis zum zeitigen Frühjahr zum Laichen in die Flüsse auf.

Zucht

In Aquarien nicht möglich. In der Natur werden die bis zu 250.000 Eier über Geröll abgelegt.

Aquarieneinrichtung

Sehr großes Becken mit Sandboden, kaltem, klarem Wasser, starker Strömung und einer sehr guten Filteranlage.

Huso huso

(Linnaeus, 1758)

Hausen

Familie: **Acipenseridae**

Verbreitung: Von der Adria über das Schwarze und Kaspische Meer bis zur Wolga

Größe: 900 cm

Futter: **Fleischfresser.** Wirbellose, Schnecken, Würmer, kleine Fische usw.

Temperaturbereich: 10-18 °C

pH: 7,0-7,5 dH: bis 20°

Für ein Aquarium sind nur Jungfische geeignet. Sie halten sich meistens am Boden auf, um dort mit Hilfe ihrer Barteln nach Futter zu suchen. Die Tiere können über 1.000 kg wiegen; allein der Rogen der Weibchen, aus dem der berühmte Beluga-Kaviar hergestellt wird, kann ein Gewicht von bis zu 100 kg aufweisen.

Zucht

In Aquarien nicht möglich.

10-18 °C 900 cm

Aquarieneinrichtung

Sehr großes Aquarium mit Sandboden und kaltem, klarem, gut gefiltertem Wasser.

Scaphirhynchus platorhynchus

(Rafinesque, 1820)

Schaufelstör
Familie: **Acipenseridae**
Verbreitung: Ohio, Mississippi, Missouri, Mobile Bay, Rio Grande
Größe: 100 cm
Futter: **Fleischfresser.** Kleine Fische, Wirbellose
Temperaturbereich: 10-18 °C
pH: 7,0 dH: bis 18°

Der kleinste und häufigste nordamerikanische Stör ist eine der wichtigsten Arten für die Fischerei im Einzugsgebiet des Missouri und Mississippi.
Er bewohnt vorzugsweise große, verschlungene, langsamfließende Gewässer mit Sand- oder Kiesboden.

Zucht
In Aquarien unbekannt. In der Natur laichen die Tiere von Frühlingsmitte bis Hochsommer über Geröll ab.

Aquarieneinrichtung
Großes Becken mit kühlem, sauberem, klarem, gut durchlüftetem und gefiltertem Wasser.

10-18 °C | 100 cm

Amia calva

Linnaeus, 1766

13-19 °C | 50 cm

Kahlhecht, Amerikanischer Schlammfisch
Familie: **Amiidae**
Verbreitung: Einzugsgebiet des Mississippi, Huron- und Eriesee (USA)
Größe: Männchen 50 cm, Weibchen 75 cm
Futter: **Fleischfresser.** Fische, Krebse usw.
Temperaturbereich: 13-19 °C
pH: 7,0 dH: bis 10°

Eine räuberische und sehr gefräßige Art, die nur allein gehalten oder mit Fischen vergesellschaftet werden sollte, die zu groß sind, um gefressen zu werden. Die Tiere können bei einer Verschlechterung der Wasserbedingungen Luftsauerstoff atmen. Die Männchen sind kleiner und haben einen gelb eingefaßten Fleck auf dem Schwanzstiel, der den größeren Weibchen fehlt.

Zucht
In der Natur bauen die Tiere Nester aus Pflanzenteilen. Sie laichen nachts, wobei bis zu 70.000 Eier gelegt werden, aus denen nach ungefähr einer Woche die Jungfische ausschlüpfen. Das Männchen bewacht das Nest und die Jungen, bis sie etwa 10 cm lang sind.

Aquarieneinrichtung
Großes, dicht bepflanztes Becken mit einem Bodengrund aus Kies oder Sand und zahlreichen Verstecken. Sorgen Sie außerdem für kühles, gut gefiltertes Wasser.

Apteronotus albifrons

Linnaeus, 1758

Amerikanischer Weißstirn-Messerfisch
Familie: **Apteronotidae**
Verbreitung: Nördliches Südamerika
Größe: 50 cm
Futter: **Allesfresser.** Lebend-, Trocken- und Gefrierfutter
Temperaturbereich: 23-27 °C
pH: 6,5-7,0 dH: bis 10°

Ein scheuer Fisch, der aber gegenüber Artgenossen aggressiv sein kann. Er besitzt ein schwaches elektrisches Organ im Schwanzstiel, mit dem er Nahrung ortet. Die Tiere sind in Aquarien sehr langlebig. Kann mit großen, friedlichen Fischen vergesellschaftet werden.

Zucht
Nicht bekannt.

Aquarieneinrichtung
Großes, bepflanztes Becken mit zahlreichen Verstecken aus Holz und Steinen.

Sorgen Sie für eine gute Filterung, da die Tiere empfindlich auf schlechte Wasserbedingungen reagieren.

23-27 °C | 50 cm

BADIS BADIS BADIS

(HAMILTON, 1822)

Blaubarsch

Familie: **Badidae**

Verbreitung: Indien

Größe: 8 cm

Futter: **Fleischfresser.** Kleines Lebendfutter, kleine Fleischbrocken

Temperaturbereich: 23-26 °C

pH: 6,5-7,5 dH: bis 15°

Diese Fische aus ruhigen Gewässern sind revierbildend, so daß man sie besser im Artenbecken hält, in dem sich dann vom Männchen dominierte Familiengruppen entwickeln. Männchen sind stärker gefärbt. Ihre Bauchlinie ist konkav, während die der Weibchen konvex ist. Eine weitere Unterart ist der rot gefärbte *B. b. burmanicus*, der aus Birma stammt. Diese Tiere unterscheiden sich von der blauen Unterart *B. b. badis* allein in der Färbung.

Zucht

Höhlenbrüter (Blumentöpfe sind ein guter Ersatz). Das Männchen bewacht Eier und Jungfische. Entfernen Sie die Elterntiere, wenn die Jungen frei schwimmen, und ernähren Sie diese mit *Artemia*-Nauplien und anderem kleinem Lebendfutter.

23-26 °C | 8 cm

Aquarieneinrichtung

Bepflanztes Aquarium mit Verstecken und Höhlen. Eine sanfte Filterung und regelmäßige Wasserwechsel sind zu empfehlen.

XENENTODON CANCILA

(HAMILTON, 1822)

Süßwasser-Hornhecht

Familie: **Belonidae**

Verbreitung: Asien

Größe: 32 cm

Futter: **Fleischfresser.** Fische, Frösche, eventuell Fleischbrocken

Temperaturbereich: 22-27 °C

pH: 7,0 dH: ab 20°

Ein schreckhafter Fisch, der oft schon bei den einfachsten Dingen in Panik gerät, zum Beispiel wenn die Aquarienbeleuchtung eingeschaltet wird. Verängstigte Fische springen leicht. Halten Sie möglichst einen Schwarm. Rücken- und Afterflosse der Männchen sind schwarz gesäumt.

Zucht

Pro Tag können bis zu 15 Eier gelegt werden. Diese haben einen Durchmesser von 3,5 mm und hängen mit einem etwa 20 mm langen Faden an Pflanzen. Die Jungen schlüpfen nach ungefähr zehn Tagen. Sie sind dann rund 10 bis 12 mm lang und nicht ganz einfach aufzuziehen, da sie feinstes Lebendfutter benötigen, wie z. B. Fischbrut.

22-27 °C | 32 cm

Aquarieneinrichtung

Großes, gut gefiltertes Becken mit niedrigem Wasserstand (30 cm reichen aus), dichter Rand- und Hintergrundbepflanzung, aber auch mit offenem Schwimmraum.

HYPENTELIUM NIGRICANS

(LESUEUR, 1817)

Deutscher Name ist nicht bekannt

Familie: **Catostomidae**

Verbreitung: Osten und Mitte Nordamerikas

Größe: 60 cm

Futter: **Allesfresser.** Kleine Wirbellose, Algen

Temperaturbereich: 6-15 °C

pH: 6,5-7,5 dH: bis 12°

Die Jungfische dieser recht großen Art sind ziemlich friedlich. Sie ernähren sich von Wirbellosen, die sie unter Steinen finden, oder durch Abweiden algenbewachsener Steine. Ihre Kiefer sind zahnlos (sie haben aber Schlundzähne), so daß sie die Algen mit ihren fleischigen, borstenbesetzten Lippen ablösen.

Zucht

Laichzeit ist der Frühsommer.

Aquarieneinrichtung

Dicht bepflanztes Becken mit Kiesboden und Steinen. Eine gute Filterung ist sehr wichtig, da die Tiere auf jede Verschlechterung der Wasserqualität empfindlich reagieren.

6-15 °C | 60 cm

Ictiobus bubalus
(Rafinesque, 1818)

Deutscher Name ist nicht bekannt
Familie: **Catostomidae**
Verbreitung: Mississippi-Becken und Flußmündungen der Golfküste in den USA
Größe: 90 cm
Futter: **Allesfresser.** Kleine Wirbellose, Algen
Temperaturbereich: 6-15 °C
pH: 6,5-7,5 dH: bis 12°

Ein großer, hochrückiger Bodenfisch, der im ausgewachsenen Zustand bis zu 16 kg schwer werden kann. Er wird im Mississippi und in einigen der Großen Seen wirtschaftlich als Speisefisch genutzt, während Angler ihn weniger schätzen. Für Aquarien sind nur Jungfische geeignet.

Zucht
Laichzeit ist der Frühsommer.

Aquarieneinrichtung
Großes, gut gefiltertes Becken mit einem Bodengrund aus Kies und Steinen, Pflanzendickichten sowie viel freiem Schwimmraum.

6-15 °C 90 cm

Elassoma evergladei
Jordan, 1884

Zwergbarsch, Schwarzbarsch
Familie: **Centrarchidae**
Verbreitung: North Carolina bis Florida (USA)
Größe: 3,5 cm
Futter: **Allesfresser.** Lebend- und Trockenfutter, Algen
Temperaturbereich: 10-30 °C
pH: 7,0-7,5 dH: bis 10°

Von dieser Art sollte man mehrere Exemplare im Artenbecken halten. Zur Laichzeit färben sich die Flossen der Männchen schwarz, die der Weibchen bleiben farblos.

10-30 °C 3,5 cm

Zucht
Das Becken sollte den Winter über kühl gehalten werden, damit die Tiere im folgenden Frühjahr besser ablaichen. Die etwa 50 Jungfische schlüpfen nach zwei bis drei Tagen. Die erste Nahrung muß sehr klein sein.

Aquarieneinrichtung
Bepflanztes, alteingerichtetes Becken mit leichter Filterung und Sandboden sowie einigen Steinen und Wurzeln, damit die Fische ein Revier abgrenzen können.

Enneacanthus chaetodon
(Baird, 1854)

4-20 °C 10 cm

Scheibenbarsch
Familie: **Centrarchidae**
Verbreitung: New York, New Jersey, Maryland (USA)
Größe: 10 cm
Futter: **Fleischfresser.** Bevorzugt kleines Lebendfutter
Temperaturbereich: 4-20 °C
pH: 7,0 dH: 10-20°

Ein sehr ruhiger und friedlicher Fisch aus langsamfließenden Gewässern, der mit ähnlich veranlagten Fischen vergesellschaftet werden sollte. Halten Sie einen kleinen Schwarm, in dem sich die Zuchtpaare selbst finden können. Die Tiere benötigen viel kleines Lebendfutter; Trocken- und Gefrierfutter wird nur selten genommen.

Zucht
Das Männchen fächelt eine Laichgrube aus und bewacht Eier und Jungfische.

Aquarieneinrichtung
Bepflanztes Becken mit feinem Sand, sauberem, klarem, gut durchlüftetem Wasser sowie Holz und Steinen, die von den Tieren zur Revierabgrenzung verwendet werden können. Die Fische reagieren empfindlich auf jede Verschlechterung der Wasserqualität, größere Wasserwechsel, Chemikalien und Temperaturschwankungen.

Enneacanthus gloriosus

(Holbrock, 1855)

10-20 °C 8 cm

Kiemenfleck-Diamantbarsch
Familie: **Centrarchidae**
Verbreitung: Osten der USA, von New York bis Florida
Größe: 8 cm
Futter: **Allesfresser.** Lebend-, Trocken- und Gefrierfutter
Temperaturbereich: 10-20 °C
pH: 7,0-7,5 dH: bis 10°

Ein Schwarmfisch, der nur zur Laichzeit aggressiv ist. Dann werden allerdings alle anderen Fische attackiert. Die Tiere haben einen schwarzen Fleck auf den Kiemendeckeln; die dunklen Binden auf dem Körper verblassen im Alter. Die Fische sind empfindlich gegenüber Änderungen des pH-Werts, vor allem bei einem Wechsel von sauer zu alkalisch. Sie werden dann häufig sehr anfällig für Pilzinfektionen, so daß man mit Wasserwechseln vorsichtig sein sollte.

Zucht

Die Eier werden in Gruben abgelegt und – ebenso wie die Jungfische – vom Männchen bewacht. Kühlere Temperaturen im Winter können das Ablaichen anregen.

Aquarieneinrichtung

Dicht bepflanztes Becken mit einem Bodengrund aus feinem Kies oder grobem Sand, vielen Verstecken und einer sehr guten Filteranlage, um die benötigte Wasserqualität sicherzustellen.

Enneacanthus obesus

(Girard, 1854)

10-20 °C 10 cm

Diamantbarsch
Familie: **Centrarchidae**
Verbreitung: Ostküste der USA, von Neuengland bis Florida
Größe: 10 cm
Futter: **Allesfresser.** Lebend-, Trocken- und Gefrierfutter
Temperaturbereich: 10-20 °C
pH: 7,0-7,5 dH: bis 12°

Ein Schwarmfisch, obwohl die Männchen – besonders zur Laichzeit – Reviere bilden. Die Tiere vergraben sich manchmal im Boden, so daß nur noch die Augen zu sehen sind. Auf Änderungen des pH-Werts reagieren sie empfindlich, so daß man bei einem Wasserwechsel oder beim Umsetzen der Fische vorsichtig sein muß.

Zucht

Die Eier werden in Gruben abgelegt; das Männchen übernimmt die Brutpflege und kümmert sich um Laich und Jungtiere.

Aquarieneinrichtung

Dicht bepflanztes, alteingerichtetes Becken mit Steinen, Holz und einer guten Filteranlage zum Erhalt der Wasserqualität.

Lepomis cyanellus

Rafinesque, 1819

15-22 °C 20 cm

Grüner Sonnenbarsch, Grasbarsch
Familie: **Centrarchidae**
Verbreitung: Kanada bis Mexiko, östlich der Rocky Mountains (USA)
Größe: 20 cm
Futter: **Allesfresser.** Lebend-, Trocken- und Gefrierfutter
Temperaturbereich: 15-22 °C
pH: 7,0-7,5 dH: bis 15°

Ein außerhalb der Laichzeit friedlicher Fisch, der gut mit Fischen von ähnlichem Verhalten vergesellschaftet werden kann. Die Art bevorzugt wärmere Bedingungen als die meisten anderen Sonnenbarsche, kann aber ebenfalls bei 10 °C überwintert werden und sogar Temperaturen von 4 °C überstehen.

Zucht

Die Eier werden in Gruben abgelegt. Das Männchen bewacht Laich und Jungfische.

Aquarieneinrichtung

Bepflanztes Aquarium mit einigen offenen Schwimmbereichen, Kiesboden und einer effizienten Filteranlage, um eine gute Wasserqualität sicherzustellen.

Lepomis gibbosus

(Linnaeus, 1758)

5-21 °C 20 cm

Gemeiner Sonnenbarsch, Kürbiskernbarsch
Familie: **Centrarchidae**
Verbreitung: Von den Großen Seen bis nach Neuengland im Osten sowie Texas und Florida im Süden (USA)
Größe: 20 cm
Futter: **Fleischfresser.** Lebendfutter, nimmt aber auch Gefrier- und Trockenfutter
Temperaturbereich: 5-21 °C
pH: 7,0-7,5 dH: bis 15°

Dieser große Fisch benötigt eine Menge Platz, besonders zur Laichzeit, in der er oft unverträglich wird. Sonst verhält er sich gegenüber Artgenossen und den meisten anderen Fischen friedlich. Zur Zucht sollten Sie die Tiere bei niedrigen Temperaturen (10 °C oder weniger) überwintern.

Zucht

Die Männchen graben eine große Mulde von 25 bis 30 cm und bewachen später Eier und Jungfische. Entfernen Sie das Weibchen nach dem Ablaichen, da es sonst sogar getötet werden kann.

Aquarieneinrichtung

Dicht bepflanztes, sehr gut gefiltertes Becken mit Kiesboden und offenem Schwimmraum.

Lepomis macrochirus

Rafinesque, 1819

Blauer Sonnenbarsch
Familie: **Centrarchidae**
Verbreitung: Ohio-Valley und südwärts bis Arkansas und Kentucky (USA)
Größe: 13 cm
Futter: **Fleischfresser.** Lebendfutter
Temperaturbereich: 4-21 °C
pH: 7,0-7,5 dH: bis 15°

Diese seltene, außerhalb der Laichzeit friedliche Art fällt vor allem durch ihre stahlblaue Färbung auf. Die Tiere lassen sich nur selten an Trocken- oder Gefrierfutter gewöhnen.

Zucht
Nicht bekannt.

Aquarieneinrichtung
Ideal ist ein Becken, wie es für *L. gibbosus* beschrieben wurde.

4-21 °C 13 cm

Lepomis megalotis

(Rafinesque, 1820)

10-20 °C 23 cm

Großohriger Sonnenbarsch
Familie: **Centrarchidae**
Verbreitung: USA; südliches Quebec und Manitoba bis zum Mündungsgebiet des Mississippi und zur Golfküste
Größe: 23 cm
Futter: **Fleischfresser.** Kleine Wirbellose, Krebse und Fische
Temperaturbereich: 10-20 °C
pH: 6,5-7,5 dH: bis 12°

Eine farbenfrohe Art, die sich – ausreichend Platz vorausgesetzt – gut in einem Aquarium eingewöhnen läßt. Jungfische sind untereinander friedlich, während ältere Tiere oft etwas unverträglich werden. In seiner Heimat wird dieser Fisch von Anglern sehr geschätzt, so daß man ihn vielerorts ausgewildert hat.

Zucht
Die Laichzeit fällt in den Frühsommer. Die Männchen heben eine Grube aus und bewachen Eier und Jungfische.

Aquarieneinrichtung
Großes, gut gefiltertes Becken mit Kiesboden sowie Steinen, Holz und Pflanzendickichten.

Neoceratodus forsteri

(Krefft, 1870)

Australischer Lungenfisch
Familie: **Ceratodontidae**
Verbreitung: Queensland (Australien)
Größe: 180 cm
Futter: **Fleischfresser.** Fische und Wirbellose, aber auch Fleisch- und Fischbrocken
Temperaturbereich: 22-28 °C
pH: 7,0 dH: bis 15°

Ein beeindruckender Fisch, der in seiner Heimat unter Schutz steht, so daß er selten zum Kauf angeboten wird. In öffentlichen Schauaquarien ist er aber häufig zu finden. Für ein Aquarium sind nur junge Exemplare geeignet. Im Gegensatz zu den afrikanischen, asiatischen und südamerikanischen Lungenfischen ist die Lungenatmung nur schwach entwickelt. So gräbt sich *N. forsteri* bei Trockenheit auch nicht zum Überleben in Schlamm ein, sondern stirbt, wenn seine Gewässer austrocknen.

Zucht
Berichten zufolge sollen die Fische in der Natur ihre etwa 7 mm großen, mit einer Gallertschicht umgebenen Eier – ähnlich dem Froschlaich – auf Wasserpflanzen ablegen. Beim Schlüpfen haben die Jungfische keine äußeren Kiemen.

22-28 °C 180 cm

Aquarieneinrichtung
Sehr großes Becken mit Kiesboden und einer sehr guten Filteranlage. Zur Dekoration sollten Sie große Steine ohne scharfe Kanten oder Holz verwenden.

Pomoxis nigromaculatus

(LeSueur in Cuvier und Valenciennes, 1829)

Deutscher Name ist nicht bekannt
Familie: **Centrarchidae**
Verbreitung: Östliches und mittleres Nordamerika
Größe: 40 cm
Futter: **Fleischfresser.** Kleine Wirbellose, Algen
Temperaturbereich: 10-20 °C
pH: 6,5-7,5 dH: bis 12°

Jungfische sind meist friedlich und daher für Aquarien geeignet. Sie werden mit Krebsen und anderen Wirbellosen gefüttert, mit zunehmendem Alter benötigen sie Fische. Sie fressen zu jeder Tageszeit, am aktivsten sind sie in der Dämmerung.

Zucht
Die Laichzeit fällt in den Frühsommer. Die Männchen heben eine Grube aus und bewachen Eier und Jungfische.

Aquarieneinrichtung
Geräumiges Becken mit effizienter Filterung, Kiesboden sowie Steinen und Pflanzendickichten.

10-20 °C | 40 cm

Chanda commersonii

(Cuvier und Valenciennes, 1828)

Commersons Glasbarsch
Familie: **Chandidae**
Verbreitung: Afrika, Asien, Nordaustralien
Größe: 10 cm
Futter: **Fleischfresser.** Überwiegend Lebendfutter, Trockenfutter wird nur widerwillig genommen
Temperaturbereich: 22-26 °C
pH: 7,0-8,0 dH: bis 20°

Diese friedlichen Schwarmfische hält man am besten in einem Brackwasser-Artenbecken oder mit anderen Vertretern derselben Gattung. Bei den Männchen haben Rücken- und Schwanzflosse eine schwarze Spitze. Die Art unterscheidet sich von *C. ranga* durch den längeren Körper und die niedrigere Zahl von Weichstrahlen in der Rücken- und Afterflosse.

Zucht
Zur Vermehrung sollten die Fische eine Zeitlang in Meerwasser gehalten werden, dessen Salzgehalt langsam verringert wird. Die Zahl der kleinen Eier ist sehr groß. Jungfische füttert man mit *Artemia*-Nauplien.

Aquarieneinrichtung
Sehr gut gefiltertes Becken mit Brack- oder sogar Meerwasser sowie zahlreichen Wurzeln, Steinen und anderen Verstecken.

22-26 °C | 10 cm

Chanda ranga

(Hamilton-Buchanan, 1822)

Indischer Glasbarsch
Familie: **Chandidae**
Verbreitung: Indien, Birma, Thailand
Größe: 8 cm
Futter: **Fleischfresser.** Kleines Lebendfutter aller Art
Temperaturbereich: 20-30 °C
pH: 7,0 dH: bis 12°

Eine sehr friedliche Art, die revierbildend sein kann und in einem Artenbecken am besten aufgehoben ist, auch wenn sie sich mit kleinen, friedfertigen Fischen vergesellschaften läßt. Die Tiere nehmen zwar Trockenfutter, können damit allein aber nicht auskommen, sondern benötigen hauptsächlich Lebendfutter.

20-30 °C | 8 cm

Zucht
Durch eine Erhöhung der Temperatur, Wasserwechsel und Morgensonne läßt sich die Laichbereitschaft verbessern. Die Eier werden zwischen Pflanzen abgelegt; die Jungfische schlüpfen nach etwa 24 Stunden. Ihre Aufzucht ist schwierig.

Aquarieneinrichtung
Dicht bepflanztes, alteingerichtetes Becken mit vielen Versteckmöglichkeiten und leichter Filterung.

CHANDA WOLFFII

(BLEEKER, 1851)

Wolffs Glasbarsch
Familie: **Chandidae**
Verbreitung: Thailand, Sumatra, Borneo
Größe: 20 cm, im Aquarium meist nicht mehr als 8 cm
Futter: **Fleischfresser.** Hauptsächlich Lebendfutter
Temperaturbereich: 18-24 °C
pH: 7,0-7,5 dH: bis 12°

Revierbildende Art, die aber mit anderen Fischen ähnlicher Größe vergesellschaftet werden kann. Halten Sie einen Schwarm, und füttern Sie Lebendfutter. Die Tiere nehmen zwar Trockenfutter, können aber davon allein nicht leben.

Zucht
Nicht bekannt.

Aquarieneinrichtung
Entspricht den Angaben bei *C. ranga*.

18-24 °C 20 cm

CHANNA ARGUS

(CANTOR, 1842)

Amur-Schlangenkopf
Familie: **Channidae**
Verbreitung: China
Größe: 100 cm
Futter: **Fleischfresser.** Lebendfutter und Fleischbrocken
Temperaturbereich: 15-22 °C
pH: 7,0 dH: bis 12°

Ein Fisch, der sehr groß wird und daher am besten allein oder mit Fischen ähnlicher Größe in einem geräumigen Becken mit effizienter Filteranlage gehalten wird.

Zucht
In der Natur bauen die Tiere angeblich ein Nest, das vom Männchen bewacht wird. Die Jungfische schlüpfen in warmem Wasser (23 bis 25 °C) nach etwa 36 Stunden. Sobald die Jungen frei schwimmen, endet die Brutpflege des Männchens.

15-22 °C 100 cm

Aquarieneinrichtung
Großes, gut gefiltertes Becken mit Holz, Steinen, robusten Pflanzen und viel freiem Schwimmraum. Sorgen Sie außerdem für eine schwere Abdeckung.

CHANNA MARULIA

(HAMILTON, 1822)

Deutscher Name ist nicht bekannt
Familie: **Channidae**
Verbreitung: Indien bis Südchina
Größe: 100 cm
Futter: **Fleischfresser.** Hauptsächlich lebende Fische, nimmt aber auch Fleischbrocken
Temperaturbereich: 24-28 °C
pH: 6,5-7,5 dH: bis 15°

Gefräßige, aber friedliche Art, die mit Fischen ähnlicher Größe vergesellschaftet werden kann. Die großen und kräftigen Tiere springen bei der leichtesten Störung. In ihrer Heimat sind sie sehr geschätzte Speisefische.

Zucht
Nicht bekannt.

Aquarieneinrichtung
Großes, gut gefiltertes und bepflanztes Becken mit Verstecken und einer schweren Abdeckung.

24-28 °C 100 cm

Channa micropeltes

(Cuvier und Valenciennes, 1831)

Deutscher Name ist nicht bekannt

Familie: **Channidae**

Verbreitung: Indien, Birma, Thailand, Vietnam, Malaysia

Größe: 100 cm

Futter: **Fleischfresser.** Hauptsächlich lebende Fische, aber auch Fleischbrocken

Temperaturbereich: 25-28 °C

pH: 6,5-7,5 dH: bis 15°

Diese wärmebedürftige Art ist bezüglich der Wasserqualität relativ anspruchslos, verträgt aber keine niedrigen Temperaturen. Sorgen Sie für ausreichend Nahrung, überfüttern Sie die Tiere aber nicht.

Zucht

In Aquarien wenig wahrscheinlich.

25-28 °C 100 cm

Aquarieneinrichtung

Großes Aquarium mit einer der Größe entsprechenden, sehr effizienten Filteranlage. Sorgen Sie zudem für Verstecke aus Holz und Pflanzen, darunter einige Schwimmpflanzen, sowie für eine gute Abdeckung.

Channa obscura

(Günther, 1861)

Dunkelbäuchiger Schlangenkopf

Familie: **Channidae**

Verbreitung: West- und Zentralafrika

Größe: 35 cm

Futter: **Fleischfresser.** Hauptsächlich lebende Fische, selten Fleischbrocken

Temperaturbereich: 26-28 °C

pH: 6,5-7,5 dH: bis 15°

Eine sehr schwierige Art, die unbedingt allein gehalten werden muß, da die Tiere Kannibalen sind. Weibchen wirken zur Laichzeit etwas rundlicher.

Zucht

Die bis zu 3.000 Eier und die Jungfische werden vom Männchen bewacht. Auch die Jungen fressen sich gegenseitig.

Aquarieneinrichtung

Gut gefiltertes Aquarium mit Pflanzen und Holz zum Verstecken. Wichtig ist außerdem eine gute Abdeckung.

26-28 °C 35 cm

Channa orientalis

Bloch und Schneider, 1801

23-26 °C 30 cm

Deutscher Name ist nicht bekannt

Familie: **Channidae**

Verbreitung: Sri Lanka, Afghanistan, China

Größe: 30 cm, meist aber nur 15-20 cm

Futter: **Fleischfresser.** Lebendfutter – Insektenlarven, Würmer, Fische usw.

Temperaturbereich: 23-26 °C

pH: 6,5-7,5 dH: bis 18°

Ein Schlangenkopffisch, der klein genug für die Vermehrung im Aquarium ist. Die Tiere können sogar handzahm werden. In der Sri Lanka-Population gibt es Tiere mit und ohne Bauchflossen.

Zucht

Die Paarung erinnert in ihrer Art an die der Labyrinthfische. Die Eier steigen nach der Befruchtung zur Oberfläche und werden dort vom Männchen im Maul gesammelt. Die Brutdauer ist unterschiedlich: Die Fische mit Bauchflossen behalten die Eier drei bis vier Tage im Maul, und sie erbrüten bis zu 200 Jungfische. Bei Fischen ohne Bauchflossen sind es neun bis zehn Tage mit maximal 40 Nachkommen.

Aquarieneinrichtung

Dicht bepflanztes, leicht gefiltertes Becken mit zahlreichen Verstecken. Da die Fische springen, ist eine gute Abdeckung erforderlich.

Channa striata

(Bloch, 1797)

23-27 °C 90 cm

Quergestreifter Schlangenkopf
Familie: **Channidae**
Verbreitung: Sri Lanka, Thailand über die Philippinen bis zu den Molukken
Größe: 90 cm
Futter: **Fleischfresser.** Überwiegend Lebendfutter
Temperaturbereich: 23-27 °C
pH: 7,0-8,0 dH: bis 10°

Ein sehr gefräßiges Tier, das jeden Fisch verschlingt, der in sein Maul paßt. Seine Herkunftsgebiete sind weit verbreitet. Man hat die Tiere z. B. auch auf Hawaii ausgesetzt, wo sie sich gut eingewöhnt haben. In ihrer Heimat gelten sie überall als wichtige Speisefische. Solange ihre Haut feucht bleibt, können sie – in Sumpflöchern eingegraben – selbst Trockenzeiten überleben.

Zucht

Das Männchen bewacht die an der Oberfläche treibenden Eier und die Jungfische. Später fressen die Eltern oft ihre Jungen.

Aquarieneinrichtung

Sehr dicht bepflanztes Becken mit feinem Bodengrund und effizienter Filterung, da die Tiere sehr viel Schmutz produzieren.

Alosa pseudoharengus

(Wilson, ca. 1811)

10-20 °C 38 cm

Amerikanische Alse
Familie: **Clupeidae**
Verbreitung: Ostküste der USA bis zu den Großen Seen Nordamerikas
Größe: 38 cm
Futter: **Fleischfresser.** Kleine Wirbellose, Plankton
Temperaturbereich: 10-20 °C
pH: 6,5-8,5 dH: bis 20°

Diese zur Familie der Heringe gehörende Art kommt in Meer-, Brack- und Süßwasser vor. Es handelt sich um aktive Schwarmfische, die jung auch im Aquarium gehalten werden können. Die Bedingungen für die Haltung richten sich nach dem jeweiligen Herkunftsort. Einige Populationen haben sich inzwischen so sehr an das Süßwasser angepaßt, daß sie nicht mehr ins Meer wandern.

Zucht

Die Populationen aus den Großen Seen vermehren sich auch dort; die aus dem Meer und Brackwasser stammenden wandern zum Laichen in Flüsse.

Aquarieneinrichtung

Geräumiges, gut gefiltertes Becken mit Kiesboden und Steinen. Der Salzgehalt muß dem jeweiligen Einzelfall angepaßt werden. Sorgen Sie außerdem für eine gute Abdeckung.

Cottus gobio

Linnaeus, 1758

Groppe, Mühlkoppe
Familie: **Cottidae**
Verbreitung: Europa
Größe: 15 cm
Futter: **Allesfresser.** Kleine Wirbellose, nimmt im Aquarium problemlos Trocken-, Gefrier- und Lebendfutter
Temperaturbereich: 10-20 °C
pH: 7,0-7,5 dH: bis 10°

Ein Bodenfisch aus sauerstoffreichen Gewässern, der sich gut an ein Leben im Aquarium gewöhnt und sich dort auch fortpflanzt. Die Tiere betreiben Brutpflege (Vaterfamilie). Bei Fischzüchtern ist die Mühlkoppe sehr unbeliebt, da sie Forelleneier und -brut frißt.

Zucht

Die Eier werden von Frühjahr bis Frühsommer in ein Nest gelegt, das sich zumeist unter einem flachen Stein in seichtem Wasser befindet.

Aquarieneinrichtung

Alteingerichtetes Becken mit einem Boden aus Sand und feinem Kies sowie einigen flachen Steinen. Achten Sie auf gute Wasserqualität.

10-20 °C 15 cm

Electrophorus electricus
(Linnaeus, 1766)

Zitteraal
Familie: **Electrophoridae**
Verbreitung: Amazonas, Brasilien, Peru, Venezuela, Guayana
Größe: 230 cm
Futter: **Fleischfresser.** Fische, nimmt auch Fleischbrocken
Temperaturbereich: 23-27 °C
pH: 6,5-7,5 dH: bis 15°

Ein nicht ungefährlicher Fisch, da Stromschläge ausgewachsener Exemplare sogar ein Pferd lähmen können. Die Tiere, die man nicht mit anderen Arten vergesellschaften sollte, werden oft sehr zutraulich und lassen sich sogar von Hand füttern – auch wenn dies dennoch nicht unbedingt zu empfehlen ist. Jungtiere sind gegenüber Artgenossen häufig unverträglich, ausgewachsene Tiere verhalten sich friedlich.

23-27 °C 230 cm

Zucht
Nicht bekannt.

Aquarieneinrichtung
Geräumiges Becken mit Wurzeln und großen Steinen zum Verstecken, einer guten Filterung und gedämpfter Beleuchtung.

Butis butis
(Hamilton, 1822)

Spitzkopfgrundel
Familie: **Eleotridae**
Verbreitung: Indopazifischer Raum
Größe: 15 cm
Futter: **Fleischfresser.** Lebendfutter
Temperaturbereich: 22-28 °C
pH: 7,0-8,0 dH: bis 20°

Diese räuberische Art kommt in der Dämmerung oder nachts heraus, um im Aquarium nach Beute zu suchen. Sorgen Sie für sehr viel Lebendfutter. Je nach Herkunft benötigen die Fische ein Becken mit Süß-, Brack- oder Meerwasser. Bei langsamer Eingewöhnung passen sich die Tiere aber an die jeweils anderen Bedingungen an. Die Art hat die befremdliche Angewohnheit, sich mit dem Bauch nach oben wie tot auf dem Wasser treiben zu lassen. Der Grund dafür ist unbekannt. Halten Sie die Tiere möglichst in einem Artenaquarium.

22-28 °C 15 cm

Zucht
Nicht bekannt.

Aquarieneinrichtung
Geräumiges Becken mit Steinen, Holz und Pflanzen zum Verstecken. Sorgen Sie für eine gute Filteranlage, damit das Wasser sauerstoffreich genug ist.

Dormitator maculatus
(Bloch, 1785)

Gefleckte Schläfergrundel
Familie: **Eleotridae**
Verbreitung: Atlantikküste des tropischen Südamerika
Größe: 25 cm
Futter: **Fleischfresser.** Lebend- und Gefrierfutter
Temperaturbereich: 22-24 °C
pH: 7,5-8,5 dH: bis 25°

Eine sehr räuberische Art, die ausschließlich in einem Artenbecken mit Brackwasser gehalten werden sollte. Männchen sind dunkler und stärker gefleckt als die Weibchen.

Zucht
Die Eier werden in Reihen auf einer glatten Unterlage, etwa einem Stein, abgelegt. Die Jungfische schlüpfen nach 24 Stunden und wachsen schnell.

Aquarieneinrichtung
Gut gefiltertes Becken mit Sandboden, da die Tiere gern wühlen, und zahlreichen Höhlen zum Verstecken. Sorgen Sie außerdem für regelmäßige Wasserwechsel.

22-24 °C 25 cm

Hypseleotris compressa

(Krefft, 1864)

Australische Kärpflingsgrundel, Australische Schäfergrundel
Familie: **Eleotridae**
Verbreitung: Australien und Neuguinea
Größe: 11 cm
Futter: **Allesfresser.** Lebend-, Trocken- und Gefrierfutter
Temperaturbereich: 12-28 °C
pH: 7,0 dH: bis 15°

Eine anspruchslose Art, die zur Laichzeit sehr attraktiv wirkt. Männchen sind stärker gefärbt als Weibchen. Man kann die Tiere in Brack- und Süßwasser halten; ein Wechsel sollte aber schrittweise erfolgen.

Zucht

Im Aquarium bereits gelungen. Probleme ergeben sich allerdings bei der Fütterung der ausgesprochen kleinen Jungfische. Eine Möglichkeit besteht eventuell in der Zugabe von Algenwasser.

Aquarieneinrichtung

Gut gefiltertes, bepflanztes Becken mit Steinen.

12-28 °C 11 cm

Mogurnda mogurnda

(Richardson, 1844)

Tüpfelgrundel
Familie: **Eleotridae**
Verbreitung: Australien, Neuguinea
Größe: 17 cm
Futter: **Allesfresser.** Lebend-, Trocken- und Gefrierfutter
Temperaturbereich: 24-26 °C
pH: 7,0 dH: bis 8°

Diese kleinen, revierbildenden Fische können untereinander recht aggressiv sein.

24-26 °C 17 cm

Daher sollte stets eine Gruppe gehalten werden, weil sich die Streitigkeiten dann besser verteilen. Männchen sind normalerweise kleiner als Weibchen.

Zucht

Die Eier werden an eine Höhlendecke geheftet und vom Männchen bewacht. Die Jungfische schlüpfen nach etwa drei Tagen. Auch sie werden, bis sie frei schwimmen, vom Männchen betreut. Gefüttert wird mit *Artemia*-Nauplien.

Aquarieneinrichtung

Gut gefiltertes Becken mit feinem Bodengrund sowie Holz, Steinen und Pflanzen, die Höhlen bilden und Schutz bieten.

Oxyeleotris marmoratus

(Bleeker, 1853)

Marmorgrundel
Familie: **Eleotridae**
Verbreitung: Südostasien
Größe: 50 cm
Futter: **Fleischfresser.** Nahezu alles, aber überwiegend Lebendfutter
Temperaturbereich: 22-27 °C
pH: 7,0 dH: bis 15°

Ein Raubfisch, der sich die meiste Zeit des Tages in Höhlen und Spalten versteckt oder im Bodengrund eingräbt. Er kann mit Fischen von ähnlicher Größe vergesellschaftet werden. Die Männchen haben eine höhere zweite Rückenflosse, eine längere Afterflosse und eine kegelförmige Genitalpapille; die der eintöniger gefärbten Weibchen ist zylindrisch.

22-27 °C 50 cm

Zucht

Nicht bekannt.

Aquarieneinrichtung

Gut bepflanztes Becken mit zahlreichen Verstecken, weichem Bodengrund, gedämpfter Beleuchtung und einer effizienten Filteranlage, die aber nur eine sehr leichte Strömung erzeugen sollte.

TATEURNDINA OCELLICAUDA

NICHOLS, 1955

22-26 °C   7,5 cm

Pastellgrundel, Schwanzfleck-Schläfergrundel
Familie: **Eleotridae**
Verbreitung: Neuguinea
Größe: 7,5 cm
Futter: **Allesfresser.** Kleine Wirbellose, Trocken- und Gefrierfutter
Temperaturbereich: 22-26 °C
pH: 7,0 dH: bis 8°

Eine Art aus Flüssen und Teichen mit weichem Wasser, die dank ihrer schönen Färbung und friedlichen Veranlagung sehr gut für ein Gesellschaftsbecken geeignet ist. Es handelt sich um eine der kleinsten Schläfergrundeln. Die Männchen haben eine gerade Bauchlinie sowie hellere Bauch- und Afterflossen. Die Weibchen sind zur Laichzeit rundlicher mit einem gelben Bauch; außerdem sind Rücken- und Afterflossen kräftiger gelb gesäumt.

Zucht

Das Zuchtpaar säubert gemeinsam einen Laichplatz, etwa eine Höhle oder Spalte. Das Männchen betreut das Gelege. Die Jungfische lassen sich mit frisch geschlüpften *Artemia*-Nauplien aufziehen.

Aquarieneinrichtung

Dicht bepflanztes, gut gefiltertes Gesellschaftsbecken mit friedlichen Fischen und zahlreichen Verstecken.

ESOX AMERICANUS

GMELIN, 1788

Deutscher Name ist nicht bekannt
Familie: **Esocidae**
Verbreitung: Östliches und zentrales Nordamerika
Größe: 60 cm
Futter: **Fleischfresser.** Hauptsächlich Fische
Temperaturbereich: 10-20 °C
pH: 6,5-7,5 dH: bis 12°

Ein räuberischer Einzelgänger, der zwischen Pflanzen auf Beute lauert. Kleine Exemplare lassen sich mit anderen Fischen vergesellschaften, sofern diese groß genug sind, um nicht als Beute in Frage zu kommen.

Zucht

Laicht im Frühjahr zwischen Pflanzen.

Aquarieneinrichtung

Großes, leicht gefiltertes Becken mit Pflanzendickichten und einer guten Abdeckung, da verängstigte Fische oft springen.

10-20 °C   60 cm

ESOX NIGER

LESUEUR, 1818

Amerikanischer Hecht
Familie: **Esocidae**
Verbreitung: Östliches Nordamerika von Nova Scotia über New Brunswick, Maine, New York und im Süden bis zu den Golfstaaten und zum Mississippi
Größe: 80 cm
Futter: **Fleischfresser.** Hauptsächlich Fische
Temperaturbereich: 10-20 °C
pH: 6,5-7,5 dH: bis 12°

Ein Raubfisch, von dem nur junge Exemplare im Aquarium gehalten werden können – aber nur zusammen mit Fischen, die keine Beutegröße aufweisen! Die Tiere lauern die meiste Zeit zwischen Pflanzen, um sich dann auf ihr Opfer zu stürzen. Sie bevorzugen Lebendfutter, sind aber an Fisch- oder Fleischbrocken zu gewöhnen.

Zucht

Das Ablaichen erfolgt im Frühjahr und Frühsommer zwischen Pflanzen.

Aquarieneinrichtung

Sehr großes, leicht gefiltertes Becken mit Pflanzendickichten.

10-20 °C   80 cm

Gasterosteus aculeatus

Linnaeus, 1758

Dreistachliger Stichling

Familie: **Gasterosteidae**

Verbreitung: Europa, Nordasien, Nordamerika

Größe: 12 cm

Futter: **Fleischfresser.** Kleine Wirbellose, nimmt manchmal Trockenfutter

Temperaturbereich: 4-18 °C

pH: 6,5-7,5 dH: bis 15°

Ein Schwarmfisch, der in Brack- und Süßwasser vorkommt, und dessen Haltung sich schon wegen seines Fortpflanzungsverhaltens lohnt. Zur Laichzeit sind die Männchen stärker gefärbt. Sie haben dann einen roten Bauch und eine blaugrüne Oberseite, während der Bauch der grüngrauen Weibchen silbrig schimmert. Die Männchen bilden in dieser Zeit Reviere, die auch verteidigt werden, so daß das Becken groß genug sein muß, um jedem Männchen ein Territorium zu bieten. Halten Sie mehrere Weibchen mit einem Männchen.

4-18 °C 12 cm

Zucht

Halten Sie das Becken im Winter kühl, wenn Sie diese Fische vermehren wollen. Die Männchen bauen in ihrem Revier ein bodennahes Nest aus Pflanzenmaterial und locken ein Weibchen hinein. Dieses laicht ab und verläßt das Nest am anderen Ende, während das ihr folgende Männchen die Eier befruchtet. Der Vorgang wiederholt sich zumeist mit mehreren Weibchen, bis sich etwa 50 Eier im Nest befinden. Danach bewacht das Männchen Eier und Jungfische.

Aquarieneinrichtung

Dicht bepflanztes und gut gefiltertes Becken mit zahlreichen Verstecken und Dekorationsgegenständen, an denen die Fische Reviere abgrenzen können.

Pungitius pungitius

(Linnaeus, 1758)

10-18 °C 7 cm

Neunstachliger Stichling, Zwergstichling

Familie: **Gasterosteidae**

Verbreitung: Europa, Nordamerika, Nordasien

Größe: 7 cm

Futter: **Fleischfresser.** Kleine Wirbellose, Trockenfutter wird nur selten angenommen

Temperaturbereich: 10-18 °C

pH: 6,5-7,5 dH: bis 18°

Ein Schwarmfisch, der ein ähnliches Verhalten zeigt wie der Dreistachlige Stichling. Die Männchen sind zur Laichzeit stärker gefärbt. Sie haben dann eine schwarze Kehle und orangerote Bauchflossen. Halten Sie ein Männchen mit mehreren Weibchen.

Zucht

Wie beim Dreistachligen Stichling, allerdings befindet sich das Nest nicht auf dem Boden, sondern in einiger Höhe zwischen Pflanzen.

Aquarieneinrichtung

Dicht bepflanztes, gut gefiltertes Aquarium mit zahlreichen Verstecken.

Brachygobius xanthozona

(Bleeker, 1849)

Goldringelgrundel

Familie: **Gobiidae**

Verbreitung: Thailand, Südvietnam

Größe: 4,5 cm

Futter: **Fleischfresser.** Kleines Lebendfutter aller Art

Temperaturbereich: 25-30 °C

pH: 7,5-8,5 dH: 15-30°

Dieser Fisch wird oft für Gesellschaftsbecken verkauft, obwohl er eigentlich im Artenaquarium gehalten werden sollte, in dem die Wasserqualität auf seine Bedürfnisse abgestimmt ist. Die Tiere fühlen sich in sehr hartem, alkalischem Wasser mit ein wenig Meersalzzusatz am wohlsten, Bedingungen also, unter denen nur wenige andere Arten leben können. Mit diesen können die Grundeln allerdings gut vergesellschaftet werden. Die Fütterung kann Probleme bereiten, da die Tiere oft kein Trockenfutter annehmen. Zur Laichzeit sind die Weibchen rundlicher, außerdem ist die Legeröhre zu erkennen.

25-30 °C 4,5 cm

Zucht

Die Eier werden in Höhlen oder unter Steinen abgelegt und, ebenso wie die nach etwa vier Tagen schlüpfenden Jungfische, vom Männchen bewacht.

Aquarieneinrichtung

Vorzugsweise ein gut gefiltertes Artenbecken mit zahlreichen Verstecken aus Holz und Steinen sowie einigen Pflanzen.

PERIOPHTHALMUS BARBARUS

(LINNAEUS, 1766)

Schlammspringer
Familie: **Gobiidae**
Verbreitung: Afrika, Madagaskar, Südostasien, Australien
Größe: 15 cm
Futter: **Fleischfresser.** Lebendfutter, etwa Würmer
Temperaturbereich: 25-30 °C
pH: 8,0-8,5 dH: bis 25°

Eine Brackwasser-Art, die aus der Uferzone von Mangrovensümpfen stammt und daher die Möglichkeit haben muß, das Wasser zu verlassen. Die revierbildenden Tiere werden besser im Artenbecken gehalten.

Zucht
Nicht bekannt.

Aquarieneinrichtung
Versuchen Sie, einen Mangrovensumpf nachzubilden: Eine Uferzone aus feinem Sand, auf die der Fisch kriechen kann, einige Baumwurzeln und sehr hohe Luftfeuchtigkeit.

25-30 °C

15 cm

PERIOPHTHALMUS PAPILIO

BLOCH UND SCHNEIDER, 1801

Schmetterlings-Schlammspringer
Familie: **Gobiidae**
Verbreitung: Westafrika
Größe: 25 cm
Futter: **Fleischfresser.** Lebendfutter, vorzugsweise Würmer
Temperaturbereich: 26-30 °C
pH: 7,0-8,0 dH: bis 20°

Ein revierbildender Brackwasserfisch, der im Artenbecken gehalten werden sollte. Die Tiere müssen das Wasser verlassen können, um sich auf einer Schlammbank oder einer Wurzel auszuruhen. Ihr natürlicher Lebensraum sind Mangrovensümpfe.

Zucht
Nicht bekannt.

Aquarieneinrichtung
Versuchen Sie, den Uferbereich eines Mangrovensumpfes nachzubilden, mit einem Strandbereich, an dem die Fische aus dem Wasser kriechen können. Als Bodengrund ist Sand oder Schlamm geeignet, außerdem sollte das gut gefilterte Becken einige aus dem Wasser ragende Wurzeln enthalten.

26-30 °C

25 cm

STIPHODON ELEGANS

(STEINDACHNER, 1879)

24-27 °C

4,5 cm

Neongrundel, Leuchtgobius
Familie: **Gobiidae**
Verbreitung: Südostasien
Größe: 4,5 cm
Futter: **Allesfresser.** Trocken-, Gefrier- und Lebendfutter, aber auch pflanzliche Kost, vor allem Algen
Temperaturbereich: 24-27 °C
pH: 7,0 dH: bis 12°

An seinem Äußeren kann man die Herkunft dieses Fisches bereits erkennen: Schnellfließende Gewässer, in denen er sich mit seinen zu einem Haftorgan verwachsenen Bauchflossen am Untergrund festsaugt, um nicht von der starken Strömung mitgerissen zu werden. Die Schwimmblase ist nur schwach entwickelt. Die Tiere, die mit anderen kleinen, friedlichen Fischen vergesellschaftet werden können, sind auch im Aquarium sehr aktiv, ruhen aber oft auch auf Blättern oder Steinen.

Zucht
Die Art ist mit geringem Erfolg nachgezüchtet worden. Einzelheiten sind nicht bekannt.

Aquarieneinrichtung
Bepflanztes Aquarium mit Sandboden, einigen kleinen Steinen und einer sehr effizienten Filteranlage, die auch eine starke Strömung sauerstoffreichen Wassers garantiert.

STIGMATOGOBIUS SADANUNDIO

(HAMILTON, 1822)

20-26 °C 8,5 cm

Gefleckte Grundel, Rittergrundel
Familie: **Gobiidae**
Verbreitung: Südostasien
Größe: 8,5 cm
Futter: **Allesfresser.** Hauptsächlich Lebendfutter, aber auch Algen
Temperaturbereich: 20-26 °C
pH: 7,5-8,0 dH: bis 25°

Eine sehr friedliche Art, auch wenn sie – besonders zur Laichzeit – revierbildend sein kann. Versuchen Sie unter keinen Umständen, die Tiere in weichem Wasser zu halten oder daran zu gewöhnen. Wenn möglich, sollte zudem die Wassertemperatur tagsüber einige Grad höher sein als nachts. Die Männchen haben größere Flossen als die kleineren, gelblich gefärbten Weibchen.

Zucht

Die bis zu 1.000 Eier werden an einer Höhlendecke abgelegt. Die Elterntiere bewachen sowohl Laich als auch Jungfische.

Aquarieneinrichtung

Gut gefiltertes Becken mit Sandboden sowie zahlreichen Steinen und Holz, aus denen auch Höhlen gestaltet werden sollten. Dem Wasser kann etwas Meersalz hinzugefügt werden. Wählen Sie dann aber Pflanzen aus, die Salz vertragen.

GYMNOTUS CARAPO

LINNAEUS, 1758

Gebänderter Messerfisch
Familie: **Gymnotidae**
Verbreitung: Mittel- und Südamerika
Größe: 60 cm
Futter: **Fleischfresser.** Jede Art von Lebendfutter, nimmt auch Fleischbrocken
Temperaturbereich: 22-27 °C
pH: 6,0-7,5 dH: bis 15°

22-27 °C 60 cm

Eine nachtaktive Art, die mit ähnlich großen Fischen vergesellschaftet werden sollte; Artgenossen sind untereinander häufig sehr unverträglich. Oft werden anfangs keine Fleischbrocken angenommen, so daß man zunächst lebende Fische füttern muß.

Zucht

Nicht bekannt.

Aquarieneinrichtung

Dicht bepflanztes, gut gefiltertes Becken mit Holz und Steinen zum Verstecken.

LEPIDOSIREN PARADOXA

FITZINGER, 1836

Südamerikanischer Lungenfisch
Familie: **Lepidosirenidae**
Verbreitung: Brasilien, Paraguay
Größe: 125 cm
Futter: **Fleischfresser.** Fische, Krebse, Würmer, Schnecken, aber auch Fleischbrocken oder Fisch
Temperaturbereich: 23-28 °C
pH: 6,5-7,5 dH: bis 15°

Eine aus Sumpfgebieten stammende Art für den Spezialisten. Zwar können Jungfische zumeist relativ problemlos gehalten werden, mit erwachsenen Tieren wird es jedoch schwieriger. Sie sind sehr groß und kräftig und brechen gern aus. Auf der anderen Seite sind sie aber auch sehr friedlich und können mit anderen großen friedlichen Fischen vergesellschaftet werden. Der glatte Körper kann sich leicht an scharfen Gegenständen verletzen. Jungfische sind schwarz mit gelben Flecken, die Zeichnung verblaßt aber mit zunehmendem Alter zu einem Grauton. Bei einer Verschlechterung der Lebensbedingungen graben sie sich in der Natur im Schlamm ein und greifen auf ihre Lungenatmung zurück.

Zucht

In der Natur werden die Eier in selbstgegrabenen Gängen abgelegt und – ebenso wie später die Jungfische – vom Männchen bewacht. Die Jungen haben zum Atmen anfangs federförmige Außenkiemen.

Aquarieneinrichtung

Großes, gut gefiltertes Becken mit glatten Steinen, Holz, einigen robusten, breitblättrigen Pflanzen und einer stabilen und schweren Abdeckung.

23-28 °C 125 cm

Lepisosteus oculatus

Winchell, 1864

Gefleckter Knochenhecht
Familie: **Lepisosteidae**
Verbreitung: Große Seen, Mississippi und Golfküste, von Corpus Christi bis ins westliche Florida (USA)
Größe: 120 cm
Futter: **Fleischfresser.** Fische, nimmt eventuell auch Fleisch- oder Fischbrocken
Temperaturbereich: 12-18 °C
pH: 7,0 dH: 10-15°

Ein großer Raubfisch, der meistens unter Wurzeln oder zwischen Pflanzen auf Beute lauert. Er sollte allein gehalten werden oder mit Fischen, die zu groß sind, um als Beute in Frage zu kommen. Wenn er in Panik gerät, springt er.

Zucht

In der Natur laichen die Tiere im Frühjahr in seichten Gewässern, wobei die klebrigen Eier über Pflanzen abgelegt werden. Die Jungfische haben einen Stirnsaugnapf, mit dem sie sich an den Pflanzen festheften.

Aquarieneinrichtung

Großes, dicht bepflanztes Becken, in dem aber auch freie Schwimmbereiche vorhanden sind. Da die Tiere sauberes, klares, sauerstoffreiches Wasser benötigen, ist eine sehr gute Filteranlage erforderlich.

12-18 °C 120 cm

Lepisosteus osseus

(Linnaeus, 1758)

Gemeiner Knochenhecht
Familie: **Lepisosteidae**
Verbreitung: Große Seen, St.-Lorenz-Strom und von Vermont bis zum Rio Grande (USA)
Größe: 160 cm
Futter: **Fischfresser.** Lebende, aber auch tote Fische
Temperaturbereich: 12-18 °C
pH: 7,0 dH: 10-15°

Eine räuberische Art, die lebende Nahrung bevorzugt, auf die sie zwischen Schwimmpflanzen oder gut getarnt in Pflanzendickichten lauert. An heißen Sommertagen kann man die langschnauzigen Tiere oft unbeweglich an der Oberfläche ruhiger Flüsse, Seen und kleiner Buchten stehen sehen. Die Art wird gern geangelt, aber kaum gegessen, weil der Rogen giftig ist.

Zucht

Die klebrigen Eier werden über Pflanzen abgelegt.

Aquarieneinrichtung

Großes Becken mit bepflanzten Rücken- und Seitenwänden und einer sehr effizienten Filteranlage, die für kaltes, sauberes, gut durchlüftetes Wasser sorgt.

12-18 °C 160 cm

Lepisosteus platostomus

Rafinesque, 1920

Deutscher Name ist nicht bekannt
Familie: **Lepisosteidae**
Verbreitung: Mündungsgebiet des Mississippi
Größe: 60 cm
Futter: **Fleischfresser.** Alle Arten von Lebendfutter, Würmer, Fische usw., nimmt möglicherweise auch Fleisch- und Fischbrocken
Temperaturbereich: 10-18 °C
pH: 7,0 dH: 10-15°

Wegen seiner geringeren Größe besser für Aquarien geeignet als seine Verwandten. Es handelt sich um Stoßräuber, deren mittlere Flossen am Ende des Körpers sitzen, so daß die Tiere sich mit einer guten Anfangsbeschleunigung auf die Beute stürzen können.

Zucht

Im Aquarium bisher nicht gelungen. In der Natur werden die klebrigen Eier über Pflanzen abgelegt.

Aquarieneinrichtung

Großes Aquarium mit Wurzeln und Pflanzendickichten zum Verstecken sowie einer guten Filteranlage, die für kühles, sauberes, klares Wasser sorgt.

10-18 °C 60 cm

Lepisosteus tristoechus

(Bloch und Schneider, 1801)

Kaimanfisch, Alligatorhecht
Familie: **Lepisosteidae**
Verbreitung: Süden der USA bis zum Norden Mexikos und Kuba
Größe: 300 cm
Futter: **Fischfresser.** In erster Linie werden lebende Fische bevorzugt, nimmt aber auch Fleisch- und Fischbrocken
Temperaturbereich: 18-27 °C
pH: 7,0-7,5 dH: bis 15°

18-27 °C 300 cm

Ein Knochenhecht, der wärmeres Wasser bevorzugt. Man findet ihn meist in Süßwasser, manchmal aber auch in Brack- oder Meerwasser. Kleinere Exemplare können in Aquarien gehalten werden.

Zucht

Freilaicher. Paarungszeit ist das Frühjahr.

Aquarieneinrichtung

Sehr großes Becken mit einer effizienten Filteranlage für gute Wasserqualität. Bepflanzen Sie die Ecken und die Rückwand des Aquariums und lassen Sie den Rest als freien Schwimmraum. Bei zu dichtem Besatz verletzen sich die Tiere bei der Jagd oft gegenseitig, oder sie beschädigen das Aquarium bzw. die Dekoration.

Datnoides microlepis

Bleeker, 1853

Tigerbarsch, Tigerfisch
Familie: **Lobotidae**
Verbreitung: Thailand, Kambodscha, Borneo, Sumatra
Größe: 40 cm, in Gefangenschaft kleiner
Futter: **Fleischfresser.** Lebendfutter, kann an Gefrierfutter gewöhnt werden
Temperaturbereich: 22-26 °C
pH: 7,0-7,5 dH: bis 20°

Ein Raubfisch, der alles anfällt, was er verschlingen kann, sich mit friedlichen Fischen vergleichbarer Größe aber durchaus verträgt. Die Tiere nehmen anfangs manchmal nur lebende Nahrung, später oft aber auch Krebsfleisch und ähnliches.

Zucht

Nicht bekannt.

Aquarieneinrichtung

Großes Becken mit gedämpfter Beleuchtung und Pflanzen zum Verstecken. Die Fische vertragen es nicht, wenn sich die Wasserqualität verschlechtert, so daß eine gute Filteranlage und regelmäßige Wasserwechsel erforderlich sind.

22-26 °C 40 cm

Datnoides quadrifasciatus
(Sevastianov, 1809)

Vierstreifiger Tigerfisch
Familie: **Lobotidae**
Verbreitung: Vom Ganges in Indien über Birma, Thailand, Malaysia bis zum Indo-Australischen Archipel
Größe: 30 cm
Futter: **Fleischfresser.** Lebendfutter aller Art
Temperaturbereich: 22-26 °C
pH: 7,0-8,0 dH: bis 18°

Eine Brackwasser-Art, die ähnlich, aber schwieriger zu halten ist als *D. microlepis*, da sie auf schlechte Wasserbedingungen noch empfindlicher zu reagieren scheint. Jungfische erkennt man am schwarzen Fleck auf den Kiemendeckeln und den drei strahlenförmigen Streifen am Auge.

22-26 °C 30 cm

Zucht
Nicht bekannt.

Aquarieneinrichtung
Beckeneinrichtung wie bei *D. microlepis*, allerdings mit etwas Meersalzzusatz.

Luciocephalus pulcher
(Gray, 1830)

Hechtkopf
Familie: **Luciocephalidae**
Verbreitung: Südostasien
Größe: 18 cm
Futter: **Fleischfresser.** Nimmt nur Lebendfutter, etwa Insektenlarven
Temperaturbereich: 22-24 °C
pH: 6,0 dH: 8°

Eine ausgesprochen empfindliche Art aus schnellfließenden Gewässern, die sich nur schwer über längere Zeit im Aquarium halten läßt. Auch die Fütterung ist nicht einfach, da die Tiere ihre Nahrung – Insekten oder kleine Fische – nur von der Wasseroberfläche bzw. aus den Bereichen direkt darüber nehmen. Jedes Futter, das tiefer als wenige Zentimeter ins Wasser sinkt, wird ignoriert. Es handelt sich um Stoßräuber, die ein zusätzliches Atmungsorgan (Labyrinth), aber keine Schwimmblase haben.

Zucht
Nicht bekannt.

Aquarieneinrichtung
Bepflanztes Becken mit viel Schwimmraum an der Oberfläche und sauerstoffreichem Wasser mit kräftiger Strömung.

22-24 °C 18 cm

Afromastacembelus plagiostomus
(Matthes, 1962)

Deutscher Name ist nicht bekannt
Familie: **Mastacembelidae**
Verbreitung: Tanganjikasee
Größe: 35 cm
Futter: **Fleischfresser.** Lebendfutter aller Art
Temperaturbereich: 25-28 °C
pH: 7,5-8,0 dH: bis 25°

Diese recht unverträgliche Art wird am besten einzeln gehalten. Die Fütterung kann ein Problem sein, da Futtertabletten, Trocken- und Gefrierfutter ignoriert oder nur sehr zögerlich angenommen werden.

Zucht
Nicht bekannt.

Aquarieneinrichtung
Geräumiges, gut gefiltertes Aquarium mit Steinen zum Verstecken und Sandboden, in dem sich der Fisch vergraben kann.

25-28 °C 35 cm

Macrognathus aculeatus

(Bloch, 1788)

Augenfleckstachelaal, Pfauenaugenstachelaal
Familie: **Mastacembelidae**
Verbreitung: Südostasien
Größe: 35 cm
Futter: **Fleischfresser.** Lebendfutter, etwa Wirbellose und Fische
Temperaturbereich: 24-28 °C
pH: 7,0-7,5 dH: bis 30°

Ein Einzelgänger, der hartes, leicht alkalisches Wasser bevorzugt. Größere Fische werden toleriert; auf Artgenossen reagiert er in der Laichzeit aggressiv. Gewöhnt sich nur schlecht an etwas anderes als Lebendfutter.

Zucht
Wurde bereits im Aquarium nachgezüchtet. Die Art legt über 1.000 glasklare, 1,2 mm große Eier. Die Jungfische schlüpfen nach drei Tagen und werden mit *Artemia*-Nauplien gefüttert.

Aquarieneinrichtung
Effizient gefiltertes Becken mit Sandboden, Holz und Steinen, um Verstecke zu bilden, sowie einer schweren Abdeckung.

24-28 °C — 35 cm

Mastacembelus armatus

Günther, 1861

Riesenstachelaal
Familie: **Mastacembelidae**
Verbreitung: Südostasien
Größe: 75 cm
Futter: **Fleischfresser.** Lebende Würmer, Insektenlarven usw.; nimmt manchmal Futtertabletten
Temperaturbereich: 22-28 °C
pH: 7,0 dH: bis 15°

Ein nachtaktiver Raubfisch, den man nur mit Arten vergesellschaften sollte, die zu groß sind, um gefressen zu werden. Die Tiere graben sich gern im Boden ein und entwurzeln dabei leicht Pflanzen oder unterhöhlen Steine. Weibchen sind zur Laichzeit dicker.

Zucht
Nicht bekannt.

22-28 °C — 75 cm

Aquarieneinrichtung
Geräumiges, gut gefiltertes Aquarium mit weichem Bodengrund und zahlreichen Verstecken. Da die Tiere graben, sollten Sie Steine und Holz direkt auf den Beckenboden legen, damit sie nicht unterhöhlt werden können. Sorgen Sie zudem für eine gute Abdeckung.

Mastacembelus circumcinctus

Hora, 1924

Gürtelstachelaal
Familie: **Mastacembelidae**
Verbreitung: Südöstliches Thailand
Größe: 16 cm
Futter: **Fleischfresser.** Hauptsächlich Lebendfutter, nimmt möglicherweise Gefrierfutter
Temperaturbereich: 24-26 °C
pH: 7,0 dH: bis 15°

Die Art ist gegenüber Artgenossen oft aggressiv, während andere große Fische zumeist nicht behelligt werden. Füttern Sie die Tiere erst, nachdem Sie die Aquarienbeleuchtung ausgeschaltet haben, da sie nur nachts fressen.

24-26 °C — 16 cm

Zucht
Nicht bekannt.

Aquarieneinrichtung
Geräumiges Becken mit weichem Bodengrund, damit sich die Tiere eingraben können. Steine und Holz sollten direkt auf dem Beckenboden liegen, um nicht unterhöhlt zu werden. Sorgen Sie außerdem für eine effiziente Filterung, eine gute Abdeckung und eventuell auch für einige Schwimmpflanzen.

Mastacembelus erythrotaenia

Bleeker, 1850

24-28 °C 100 cm

Rotstreifenstachelaal, Feueraal
Familie: **Mastacembelidae**
Verbreitung: Südostasien
Größe: 100 cm
Futter: **Fleischfresser.** Lebendfutter aller Art, nimmt auch Futtertabletten
Temperaturbereich: 24-28 °C
pH: 7,0 dH: bis 15°

Diese häufig im Handel angebotene Art ist vermutlich die schwierigste aller Stachelaale, denn sie ist anfällig für Verletzungen und für den Befall durch parasitische Wimperntierchen. Außerdem vertragen sich die großen Tiere kaum mit anderen Fischen, so daß man sie allein halten sollte. Die Weibchen sind zur Laichzeit dicker.

Zucht
Nicht bekannt.

Aquarieneinrichtung
Großes, sehr gut gefiltertes Aquarium mit Steinen und Hölzern, die von den Tieren als Verstecke genutzt werden können. Legen Sie die Dekoration direkt auf den Beckenboden, um ein Unterhöhlen zu verhindern.

Monodactylus argenteus

(Linnaeus, 1758)

Silberflossenblatt
Familie: **Monodactylidae**
Verbreitung: Von der Ostküste Afrikas bis nach Indonesien
Größe: 25 cm
Futter: **Allesfresser.** Lebend-, Gefrier- und Trockenfutter, pflanzliche Kost
Temperaturbereich: 24-28 °C
pH: 7,0-8,0 dH: bis 18°

Aktiver Schwarmfisch, den man mit Arten halten kann, die ähnliche Wasserbedingungen benötigen, aber auch etwa gleich groß sind, da er sich gern an kleineren Fischen vergreift. Die leuchtenden Farben der Jungfische verblassen mit dem Alter.

Zucht
Nicht bekannt.

Aquarieneinrichtung
Becken mit Brackwasser und einer sehr guten Filteranlage, die sauberes und sauerstoffreiches Wasser liefern kann. Kontrollieren Sie die Wasserqualität sehr genau, und verwenden Sie gegebenenfalls einen Eiweißabschäumer. Als Bodengrund eignet sich Korallensand, außerdem können einige salztolerante Pflanzen eingesetzt werden.

24-28 °C 25 cm

Psettus sebae

(Cuvier und Valenciennes, 1831)

Deutscher Name ist nicht bekannt
Familie: **Monodactylidae**
Verbreitung: Küstenbereiche vom Senegal bis Zaïre
Größe: 20 cm
Futter: **Allesfresser.** Lebendfutter, z. B. kleine Fische, Gefrier- und Grünfutter, Futtertabletten
Temperaturbereich: 24-28 °C
pH: 7,5-8,5 dH: bis 25°

Diese friedliche und etwas scheue, im Brackwasser oder im Meer lebende Art kommt nur selten ins Süßwasser. Die Tiere müssen daher in einem Brackwasserbecken gehalten werden, wobei man sie mit ähnlichen Arten, etwa *Monodactylus argenteus*, vergesellschaften kann.

Zucht
Nicht bekannt.

Aquarieneinrichtung
Gut gefiltertes Brackwasserbecken mit Pflanzen und Wurzeln. Verwenden Sie für den Boden Korallensand, oder mischen Sie Kies und zerkleinerte Muschelschalen.

24-28 °C 20 cm

Gnathonemus petersii

(Günther, 1862)

22-28 °C 23 cm

Tapirfisch, Elefantenrüsselfisch
Familie: **Mormyridae**
Verbreitung: Nigeria, Kamerun, Zaïre
Größe: 23 cm
Futter: **Allesfresser.** Bevorzugt Lebendfutter, nimmt auch Trocken- und Gefrierfutter
Temperaturbereich: 22-28 °C
pH: 6,0-7,0 dH: bis 12°

Eine der Arten mit elektrischem Organ. Dieses ist relativ schwach und wird nur zur Ortung und zur Verständigung verwendet. Zufriedene Tiere geben etwa 800 Schläge pro Minute ab. Man verwendet die Fische auch, um die Trinkwasserqualität zu überwachen, denn sie geraten bei einer Verschlechterung der Wasserwerte unter Streß und senden dann mehr Stromschläge aus.

Zucht
Nicht bekannt.

Aquarieneinrichtung
Becken mit zahlreichen Verstecken und weichem Bodengrund, damit das Maul der Tiere nicht verletzt werden kann, wenn sie nach Futter wühlen. Wichtig sind auch eine gute Filteranlage und regelmäßige Wasserwechsel.

Gnathonemus schilthuisiae

Boulenger, 1899

Schilthuis Nilhecht	
Familie: **Mormyridae**	
Verbreitung: Mittleres Zaïre	
Größe: 10 cm	
Futter: **Allesfresser.** Lebend-, Trocken- und Gefrierfutter	
Temperaturbereich: 24-28 °C	
pH: 7,0 dH: bis 15°	

Diese Schwarmfische benötigen ein großes Becken, damit sie sich nicht gegenseitig mit ihren Stromschlägen stören. Die Art gehört zu den kleineren Nilhechten und sollte nur mit friedlichen Fischen vergesellschaftet werden.

24-28 °C 10 cm

Zucht
Nicht bekannt.

Aquarieneinrichtung
Becken mit weichem Sand, Pflanzen, Holz und Steinen sowie einer effizienten Filterung. Regelmäßige Wasserwechsel sind zu empfehlen.

Gnathonemus tamandua

(Günther, 1862)

Deutscher Name ist nicht bekannt	
Familie: **Mormyridae**	
Verbreitung: Niger, Volta, Zaïre	
Größe: 43 cm	
Futter: **Fleischfresser.** Jede Art von Lebendfutter, am liebsten Würmer	
Temperaturbereich: 23-27 °C	
pH: 6,0-8,0 dH: bis 20°	

Diese nicht ganz einfachen Tiere können mit großen, friedlichen Fischen vergesellschaftet werden. Mit Artgenossen gehalten, entwickelt sich eine Rangordnung, wobei schwächeren Tieren oft der Zugang zum Futter verwehrt wird.

Zucht
Nicht bekannt.

Aquarieneinrichtung
Großes, gut gefiltertes Aquarium mit Sandboden, einer kräftigen Strömung, Pflanzendickichten und zahlreichen Verstecken.

23-27 °C 43 cm

Marcusenius brachyistius

Gill, 1862

Deutscher Name ist nicht bekannt	
Familie: **Mormyridae**	
Verbreitung: Westafrika	
Größe: 18 cm	
Futter: **Fleischfresser.** Kleines Lebendfutter	
Temperaturbereich: 25-28 °C	
pH: 7,0 dH: bis 10°	

Diese dämmerungs- und nachtaktive Art hat ein nur schwach ausgebildetes elektrisches Organ, das zur Ortung verwendet wird. Man kann mehrere Tiere in einem Artenbecken halten, sofern es so groß ist, daß sich die Fische nicht gegenseitig durch ihre Stromschläge stören.

Zucht
Nicht bekannt.

Aquarieneinrichtung
Großes, gut gefiltertes und dicht bepflanztes Aquarium mit offenen Bereichen.

25-28 °C 18 cm

Marcusenius longianalis

Boulenger, 1901

Schmaler Nilhecht
Familie: **Mormyridae**
Verbreitung: Nigeria und Kamerun
Größe: 15 cm
Futter: **Allesfresser.** Kleines Lebendfutter, Algen und *Detritus*
Temperaturbereich: 25-28 °C
pH: 7,0 dH: bis 10°

Diese dämmerungs- und nachtaktiven Tiere kann man mit anderen Fischen vergesellschaften, wobei sich einige Arten allerdings durch die konstanten Stromschläge gestört fühlen. Mit Artgenossen vertragen sie sich oft nicht. Sie verbringen viel Zeit mit Futtersuche am Boden.

Zucht
Nicht bekannt.

Aquarieneinrichtung
Nach Möglichkeit ein gut gefiltertes Artenbecken mit warmem Wasser, Sandboden, robusten, breitblättrigen Pflanzen sowie Steinen und Holz zum Verstecken.

Marcusenius macrolepidotus

(Peters, 1852)

Großschuppiger Nilhecht
Familie: **Mormyridae**
Verbreitung: Südostafrika
Größe: 25 cm
Futter: **Fleischfresser.** Kleines Lebendfutter
Temperaturbereich: 22-26 °C
pH: 7,0 dH: bis 10°

Diese nachtaktiven Fische, die wegen ihres sehr kleinen Mauls nur winziges Lebendfutter fressen können, sollten in einem Artenbecken gehalten werden, da die anderen Fische in einem Gesellschaftsbecken meist schneller fressen und für die Nilhechte dann nichts mehr übrig bleibt.

Zucht
Nicht bekannt.

Aquarieneinrichtung
Bepflanztes Becken mit Holz und Steinen sowie einer effizienten, aber sanften Filterung. Sorgen Sie für ausreichend Nahrung, da normalerweise ein Teil des Futters vom Filter eingesaugt wird.

Petrocephalus bovei

(Valenciennes, 1846)

Deutscher Name ist nicht bekannt
Familie: **Mormyridae**
Verbreitung: Unterer Nil, Senegal- und Gambia-River
Größe: 12 cm
Futter: **Fleischfresser.** Kleines Lebendfutter
Temperaturbereich: 23-26 °C
pH: 6,5-7,5 dH: bis 15°

Von diesen dämmerungs- und nachtaktiven Fischen werden am besten nur wenige Exemplare in einem Artenbecken gehalten, da sich eine größere Anzahl gegenseitig durch ihre Stromschläge stören würde. Mit anderen Arten vertragen sie sich besser als mit Artgenossen.

Zucht
Einem Bericht über ein zufälliges Ablaichen zufolge wurde in einer dunklen Ecke des Beckens ein Nest gefunden. Dieses bestand aus Pflanzenmaterial und enthielt Eier sowie Jungfische in verschiedenen Entwicklungsstadien. Als erstes Futter wurden Infusorien verwendet.

Aquarieneinrichtung
Sehr gut gefiltertes Becken mit weichem Sand, Holz und Steinen. Pflanzen können ebenfalls eingesetzt werden.

Monocirrhus polyacanthus

Heckel, 1840

Blattfisch
Familie: **Nandidae**
Verbreitung: Amazonasgebiet, Peru
Größe: 10 cm
Futter: **Fleischfresser.** Nimmt ausschließlich Lebendfutter
Temperaturbereich: 22-25 °C
pH: 6,0-6,5 dH: bis 7°

Diese anspruchsvolle, schwer einzugewöhnende Art aus ruhigen und langsamfließenden Gewässern ist nur etwas für Spezialisten. Die Tiere fressen ausschließlich Lebendfutter und dies in großen Mengen: Ausgewachsene Exemplare benötigen täglich einen Nahrungsanteil, der der Hälfte ihres Körpergewichts entspricht, Jungfische sogar einen dem vollen Köpergewicht entsprechenden. Letztere werden mit Insektenlarven u. ä. gefüttert, erwachsene Tiere fressen hauptsächlich Fische. Bei der Jagd stehen sie fast unbeweglich kopfüber im Wasser, um dann ihr großes Maul aufzureißen und die Beute einzusaugen. Weibchen sind größer und fülliger.

Zucht
Die bis zu 300 Eier werden auf Pflanzenblättern, Steinen oder anderen glatten Oberflächen abgelegt und vom Männchen bewacht. Die oft kannibalischen Jungfische schlüpfen nach etwa vier Tagen.

Aquarieneinrichtung
Dicht bepflanztes Aquarium mit sehr weichem, saurem Wasser, Holzdekoration und einer sehr leichten Strömung. Die Filteranlage muß effizient sein, da die Tiere empfindlich auf jede Verschlechterung der Wasserqualität reagieren.

Nandus nandus

(Hamilton, 1822)

Nanderbarsch
Familie: **Nandidae**
Verbreitung: Thailand, Birma, Indien
Größe: 20 cm
Futter: **Fleischfresser.** Insektenlarven, Fische usw., nimmt manchmal Gefrierfutter
Temperaturbereich: 22-26 °C
pH: 7,0-8,0 dH: 10-20°

Das Maul dieser räuberischen Tiere ist so gewaltig, daß sie Beute verschlucken können, die halb so groß ist wie sie selbst. Die Männchen sind stärker gefärbt.

Zucht
Die kleinen Eier werden über dem Boden verstreut. Die Jungfische schlüpfen nach zwei Tagen und benötigen ziemlich kleines Lebendfutter. Brutpflege gibt es nicht.

22-26 °C 20 cm

Aquarieneinrichtung
Geräumiges Becken mit hartem, klarem, sauberem Wasser sowie Steinen, Holz und zahlreichen Pflanzen.

Nandus nebulosus

(Gray, 1830)

Nebelbarsch
Familie: **Nandidae**
Verbreitung: Südostasien
Größe: 12 cm
Futter: **Fleischfresser.** Fleischbrocken, Insektenlarven usw.
Temperaturbereich: 22-25 °C
pH: 7,0 dH: 10-15°

22-25 °C 12 cm

Diese einzelgängerische, dämmerungsaktive, räuberische Art sollte nicht mit Fischen in Nahrungsgröße vergesellschaftet werden. *N. nebulosus* läßt sich von *N. nandus* durch die Zahl der Schuppen in der Seitenlinie unterscheiden (*N. nebulosus* 34, *N. nandus* 46 bis 57).

Zucht
Nicht bekannt.

Aquarieneinrichtung
Gut bepflanztes Aquarium mit Holz und Steinen sowie einer effizienten Filterung.

Polycentrus schomburgki

Müller und Troschel, 1848

Südamerikanischer Vielstachler
Familie: **Nandidae**
Verbreitung: Trinidad, Venezuela, Guayana
Größe: 10 cm
Futter: **Fleischfresser.** Nur Lebendfutter, Insektenlarven, kleine Fische usw.
Temperaturbereich: 21-25 °C
pH: 6,0-7,0 dH: bis 15°

Ein gefräßiger Raubfisch, der die meiste Zeit zwischen Pflanzen oder Wurzeln auf Beute lauert, und der kaum etwas anderes als Lebendfutter nimmt. Man hält die Tiere am besten in einem Artenbecken oder mit Fischen, die wegen ihrer Größe nicht gefressen werden können. Die Männchen sind dunkler und kleiner.

Zucht
Die bis zu 600 Eier werden an Höhlendecken oder an die Unterseite von Blättern geheftet. Die Jungen schlüpfen nach drei Tagen und werden mit reichlich kleinem Lebendfutter ernährt. Das Männchen bewacht Eier und Jungfische.

Aquarieneinrichtung
Dicht bepflanztes, gut gefiltertes Aquarium mit gedämpfter Beleuchtung sowie Holz, Wurzeln und Steinen, aber auch mit freiem Schwimmraum.

21-25 °C 10 cm

Notopterus chitala
(Hamilton, 1822)

Indischer Fähnchen-Messerfisch
Familie: **Notopteridae**
Verbreitung: Südostasien
Größe: 100 cm
Futter: **Allesfresser.** Große Mengen jeder Art von Fleischnahrung
Temperaturbereich: 24-28 °C
pH: 6,0-6,5 dH: bis 10°

Kann sehr kampflustig sein und sollte daher möglichst einzeln gehalten werden. Die Tiere sind besonders in der Dämmerung und nachts aktiv, um Jagd auf ruhende Fische zu machen. Sie nehmen allerdings auch tote Nahrung. In ihren Heimatländern gelten sie als Delikatesse.

Zucht
Die Eier werden auf einer festen Unterlage abgelegt und vom Männchen bewacht, ebenso wie die Jungfische, die nach rund einer Woche schlüpfen.

Aquarieneinrichtung
Großes, gut gefiltertes Becken mit Verstecken aus Steinen und Holz, auf dem Javafarn aufgebunden sein kann. Verzichten Sie auf scharfkantige Gegenstände, da sich die Tiere daran leicht verletzen. Schwimmpflanzen können ebenfalls eingebracht werden.

24-28 °C 100 cm

Notopterus notopterus
(Pallas, 1769)

24-27 °C 35 cm

Asiatischer Fähnchen-Messerfisch
Familie: **Notopteridae**
Verbreitung: Südostasien
Größe: 35 cm
Futter: **Fleischfresser.** Wirbellose, Würmer, Fische usw.
Temperaturbereich: 24-27 °C
pH: 6,0-6,5 dH: bis 8°

Eine unverträgliche, nachtaktive Art, die möglichst allein gehalten werden sollte. Will man sie vergesellschaften, dann ausschließlich mit großen Fischen, wobei das Becken sehr geräumig sein muß. Die Tiere ähneln ihrem afrikanischen Gegenstück, dem Afrikanischen Messerfisch (*Xenomystus nigri*), der aber keine Rückenflosse hat.

Zucht
Berichten zufolge werden die Eier am Boden abgelegt und vom Männchen bewacht und befächelt. Die Jungfische schlüpfen nach etwa zwei Wochen. Sie können mit *Artemia*-Nauplien gefüttert werden.

Aquarieneinrichtung
Großes, gut gefiltertes Aquarium mit Steinen, Holz und robusten Pflanzen, aber auch viel freiem Schwimmraum.

Xenomystus nigri
(Günther, 1868)

22-27 °C 30 cm

Afrikanischer Messerfisch
Familie: **Notopteridae**
Verbreitung: Oberlauf des Nil, Zaïre, Gabun, Niger, Liberia
Größe: 30 cm
Futter: **Fleischfresser.** Starker Fresser – Fische, Würmer, Krebse usw., aber auch Fleischbrocken
Temperaturbereich: 22-27 °C
pH: 6,0-6,5 dH: bis 8°

Jungtiere können oft noch zusammengesetzt werden, aber mit zunehmendem Alter werden die Fische immer unverträglicher, so daß man am besten nur ein Tier hält. Andere Arten werden meist toleriert.

Zucht
Über die Vermehrung ist wenig bekannt. In der Natur werden bis zu 200 Eier mit einem Durchmesser von 2 mm abgelegt.

Aquarieneinrichtung
Geräumiges, gut gefiltertes Becken, eventuell mit großen, friedlichen Fischen sowie Wurzeln und Pflanzen, zwischen denen sich die Tiere verstecken können.

ORYZIAS LATIPES

(TEMMINCK UND SCHLEGEL, 1850)

18-23 °C 3,5 cm

Japankärpfling

Familie: **Oryziatidae**

Verbreitung: Japan, China, Südkorea

Größe: 3,5 cm

Futter: **Allesfresser.** Lebend-, Trocken- und Gefrierfutter

Temperaturbereich: 18-23 °C

pH: 6,5-7,5 dH: bis 15°

Dieser kleine Fisch kann mit friedlichen Arten vergleichbarer Größe vergesellschaftet werden. Die Afterflosse der schlankeren Männchen ist größer und spitzer ausgezogen. Es gibt verschiedene Farbvarianten. Bei den am häufigsten anzutreffenden weißen und orangen Formen zeigen die Männchen mehr silbrig glänzende Schuppen auf dem Hinterleib als die Weibchen.

Zucht

Die Weibchen tragen die Eier nach der Paarung oft noch als Traube an der Afterflosse herum, um sie schließlich an Pflanzen abzustreifen. Die Jungfische schlüpfen nach etwa 10 Tagen; sie sind leicht aufzuziehen.

Aquarieneinrichtung

Dicht bepflanztes, gut gefiltertes Gesellschaftsbecken mit sauberem, klarem Wasser und einer leichten Strömung.

ARAPAIMA GIGAS

(CUVIER, 1829)

24-28 °C 300 cm

Paiche, Piracurú, Arapaima

Familie: **Osteoglossidae**

Verbreitung: Einzugsgebiet des Amazonas

Größe: 300 cm

Futter: **Fleischfresser.** Hauptsächlich Fische, aber auch anderes Lebendfutter

Temperaturbereich: 24-28 °C

pH: 6,0-6,5 dH: bis 10°

Für Aquarien sind nur junge Exemplare geeignet, die untereinander aber oft recht aggressiv sind. Ausgewachsene Tiere leben normalerweise als Einzelgänger. Dieser größte aller echten Süßwasserfische ist in seinem Bestand gefährdet, so daß nur wenige Exemplare für öffentliche Schaubecken importiert werden dürfen.

Zucht

Die Eier werden in flachen Gruben abgelegt und vom Männchen bewacht. Die Brutfürsorge, an der sich auch das Weibchen beteiligt, hält noch etwa 12 Wochen nach dem Ausschlüpfen der Jungfische an.

Aquarieneinrichtung

Sehr großes, effizient gefiltertes Becken mit Sandboden, robusten Pflanzen, einigen Schwimmpflanzen sowie einer guten Abdeckung.

OSTEOGLOSSUM BICIRRHOSUM

VANDELLI, 1829

24-28 °C 120 cm

Gabelbart, Knochenzüngler

Familie: **Osteoglossidae**

Verbreitung: Amazonasbecken

Größe: 120 cm

Futter: **Fleischfresser.** Bevorzugt zwar lebende Fische, nimmt allerdings manchmal auch Fleischbrocken

Temperaturbereich: 24-28 °C

pH: 6,0-6,5 dH: bis 8°

Eine große Art, die schnell aus einem normalen Aquarium herauswächst, so daß man sie hauptsächlich in Schaubecken findet. Die Tiere, die mit ihrer Schwimmblase Atemluft aufnehmen können, springen sehr häufig, etwa beim Beutefang.

Zucht

Die Eier sind recht groß – 1,6 cm im Durchmesser – und werden im Maul des Männchens ausgebrütet. Die Jungfische schlüpfen nach etwa 60 Tagen und bleiben im Maul, bis der Dottersack aufgebraucht ist.

Aquarieneinrichtung

Sehr großes Aquarium mit viel freiem Schwimmraum, weichem, saurem, sehr gut gefiltertem Wasser, Sandboden sowie einigen robusten Pflanzen, etwa *Echinodorus*-Arten oder Javafarn, die auf Holz aufgebunden sein sollten. Wichtig ist auch eine schwere Abdeckung.

OSTEOGLOSSUM FERREIRAI

KANAZAWA, 1966

24-30 °C 100 cm

Schwarzer Knochenzüngler

Familie: **Osteoglossidae**

Verbreitung: Rio Negro (Südamerika)

Größe: 100 cm

Futter: **Fleischfresser.** Lebendfutter, etwa Fische, Frösche, große Insekten usw.

Temperaturbereich: 24-30 °C

pH: 6,0-6,5 dH: bis 8°

Ein sehr schöner Fisch, der aber wegen seiner Größe nur für Spezialisten geeignet ist. Die Tiere sind gute Springer, so daß eine feste Abdeckung erforderlich ist.

Zucht

Das Männchen brütet die Eier im Maul aus. Dort bleiben die Jungfische, bis sie etwa 10 cm lang sind.

Aquarieneinrichtung

Sehr großes Becken mit Sandboden, Holz und robusten Pflanzen. Sorgen Sie außerdem für eine effiziente Filteranlage und eine gute Abdeckung.

Scleropages formosus

(Müller und Schlegel, 1844)

Deutscher Name ist nicht bekannt
Familie: **Osteoglossidae**
Verbreitung: Südostasien, Australien
Größe: 100 cm
Futter: **Fleischfresser.** Lebendfutter, Fische, Insektenlarven, aber auch Gefrierfutter
Temperaturbereich: 24-30 °C
pH: 6,0-6,5 dH: bis 10°

Ein majestätischer Fisch, der seinem Besitzer Glück bringen soll, besonders wenn es sich um ein rotes Tier handelt; silberne und grüne Formen werden weniger geschätzt. Bis vor kurzem war es nicht möglich, die unter Schutz stehenden Tiere zu importieren. Dies hat sich jedoch mit Beginn einer kommerziellen Züchtung der Art auf Zuchtfarmen im Fernen Osten geändert. In der Natur findet man die Fische zumeist an der Oberfläche ruhiger, stark verkrauteter Flüsse, wo sie immer wieder einmal nach Insekten springen. Im Aquarium kann diese Sprungbereitschaft leicht zu Verletzungen führen (z. B. Ablösen von Schuppen). Daher sollte man unbedingt darauf achten, sie nicht mit plötzlichen Bewegungen in der Nähe des Beckens zu erschrecken.

Zucht
Die Eier werden vom Weibchen im Maul ausgebrütet.

Aquarieneinrichtung
Großes Aquarium mit einer guten Abdeckung, einer effizienten Filteranlage, da die Tiere anfällig für eine Verschlechterung der Wasserqualität sind, und viel freiem Schwimmraum. Als Dekoration kann man Holz mit aufgebundenem Javafarn verwenden.

24-30 °C 100 cm

Scleropages jardini

Saville-Kent, 1892

Deutscher Name ist nicht bekannt
Familie: **Osteoglossidae**
Verbreitung: Vom Jardine-River westwärts bis zum Adelaide-River (Australien)
Größe: 90 cm, häufiger nur 65 cm
Futter: **Fleischfresser.** Fische, Insekten usw.
Temperaturbereich: 24-30 °C
pH: 6,5 dH: bis 10°

Diese ebenfalls geschützte Art mit den vielen kleinen roten Flecken auf jeder Schuppe ist vermutlich die attraktivste der gesamten Gattung. In ihrem natürlichen Lebensraum sind die Tiere durch Überfischung sehr gefährdet. Im Verhalten ähneln sie den anderen beiden Arten.

Zucht
In der Natur laichen die Tiere von Spätherbst bis Frühwinter, sonst ist wenig bekannt.

Aquarieneinrichtung
Wie bei *S. formosus*. Die Art ist jedoch weniger schreckhaft.

24-30 °C 90 cm

Scleropages leichardti

(Günther, 1864)

Gepunkteter Barramundi
Familie: **Osteoglossidae**
Verbreitung: Südliches Neuguinea und tropische Bereiche Nordaustraliens
Größe: 80 cm
Futter: **Fleischfresser.** Lebendfutter aller Art
Temperaturbereich: 25-30 °C
pH: 6,0-6,5 dH: bis 10°

Diese Tiere unterliegen einem Importverbot, so daß man sie fast nur in öffentlichen Aquarien findet. Die erfolgreiche Nachzucht von *S. formosus* läßt jedoch hoffen, daß sich dieser Umstand eines Tages möglicherweise auch bei *S. leichardti* ändert.

25-30 °C 80 cm

Zucht
Laichzeit ist Mitte Herbst. Einem Bericht zufolge sollen die Männchen die Eier im Maul ausbrüten.

Aquarieneinrichtung
Benötigt ähnliche Bedingungen wie *S. formosus*.

Pantodon buchholzi

Peters, 1876

23-30 °C 10 cm

Schmetterlingsfisch
Familie: **Pantodontidae**
Verbreitung: Westafrika
Größe: 10 cm
Futter: **Fleischfresser.** Fische, Insekten, Würmer, Fleischbrocken, aber auch Trocken- und Gefrierfutter
Temperaturbereich: 23-30 °C
pH: 6,0-6,5 dH: bis 10°

Ein räuberischer Oberflächenfisch, der am besten mit Arten vergesellschaftet wird, die mittlere und untere Wasserregionen bevorzugen. Die Tiere springen bei kleinsten Störungen, ein Verhalten, das durch Schwimmpflanzen oder Korkstücke, die an der Oberfläche treiben, etwas gemildert werden kann. Bei den Männchen ist der Hinterrand der Afterflosse bogenförmig eingebuchtet, und die mittleren Strahlen bilden eine Röhre. Bei den Weibchen hat die Afterflosse einen geraden Rand.

Zucht
Die bis zu 200 Eier sind zunächst durchsichtig, verfärben sich in den folgenden neun Stunden aber braun bis schwarz. Die Jungfische schlüpfen nach etwa 36 Stunden. Sie sind sehr schwer aufzuziehen, da sie neben *Artemia*-Nauplien auch kleine Fluginsekten benötigen.

Aquarieneinrichtung
Bepflanztes, gut gefiltertes Becken mit viel freier Wasseroberfläche und einer guten Abdeckung.

Etheostoma caeruleum

Storer, 1845

6-15 °C 7 cm

Regenbogen-Springbarsch
Familie: **Percidae**
Verbreitung: Östliches Nordamerika, hauptsächlich im nördlichen Mississippi-Gebiet
Größe: 7 cm
Futter: **Fleischfresser.** Kleine Wirbellose
Temperaturbereich: 6-15 °C
pH: 6,5-7,5 dH: bis 12°

Diese sehr attraktiven Bodenfische sollten unbedingt in einem Artenaquarium gehalten werden, da sie sehr anfällig auf jede Verschlechterung der Wasserqualität reagieren. Besonders typisch ist die Fortbewegung, denn die Tiere flitzen mit Hilfe von Schwanz- und Brustflossen über den Boden. Die Männchen sind stärker gefärbt als die Weibchen.

Zucht
Die bis zu 800 Eier werden im Frühjahr und Frühsommer über einem Kiesbett abgelegt.

Aquarieneinrichtung
Becken mit Kiesboden, Steinen und Pflanzendickichten. Regelmäßige Wasserwechsel und eine sehr effiziente Filterung sind unbedingt erforderlich, damit die Tiere eine längere Zeit überleben.

Gymnocephalus cernua

(Linnaeus, 1758)

8-20 °C 25 cm

Kaulbarsch
Familie: **Percidae**
Verbreitung: Europa, Asien
Größe: 25 cm
Futter: **Fleischfresser.** Jede Art von Lebendfutter
Temperaturbereich: 8-20 °C
pH: 7,0 dH: bis 12°

Ein recht attraktiver Kaltwasserfisch, der mit Arten vergesellschaftet werden kann, die zu groß zum Fressen sind. Es handelt sich um Schwarmfische, die auch wirklich im Schwarm gehalten werden sollten. Sie benötigen hauptsächlich Lebendfutter, da eine Gewöhnung an Trockenfutter nur selten gelingt. Die Tiere sind berüchtigte Laichräuber.

Zucht
In der Natur laichen die Tiere im Frühjahr, wobei die Eier auf Pflanzen und Steinen in Ufernähe abgelegt werden. Die Jungfische schlüpfen nach etwa zwei Wochen.

Aquarieneinrichtung
Geräumiges Becken mit sauberem, klarem, sauerstoffreichem Wasser sowie Pflanzen, Holz und einigen kleinen Steinen.

Perca fluviatilis

Linnaeus, 1758

8-20 °C 45 cm

Flußbarsch
Familie: **Percidae**
Verbreitung: Europa
Größe: 45 cm
Futter: **Fleischfresser.** Lebendfutter, besonders Wirbellose
Temperaturbereich: 8-20 °C
pH: 7,0 dH: bis 10°

Attraktive Fische, die jung Schwärme bilden, später dagegen als Einzelgänger leben. Sie können mit Kaltwasserfischen ähnlicher Größe vergesellschaftet werden. Männchen sind stärker gefärbt als Weibchen.

Zucht
Diese Art laicht von Frühjahr bis Frühsommer. Die Eier werden in Schnüren an Steinen und Pflanzen abgelegt. Die Jungfische schlüpfen nach drei Wochen.

Aquarieneinrichtung
Großes Becken mit einer guten Filteranlage, die sauberes, klares Wasser liefert und vielen Pflanzen, zwischen denen die Fische lauern können. Die Wassertemperatur muß niedrig gehalten werden.

Percina caprodes
(Rafinesque, 1818)

6-15 °C 18 cm

Deutscher Name ist nicht bekannt
Familie: **Percidae**
Verbreitung: Östliches Nordamerika, hauptsächlich im nördlichen Mississippi-Gebiet
Größe: 18 cm
Futter: **Fleischfresser.** Kleine Wirbellose
Temperaturbereich: 6-15 °C
pH: 6,5-7,5 dH: bis 12°

Das am weitesten verbreitete Mitglied dieser Gattung findet man sowohl in Seen und Teichen als auch in den seichteren Abschnitten großer, klarer, sauberer Flüsse. Interessant ist die Art der Futtersuche: Die Tiere drehen Steine mit dem Maul um in der Hoffnung, darunter Insekten zu finden. Die Männchen haben eine modifizierte Schuppe in der Bauchmitte, mit der sie das Weibchen während der Paarung stimulieren.

Zucht
Die Eier werden im Frühsommer an einer seichten Stelle über einem Kiesbett abgelegt.

Aquarieneinrichtung
Eine gute Filteranlage, die für eine kräftige Strömung von kühlem, klarem Wasser sorgt, ein Kiesboden sowie Steine, Holz und Pflanzendickichte sind nötig, damit die Art längere Zeit erfolgreich gehalten werden kann.

Stizostedion vitreum
(Mitchill, 1818)

4-15 °C 100 cm

Deutscher Name ist nicht bekannt
Familie: **Percidae**
Verbreitung: In den USA weit verbreitet, vom Hudson-River über die Großen Seen bis zum Mississippi.
Größe: 100 cm
Futter: **Fleischfresser.** Jede Art von Lebendfutter, von Fischen bis zu Wirbellosen
Temperaturbereich: 4-15 °C
pH: 6,5-7,5 dH: bis 12°

Dieser größte aller nordamerikanischen Barsche ist ein begehrter Speise- und Anglerfisch, den man in der Natur in Tiefen von bis zu 10 m findet. Durchschnittliche Exemplare erreichen ein Gewicht von 5 kg; es gibt aber auch Berichte über Tiere, die bis zu 11 kg schwer und rund 15 Jahre alt wurden. Kleine Exemplare können im Aquarium gehalten werden; allerdings handelt es sich um gefräßige Raubfische, die alle Fische fressen, die sie verschlingen können.

Zucht
Das Ablaichen findet – je nach Herkunft – im Frühjahr und Frühsommer statt.

Aquarieneinrichtung
Großes, gut gefiltertes Becken mit einem Bodengrund aus flachen Steinen und einigen Kiesbereichen sowie Pflanzendickichten. Lassen Sie aber viel freien Schwimmraum, und führen Sie regelmäßige Wasserwechsel durch.

Morone chrysops
(Rafinesque, 1820)

Deutscher Name ist nicht bekannt
Familie: **Percichthyidae**
Verbreitung: Östliches und mittleres Nordamerika
Größe: 45 cm
Futter: **Fleischfresser.** Kleine Wirbellose, Algen
Temperaturbereich: 10-20 °C
pH: 6,5-7,5 dH: bis 12°

Jungtiere können im Aquarium gehalten werden. Es handelt sich um aktive Schwarmfische, die ein großes Becken mit viel freiem Schwimmraum benötigen. Als beliebte Anglerfische werden sie häufig außerhalb ihres normalen Verbreitungsgebietes ausgesetzt.

Zucht
Laichzeit ist Frühjahr und Frühsommer.

Aquarieneinrichtung
Großes, gut gefiltertes Becken mit Kiesboden, Steinen und Pflanzendickichten, aber auch viel freiem Schwimmraum.

10-20 °C 45 cm

Phractolaemus ansorgei

Boulenger, 1901

Afrikanischer Schlammfisch	
Familie: **Phractolaemidae**	
Verbreitung: Westafrika	
Größe: 15 cm	
Futter: **Fleischfresser.** Kleines Lebendfutter, Schabefleisch und zerschnittene Würmer	
Temperaturbereich: 25-30 °C	
pH: 6,0-8,0 dH: bis 24°	

Eine friedliche, wärmeliebende Art aus schlammigen, stark verkrauteten Gewässern, die gern Gänge in den Boden gräbt oder sich zwischen Pflanzen versteckt. Geschlechtsreife Männchen haben weiße Knötchen am Kopf und zwei Reihen spitzer Auswüchse an der Schwanzwurzel.

25-30 °C 15 cm

Zucht

Nicht bekannt.

Aquarieneinrichtung

Bepflanztes Aquarium mit weichem Bodengrund, etwa Schlamm oder Sand, hohen Temperaturen und einer guten, aber sanften Filterung.

Polyodon spathula

(Walbaum, 1792)

Löffelstör	
Familie: **Polyodontidae**	
Verbreitung: Stromgebiet des Mississippi, Eriesee	
Größe: 200 cm	
Futter: **Fleischfresser.** Planktonfresser; man benötigt massenhaft Wasserflöhe	
Temperaturbereich: 10-18 °C	
pH: 7,0 dH: bis 15°	

Obwohl oft zum Verkauf angeboten, ist diese Art nur etwas für den wirklich engagierten Spezialisten oder für öffentliche Schauaquarien. Die Tiere sind Nahrungsspezialisten, die das ganze Jahr über mit wahren Massen von Wasserflöhen versorgt werden müssen. So sollten sie bei der Fütterung buchstäblich in einer „Wasserflohsuppe" schwimmen, damit sie das Futter mit den Kiemendornen herausfiltern können. Die empfindliche Schnauze kann sowohl beim Transport als auch später im Aquarium leicht verletzt werden. Die Fische, die bis zu 90 kg wiegen und 30 Jahre alt werden können, wurden früher auch wirtschaftlich genutzt.

10-18 °C 200 cm

Zucht

Die Eier werden – je nach Verbreitungsgebiet – zwischen Spätwinter und Frühjahr in seichtem Wasser über Sand oder einem Kiesbett abgelegt.

Aquarieneinrichtung

Sehr großes, möglichst rundes Becken, damit die Tiere sich nicht an der Schnauze verletzen können, mit gut gefiltertem, kühlem, klarem Wasser, Sandboden sowie Dekorationsstücken ohne scharfe Kanten.

Erpetoichthys calabaricus

(J.A. Smith, 1865)

Flösselaal	
Familie: **Polypteridae**	
Verbreitung: Westafrika	
Größe: 40 cm	
Futter: **Fleischfresser.** Lebendfutter und Fleischbrocken	
Temperaturbereich: 22-28 °C	
pH: 6,5-7,0 dH: bis 10°	

Ein auch gegenüber Artgenossen sehr friedlicher Fisch, den man aber nicht mit zu kleinen Arten vergesellschaften darf, weil diese gefressen werden. Da die Tiere durch die kleinsten Lücken entkommen können, muß die Abdeckung sehr gut schließen. Die Tiere halten sich gern in Höhlen auf und vergraben sich manchmal im Boden.

Zucht

Nicht bekannt.

22-28 °C 40 cm

Aquarieneinrichtung

Geräumiges, gut gefiltertes Aquarium mit weichem Sandboden, einigen großen, robusten Pflanzen, hauptsächlich aber Steinaufbauten und Holz. Sehr wichtig ist eine dichte Abdeckung.

Polypterus delhezi

Boulenger, 1899

Zaire-Flösselhecht
Familie: **Polypteridae**
Verbreitung: Oberer und mittlerer Zaïre
Größe: 35 cm
Futter: **Fleischfresser.** Fische, Würmer, Krebse usw.
Temperaturbereich: 26-28 °C
pH: 6,5-7,0 dH: bis 10°

Dieser Fisch verträgt sich mit Artgenossen nur sehr schlecht, so daß es oft zu Beißereien kommt. Eine Vergesellschaftung mit anderen Fischen ähnlicher Größe ist möglich, wenn es sich auch um sehr gefräßige Raubfische handelt.

Zucht
Nicht bekannt.

Aquarieneinrichtung
Geräumiges, gut gefiltertes Aquarium mit Sandboden, großen Pflanzen, einigen Steinen und Holz sowie einer dicht schließenden Abdeckung.

26-28 °C 35 cm

Polypterus ornatipinnis

Boulenger, 1902

26-28 °C 40 cm

Prachtflössler
Familie: **Polypteridae**
Verbreitung: Zentralafrika
Größe: 40 cm
Futter: **Fleischfresser.** Lebendfutter und Fleischbrocken
Temperaturbereich: 26-28 °C
pH: 6,5-7,5 dH: bis 12°

Wahrscheinlich der attraktivste unter den Flösselhechten, der bei ausreichenden Versteckmöglichkeiten auch gegenüber Artgenossen keine Aggressivität zeigt. Die Männchen sollen eine größere Afterflosse haben, die Weibchen einen breiteren Kopf.

Zucht
Weitgehend identisch mit *P. palmas.* Allerdings werden die Eier in Klumpen zwischen Pflanzen abgelegt.

Aquarieneinrichtung
Möglichst großes, gut gefiltertes Gesellschaftsbecken mit zahlreichen Höhlen und Spalten sowie einer dicht schließenden Abdeckung.

Polypterus palmas

Ayres, 1850

26-28 °C 30 cm

Deutscher Name ist nicht bekannt
Familie: **Polypteridae**
Verbreitung: Zaïre, Liberia, Sierra Leone, Guinea
Größe: 30 cm
Futter: **Fleischfresser.** Krebse, Würmer, Fische usw.
Temperaturbereich: 26-28 °C
pH: 7,0 dH: bis 10°

Dieser Raubfisch ist gegenüber artfremden Fischen zumeist friedlich, während es unter Artgenossen oft zu Streitigkeiten kommt. Dennoch sollte er nur mit Fischen vergesellschaftet werden, die er nicht als Beute betrachtet. Bei den Männchen ist die Afterflosse fast doppelt so lang wie bei den Weibchen.

Zucht
Nach einem Hochzeitstanz umfaßt das Männchen die Analöffnung und die Afterflosse der Partnerin mit seiner Afterflosse, um die Eier aufzufangen, gleichzeitig wird Milch ausgestoßen. Anschließend läßt das Männchen den Laich auf den Boden fallen, wo die Jungtiere etwa vier Tage später schlüpfen. Gefüttert werden sie mit *Artemia*-Nauplien.

Aquarieneinrichtung
Mäßig gefiltertes Gesellschaftsbecken mit größeren Fischen sowie zahlreichen Verstecken aus Holz und Steinen.

Polypterus senegalus

Cuvier, 1829

Senegal-Flösselhecht
Familie: **Polypteridae**
Verbreitung: Weißer Nil bis zum Albert-, Rudolf- und Tschadsee, Senegal, Gambia, Niger
Größe: 30 cm
Futter: **Fleischfresser.** Fische, Wirbellose usw.
Temperaturbereich: 25-27 °C
pH: 6,5-7,5 dH: bis 12°

Von diesen gegenüber Artgenossen sehr unverträglichen Fischen können nur dann mehrere in einem Becken gehalten werden, wenn genügend Verstecke vorhanden sind, so daß jeder Fisch seinen eigenen Bereich hat. Andere große Fische werden meist nicht behelligt.

25-27 °C 30 cm

Zucht
Nicht bekannt.

Aquarieneinrichtung
Gut gefiltertes Gesellschaftsbecken mit größeren Fischen, Sandboden, Höhlen aus Steinen und Holz sowie einer dicht schließenden Abdeckung, da die Fische wahre Fluchtkünstler sind.

Potamotrygon laticeps

(Garman, 1913)

Gemeiner Stechrochen
Familie: **Potamotrygonidae**
Verbreitung: Brasilien, Paraguay, Uruguay, Argentinien
Größe: 70 cm
Futter: **Fleischfresser.** Lebende Würmer, Krebse usw., nimmt auch Gefrierfutter
Temperaturbereich: 23-25 °C
pH: 6,5-7,0 dH: bis 10°

Diese Fische werden besser im geräumigen Artenbecken gehalten. Im Umgang mit dem Fisch und bei der Reinigung des Aquariums ist Vorsicht geboten, da die Tiere einen Stachel auf dem Schwanz haben, der schmerzhafte Wunden verursachen kann. Die Fische graben sich oft ein.

Zucht
Nicht bekannt.

Aquarieneinrichtung
Großes Becken mit niedrigem Wasserstand, Sandboden, kleinen Steinen und Holz sowie einigen Schwimmpflanzen. Außerdem benötigen Sie eine sehr effiziente Filteranlage, da die Tiere auf jede Verschlechterung der Wasserqualität ausgesprochen empfindlich reagieren.

23-25 °C 70 cm

Potamotrygon motoro

Müller und Henle, 1841

24-26 °C 30 cm

Pfauenaugen-Stechrochen
Familie: **Potamotrygonidae**
Verbreitung: Brasilien, Paraguay, Uruguay
Größe: 30 cm
Futter: **Fleischfresser.** Würmer, Schabefleisch, Krebse usw.
Temperaturbereich: 24-26 °C
pH: 6,5 dH: bis 10°

Ein Fisch für Spezialisten, der in einem Artenbecken gehalten werden sollte. Seien Sie bei der Reinigung des Aquariums vorsichtig, da die Männchen – im Gegensatz zu den Weibchen – gefährliche Dornen besitzen. Interessant ist die Art der Nahrungsaufnahme: Die Tiere legen sich über das Futter und stoßen einen Wasserstrahl aus, der Beute und Sand aufwirbelt. Diese Mischung wird dann aufgenommen und der Sand wieder ausgespuckt.

Zucht
Nicht bekannt.

Aquarieneinrichtung
Gut gefiltertes Becken mit niedrigem Wasserstand und einer dicken Sandschicht (etwa 10 cm), damit sich die Tiere eingraben können. Ein oder zwei Pflanzen sowie einige runde Steine können ebenfalls eingesetzt werden, ansonsten sollte viel freier Schwimmraum bestehen bleiben.

Protopterus aethiopicus

Heckel, 1851

Äthiopischer Lungenfisch
Familie: **Protopteridae**
Verbreitung: Ostafrika, einschließlich Nil
Größe: 200 cm
Futter: **Fleischfresser.** Fische usw.
Temperaturbereich: 25-30 °C
pH: 6,5-7,5 dH: bis 20°

Diese Tiere reagieren ebenso aggressiv auf Artgenossen wie auf andere Fische, so daß man sie am besten einzeln hält. Sie haben kräftige Kiefer, mit denen sie nach allem schnappen – auch nach Ihren Fingern. Im Umgang ist also Vorsicht geboten. In Afrika, wo sie als Delikatesse gelten, sucht man in der Trockenzeit nach den im Schlamm vergrabenen Lungenfischen.

Zucht

Die Fortpflanzung beginnt mit der Regenzeit. Die Eier werden in Schlammlöchern abgelegt und vom Männchen bewacht.

Aquarieneinrichtung

Großes Aquarium mit einer entsprechend starken Filteranlage, Schlamm- oder Sandboden, Holz und/oder Steinen sowie einer schweren, gut befestigten Abdeckung.

25-30 °C 200 cm

Protopterus annectens

(Owen, 1839)

Afrikanischer Lungenfisch
Familie: **Protopteridae**
Verbreitung: In Afrika weit verbreitet
Größe: 70 cm
Futter: **Fleischfresser.** Hauptsächlich Lebendfutter und Fleischbrocken
Temperaturbereich: 25-30 °C
pH: 6,5-7,5 dH: bis 20°

Eine anspruchslose Art, solange die Wasserqualität stimmt. Die Tiere sind sehr kampflustig und werden daher am besten allein gehalten. Ihre natürliche Heimat sind Sümpfe. Die Trockenzeit verbringen die Fische zusammengerollt und von einer Kapsel umgeben im Schlamm, wo sie Luftsauerstoff atmen und warten, bis sich die Lebensbedingungen wieder gebessert haben.

Zucht

Das Männchen bewacht die Eier. Viel mehr ist nicht bekannt.

Aquarieneinrichtung

Großes, gut gefiltertes Becken mit niedrigem Wasserstand, weichem Bodengrund und einer dichten, schweren Abdeckung.

25-30 °C 70 cm

Protopterus dolloi

Boulenger, 1900

Dollos Lungenfisch
Familie: **Protopteridae**
Verbreitung: Unterer Zaïre
Größe: 85 cm
Futter: **Fleischfresser.** Fleischnahrung aller Art
Temperaturbereich: 25-30 °C
pH: 6,5-7,5 dH: bis 20°

Ein großer, kräftiger Fisch, der nach allem schnappt, auch nach Händen, so daß man bei Wartungsarbeiten oder beim Umsetzen der Tiere sehr aufpassen muß. In der Natur graben sich diese Fische, die Luftsauerstoff atmen können, zu Beginn der Trockenzeit im Schlamm ein und umgeben sich mit einer Schleimkapsel, die bald darauf aushärtet und sie vor dem Austrocknen schützt. Erst zur Regenzeit kommen die Fische dann wieder heraus.

25-30 °C 85 cm

Zucht

Nachzüchtungen sind nicht bekannt. In der Natur bewacht das Männchen die Eier.

Aquarieneinrichtung

Großes Becken mit Schlamm oder weichem Sand und einer effizienten Filteranlage, die mit dem aufgewirbelten Schmutz zurechtkommt.

Eigenmannia virescens

(Valenciennes, 1849)

Grüner Messerfisch	
Familie: **Rhamphichthyidae**	
Verbreitung: Tropisches Südamerika	
Größe: Männchen 35 cm, Weibchen 20 cm	
Futter: **Fleischfresser.** Lebendfutter	
Temperaturbereich: 22-27 °C	
pH: 6,0-7,0 dH: bis 10°	

Gesellig lebende Fische, die eine feste Sozialstruktur ausbilden, ohne sich dabei aber gegenseitig Schaden zuzufügen. Die Tiere haben weder Rücken- noch Schwanzflossen; Männchen sind deutlich größer als Weibchen. Wasserwechsel werden oft nur schlecht vertragen, so daß man gut abgestandenes oder aufbereitetes Wasser verwenden sollte.

22-27 °C 35 cm

Zucht
Bereits gelungen. Wenige klebrige Eier werden auf Schwimmpflanzen abgelegt.

Aquarieneinrichtung
Gut bepflanztes Becken mit einer effizienten Filteranlage, die eine sanfte Strömung erzeugt, sowie Holz und Steinen, die als Verstecke dienen.

22-26 °C 20 cm

Steatogenes elegans

(Steindachner, 1880)

Deutscher Name ist nicht bekannt	
Familie: **Rhamphichthyidae**	
Verbreitung: Nordöstliches Südamerika	
Größe: 20 cm	
Futter: **Fleischfresser.** Kleines Lebendfutter	
Temperaturbereich: 22-26 °C	
pH: 6,0-6,5 dH: bis 10°	

Diese friedliche Art kann mit Fischen vergleichbarer Größe und ähnlichem Verhalten vergesellschaftet werden. Gegenüber Wasserwechseln ist sie empfindlich, so daß man jeweils nur kleine Mengen austauschen sollte. Die Tiere besitzen – im Gegensatz zu allen anderen Messerfischen – keine Zähne.

Zucht
Nicht bekannt.

Aquarieneinrichtung
Großes, sehr gut gefiltertes Aquarium mit gedämpfter Beleuchtung sowie zahlreichen Pflanzen, Steinen und Holz.

Scatophagus argus

Linnaeus, 1766

Gemeiner Argusfisch, Grüner Argusfisch	
Familie: **Scatophagidae**	
Verbreitung: Indischer und Pazifischer Ozean – Indonesien, Philippinen	
Größe: 30 cm	
Futter: **Allesfresser.** Lebend-, Trocken- und Gefrierfutter, Futtertabletten, pflanzliche Kost	
Temperaturbereich: 22-28 °C	
pH: 7,5-8,5 dH: bis 25°	

Diese anpassungsfähigen, friedlichen Fische kommen sowohl in Süß- als auch in Brack- und Meerwasser vor. Jungfische hält man am besten in Brackwasser und setzt sie später in Meerwasser um. Verwenden Sie nur robuste Pflanzen, andere werden gefressen. Die Tiere sollten als Schwarm gehalten werden. Sie sind sehr aktiv und benötigen daher viel freien Schwimmraum.

Zucht
Nicht bekannt.

Aquarieneinrichtung
Großes Aquarium mit Steinen, robusten oder künstlichen Pflanzen und einer effizienten Filteranlage, da Jungfische empfindlich gegenüber zu hohen Nitratwerten sind.

22-28 °C 30 cm

Scatophagus tetracanthus

(Lacépède, 1880)

Afrikanischer Argusfisch
Familie: **Scatophagidae**
Verbreitung: Küstengebiete Ostafrikas
Größe: 40 cm
Futter: **Allesfresser.** Lebend-, Trocken- und Gefrierfutter, Futtertabletten, pflanzliche Kost
Temperaturbereich: 23-30 °C
pH: 7,5-8,5 dH: bis 25°

Dieser große, friedliche, selten eingeführte Schwarmfisch hat den großen Nachteil, daß er oft Pflanzen in kleine Stücke zerlegt.

Zucht
Nicht bekannt.

Aquarieneinrichtung
Wie bei *S. argus* beschrieben.

23-30 °C 40 cm

Brachiurus salinarum

Ogilby, 1911

Australische Süßwasserseezunge
Familie: **Soleidae**
Verbreitung: Australien
Größe: 15 cm
Futter: **Allesfresser.** Lebend- und Trockenfutter, Futtertabletten
Temperaturbereich: 22-28 °C
pH: 7,0 dH: bis 15°

Dieser sehr friedliche, nachtaktive Bodenfisch verbringt den größten Teil des Tages halb vergraben im Boden oder auf Steinen ruhend. Man kann ihn mit anderen friedfertigen Arten vergesellschaften, wobei das Becken aber nicht überbesetzt sein darf. Füttern Sie die Tiere direkt vor dem Ausschalten der Beleuchtung.

Zucht
Nicht bekannt.

Aquarieneinrichtung
Sehr gut gefiltertes Becken mit einer leichten Strömung, einem Bodengrund aus feinem Sand sowie Steinen, Holz und Pflanzen.

22-28 °C 15 cm

Enneacampus ansorgii

Boulenger, 1910

Kleine Süßwassernadel
Familie: **Syngnathidae**
Verbreitung: Westafrika
Größe: 15 cm
Futter: **Fleischfresser.** Kleines Lebendfutter
Temperaturbereich: 24-28 °C
pH: 7,0-8,5 dH: bis 12-18°

Dieser völlig harmlose Fisch wird am besten in einem Artenbecken oder mit anderen, sehr friedlichen Fischen gehalten. Das Männchen hat eine Bauchfurche, die während der Laichzeit zur Bruttasche wird. Die Nahrung, kleines Lebendfutter wie Wasserflöhe, Mückenlarven oder Fischbrut, wird regelrecht eingesaugt; Trockenfutter verschmähen die Tiere.

Zucht
Das Weibchen laicht über der Bruttasche des Männchens ab. Dabei bleiben die klebrigen Eier nahe der Afteröffnung des Männchens haften und werden dann von zwei Hautfalten bedeckt.

24-28 °C 15 cm

Aquarieneinrichtung
Bepflanztes, leicht gefiltertes Aquarium mit abgestandenem Wasser mittlerer Härte.

Synbranchus marmoratus

Bloch, 1795

Amerikanischer Kiemenschlitzaal
Familie: **Synbranchidae**
Verbreitung: Mittel- und Südamerika
Größe: 100 cm und mehr
Futter: **Fleischfresser.** Lebendfutter, Fleischbrocken
Temperaturbereich: 20-22 °C
pH: 6,5-7,5 dH: bis 18°

Diese ausgesprochen gefräßige Art, die große Mengen an Nahrung benötigt, sollte alle zwei bis drei Tage gefüttert werden. Es handelt sich um wahre Ausbruchskünstler, so daß das Aquarium gut abgedeckt sein muß. Da die Tiere recht kampflustig sein können, sollten sie entweder allein gehalten oder nur mit sehr großen Arten vergesellschaftet werden.

20-22 °C 100 cm

Zucht

Nicht bekannt.

Aquarieneinrichtung

Gut gefiltertes Becken mit niedrigem Wasserstand, Schlamm- oder Sandboden sowie Steinen, Holz und großen Pflanzen zum Verstecken.

Tetraodon fluviatilis

(Hamilton, 1822)

24-28 °C 17 cm

Grüner Kugelfisch
Familie: **Tetraodontidae**
Verbreitung: Südostasien
Größe: 17 cm
Futter: **Allesfresser.** Lebend- und Gefrierfutter
Temperaturbereich: 24-28 °C
pH: 7,5-8,5 dH: bis 20°

Jungfische sind noch recht friedlich, mit fortgeschrittenem Alter nimmt die Aggressivität der Tiere aber zu. Sie richtet sich nicht nur gegen Artgenossen und andere Fische, sondern auch gegen Pflanzen. Bekannt sind die Fische wegen ihrer Fähigkeit, sich aufzublähen, wenn sie angegriffen werden. Ihr Fleisch ist für Menschen und Tiere giftig, wobei auch Kochen die Toxine nicht zerstört.

Zucht

Nachzuchten sind in Brackwasser gelungen. Die Tiere laichen auf dem Boden ab, und das Männchen bewacht die Brut.

Aquarieneinrichtung

Gut gefiltertes Becken mit Kiesboden, Verstecken aus Steinen, Holz und robusten Pflanzen, aber auch viel freiem Schwimmraum. Eine Salzzugabe (20 bis 30 g/10 l) erhöht die Widerstandsfähigkeit der Tiere.

Tetraodon lorteti

Tirant, 1885

Kammkugelfisch
Familie: **Tetraodontidae**
Verbreitung: Hinterindien und Thailand
Größe: 6,5 cm
Futter: **Fleischfresser.** Muscheln, Würmer, andere Wirbellose, manchmal Futtertabletten
Temperaturbereich: 24-28 °C
pH: 6,5 dH: bis 10°

Diese Art zeigt deutliche Geschlechtsunterschiede: Beim Männchen sind Bauch und Rückenflosse rötlich gefärbt, die Bauchunterseite der Weibchen ist hellgrau mit dunklen Punkten und Strichen. Die aggressiven Tiere verteidigen ihr Revier gegen jeden Eindringling.

Zucht

Nach der Balz werden die Eier über Pflanzen, etwa Javamoos, abgelegt. Die Jungfische schlüpfen nach rund 30 Stunden und sind selbst mit großen Mengen von kleinem Lebendfutter nur schwer aufzuziehen.

24-28 °C 6,5 cm

Aquarieneinrichtung

Gut gefiltertes Becken mit Pflanzen, Steinen und Holz, die Revierabgrenzungen bilden. Fügen Sie dem Wasser kein Salz hinzu.

Tetraodon mbu

Boulenger, 1899

Goldringelkugelfisch
Familie: **Tetraodontidae**
Verbreitung: Mittlerer und unterer Zaïre
Größe: 75 cm
Futter: **Fleischfresser.** Lebendfutter aller Art, aber auch Gefrierfutter
Temperaturbereich: 24-26 °C
pH: 7,0 dH: 10-15°

Dieser Süßwasserfisch ist ein typischer Kugelfisch: äußerst unverträglich und daher am besten einzeln zu halten. Die Tiere werden relativ groß und bis zu 6,5 kg schwer, so daß man besser nicht mit ihnen aneinandergerät! Sorgen Sie für abwechslungsreiches Futter; Muscheln werden besonders gern genommen.

Zucht
Nicht bekannt.

24-26 °C 75 cm

Aquarieneinrichtung
Sandboden, viele Pflanzen und Verstecke.

Tetraodon miurus

Boulenger, 1902

24-28 °C 15 cm

Brauner Kugelfisch
Familie: **Tetraodontidae**
Verbreitung: Mittlerer und unterer Zaïre
Größe: 15 cm
Futter: **Fleischfresser.** Nimmt Lebendfutter aller Art
Temperaturbereich: 24-28 °C
pH: 7,0 dH: 10-15°

Ein recht kleiner Kugelfisch, der aber ebenso unverträglich ist wie seine größeren Verwandten, so daß auch er allein gehalten werden sollte. Die Tiere haben ein oberständiges Maul, und auch die Augen sitzen sehr weit oben am Kopf. Dadurch ist es den Tieren möglich, sich im Sand einzugraben, so daß nur noch die Augen zu sehen sind, und gut getarnt auf Beute zu lauern.

Zucht
Nicht bekannt.

Aquarieneinrichtung
Gut gefiltertes Becken mit einer dicken Schicht feinem Sand, Pflanzen und Steinen.

Tetraodon schoutedeni

Pellegrin, 1926

Kongokugelfisch, Leopardkugelfisch
Familie: **Tetraodontidae**
Verbreitung: Zentralafrika
Größe: 10 cm
Futter: **Fleischfresser.** Schnecken, Muscheln, Würmer usw.
Temperaturbereich: 22-26 °C
pH: 7,0 dH: bis 20°

Die wohl friedlichste Kugelfisch-Art, lediglich zwischen Artgenossen kann es zu Rivalenkämpfen kommen. Die Tiere beschädigen auch Pflanzen, aber nur wenn sie darauf sitzende Schnecken absammeln. Der größte Teil des Körpers ist mit winzigen Stacheln bedeckt. Männchen sind kleiner als Weibchen.

Zucht
Die Eier werden auf Blättern abgelegt und vom Männchen bewacht. Die Jungfische sind schwer aufzuziehen, da es schwierig ist, die richtige Nahrung zu finden.

Aquarieneinrichtung
Bepflanztes, gut gefiltertes Becken mit zahlreichen Verstecken und regelmäßigen Wasserwechseln.

22-26 °C 10 cm

Tetraodon steindachneri

Deckers, 1975

Palembang-Kugelfisch, Maigrüner Kugelfisch
Familie: **Tetraodontidae**
Verbreitung: Südostasien
Größe: 6 cm
Futter: **Allesfresser.** Hauptsächlich Lebendfutter, nimmt auch Rinderherz, Leber und Salat
Temperaturbereich: 22-26 °C
pH: 7,0 dH: bis 12°

Eine gegenüber anderen Fischen intolerante Art, die gern Schnecken auf Pflanzen sucht und diese dabei oft beschädigt.

Zucht
Nicht bekannt.

Aquarieneinrichtung
Wie bei *T. fluviatilis*, allerdings ohne Salz.

22-26 °C 6 cm

Toxotes chatareus

(Hamilton, 1822)

Deutscher Name ist nicht bekannt
Familie: **Toxotidae**
Verbreitung: Asien
Größe: 27 cm
Futter: **Fleischfresser.** Nimmt Fliegen und andere Insekten von der Oberfläche
Temperaturbereich: 25-30 °C
pH: 7,0 dH: bis 15°

Dieser Schwarmfisch, der hauptsächlich in Flußmündungen zu finden ist, sollte in einem Brackwasserbecken gehalten werden, eventuell mit Fischen ähnlicher Größe. Futter wird nur von der Oberfläche aufgenommen; die Tiere springen nach Fliegen.

Zucht
Nicht bekannt.

Aquarieneinrichtung
Geräumiges, gut gefiltertes Becken mit Pflanzen, Holz und Steinen, aber auch viel freier Oberfläche, damit die Fische problemlos Futter aufnehmen können.

25-30 °C 27 cm

Toxotes jaculatrix

(Pallas, 1766)

25-30 °C 24 cm

Schützenfisch
Familie: **Toxotidae**
Verbreitung: Weit verbreitet vom Golf von Aden über die Küstengebiete Indiens und Südostasiens bis nach Australien
Größe: 24 cm
Futter: **Fleischfresser.** Insekten und ähnliches
Temperaturbereich: 25-30 °C
pH: 7,0-8,5 dH: bis 20°

Diese Schwarmfische, die in Süß-, Brack- und Salzwasser vorkommen, sind bekannt dafür, daß sie Insekten mit einem Wasserstrahl von Blättern „schießen". Futter wird nur von der Oberfläche genommen. Die Tiere sind besonders wärmebedürftig und verweigern bei zu kaltem Wasser schnell die Nahrung. Gegenüber gleich großen Tieren sind sie friedlich, kleinere Exemplare werden dagegen oft angegriffen.

Zucht
Nicht bekannt.

Aquarieneinrichtung
Gut gefiltertes, großes, offenes (wenn Sie sehen wollen, wie die Fische auf Fliegen „schießen") Brackwasserbecken sowie einige aus dem Wasser herauswachsende oder über dem Aquarium hängende Pflanzen, auf denen sich Fliegen niederlassen können. Wasserwechsel sollten nur sehr vorsichtig durchgeführt werden, da die Tiere auf zu große Mengen Frischwasser empfindlich reagieren.

TOXOTES LORENTZI

(WEBER, 1911)

Lorentz Schützenfisch
Familie: **Toxotidae**
Verbreitung: Australien und Neuguinea
Größe: 23 cm
Futter: **Fleischfresser.** Besonders Fluginsekten
Temperaturbereich: 24-30 °C
pH: 7,0-7,5 dH: bis 15°

Von dieser Süßwasser-Art sollte man möglichst einen kleinen Schwarm in einem Artenbecken halten, da ihr aggressives Verhalten dann weniger stark ausgeprägt ist. Die Nahrung besteht hauptsächlich aus Fluginsekten, die nur von der Wasseroberfläche aufgenommen werden.

Zucht
Nicht bekannt.

Aquarieneinrichtung
Dicht bepflanztes, gut gefiltertes, offenes Becken. Die wärmebedürftigen Tiere halten sich meist an der Wasseroberfläche auf.

24-30 °C 23 cm

UMBRA LIMI

(KIRTLAND, 1840)

Amerikanischer Hundsfisch (Central Mudminnow)
Familie: **Umbridae**
Verbreitung: Von Quebec (Kanada) über die Großen Seen bis zum Ohio-River (USA)
Größe: Männchen 11 cm, Weibchen 15 cm
Futter: **Fleischfresser.** Kleines Lebendfutter, einschließlich Fischeier
Temperaturbereich: 17-21 °C
pH: 6,0-6,5 dH: bis 6°

Ein ruhiger und friedlicher Fisch, der kühle Bedingungen bevorzugt. Zur Laichzeit, wenn Reviere gebildet werden, sind die Tiere allerdings recht unverträglich.

Achten Sie darauf, daß die Fische die Wasseroberfläche erreichen können, da für diese Art ihre Schwimmblasenatmung lebensnotwendig ist. Die Männchen sind kleiner als die Weibchen und zeigen zur Laichzeit eine zitronengelbe bis orangerote Färbung.

Zucht
Die Eier werden im Frühjahr in Nestgruben abgelegt; die Jungfische schlüpfen nach 12 Tagen. Das Nest wird vom Weibchen bewacht.

Aquarieneinrichtung
Bepflanztes Kaltwasser-Gesellschaftsbecken mit Fischen ähnlicher Größe.

17-21 °C 11 cm

UMBRA PYGMAEA

(DE KAY, 1842)

Amerikanischer Hundsfisch (Eastern Mudminnow)
Familie: **Umbridae**
Verbreitung: Osten der USA, von Long Island bis zum Neuse-River, North Carolina
Größe: Männchen 12 cm, Weibchen 15 cm
Futter: **Fleischfresser.** Jede Art von kleinem Lebendfutter, nimmt auch Trockenfutter
Temperaturbereich: 17-23 °C
pH: 6,0-6,5 dH: bis 8°

Diese anspruchslose, *U. limi* in jeder Hinsicht stark ähnelnde Art aus flachen Gewässern und Sümpfen kann im Kaltwasserbecken mit anderen ruhigen Fischen gehalten werden. Männchen sind kleiner.

Zucht
Die Eier werden von den Weibchen in Nestgruben abgelegt und von diesen bis zum Schlüpfen der Jungfische bewacht.

17-23 °C 12 cm

Aquarieneinrichtung
Bepflanztes Kaltwasseraquarium.

MEERWASSER-FISCHE

Der nun folgende Abschnitt über Meerwasserfische unterscheidet sich in einigen Punkten vom vorangegangenen Teil über Süßwasserfische. So ist z. B. die Aquarieneinrichtung im Grunde genommen immer dieselbe: Sie besteht aus einem aus Kalkstein nachgebildeten Riff, denn bei den in Aquarien gehaltenen Meerwasser-Arten handelt es sich hauptsächlich um Riffbewohner. Aber auch Salzgehalt, Temperatur und der pH-Wert sind für alle gleich.

Wirbellose Tiere sind in diesem Buch nicht aufgeführt, weil sie bei längerer Haltung eine spezielle Pflege benötigen. Eine Ausnahme bilden die Anemonenfische, die für ihr Wohlbefinden unbedingt eine oder zwei Anemonen benötigen.

Der problematischste Punkt in der Beschreibung von Meerwasserfischen sind Informationen über die Zucht, da über ihre Fortpflanzung kaum etwas bekannt ist – sowohl im Aquarium als auch in der Natur. Wenn Beobachtungen aus Aquarien oder dem natürlichen Lebensraum vorliegen, werden diese erwähnt. Oft ließen sich allerdings keinerlei Angaben über die Vermehrung finden. Da aber ständig neue Fakten bekannt werden, können sich natürlich auch fortlaufend Änderungen ergeben.

Acanthurus achilles

Shaw, 1803

24-26 °C | 25 cm

Achilles-Doktorfisch
Familie: **Acanthuridae**
Verbreitung: Pazifik
Größe: 25 cm
Futter: Viel pflanzliche Kost – Algen, Salat etc., dazu lebende Garnelen, gefrorene *Mysis* etc.
Temperaturbereich: 24-26 °C
pH: 8,4 Salzgehalt: 1,023-1,027

Im großen und ganzen friedliche, aber etwas empfindliche Fische, die ein großes, alteingerichtetes Becken benötigen. In der Natur leben sie in Schwärmen, aber im Aquarium kommt es untereinander manchmal zu Streitigkeiten, besonders wenn das Becken zu klein ist. Sie zeigen dann häufig Drohgebärden, fügen sich aber normalerweise keinen Schaden zu. Die Tiere suchen im Becken nach Algen aller Art, müssen aber außerdem noch reichlich pflanzliche Kost bekommen. Ausgewachsene Tiere sind stärker gefärbt als Jungfische. Erkennbare Geschlechtsunterschiede sind nicht vorhanden, manchmal sind die Männchen größer, manchmal die Weibchen.

Zucht

Nicht bekannt.

Aquarieneinrichtung

Sorgen Sie für guten Algenwuchs, den die Fische abweiden können.

Acanthurus coeruleus

Bloch und Schneider, 1801

24-26 °C | 30 cm

Spätblauer Doktorfisch
Familie: **Acanthuridae**
Verbreitung: Westlicher Atlantik
Größe: 30 cm
Futter: Hauptsächlich Algen
Temperaturbereich: 24-26 °C
pH: 8,4 Salzgehalt: 1,023-1,027

Ein interessanter Fisch, da sich seine Färbung im Laufe seines Lebens stark verändert. Jungfische sind hellgelb mit einer blauen Augenzeichnung und blau gesäumten Rücken-, After- und Bauchflossen. Mit zunehmendem Alter färben sich Kopf, Körper und Flossen blau, während die Schwanzwurzel gelb bleibt. Ausgewachsene Exemplare sind – bis auf einen gelben Schwanzdorn – vollständig blau gefärbt, wobei die Intensität der Farbe von der jeweiligen Stimmung des Fisches abhängt und von Himmelblau bis zu einem tiefen, fast violetten Blau variieren kann. Im Aquarium zeigen die Jungfische oft ein dominantes Verhalten. Interessant ist die Verbreitung der Art: Sie ist normalerweise vor Florida, den Bahamas und in der Karibik angesiedelt, soll aber auch schon bei New York gefunden worden sein.

Zucht

Nicht bekannt.

Acanthurus leucosternon

(Bennett, 1832)

Weißkehl-Doktorfisch
Familie: **Acanthuridae**
Verbreitung: Indo-Pazifik
Größe: 25 cm
Futter: Gefrierfutter, *Mysis* etc., pflanzliche Kost
Temperaturbereich: 24-26 °C
pH: 8,4 Salzgehalt: 1,023-1,027

Ein wegen seiner auffälligen Färbung sehr beliebter Fisch, der seine Farben von der Jugend bis zum Alter nicht zu verändern scheint. Er benötigt gute Wasserqualität und viel freien Schwimmraum. Halten Sie einzelne Tiere, da es sonst zu Kämpfen kommt, und sorgen Sie für reichlich Grünfutter in Form von Algen oder Kopfsalat. Männchen sind im allgemeinen größer als Weibchen.

Zucht

Nicht bekannt.

Aquarieneinrichtung

Becken mit guter Wasserqualität, dichtem Algenwuchs und viel freiem Schwimmraum.

24-26 °C | 25 cm

Acanthurus sohal

(Forsskål, 1775)

24-26 °C 40 cm

Arabischer Blaustreifen-Doktorfisch
Familie: **Acanthuridae**
Verbreitung: Rotes Meer
Größe: 40 cm
Futter: Algen, pflanzliche Kost
Temperaturbereich: 24-26 °C
pH: 8,4 Salzgehalt: 1,023-1,027

Dieser beeindruckende Fisch wird nur sehr selten im Handel angeboten. Jungfische sind untereinander oft ziemlich unverträglich, auch in einem sehr großen Aquarium, so daß nur einzelne Exemplare gehalten werden sollten. Die beiden Dornen auf der Schwanzwurzel – ein gemeinsames Merkmal aller Doktorfische – sind orangefarben. Diesen Dornen verdanken die Tiere auch ihren wissenschaftlichen Namen, denn *Acanthurus* bedeutet Dornschwanz. Algen sind für die Ernährung der Fische sehr wichtig.

Zucht
Nicht bekannt.

Aquarieneinrichtung
Becken mit starkem Algenbewuchs.

Naso lituratus

(Bloch und Schneider, 1801)

24-26 °C 50 cm

Gelbklingen-Nasendoktorfisch, Kuhkopffisch
Familie: **Acanthuridae**
Verbreitung: Indo-Pazifik
Größe: 50 cm
Futter: Pflanzliche Kost, gefrorene *Mysis* etc.
Temperaturbereich: 24-26 °C
pH: 8,4 Salzgehalt: 1,023-1,027

Ein friedlicher Fisch und eine Attraktion für große Aquarien. Manchmal werden die Angehörigen dieser Gattung auch „Einhornfische" genannt, weil einige Arten eine Art „Horn" auf der Stirn tragen. Auf der Schwanzwurzel der Fische sitzen zwei sehr scharfe Klingen, an denen man sich böse Verletzungen zuziehen kann, so daß bei der Handhabung große Vorsicht geboten ist. Die Färbung kann je nach Herkunft etwas variieren: Fische aus Gewässern um Hawaii haben eine schwarze, Exemplare aus dem Indischen Ozean eine orangefarbene Rückenflosse.

Zucht
Nicht bekannt.

Paracanthurus hepatus

Linnaeus, 1766

24-26 °C 25 cm

Paletten-Doktorfisch
Familie: **Acanthuridae**
Verbreitung: Indo-Pazifik
Größe: 25 cm
Futter: Grünfutter, gefrorene *Mysis* etc.
Temperaturbereich: 24-26 °C
pH: 8,4 Salzgehalt: 1,023-1,027

Diese Art läßt sich leicht an der blauschwarzen Zeichnung und der auffallend gelb gefärbten Schwanzflosse erkennen. Sofern das Aquarium groß genug ist, kann ein kleiner Schwarm gehalten werden. Setzen Sie möglichst eine Gruppe von Jungfischen ein, auch wenn diese anfangs ein wenig streitsüchtig sein sollten; normalerweise legt sich dies nach einigen Tagen. Sorgen Sie für reichlich pflanzliche Kost. In der Natur findet man die Tiere in einer Tiefe von 10 bis 40 m.

Zucht
Nicht bekannt.

Aquarieneinrichtung
Für einen kleinen Schwarm benötigt man ein großes Aquarium mit reichlich Algenwuchs.

Zebrasoma flavescens

(Bennett, 1828)

Zitronen-Segelflossen-Doktorfisch
Familie: **Acanthuridae**
Verbreitung: Pazifik
Größe: 20 cm
Futter: Pflanzliche Kost
Temperaturbereich: 24-26 °C
pH: 8,4 Salzgehalt: 1,023-1,027

Ein leuchtend gelber Fisch, der manchmal mit Jungfischen von *Acanthurus coeruleus* verwechselt wird. Allerdings hat *Z. flavescens* keinerlei blaue Zeichnung am Auge oder auf den Flossen, und auch die Kopfform ist anders. Da es sich um revierbildende Fische handelt, sollte man entweder einen Schwarm von sechs oder mehr Exemplaren in einem sehr großen Aquarium halten oder aber einzelne Tiere. Als hauptsächlich algenfressende Art benötigen die Tiere viel pflanzliche Kost.

24-26 °C 20 cm

Zucht
Nicht bekannt.

Aquarieneinrichtung
Becken mit starkem Algenwuchs.

Balistoides conspicillum

Bloch und Schneider, 1801

24-26 °C 50 cm

Leoparden-Drückerfisch
Familie: **Balistidae**
Verbreitung: Indo-Pazifik
Größe: 50 cm
Futter: Schalentiere, Krebse
Temperaturbereich: 24-26 °C
pH: 8,4 Salzgehalt: 1,023-1,027

Eine aggressive Art, die schnell die Vorherrschaft im Aquarium übernimmt, so daß sie nicht mit kleineren Arten vergesellschaftet werden sollte. Die Tiere haben kräftige Kiefer, wie sie für das Fressen von Schalentieren erforderlich sind. Wenn sie einen Seeigel gefunden haben, drehen sie ihn mit einem aus dem Maul ausgestoßenen Wasserstrahl auf den Rücken, so daß die ungeschützte Bauchseite zugänglich wird. Die Tiere können zur Verteidigung den ersten Stachel der Rückenflosse mit Hilfe des zweiten Stachels feststellen. Dadurch erscheinen sie Freßfeinden nicht nur größer, sondern sie werden auf diese Weise auch zu einer sehr stachligen Mahlzeit.

Zucht
Nicht bekannt.

Odonus niger

(Rüppell, 1922)

Rotzahn-Gabelschwanz, Blauer Drückerfisch
Familie: **Balistidae**
Verbreitung: Indo-Pazifik, Rotes Meer
Größe: 50 cm
Futter: **Allesfresser**
Temperaturbereich: 24-26 °C
pH: 8,4 Salzgehalt: 1,023-1,027

Ein relativ friedlicher Fisch, der sich im Aquarium gut eingewöhnt. In der Natur ernährt er sich von Schwämmen, im Aquarium fressen die Tiere fast alles. Die Art ist weit verbreitet, wobei ihre Färbung von Grün über Blau bis fast Schwarz variieren kann. Besonders auffällig sind die roten Zähne und die Schuppen, die dem Fisch ein faszinierendes, diamantenartiges Muster verleihen. Die Fortbewegung erfolgt hauptsächlich durch die großen Flossen und weniger durch die Bewegungen des Körpers. Ausgewachsene Exemplare springen manchmal.

Zucht
Nicht bekannt.

24-26 °C 50 cm

Synchiropus picturatus

(Peters, 1876)

24-26 °C 10 cm

LSD-Mandarinfisch, Paletten-Leierfisch
Familie: **Callionymidae**
Verbreitung: Pazifik
Größe: 10 cm
Futter: Algen, kleine Krebse etc.
Temperaturbereich: 24-26 °C
pH: 8,4 Salzgehalt: 1,023-1,027

Diese Art paßt sich einem Leben im Aquarium meist gut an. Man kann die Tiere in einem ausreichend großen Becken paarweise halten, andernfalls einzeln, da sie gegenüber Artgenossen relativ intolerant sind. Eine Vergesellschaftung sollte nur mit friedlichen Arten vorgenommen werden. Die Tiere leben zumeist versteckt in Höhlen, ruhen auf Steinen oder graben sich sogar im Boden ein. Männchen sind stärker gefärbt und haben verlängerte Rücken- und Afterflossenstrahlen.

Zucht
Über die Zucht ist wenig bekannt. Man vermutet, daß bei einigen Arten eine innere Befruchtung stattfindet. Der Laich wird frei ins Wasser abgegeben. Auch im Aquarium wurden schon Eier abgelegt, aus denen aber keine Jungfische schlüpften.

Aquarieneinrichtung
Becken mit Sandboden sowie Ruheplätzen und Verstecken aus Steinen.

Synchiropus splendidus

(Herre, 1927)

Glänzender Mandarinfisch
Familie: **Callionymidae**
Verbreitung: Pazifik
Größe: 10 cm
Futter: Algen, kleine Krebse usw.
Temperaturbereich: 24-26 °C
pH: 8,4 Salzgehalt: 1,023-1,027

Diese Art ist noch weitaus farbenprächtiger als *S. picturatus*, aber ebenso scheu und zurückhaltend. Auch die Haltungsbedingungen und die Geschlechtsunterschiede sind bei beiden Arten gleich, wobei aber *S. splendidus*, deren Körper ein Gift enthalten soll, häufiger im Handel ist.

Zucht
Siehe Anmerkungen zu *S. picturatus*.

24-26 °C 10 cm

Aeoliscus strigatus

(Günther, 1860)

Rasiermesserfisch
Familie: **Centriscidae**
Verbreitung: Indo-Pazifik
Größe: 10 cm
Futter: **Allesfresser.** Gefrier- und Lebendfutter
Temperaturbereich: 24-26 °C
pH: 8,4 Salzgehalt: 1,023-1,027

Eigentümlicherweise sitzt bei diesen Fischen die Rückenflosse am hinteren Ende des mit Platten bedeckten Körpers, also dort, wo sich normalerweise die Schwanzflosse befindet. Die Tiere schwimmen im Schwarm mit dem Kopf nach unten und suchen nahe der Wasseroberfläche nach Futter. Auch in Höhlen hat man sie in dieser Haltung angetroffen, und Berichten zufolge sogar auch zwischen den Stacheln von Seeigeln, wo sie durch ihre dunkle Längsbinde gut getarnt sind. Die Fische sind nicht leicht einzugewöhnen und verweigern häufig die Nahrung. Versuchen Sie es in einem solchen Fall mit Lebendfutter, etwa *Mysis* und *Artemia.*

Zucht
Nicht bekannt.

24-26 °C 10 cm

Oxymonacanthus longirostris

(Bloch und Schneider, 1801)

Schnabeldrückerfisch
Familie: **Centriscidae**
Verbreitung: Indo-Australischer Archipel, Pazifikinseln (ausgenommen Hawaii)
Größe: 10 cm
Futter: **Fleischfresser.** Gefrier- und Lebendfutter
Temperaturbereich: 24-26 °C
pH: 8,4 Salzgehalt: 1,023-1,027

Ein friedlicher Fisch, der durch seine auffällige Färbung eine Bereicherung für jedes Aquarium ist. Die Tiere benutzen ihre lange, spitze Schnauze, um in Riffspalten nach Korallenpolypen zu suchen; im Aquarium fressen sie meistens auch *Artemia.* Sie leben normalerweise zwischen verzweigten Korallenstöcken in den oberen Bereichen des Riffs, und man sollte versuchen, im Aquarium ähnliche Bedingungen zu schaffen. Wegen ihrer etwas heiklen Nahrungsansprüche ein Fisch für Experten, denn ohne entsprechende Pflege und größte Aufmerksamkeit wird er im Aquarium nicht lange überleben.

24-26 °C 10 cm

Zucht
Nicht bekannt.

Chaetodon aculeatus

(Poey, 1860)

Deutscher Name ist nicht bekannt
Familie: **Chaetodontidae**
Verbreitung: Südliches Florida, Karibik, Bahamas, Golf von Mexiko
Größe: 10 cm
Futter: Kleine Wirbellose
Temperaturbereich: 24-26 °C
pH: 8,4 Salzgehalt: 1,023-1,027

Eine kleine, einzelgängerisch lebende Art, wenn auch Jungfische manchmal Gruppen von etwa zehn Tieren bilden, die sich bevorzugt an den steilen Abbrüchen der Korallenriffe aufhalten, um in Spalten nach Futter zu suchen; oft beißen sie aber auch die Stacheln von Seeigeln ab. Werden sie erschreckt, ziehen sie sich in Höhlen und Spalten zurück. Normalerweise leben die Tiere in einer Tiefe von 20 bis 50 m, man hat aber auch schon ein Exemplar in 91 m Tiefe gefunden. Bei dieser attraktiven Art, die durch ihre gelben Flossen auffällt, handelt es sich um ziemlich robuste Fische, die nicht zu schwer zu halten sind.

24-26 °C 10 cm

Zucht
Nicht bekannt.

Aquarieneinrichtung
Becken mit zahlreichen Steinen und Spalten zur Futtersuche und zum Verstecken.

Chaetodon auriga

Forsskål, 1775

Augenfleck-Falterfisch, Fähnchen-Falterfisch
Familie: **Chaetodontidae**
Verbreitung: Indo-Pazifik, Rotes Meer
Größe: 18 cm
Futter: Krebse, Algen, Korallenpolypen
Temperaturbereich: 24-26 °C
pH: 8,4 Salzgehalt: 1,023-1,027

Ein friedlicher, scheuer Fisch, der einfach zu halten ist, da er sich ziemlich leicht an herkömmliches Zierfischfutter gewöhnt. Jungfische haben eine ausgezogene Rückenflosse. Allerdings kann man die Tiere nicht mit allen Wirbellosen vergesellschaften, da sie deren Jugendstadien fressen. Es wurden zwei Unterarten beschrieben, *C. a. auriga* aus dem Roten Meer, deren dunkler Fleck auf der Rückenflosse mit zunehmendem Alter verblaßt und *C. a. setifer* aus dem Indo-Pazifik.

Zucht
Nicht bekannt.

24-26 °C 18 cm

Chaetodon collare

Bloch, 1787

Rotschwanz-Schmetterlingsfisch
Familie: **Chaetodontidae**
Verbreitung: Indischer Ozean
Größe: 15 cm
Futter: Korallenpolypen, Wirbellose, pflanzliche Kost
Temperaturbereich: 24-26 °C
pH: 8,4 Salzgehalt: 1,023-1,027

In der Natur lebt diese Art zumeist in Schwärmen – im Aquarium können sich die Tiere allerdings sowohl gegenüber Artgenossen als auch gegenüber anderen Fischen aggressiv verhalten. Über die Haltung gehen die Meinungen auseinander: Einige behaupten, sie sei relativ einfach, andere bewerten sie als schwierig. Man ist sich jedoch einig, daß es kein Anfängerfisch ist. Die Fütterung ist problemlos, wobei man den Tieren aber eine reichhaltige Palette verschiedenster Nahrungsmittel bieten sollte, da die Bedürfnisse je nach Herkunftsort unterschiedlich sein können.

Zucht
Nicht bekannt.

24-26 °C 15 cm

Chaetodon decussatus

Cuvier, 1831

Gemalter Falterfisch
Familie: **Chaetodontidae**
Verbreitung: Von Sri Lanka über den gesamten Indo-Malaiischen Archipel
Größe: 20 cm
Futter: Algen, Korallenpolypen
Temperaturbereich: 24-26 °C
pH: 8,4 Salzgehalt: 1,023-1,027

Die Mehrzahl der im Handel befindlichen Fische stammt aus Sri Lanka. Wenn man sie zum Fressen bringen kann, ist eine Eingewöhnung zumeist unproblematisch. Obwohl sie sich in der Natur von Algen und Korallenpolypen ernähren, nehmen sie oft schon nach kurzer Zeit handelsübliches Trocken- und Gefrierfutter.

Zucht
Nicht bekannt.

24-26 °C 20 cm

Chaetodon falcula

Bloch, 1793

Keilfleck-Schmetterlingsfisch, Doppelsattelfalter
Familie: **Chaetodontidae**
Verbreitung: Indischer Ozean
Größe: 15 cm
Futter: Algen, Wirbellose etc.
Temperaturbereich: 24-26 °C
pH: 8,4 Salzgehalt: 1,023-1,027

Ein aggressiver Fisch, der keine Artgenossen im Becken duldet. In der Natur lebt er dagegen paarweise oder in kleinen Gruppen in einer Tiefe von 3 bis 15 m. In einem alteingerichteten Aquarium gewöhnt er sich normalerweise gut ein. Allerdings ist er kein Fisch für Anfänger auf dem Gebiet der Meeresaquaristik.

Zucht
Nicht bekannt.

Aquarieneinrichtung
Alteingerichtetes Becken.

24-26 °C 15 cm

24-26 °C 13 cm

Chaetodon miliaris

Quoy und Gaimard, 1824

Hirsekorn-Falterfisch
Familie: **Chaetodontidae**
Verbreitung: Indo-Pazifik
Größe: 13 cm
Futter: Plankton, Wirbellose, Fischeier
Temperaturbereich: 24-26 °C
pH: 8,4 Salzgehalt: 1,023-1,027

Wahrscheinlich einer der robustesten Fische für ein Meerwasseraquarium. Der einzige Nachteil ist, daß die schöne gelbe Färbung in der Gefangenschaft verblaßt, wobei unbekannt ist, ob besonderes Futter, eine spezielle Wasserqualität oder vielleicht eine Kombination aus beidem dies verhindern kann. Möglicherweise sind die Ursachen aber auch ganz anderer Natur. Die Tiere leben in Tiefen von 1 bis 250 m und bilden manchmal große Schwärme, um gemeinsam auf Futtersuche zu gehen. Dabei werden oft auch die Gelege anderer Fische, etwa von Korallenbarschen, geplündert.

Zucht
Die Tiere haben feste Laichzeiten; die Jungfische findet man in den Gewässern des Indo-Pazifiks im April, Mai und Juni, meist in Küstennähe.

Chaetodon vagabundus

Linnaeus, 1758

Schwarzrandfalterfisch
Familie: **Chaetodontidae**
Verbreitung: Indo-Pazifik
Größe: 20 cm
Futter: Algen, Wirbellose
Temperaturbereich: 24-26 °C
pH: 8,4 Salzgehalt: 1,023-1,027

Diese Art gilt als Anfängerfisch für Neueinsteiger in der Meeresaquaristik. Das Becken sollte allerdings nicht neu sein: Die Fische benötigen ein alteingerichtetes Becken mit guter Wasserqualität. Sie sind friedlich, unproblematisch, und auch ihre Fütterung mit Trocken- und Gefrierfutter sowie pflanzlicher Kost verursacht meist keine Schwierigkeiten. Manchmal werden die einfach, aber markant gefärbten Fische sogar zahm genug, um Nahrung aus der Hand zu nehmen.

Zucht
Nicht bekannt.

24-26 °C 20 cm

Aquarieneinrichtung
Alteingerichtetes Becken mit guter Wasserqualität.

Chelmon rostratus

(Linnaeus, 1758)

Gebänderter Pinzettfisch	
Familie: **Chaetodontidae**	
Verbreitung: Indo-Pazifik, Rotes Meer	
Größe: 17 cm	
Futter: Algen, Wirbellose	
Temperaturbereich: 24-26 °C	
pH: 8,4 Salzgehalt: 1,023-1,027	

Ein beliebter Zierfisch, der sich Artgenossen gegenüber oft recht unverträglich zeigt, so daß man ihn am besten einzeln hält. Die Fütterung ist manchmal etwas schwierig, da kleines Lebendfutter bevorzugt wird. Einmal eingewöhnt, nehmen die Tiere aber häufig auch handelsübliches Gefrierfutter. Besonderen Wert sollte man auf gute Wasserqualität legen, da die Fische sonst kümmern.

Zucht

Nicht bekannt.

Aquarieneinrichtung

Achten Sie auf die Wasserqualität.

24-26 °C

17 cm

Forcipiger flavissimus

Jordan und McGregor, 1898

Gelber Pinzettfisch	
Familie: **Chaetodontidae**	
Verbreitung: Indo-Pazifik, Rotes Meer	
Größe: 20 cm	
Futter: Wirbellose, Algen	
Temperaturbereich: 24-26 °C	
pH: 8,4 Salzgehalt: 1,023-1,027	

Diese von der Erscheinung her sehr eindrucksvollen Fische gewöhnen sich normalerweise gut in einem Aquarium ein und nehmen dann auch Trocken- und Gefrierfutter. In der Natur suchen sie mit ihrer langen Schnauze zwischen den Korallen nach Wirbellosen. Auf ihrer Afterflosse ist ein auffälliger Augenfleck zu erkennen, während das eigentliche Auge durch eine schwarze Kopfzeichnung maskiert wird. In Australien soll es auch eine rein schwarze Form dieser schönen Fischart geben.

Zucht

Nicht bekannt.

24-26 °C

20 cm

Forcipiger longirostris

(Broussonet, 1782)

Punktierter Pinzettfisch	
Familie: **Chaetodontidae**	
Verbreitung: Indo-Pazifik	
Größe: 19 cm	
Futter: Algen, Wirbellose	
Temperaturbereich: 24-26 °C	
pH: 8,4 Salzgehalt: 1,023-1,027	

Diese außerordentlich markante Fischart ist nahe mit *F. flavissimus* verwandt, hat aber eine viel längere Schnauze und 10 bis 11 Rückenflossenstacheln, während *F. flavissimus* 12 besitzt. Die Haltungsbedingungen ähneln denen von *F. flavissimus*. Schwarze Formen sind aus Hawaii, dem Großen Barrier-Riff, den Komoren und von der Weihnachtsinsel bekannt, wobei ein schwarzes Exemplar auf etwa hundert gelbe kommt. Im Aquarium färben sich schwarze Tiere oft wieder gelb. *F. longirostris* und *F. flavissimus* kommen in der Natur zusammen vor.

Zucht

Nicht bekannt.

24-26 °C

19 cm

Heniochus acuminatus

(Linnaeus, 1758)

Echter Wimpelfisch
Familie: **Chaetodontidae**
Verbreitung: Indo-Pazifik, Rotes Meer
Größe: 18 cm
Futter: **Allesfresser**
Temperaturbereich: 24-26 °C
pH: 8,4 Salzgehalt: 1,023-1,027

Eine Art, die gut für das Aquarium geeignet ist, da sie einfach zu füttern und so friedlich ist, daß zwei oder drei Exemplare in einem großen Becken gehalten werden können. Wenn die Tiere die Nahrung verweigern, kann sich die Wasserqualität verschlechtert haben, oder das Aquarium ist möglicherweise überbesetzt – viel freier Schwimmraum ist wichtig. Die Färbung der Tiere ändert sich mit zunehmendem Alter nur wenig; ausgewachsene Exemplare haben aber eine ausgezogene Rückenflosse. Jungtiere fungieren oft als Putzerfische.

Zucht
Nicht bekannt.

Aquarieneinrichtung
Becken mit guter Wasserqualität und viel freiem Schwimmraum.

24-26 °C 18 cm

Heniochus chrysostomus

Cuvier, 1831

Pazifik-Wimpelfisch
Familie: **Chaetodontidae**
Verbreitung: Indo-Pazifik
Größe: 15 cm
Futter: Algen und Korallen
Temperaturbereich: 24-26 °C
pH: 8,4 Salzgehalt: 1,023-1,027

Eine selten importierte Art. In der Natur findet man sie in Regionen, in denen es viele lebende Korallen gibt – oft zusammen mit Exemplaren von *H. varius*. Jungtiere bevorzugen flache, bis etwa 1 m tiefe Gewässer, ausgewachsene Fische leben in einer Tiefe bis 15 m.

Zucht
Nicht bekannt.

24-26 °C 15 cm

Heniochus varius

Cuvier, 1829

Seebulle, Schwarzer Wimpelfisch
Familie: **Chaetodontidae**
Verbreitung: Indo-Pazifik
Größe: 18 cm
Futter: Kleine Wirbellose
Temperaturbereich: 24-26 °C
pH: 8,4 Salzgehalt: 1,023-1,027

Ausgewachsene Tiere dieser Art haben oberhalb der Augen zwei deutlich sichtbare „Hörner". Im Gegensatz zu den USA findet man diese Fische in Europa nur relativ selten im Handel. Sie sind ziemlich empfindlich und schwer zu ernähren. So benötigen Jungtiere mehrmals täglich größere Mengen an *Artemien*, die sich aber, um die Sache zusätzlich zu komplizieren, von Algen ernährt haben sollten, damit die Fische auf diesem Umweg von den Pflanzen profitieren.

Zucht
Nicht bekannt.

Aquarieneinrichtung
Becken mit gedämpfter Beleuchtung und dunklen Ecken, in denen die Tiere Schutz suchen können.

24-26 °C 18 cm

Oxycirrhites typus
(Bleeker, 1857)

Langschnauzen-Büschelbarsch
Familie: **Cirrhitidae**
Verbreitung: Indischer Ozean
Größe: 10 cm
Futter: **Allesfresser**
Temperaturbereich: 24-26 °C
pH: 8,4 Salzgehalt: 1,023-1,027

Diese friedliche Art, von der man mehrere Exemplare halten kann, gewöhnt sich gut ein. Die Tiere halten sich zumeist zwischen Korallen auf, um sich dann aber bei Fütterung auf die Nahrung zu stürzen. Dabei wird kleines Lebend- und Gefrierfutter gleichermaßen gern genommen. Die Männchen sind kleiner und haben einen dunkler rot gefärbten Unterkiefer.

24-26 °C 10 cm

Zucht
In der Natur wird während der Abenddämmerung abgelaicht. Einige wenige Berichte über die seltenen Zuchterfolge im Aquarium beschreiben die Eier als klebrig.

Diodon holocanthus
(Linnaeus)

Braunflecken-Igelfisch, Doppelbalken-Igelfisch
Familie: **Diodontidae**
Verbreitung: Weltweit in tropischen Regionen
Größe: 15 cm
Futter: **Fleischfresser.** Gefrier- und Lebendfutter
Temperaturbereich: 24-26 °C
pH: 8,4 Salzgehalt: 1,023-1,027

Igelfische werden relativ groß und benötigen ein entsprechend geräumiges Artenbecken ebenso wie eine gute Filteranlage, die den Schmutz bewältigen kann, den diese Tiere beim Fressen verursachen. Ähnlich wie die Kugelfische (*Tetraodontidae*) können sie ihren Körper aufblähen, wodurch sich die zahlreichen Stacheln aufrichten und sie vor Freßfeinden schützen. Reizen Sie die Tiere aber nicht zu Vorführzwecken, weil jedes Aufblähen eine große Anstrengung bedeutet. Diese Fische sind nicht sehr ängstlich und werden oft so zahm, daß man sie von Hand füttern kann. Ihre Nahrung besteht aus Fleischbrocken, Garnelen, Herzmuscheln und ähnlichem, so daß sie nicht in Gesellschaftsbecken mit Wirbellosen gehalten werden sollten.

24-26 °C 15 cm

Zucht
Nicht bekannt.

Gobiodon citrinus
(Ruppel, 1838)

Zitronengrundel
Familie: **Gobiidae**
Verbreitung: Indo-Pazifik
Größe: 3 cm
Futter: **Allesfresser**
Temperaturbereich: 24-26 °C
pH: 8,4 Salzgehalt: 1,023-1,027

Eine friedliche, unkomplizierte Art für Anfänger ebenso wie für erfahrene Aquarianer. Nach der Eingewöhnung akzeptieren die Tiere fast jede Art Nahrung, bevorzugen aber Lebendfutter. Mit großen Fischen sollten die kleinen Tiere aus naheliegenden Gründen nicht vergesellschaftet werden. Die meiste Zeit verbringen sie ruhend auf Steinen oder zwischen Korallen. Ihr Körper soll ein Gift enthalten, wobei es allerdings keinerlei Hinweise darauf gibt, ob es dadurch bei Aquarianern zu Problemen gekommen ist.

24-26 °C 3 cm

Zucht
Nicht bekannt.

Lythrypnus dalli
(Gilbert, 1891)

Blaustreifengrundel
Familie: **Gobiidae**
Verbreitung: Pazifikküste Kaliforniens
Größe: 6 cm
Futter: Wirbellose
Temperaturbereich: 20-22 °C
pH: 8,4 Salzgehalt: 1,023-1,027

Eine Grundel für kühlere Becken. Man kann sie mit anderen friedlichen Arten in einem relativ kleinen Aquarium vergesellschaften. Die recht kurzlebigen Tiere bilden ein Revier; sofern jedoch ausreichend Steine zur Abgrenzung der Territorien vorhanden sind, leben sie überwiegend friedlich zusammen. Zu empfehlen ist außerdem Sandboden, da die Fische gern Höhlen graben. Sie nehmen zwar Gefrierfutter, bevorzugen aber lebende Nahrung; zur Zucht ist Lebendfutter unbedingt erforderlich.

20-22 °C 6 cm

Zucht
Die Eier werden in einer Höhle oder einem selbstgegrabenen Bau abgelegt und vom Männchen bewacht. Die Jungfische sind wegen ihrer geringen Größe schwer aufzuziehen.

Gramma loreto

Poey, 1868

Königsfeenbarsch
Familie: **Grammidae**
Verbreitung: Westlicher Atlantik
Größe: 13 cm
Futter: **Allesfresser**
Temperaturbereich: 24-26 °C
pH: 8,4 Salzgehalt: 1,023-1,027

Hält sich hauptsächlich in Höhlen und dunklen Nischen auf, die daher im Aquarium ebenfalls vorhanden sein sollten. Nach der Eingewöhnung kommen die Tiere auch bei normalem Licht heraus. Mit Artgenossen gibt es Streitereien, aber wenn das Aquarium groß genug ist, kann man auch zwei Exemplare halten. Fast jede Art von Nahrung wird angenommen. Die Männchen sollen größer sein als die Weibchen.

24-26 °C 13 cm

Zucht

Über Nachzuchten gibt es widersprüchliche Berichte. Zum einen sollen die Eier in einer mit Algen ausgelegten Höhle abgelegt und dann vom Männchen im Maul ausgebrütet worden sein, zum anderen in einer mit Algen ausgekleideten Laichgrube, die vermutlich vom Männchen bewacht wurde. Es schlüpften Jungfische, die aber nicht aufgezogen werden konnten.

Myripristis jacobus

Cuvier und Valenciennes

Schulterstreifen-Soldatenfisch
Familie: **Holocentridae**
Verbreitung: Karibik, nördliches Florida bis Brasilien
Größe: 25 cm
Futter: **Fleischfresser.** Gefrier- und Lebendfutter
Temperaturbereich: 24-26 °C
pH: 8,4 Salzgehalt: 1,023-1,027

Ein nachtaktiver Fisch, der dank seiner großen Augen auch noch bei sehr schlechten Lichtverhältnissen sehen kann. Tagsüber halten sich die Tiere meist in Höhlen und Spalten auf, im Aquarium kann man sie häufig jedoch mit Garnelen, Fleisch- oder Fischbrocken herauslocken. Manchmal lassen sie sich mit der Zeit sogar an Trockenfutter gewöhnen. Typisch ist der schwarze Streifen hinter den mit Dornen versehenen Kiemendeckeln. Daher ist Vorsicht beim Herausnehmen geboten.

Zucht

Nicht bekannt.

24-26 °C 25 cm

Bodianus pulchellus

(Poey, 1860)

Kubanischer Schweinsfisch
Familie: **Labridae**
Verbreitung: Westlicher Atlantik
Größe: 25 cm
Futter: Krebse
Temperaturbereich: 24-26 °C
pH: 8,4 Salzgehalt: 1,023-1,027

Dieser außergewöhnliche Fisch macht drei Farbwechsel durch. Jungtiere sind gelb mit einem schwarzen Fleck am Vorderrand der Rückenflosse. In einer mittleren Phase ist der Fisch im vorderen Teil des Körpers dunkel gefärbt, während der hintere Teil und die Schwanzflosse gelb sind. Ausgewachsene Fische zeigen schließlich die typische Rot- und Gelbfärbung. In der Natur handelt es sich um Putzerfische. Außer kleineren Fischen gegenüber sind sie relativ friedlich. Füttern Sie Fleisch.

Zucht

Nicht bekannt.

24-26 °C 25 cm

Bodianus rufus

(Linnaeus, 1758)

Spanischer Schweinsfisch
Familie: **Labridae**
Verbreitung: Westlicher Atlantik
Größe: 60 cm
Futter: Krebse, Muschelfleisch
Temperaturbereich: 24-26 °C
pH: 8,4 Salzgehalt: 1,023-1,027

Die Jungfische dieser sehr friedlichen Fischart sind gelb mit einem blau-purpurnen Fleck auf Rücken und Kopf. Bei älteren Tieren beschränkt sich diese purpurne und später rote Färbung nur auf den vorderen Teil des Rückens. Die Farbe kann je nach Herkunft des Fisches variieren; Jungtiere leben oft als Putzerfische.

Zucht
Nicht bekannt.

24-26 °C 60 cm

Cirrhilabrus rubriventralis

Springer und Randall, 1974

Rotflossen-Lippfisch
Familie: **Labridae**
Verbreitung: Indischer Ozean
Größe: 7 cm
Futter: **Allesfresser**
Temperaturbereich: 24-26 °C
pH: 8,4 Salzgehalt: 1,023-1,027

Ein friedlicher, sehr farbenfroher Fisch, der leicht einzugewöhnen ist, sofern für eine ausgezeichnete Wasserqualität gesorgt wird. Er nimmt Trocken-, Gefrier- und Lebendfutter und sollte darüber hinaus abwechslungsreich ernährt werden. Die Männchen sind stärker gefärbt als die Weibchen und haben lang ausgezogene Rückenflossenstrahlen. Bei entsprechender Größe des Aquariums können mehrere Tiere zusammen gehalten werden. Dann zeigen die Männchen auch ihr Imponierverhalten.

Zucht
Nicht bekannt.

24-26 °C 7 cm

Coris gaimard

(Quoy und Gaimard, 1824)

Roter Clown-Lippfisch, Roter Clown-Junker
Familie: **Labridae**
Verbreitung: Indo-Pazifik
Größe: 30 cm
Futter: Krebse
Temperaturbereich: 24-26 °C
pH: 8,4 Salzgehalt: 1,023-1,027

Jungfische können in Gesellschaftsbecken gehalten werden, während es mit größeren, älteren Exemplaren Probleme geben kann, da sie auf Artgenossen aggressiv reagieren. Besonders Jungtiere sind sehr reizvoll gefärbt. Ihr Körper ist leuchtend orange mit weißen, schwarz eingefaßten Flecken. Ältere Tiere haben einen orangefarbenen Kopf, einen dunklen Körper mit blauen Flecken, rote Rücken- und Afterflossen und eine gelbe Schwanzflosse. Füttern Sie mit Garnelenstückchen und ähnlicher Nahrung.

24-26 °C 30 cm

Zucht
Nicht bekannt.

Gomphosus varius

Lacépède, 1801

Vogel-Lippfisch
Familie: **Labridae**
Verbreitung: Indo-Pazifik
Größe: 25 cm
Futter: Wirbellose
Temperaturbereich: 24-26 °C
pH: 8,4 Salzgehalt: 1,023-1,027

24-26 °C 25 cm

Eine friedliche Art mit deutlichen Geschlechtsunterschieden: Männchen sind leuchtend grün, Weibchen braun. Die Tiere lassen sich leicht eingewöhnen und können mit *Mysis*, Garnelenstückchen und anderem kleinem Futter sowie etwas pflanzlicher Kost ernährt werden. Jungtiere leben oft als Putzerfische. Der Name bezieht sich auf die lange, schnabelartige Schnauze.

Zucht
Nicht bekannt.

Labroides dimidiatus

(Valenciennes, 1839)

Gemeiner Putzerfisch
Familie: **Labridae**
Verbreitung: Indo-Pazifik
Größe: 10 cm
Futter: Hautparasiten
Temperaturbereich: 24-26 °C
pH: 8,4 Salzgehalt: 1,023-1,027

Eine für das Meerwasseraquarium sehr nützliche Art, die größere Fische von Hautparasiten befreit. Allerdings können die Tiere sich in Gefangenschaft davon allein nicht ernähren, sondern man muß Garnelenstückchen zufüttern. Die Tiere üben ihre Tätigkeit an einer festgelegten „Putzstation" aus, so daß größere Fische genau wissen, wo sie diesen Service erhalten können. *L. dimidiatus* hat ein endständiges Maul, im Gegensatz zum sehr ähnlich aussehenden Säbelzahn-Schleimfisch, *Aspidontus taeniatus*, der ein unterständiges Maul hat und nur so tut, als sei er ein Putzerfisch, den „Kunden" aber in Wahrheit Stücke aus dem Körper beißt.

24-26 °C 10 cm

Zucht
Nicht bekannt.

Novaculichthys taeniorus

(Lacépède, 1802)

Bäumchen-Lippfisch
Familie: **Labridae**
Verbreitung: Indo-Pazifik
Größe: 20 cm
Futter: Fleischnahrung
Temperaturbereich: 24-26 °C
pH: 8,4 Salzgehalt: 1,023-1,027

24-26 °C 20 cm

Eine sehr friedliche, hübsche, kleine Art. Jungfische haben eine olivgrüne Färbung mit weißen Flecken und dunklen Streifen; bei ausgewachsenen Exemplaren geht das Grün in Braun über, sie sind dennoch nicht weniger attraktiv. Halten Sie die Tiere zusammen mit Fischen ähnlicher Größe, da sie sonst scheu werden und nicht fressen. Die Nahrung wird vom Boden aufgenommen, so daß darauf geachtet werden muß, daß ausreichend Futter herabsinkt.

Zucht
Nicht bekannt.

Thalassoma lunare

(Linnaeus, 1758)

Mondsichel-Lippfisch
Familie: **Labridae**
Verbreitung: Indo-Pazifik
Größe: 33 cm
Futter: Fleischnahrung
Temperaturbereich: 24-26 °C
pH: 8,4 Salzgehalt: 1,023-1,027

Dieser sehr temperamentvolle Fisch benötigt ein recht geräumiges Aquarium. Tagsüber ist er ständig in Bewegung, so daß sich andere Fische oft gestört fühlen. Einmal eingewöhnt, greift er alle neu eingesetzten Tiere an – ohne Rücksicht auf ihre Größe. Füttern Sie reichlich Fleischbrocken, zerkleinerte Garnelen usw., und vergewissern Sie sich, daß genug Futter zu Boden fällt, damit die Fische ihren großen Appetit stillen können. Ausgewachsenen Exemplaren fehlen die schwarzen Flecken der Jungfische. Letztere erkennt man an der ausgezogenen Schwanzflosse, die einen gelben Mittelteil und einen grünlich-blauen oberen und unteren Rand aufweist.

24-26 °C 33 cm

Zucht
Nicht bekannt.

Nemateleotris magnifica

Fowler, 1938

Prachtschwertgrundel
Familie: **Microdesmidae**
Verbreitung: Indo-Pazifik
Größe: 6 cm
Futter: Kleine Wirbellose
Temperaturbereich: 24-26 °C
pH: 8,4 Salzgehalt: 1,023-1,027

Ein Bodenfisch, der tiefen Sandboden benötigt, in dem er einen Bau graben kann. Fehlt die Möglichkeit, sich in eine Höhle oder einen Bau zurückzuziehen, leben sich die Tiere nie richtig ein. Einmal eingewöhnt, sind sie friedlich und leicht zu füttern. Anfangs kann Lebendfutter erforderlich sein, aber schon bald nehmen die Fische auch tiefgefrorene *Mysis* und ähnliches. Mit der ausgezogenen Rückenflosse, die oft vor und zurück bewegt wird, scheinen die Tiere anderen Fischen etwas zu signalisieren. Der hintere Teil des Körpers ist feurig gefärbt. Sorgen Sie für eine gute Abdeckung, da die Tiere leicht springen, wenn sie erschreckt werden.

Zucht
Einige Arten sollen im Aquarium gelaicht haben. Allerdings ist nicht bekannt, welche und ob Jungfische aufgezogen wurden.

24-26 °C   6 cm

Ptereleotris evides

Jordan und Hubbs, 1925

Scherenschwanz-Torpedogrundel
Familie: **Microdesmidae**
Verbreitung: Indo-Pazifik
Größe: 12 cm
Futter: Fleischnahrung
Temperaturbereich: 24-26 °C
pH: 8,4 Salzgehalt: 1,023-1,027

Die Art benötigt tiefen Sandboden, in den Höhlen gegraben werden. Bei der Nahrungssuche schweben die Tiere regelrecht über dem Boden. Sie entfernen sich jedoch nie sehr weit von der Sicherheit ihres Baus. Sie fressen bereitwillig tiefgefrorenes Fleisch, zerkleinerte Garnelen etc. Ein Einfangen kann recht schwierig sein, da die Tiere blitzschnell reagieren und sich in ihre Schlupflöcher zurückziehen.

Zucht
Nicht bekannt.

24-26 °C   12 cm

Monocentrus japonicus

(Houttuyn)

24-26 °C   15 cm

Tannenzapfenfisch
Familie: **Monocentridae**
Verbreitung: Indo-Pazifik
Größe: 15 cm
Futter: **Fleischfresser.** Gefrier- und Lebendfutter
Temperaturbereich: 24-26 °C
pH: 8,4 Salzgehalt: 1,023-1,027

Auf den ersten Blick sehen diese Fische recht seltsam aus. Ihr Körper ist durch einen starren Panzer aus großen Schuppen geschützt, und außerdem sitzt auf jeder Schuppe noch ein großer, scharfer Dorn. Die Tiere haben zwei Leuchtorgane am Unterkiefer, die vermutlich dazu dienen, Beute anzulocken. Das Leuchten dieser Organe kommt durch symbiotische Bakterien zustande. Tannenzapfenfische leben in einer Tiefe von bis zu 182 m. In einem Artenbecken gewöhnen sie sich recht gut ein und können dann mit Fleisch- und Fischbrocken gefüttert werden. In Japan hält man sie als Speisefische.

Zucht
Nicht bekannt.

Opistognathus aurifrons

(Jordan und Thompson, 1905)

24-26 °C | 12 cm

Brunnenbauer	
Familie: **Opistognathidae**	
Verbreitung: Südliches Florida, Bahamas, Karibik	
Größe: 12 cm	
Futter: Fleischnahrung	
Temperaturbereich: 24-26 °C	
pH: 8,4 Salzgehalt: 1,023-1,027	

Ein friedlicher, kleiner Fisch, der im Aquarium sein eigenes Dasein führt. Man kann mehrere Exemplare zusammen halten, sofern das Becken groß genug ist, damit jedes Tier sein eigenes kleines Revier bilden und einen Bau graben kann. Normalerweise halten sich die Fische in der Nähe ihres Baus auf und ziehen sich bei Gefahr blitzschnell, Schwanz voran, in ihr Versteck zurück – eine kleine Meisterleistung. Nachts wird der Bau mit einem Kiesel oder einer Muschel verschlossen. Sorgen Sie für eine feste Abdeckung, denn die Tiere sind gute Springer. Die Fütterung ist normalerweise kein Problem, da sie feingeschnittene Fleischbrocken nehmen.

Zucht

Das Männchen brütet die Eier im Maul aus, sonst ist wenig bekannt.

Lactoria cornuta

(Linnaeus)

24-26 °C | 40 cm

Langhorn-Kuhfisch	
Familie: **Ostraciidae**	
Verbreitung: Indo-Pazifik	
Größe: 40 cm	
Futter: **Allesfresser.** Lebendfutter und Algen, nimmt auch Gefrierfutter	
Temperaturbereich: 24-26 °C	
pH: 8,4 Salzgehalt: 1,023-1,027	

Dieser stark gepanzerte Fisch kann es sich leisten, recht langsam durchs Wasser zu gleiten, denn die Knochenplatten am Vorderkörper und auf dem Rücken machen es Raubfischen sehr schwer, wenn nicht gar unmöglich, ihn zu verschlingen. Füttern Sie die Fische sehr regelmäßig, weil sie sonst schnell verhungern. Der Körper fällt dann ein, und ist es erst einmal so weit gekommen, kann es für eine Rettung des Fisches schon zu spät sein. Kofferfische sind in der Lage, bei Gefahr ein Gift ins Wasser abzugeben, das im Aquarium oft eine tödliche Wirkung für sie selbst, aber auch für andere Fische hat. Noch fataler wirkt es sich in zu kleinen Transportbehältern aus.

Zucht

Nicht bekannt.

Platax pinnatus

(Linnaeus)

Rotsaum-Fledermausfisch	
Familie: **Platacidae**	
Verbreitung: Indo-Pazifik	
Größe: 45 cm	
Futter: **Fleischfresser.** Gefrier- und Lebendfutter	
Temperaturbereich: 24-26 °C	
pH: 8,4 Salzgehalt: 1,023-1,027	

Eine hübsche Art, wobei die Jungfische mit ihrer rot-schwarzen Färbung besonders eindrucksvoll sind. Mit zunehmendem Alter verblaßt die Farbenpracht ein wenig. Die Haltung ist nicht ganz einfach, da ein großes, hohes Becken und ausgezeichnete Wasserqualität notwendig sind. Jungtiere lassen sich leichter eingewöhnen, allerdings muß man auch bei ihnen viel Zeit und Geduld aufbringen, um sie an das neue Futter zu gewöhnen. Ist das gelungen, wachsen sie recht schnell. Vergesellschaften Sie die Tiere nicht mit Arten, die anderen Fischen an den Flossen zupfen, oder die so lebhaft sind, daß sie die Fledermausfische vom Fressen abhalten. Eine Art für erfahrene Aquarianer.

Zucht

Nicht bekannt.

24-26 °C | 45 cm

Calloplesiops altivelis

(Steindachner, 1903)

24-26 °C | 15 cm

Echter Mirakelbarsch	
Familie: **Plesiopidae**	
Verbreitung: Indo-Pazifik	
Größe: 15 cm	
Futter: **Fleischfresser**	
Temperaturbereich: 24-26 °C	
pH: 8,4 Salzgehalt: 1,023-1,027	

Einer der schönsten Meerwasserfische, an dem zunächst das falsche Auge am hinteren Rand der Rückenflosse auffällt. Der Kopf mit dem Maul und den echten Augen, die durch viele kleine, weiße Punkte maskiert sind, ist dagegen kaum als solcher zu erkennen. Der Augenfleck dient dem Schutz der Tiere, denn falls ein Raubfisch versucht, diese Beute kopfüber zu verschlingen, bekommt er nichts zu fassen als einige Flossenfetzen, die später wieder nachwachsen. Mirakelbarsche sind Raubfische, die bei der Jagd mit dem Kopf nach unten schwimmen. Die übrigen Tiere im Becken sollten daher groß genug sein, um nicht gefressen zu werden.

Zucht

Nicht bekannt.

Calloplesiops argus

Fowler und Bean, 1930

Phantom-Mirakelbarsch
Familie: **Plesiopidae**
Verbreitung: Westlicher Pazifik
Größe: 12 cm
Futter: **Fleischfresser**
Temperaturbereich: 24-26 °C
pH: 8,4 Salzgehalt: 1,023-1,027

Bei *C. argus* sind die weißen Flecken am Körper viel kleiner als bei *C. altivelis*, er besitzt aber ebenfalls den Augenfleck auf der Rückenflosse. In der Haltung ähneln sich beide Arten, *C. argus* wird jedoch seltener im Handel angeboten. Anfangs benötigen die Tiere zumeist Lebendfutter, nach der Eingewöhnung nehmen sie aber normalerweise auch Fleischbrocken.

Zucht
Nicht bekannt.

24-26 °C 12 cm

Plotosus lineatus

(Thunberg, 1787)

Gestreifter Korallenwels
Familie: **Plotosidae**
Verbreitung: Indo-Pazifik
Größe: 30 cm
Futter: **Fleischfresser.** Gefrier- und Lebendfutter
Temperaturbereich: 24-26 °C
pH: 8,4 Salzgehalt: 1,023-1,027

Plotosus lineatus ist sicher nicht jedermanns Geschmack, denn obwohl die Jungfische schön gefärbt, gesellig und aktiv sind, werden die Tiere im Alter zu Einzelgängern und ihre Farben verblassen, so daß sie relativ unscheinbar aussehen. Jungfische sollten im Schwarm gehalten werden, denn einzelne Tiere kümmern leicht. Ein Problem sind die giftigen Stacheln auf Rücken- und Afterflosse, die eine sehr sorgfältige Handhabung erfordern. Ein Stich ist zumeist sehr schmerzhaft. Ein Auswaschen mit heißem Wasser kann helfen, die Beschwerden zu lindern. In allen anderen Punkten sind Haltung und Fütterung sehr einfach.

Zucht
Das Männchen bewacht Eier und Jungfische.

24-26 °C 30 cm

Apolemichthys trimaculatus

(Lacépède, in Cuvier, 1831)

Gelber Dreipunkt-Engelfisch
Familie: **Pomacanthidae**
Verbreitung: Indo-Pazifik
Größe: 25 cm
Futter: Algen und andere pflanzliche Kost
Temperaturbereich: 24-26 °C
pH: 8,4 Salzgehalt: 1,023-1,027

Einer der schwierigeren Kaiserfische, denn die Tiere benötigen eine optimale Wasserqualität und kümmern, falls die äußeren Bedingungen nicht den Erfordernissen entsprechen. Sorgen Sie für möglichst abwechslungsreiches Futter, darunter pflanzliche Kost, aber auch im Handel erhältliche Nahrung aus Schwämmen sowie *Mysis*, *Artemia* usw. Gut ist es auch, wenn Algen im Becken wachsen, da die Fische diese gern abweiden. Es handelt sich um eine revierbildende Art, so daß man am besten ein einzelnes Tier hält. Charakteristisch sind die drei Punkte am Kopf.

Zucht
Nicht bekannt.

24-26 °C 25 cm

Centropyge acanthops

(Norman, 1922)

Deutscher Name ist nicht bekannt
Familie: **Pomacanthidae**
Verbreitung: Indischer Ozean, ostafrikanische Küste
Größe: 7 cm
Futter: Pflanzliche Kost und Fleisch
Temperaturbereich: 24-26 °C
pH: 8,4 Salzgehalt: 1,023-1,027

24-26 °C 7 cm

Diese kleine, friedliche Art findet man in kleinen Schwärmen von 8 bis 10 Tieren in 8 bis 40 m Tiefe über Korallenbruch. Sie eignet sich gut für ein Meerwasseraquarium, solange sie mit Fischen von ähnlichem Verhalten vergesellschaftet wird. Wenn das Becken groß genug ist, kann man auch mehrere Exemplare halten. Sorgen Sie für abwechslungsreiches Futter.

Zucht
Nicht bekannt.

Centropyge argi

Woods und Kanazawa, 1951

Zwergkaiserfisch
Familie: **Pomacanthidae**
Verbreitung: Westatlantik
Größe: 7 cm
Futter: Pflanzliche Kost und Fleisch
Temperaturbereich: 24-26 °C
pH: 8,4 Salzgehalt: 1,023-1,027

In der Natur leben diese Fische meist paarweise oder in Schwärmen in einer Tiefe von 30 m, an Stellen, an denen sie reichlich Korallenbruch und -trümmer antreffen, zwischen denen sie sich verstecken können. In der Südkaribik findet man sie aber auch in viel flacheren Gewässern. Die Tiere, die sich zumeist gut eingewöhnen, sollten paarweise gehalten und mit abwechslungsreicher Nahrung gefüttert werden, darunter viel pflanzlicher Kost.

Zucht
Nicht bekannt.

24-26 °C 7 cm

Centropyge bicolor

(Bloch, 1787)

Schwarzgelber Zwergkaiserfisch
Familie: **Pomacanthidae**
Verbreitung: Pazifik
Größe: 12 cm
Futter: Algen und Fleisch
Temperaturbereich: 24-26 °C
pH: 8,4 Salzgehalt: 1,023-1,027

Ein typischer Zwergkaiserfisch, der gern Algen abweidet, aber auch noch anderes Grünfutter und abwechslungsreiche Fleischnahrung bekommen muß. Jungfische leben in flachen Gewässern, ausgewachsene Tiere zumeist in Tiefen von etwa 10 m. Sie treten paarweise oder in Schwärmen auf, die aus einem Männchen und mehreren Weibchen bestehen. Wenn das Männchen stirbt, ändert eines der Weibchen sein Geschlecht und nimmt dessen Stelle ein. Ein friedlicher Fisch, der im Aquarium paarweise oder in kleinen Gruppen gehalten werden sollte.

Zucht
Nicht bekannt.

24-26 °C 12 cm

Centropyge bispinosus

(Günther, 1860)

Gestreifter Zwergkaiserfisch
Familie: **Pomacanthidae**
Verbreitung: Indo-Pazifik
Größe: 12 cm
Futter: Fleischnahrung, pflanzliche Kost
Temperaturbereich: 24-26 °C
pH: 8,4 Salzgehalt: 1,023-1,027

Je nach Herkunft kann die Färbung dieser sehr beliebten Art von einer dunkelpurpurnen Grundfarbe mit roten Streifen bis zu einem dunklen Blau mit goldgelber Zeichnung variieren. Fische von den Philippinen zeigen zumeist mehr rote und purpurne Farbtöne als Tiere aus dem Südwestpazifik. Die Fische können paarweise oder als Schwarm gehalten werden und sollten zahlreiche Versteckplätze zur Verfügung haben.

Zucht
Nicht bekannt.

24-26 °C 12 cm

Centropyge eibli

Klausewitz, 1963

Eibls Zwergkaiserfisch, Schmuck-Herzogfisch
Familie: **Pomacanthidae**
Verbreitung: Indo-Pazifik
Größe: 15 cm
Futter: **Allesfresser**
Temperaturbereich: 24-26 °C
pH: 8,4 Salzgehalt: 1,023-1,027

24-26 °C 15 cm

Eine häufig importierte Art, die sich gut an ein Leben im Aquarium gewöhnt. Die Tiere fressen fast jede Art kleiner Nahrung und weiden gern Algen ab. Es handelt sich um einen der größeren Zwergkaiserfische, der in der Natur in Tiefen von bis zu 20 m in Korallenriffen lebt. Die Art ist weit verbreitet und die Färbung je nach Herkunft etwas unterschiedlich.

Zucht
Nicht bekannt.

Centropyge loriculus

(Günther, 1860)

Flammenzwerg-Kaiserfisch, Feuer-Herzogfisch
Familie: **Pomacanthidae**
Verbreitung: Pazifik
Größe: 10 cm
Futter: **Allesfresser**
Temperaturbereich: 24-26 °C
pH: 8,4 Salzgehalt: 1,023-1,027

Ein sehr beliebter, friedlicher und wunderschön gefärbter Fisch, der sich gut im Aquarium halten läßt. Sorgen Sie für vielseitiges Futter, darunter auch pflanzliche Kost, und eine gute Filteranlage, da die Tiere empfindlich auf eine Verschlechterung der Wasserqualität reagieren.

Zucht
Nicht bekannt.

24-26 °C 10 cm

Centropyge potteri

Jordan und Metz, 1912

Braunroter Zwergkaiserfisch
Familie: **Pomacanthidae**
Verbreitung: Hawaii
Größe: 10 cm
Futter: Pflanzliche Kost und Fleischnahrung
Temperaturbereich: 24-26 °C
pH: 8,4 Salzgehalt: 1,023-1,027

Diese wegen ihrer Färbung und Zeichnung sehr beliebte Art findet man nur im hawaiischen Archipel, in Tiefen von mehr als 3 m zwischen Steinen und Korallenschutt. Die Tiere, von denen man mehrere Exemplare zusammen halten kann, sind allerdings oft nur schwer einzugewöhnen und müssen anfangs möglicherweise mit Lebendfutter ernährt werden. Sorgen Sie außerdem für gute Wasserqualität und für Algenwuchs, den diese eigenwillig gemusterten Tiere abweiden können.

Zucht
Nicht bekannt.

24-26 °C 10 cm

24-26 °C 22 cm

Chaetodontoplus duboulayi

(Günther, 1867)

Australischer Kaiserfisch
Familie: **Pomacanthidae**
Verbreitung: Pazifik
Größe: 22 cm
Futter: **Allesfresser**
Temperaturbereich: 24-26 °C
pH: 8,4 Salzgehalt: 1,023-1,027

Ein sehr beliebter, relativ friedlicher Zierfisch. Die Fütterung stellt kein Problem dar, da Wirbellose genommen werden. Zusätzlich sollten Algen zum Abweiden vorhanden sein; in der Natur fressen die Tiere zudem Korallenpolypen. Die Zeichnung der Fische verändert sich mit zunehmendem Alter etwas. Sorgen Sie für eine gute Wasserqualität ohne Nitrate.

Zucht
Nicht bekannt.

Chaetodontoplus melanosoma

(Bleeker, 1853)

Phantom-Zwergkaiser
Familie: **Pomacanthidae**
Verbreitung: Indonesien
Größe: 18 cm
Futter: Wirbellose und pflanzliche Kost
Temperaturbereich: 24-26 °C
pH: 8,4 Salzgehalt: 1,023-1,027

Ausgewachsene Exemplare dieser Art haben einen gelblichen Kopf, einen weißgrauen Rücken und samtschwarze Flossen, wobei das Hinterende der Schwanzflosse und die Afterflosse außerdem gelb gesäumt sind. Jungfische sind dunkel gefärbt mit einer gebogenen, gelben Binde, die sich vom Vorderende der Rückenflosse bis hinter die Bauchflossen erstreckt. Die nicht sehr häufig gehaltenen Tiere gewöhnen sich schnell an ein Leben im Aquarium.

Zucht
Nicht bekannt.

24-26 °C 18 cm

Euxiphipops navarchus

(Cuvier, 1831)

Blausattelkaiserfisch, Traumkaiserfisch
Familie: **Pomacanthidae**
Verbreitung: Pazifik
Größe: 25 cm
Futter: **Allesfresser**
Temperaturbereich: 24-26 °C
pH: 8,4 Salzgehalt: 1,023-1,027

Jungfische dieser Art überstehen Transporte weit besser als ausgewachsene Exemplare und sind auch sehr viel leichter einzugewöhnen. Sorgen Sie für guten Algenwuchs im Becken, den die Tiere abweiden können, und füttern Sie kleine Fleischnahrung, etwa zerkleinerte Garnelen, *Mysis* usw. Nach der Eingewöhnung nehmen die Fische auch Trockenfutter. Die Jungtiere sind dunkelblau bis schwarz gefärbt, mit dünnen, blauen Querstreifen.

Zucht
Nicht bekannt.

24-26 °C

25 cm

Euxiphipops sexstriatus

(Cuvier, 1831)

Sechsstreifen-Kaiserfisch
Familie: **Pomacanthidae**
Verbreitung: Pazifik
Größe: 45 cm
Futter: **Allesfresser**
Temperaturbereich: 24-26 °C
pH: 8,4 Salzgehalt: 1,023-1,027

24-26 °C

45 cm

Die Jungfische dieser Art haben eine dunkle Grundfarbe mit weißen Querstreifen, in denen jeweils eine sehr dünne blaue Linie verläuft. Damit sind sie – wie bei vielen Kaiserfischen üblich – völlig anders gefärbt als ausgewachsene Tiere. In der Natur findet man sie in relativ flachen Gewässern von 2 bis 5 m Tiefe. Werden sie gereizt, können sie ein lautes Grunzen ausstoßen. Für ein herkömmliches Aquarium sind nur Jungtiere geeignet, da ausgewachsene Exemplare zu groß werden.

Zucht
Nicht bekannt.

Euxiphipops xanthometopon

(Bleeker, 1853)

Gelbmaskenkaiserfisch
Familie: **Pomacanthidae**
Verbreitung: Indo-Pazifik
Größe: 38 cm
Futter: **Allesfresser**
Temperaturbereich: 24-26 °C
pH: 8,4 Salzgehalt: 1,023-1,027

Eine Art für erfahrene Aquarianer. Die Jungfische sind dunkel gefärbt und haben Querstreifen. Sie gewöhnen sich bei guter Wasserqualität leicht ein. Füttern Sie lebende oder tiefgefrorene Wirbellose, aber auch pflanzliche Kost, und lassen Sie möglichst Algen im Becken wachsen. Die Tiere werden recht groß und benötigen viel Pflege, so daß man sie nicht unbedacht kaufen sollte.

Zucht
Nicht bekannt.

24-26 °C

38 cm

Holacanthus tricolor
(Bloch, 1795)

Felsenschönheit
Familie: **Pomacanthidae**
Verbreitung: Westatlantik
Größe: 30 cm
Futter: Fleischnahrung und pflanzliche Kost
Temperaturbereich: 24-26 °C
pH: 8,4 Salzgehalt: 1,023-1,027

Eine häufige Art, deren Jungtiere eine gelbe Grundfärbung und einen schwarzen, blau eingefaßten Fleck auf dem Hinterkörper zeigen; bei ausgewachsenen Exemplaren sind Kopf, Bauch und Schwanzflosse gelb und der Rest des Körpers sowie Rücken- und Afterflosse schwarz. Geschlechtsreife Tiere bilden Reviere und sind dann oft unverträglich, so daß man sie in Gesellschaftsbecken einzeln halten sollte. Jungtiere sind nicht ganz leicht einzugewöhnen, denn sie ernähren sich in der Natur von Schwämmen, so daß man sie zunächst einmal zum Fressen bringen muß. Ist das gelungen, nehmen sie zumeist auch Gefrierfutter und Algen.

Zucht
Nicht bekannt.

24-26 °C 30 cm

Pomacanthus annularis
(Bloch, 1787)

Ringkaiserfisch
Familie: **Pomacanthidae**
Verbreitung: Indo-Pazifik
Größe: 25 cm
Futter: **Allesfresser**
Temperaturbereich: 24-26 °C
pH: 8,4 Salzgehalt: 1,023-1,027

Benötigt sehr viel Algennahrung, sollte aber auch Fleisch bekommen, besonders in Form von Lebendfutter. Die Unterschiede in der Färbung zwischen jungen und ausgewachsenen Fischen sind deutlich: Jungtiere sind dunkelblau mit schmalen, blauen und weißen Querbinden, geschlechtsreife Tiere dagegen kupferfarben mit breiteren, blauen Streifen, die auf dem Vorderkörper waagerecht verlaufen, dann nach oben abknicken und am hinteren Ende der Rückenflosse zusammenlaufen. Da die Tiere revierbildend sind, sollten im Gesellschaftsbecken nur einzelne Exemplare gehalten werden.

24-26 °C 25 cm

Zucht
Nicht bekannt.

Pomacanthus chrysurus
(Cuvier, 1831)

Chrysurus-Kaiserfisch, Gelbschwanzkaiser
Familie: **Pomacanthidae**
Verbreitung: Indischer Ozean
Größe: 25 cm
Futter: Algen, Fleischnahrung
Temperaturbereich: 24-26 °C
pH: 8,4 Salzgehalt: 1,023-1,027

Über diese seltene Art ist wenig bekannt, ebenso über die Haltungsbedingungen. Jungtiere weisen eine dunkle Färbung mit hellen Querstreifen auf. Man vermutet, daß sich die Art in der Natur mit *Pomacanthus maculosus* kreuzt, und daß daraus Hybriden mit orangefarbener Körperzeichnung und orangefarbener Schwanzflosse hervorgehen. Gefunden wurde ein solches Exemplar vor Malindi in Kenia.

Zucht
Nicht bekannt.

24-26 °C 25 cm

Pomacanthus paru
(Bloch, 1787)

Franzosen-Kaiserfisch
Familie: **Pomacanthidae**
Verbreitung: Westatlantik
Größe: 30 cm
Futter: **Allesfresser**
Temperaturbereich: 24-26 °C
pH: 8,4 Salzgehalt: 1,023-1,027

Diese Art ist in jeder Lebensphase sehr attraktiv. Jungfische sind schwarz mit gelben Querstreifen, die mit zunehmendem Alter verblassen. Dafür bekommen die meisten Schuppen einen gelben Hinterrand, der sich bei ausgewachsenen Fischen weiß verfärbt. Jungtiere leben oft als Putzerfische; im Aquarium kann man die Tiere mit Fleischnahrung füttern, sollte aber auch für reichlich Algennahrung sorgen.

Zucht
Nicht bekannt.

24-26 °C 30 cm

Pygoplites diacanthus
(Boddaert, 1772)

Pfauenkaiser
Familie: **Pomacanthidae**
Verbreitung: Rotes Meer, Indo-Pazifik
Größe: 25 cm
Futter: **Allesfresser**
Temperaturbereich: 24-26 °C
pH: 8,4 Salzgehalt: 1,023-1,027

Diese Art kann nur erfahrenen Aquarianern empfohlen werden, da es schwierig und manchmal sogar unmöglich ist, Neuimporte zum Fressen zu bewegen. Mit optimaler Wasserqualität und sehr viel Geduld gelingt es aber häufig doch, die Tiere einzugewöhnen. Sie nehmen dann, obwohl sie sich in der Natur von Schwämmen und Algen ernähren, Gefrier- und schließlich sogar Trockenfutter.

Zucht
Nicht bekannt.

24-26 °C 25 cm

Pomacanthus imperator
(Bloch, 1787)

Echter Kaiserfisch
Familie: **Pomacanthidae**
Verbreitung: Indo-Pazifik
Größe: 40 cm
Futter: **Allesfresser**
Temperaturbereich: 24-26 °C
pH: 8,4 Salzgehalt: 1,023-1,027

Eine wahrhaft majestätische Art, die sich im Aquarium vom dunklen Jungtier bis zum prächtigen, ausgewachsenen Fisch halten läßt. Es handelt sich um friedliche Tiere, die sich schnell an tiefgefrorene Fleischnahrung, Algen und sogar Trockenfutter gewöhnen. Die Wasserqualität muß so gut wie möglich sein, um die Fische gesund zu halten.

Zucht
Nicht bekannt.

24-26 °C 40 cm

Abudefduf cyaneus
(Quoy und Gaimard, 1825)

Strahlenblaue Demoiselle
Familie: **Pomacentridae**
Verbreitung: Indo-Pazifik
Größe: 6 cm
Futter: Kleine Fleischnahrung, Trockenfutter
Temperaturbereich: 24-26 °C
pH: 8,4 Salzgehalt: 1,023-1,027

Kann etwas zänkisch sein, so daß man entweder ein einzelnes Exemplar oder einen Schwarm von acht oder mehr Tieren halten sollte. Die Tiere sind sehr widerstandsfähig und werden daher häufig als erste in ein neues Becken eingesetzt. Sie sind sehr aktiv und zeigen sich oft. Die Weibchen lassen sich von den Männchen anhand der Legeröhre unterscheiden. Nachzuchten sind bereits gelungen.

Zucht
Die Fortpflanzung ähnelt der von Süßwasserbuntbarschen. Die Eier werden auf glatter Unterlage abgelegt und bewacht.

24-26 °C 6 cm

Amphiprion akallopisos

(Bleeker, 1853)

Indischer Weißrücken-Clownfisch
Familie: **Pomacentridae**
Verbreitung: Indo-Pazifik
Größe: 7 cm
Futter: **Allesfresser**
Temperaturbereich: 24-26 °C
pH: 8,4 Salzgehalt: 1,023-1,027

Eine sehr friedliche Art, die man nur zusammen mit der Wirtsanemone *Heteraclis magnifica* halten kann, wobei jedes geschlechtsreife Paar eine Anemone bewohnt. In der Natur findet man die Tiere in 3 bis 25 m Tiefe. Sie nehmen Trocken-, Gefrier- und Lebendfutter sowie pflanzliche Kost.

Zucht
Wird gewerbsmäßig gezüchtet.

24-26 °C 7 cm

Amphiprion clarkii

(Bennett, 1830)

Schwarzer Dreibinden-Anemonenfisch
Familie: **Pomacentridae**
Verbreitung: Indo-Pazifik
Größe: 12 cm
Futter: **Allesfresser**
Temperaturbereich: 24-26 °C
pH: 8,4 Salzgehalt: 1,023-1,027

Eine attraktive und friedliche Art, deren Färbung je nach Herkunftsort variieren kann. Die schön gezeichneten Tiere, von denen Eltern und Jungfische gemeinsam eine Anemone bewohnen, lassen sich auch mit anderen Arten vergesellschaften. Als Nahrung wird das meiste kleine Futter genommen, darunter auch pflanzliche Kost und Trockenfutter.

Zucht
Die Eier werden in der Nähe einer Anemone abgelegt und – ebenso wie die Jungfische – von den Elterntieren betreut. Die Art wird für den Handel gezüchtet.

24-26 °C 12 cm

Amphiprion frenatus

Brevoort, 1856

Bindenglühkohlenfisch
Familie: **Pomacentridae**
Verbreitung: Pazifik
Größe: 7 cm
Futter: **Allesfresser**
Temperaturbereich: 24-26 °C
pH: 8,4 Salzgehalt: 1,023-1,027

Diese häufig angebotene Art benötigt ebenfalls eine Anemone. Man kann ein Paar halten, wobei das Becken aber eine ausreichende Größe haben muß, weil die Tiere manchmal etwas intolerant sind. Die Fütterung ist einfach: Als Nahrung dienen Lebend-, Gefrier- und Trockenfutter sowie pflanzliche Kost.

Zucht
Wird in größerer Zahl für den Handel gezüchtet.

24-26 °C 7 cm

Amphiprion ocellaris

Cuvier, 1830

Orangeringelfisch
Familie: **Pomacentridae**
Verbreitung: Indo-Pazifik
Größe: 8 cm
Futter: **Allesfresser**
Temperaturbereich: 24-26 °C
pH: 8,4 Salzgehalt: 1,023-1,027

Wenn Sie von dieser Art mehr als ein Paar halten wollen, benötigen Sie eine entsprechende Anzahl von Anemonen, da es sonst zu Streitigkeiten kommt. Die Farbe kann variieren, so daß es immer wieder hitzige Debatten darüber gibt, ob ein bestimmtes Exemplar *A. ocellaris* oder *A. percula* zuzurechnen ist. Möglicherweise handelt es sich auch nur um einen Fisch, dessen Färbung innerhalb des Verbreitungsgebietes variiert. Als Nahrung dient kleines Futter aller Art.

Zucht

Wie für *A. clarkii* beschrieben.

24-26 °C 8 cm

Chromis caerulea

Cuvier, 1830

Grüner Schwalbenschwanz, Grünling
Familie: **Pomacentridae**
Verbreitung: Rotes Meer, Indo-Pazifik
Größe: 10 cm
Futter: **Allesfresser**
Temperaturbereich: 24-26 °C
pH: 8,4 Salzgehalt: 1,023-1,027

Diese sehr aktiven Fische leben nicht gern allein, so daß man möglichst einen Schwarm halten sollte. Beim Futter sind

sie oft etwas wählerisch, und sie wachsen auch nach der Eingewöhnung nur langsam, so daß sie nur selten ihre natürliche Größe erreichen. 6 bis 7 cm sind im Aquarium die Norm.

Zucht

Berichten zufolge sollen die Eier zwischen Fadenalgen abgelegt und vom Männchen bewacht werden, bis die Jungfische nach drei oder vier Tagen schlüpfen.

24-26 °C 10 cm

Pseudochromis paccagnellae

Axelrod, 1973

Violett-gelber Zwergbarsch
Familie: **Pseudochromidae**
Verbreitung: Pazifik
Größe: 5 cm
Futter: Sehr kleine Fleischnahrung
Temperaturbereich: 24-26 °C
pH: 8,4 Salzgehalt: 1,023-1,027

Dieser Fisch wird sehr oft mit dem Königsfeenbarsch, *Gramma loreto*, verwechselt. Unterscheiden kann man die Arten an einem dünnen, weißen Streifen zwischen den verschieden gefärbten Körperteilen, der meist aber nicht leicht zu erkennen ist. Die Haltung ist nahezu identisch mit der von *G. loreto*. Sorgen Sie für reichlich Verstecke im Becken.

Zucht

Nicht bekannt.

24-26 °C 5 cm

Pterois volitans

Linnaeus, 1758

Rotfeuerfisch
Familie: **Scorpaenidae**
Verbreitung: Indo-Pazifik
Größe: 35 cm
Futter: **Fleischfresser**
Temperaturbereich: 24-26 °C
pH: 8,4 Salzgehalt: 1,023-1,027

Eine sehr beeindruckende Art, die ein Hauch des Geheimnisvollen umgibt, da sie giftig ist. Im Umgang ist daher äußerste Vorsicht geboten. Sollten Sie dennoch gestochen werden, dann waschen Sie die betroffene Stelle mit heißem Wasser aus, da dies nicht nur den Schmerz lindert, sondern dem Gift auch etwas von seiner Wirkung nimmt. Bei der Jagd treiben die Tiere ihre Beute in eine Ecke, um sie dann mit einem gewaltigen Sog zu verschlingen. Im Aquarium kann man sie normalerweise an tote Nahrung gewöhnen, muß sich aber darauf einstellen, zumindest am Anfang lebende Fische füttern zu müssen.

Diese Art kann man nur mit anderen Fischen, die zu groß sind, um verschluckt zu werden, vergesellschaften.

Zucht

Die von einer Gallertschicht umgebenen Eier schwimmen zunächst an der Wasseroberfläche. Erst wenn die Jungfische etwa 10 mm groß sind, sinken sie zu Boden.

24-26 °C 35 cm

Chromileptis altivelis

(Valenciennes in Cuvier und Valenciennes, 1878)

Pantherfisch
Familie: **Serranidae**
Verbreitung: Indo-Pazifik
Größe: 50 cm
Futter: **Fleischfresser**
Temperaturbereich: 24-26 °C
pH: 8,4 Salzgehalt: 1,023-1,027

Ein Raubfisch, der Lebendfutter bevorzugt, aber auch an tote Nahrung gewöhnt werden kann. Im Aquarium ist er auf der

Suche nach möglicher Beute ständig in Bewegung. Andere Arten im Becken sollten daher keine Beutegröße haben. Jungfische zeigen nur einige große, schwarze Flecken, während ausgewachsene Exemplare viele kleinere, dunkle Punkte haben. Besonders beeindruckend wirken die Tiere als Schwarm.

Zucht

Nicht bekannt.

24-26 °C 50 cm

Symphorichthys spilurus

(Günther, 1874)

Blaugestreifter Scheinschnapper
Familie: **Serranidae**
Verbreitung: Pazifik
Größe: 30 cm
Futter: **Fleischfresser**
Temperaturbereich: 24-26 °C
pH: 8,4 Salzgehalt: 1,023-1,027

Diese Art kann in einem Gesellschaftsbecken gehalten werden, sofern zwei Punkte beachtet werden: Zum einen dürfen keine Fische in Beutegröße vorhanden sein und zum anderen keine Arten, die den Tieren die langen Flossenfäden abnagen. Verwenden Sie ein geräumiges Aquarium, denn die Fische schwimmen ausgesprochen gern. Als Futter wird die unterschiedlichste Fleischnahrung akzeptiert.

Zucht

Nicht bekannt.

24-26 °C 30 cm

Siganus vulpinus
(Evermann und Seale, 1907)

Fuchsgesicht
Familie: **Siganidae**
Verbreitung: Pazifik
Größe: 25 cm
Futter: **Allesfresser**
Temperaturbereich: 24-26 °C
pH: 8,4 Salzgehalt: 1,023-1,027

Eine anpassungsfähige und sehr aktive Art, die viel freien Schwimmraum benötigt und mit unterschiedlichster Nahrung gefüttert werden kann, darunter reichlich Grünfutter. Gut geeignet ist ein dicht mit Algen bewachsenes Becken, da die Fische diese gern abweiden. Gegenüber Artgenossen sind die markant gemusterten Tiere etwas unverträglich, andere Fische bleiben meist unbehelligt.

Zucht
Von dieser Art gibt es keine Berichte über erfolgreiche Nachzuchten. Bei verwandten Gattungen sollen jedoch Wasserwechsel das Laichen ausgelöst haben.

24-26 °C   25 cm

Dunkerocampus dactyliophorus
(Bleeker, 1853)

Bänder-Schlangennadel
Familie: **Syngnathidae**
Verbreitung: Pazifik
Größe: 16 cm
Futter: Kleines Lebendfutter
Temperaturbereich: 24-26 °C
pH: 8,4 Salzgehalt: 1,023-1,027

Ein merkwürdig aussehender Fisch, den man entweder in einem Artenaquarium oder mit sehr ruhigen Tieren halten sollte. Sorgen Sie für Steinspalten, in denen die Fische nach Nahrung stochern können. Sie benötigen sehr viel kleines Lebendfutter, etwa *Artemien*. Bei der Vergesellschaftung mit anderen Fischen müssen Sie sicherstellen, daß die Schlangennadel ausreichend Nahrung bekommt.

Zucht
Kann im Aquarium vermehrt werden. Das Männchen trägt die Eier an der Körperunterseite mit sich. Die Jungfische benötigen große Mengen an winzigem Lebendfutter.

24-26 °C   16 cm

Hippocampus kuda
(Bleeker, 1852)

Krönchen-Seepferd
Familie: **Syngnathidae**
Verbreitung: Indo-Pazifik
Größe: 25 cm
Futter: Kleines Lebendfutter
Temperaturbereich: 24-26 °C
pH: 8,4 Salzgehalt: 1,023-1,027

Seepferdchen hält man am besten in einem Artenaquarium mit Korallenästen, an denen sich die Tiere festhalten können. Die Ernährung ist nicht ganz einfach, da sehr viel kleines Lebendfutter wie *Artemien*, Wasserflöhe usw. angeboten werden muß.

24-26 °C   25 cm

Zucht
Kann im Aquarium nachgezüchtet werden. Das Männchen trägt Eier und Jungfische in einer speziellen Bruttasche. Die Jungen schlüpfen nach etwa vier Wochen. Sie benötigen große Mengen an kleinem Lebendfutter.

SÜSSWASSERFISCHE

WISSENSCHAFTLICHE NAMEN

DEUTSCHE NAMEN

Meerwasserfische

Wissenschaftliche Namen

Deutsche Namen